Eine Arbeitsgemeinschaft der Verlage

Böhlau Verlag · Wien · Köln · Weimar
Verlag Barbara Budrich · Opladen · Toronto
facultas.wuv · Wien
Wilhelm Fink · München
A. Francke Verlag · Tübingen und Basel
Haupt Verlag · Bern · Stuttgart · Wien
Julius Klinkhardt Verlagsbuchhandlung · Bad Heilbrunn
Mohr Siebeck · Tübingen
Nomos Verlagsgesellschaft · Baden-Baden
Ernst Reinhardt Verlag · München · Basel
Ferdinand Schöningh · Paderborn · München · Wien · Zürich
Eugen Ulmer Verlag · Stuttgart
UVK Verlagsgesellschaft · Konstanz, mit UVK / Lucius · München
Vandenhoeck & Ruprecht · Göttingen · Bristol
vdf Hochschulverlag AG an der ETH Zürich

Dr. Uwe Maier, geb. 1971, ist Professor für Erziehungswissenschaft mit dem Schwerpunkt Empirische Schulforschung an der Pädagogischen Hochschule Schwäbisch Gmünd. Seine Schwerpunkte in Forschung und Lehre sind datenbasierte Schulentwicklung, formative Leistungsdiagnostik und lehr-lerntheoretische Didaktik.

LEHR-LERNPROZESSE IN DER SCHULE: STUDIUM

Allgemeindidaktische Kategorien für die Analyse und Gestaltung von Unterricht

von Uwe Maier

VERLAG
JULIUS KLINKHARDT
BAD HEILBRUNN • 2012

Online-Angebote oder elektronische Ausgaben zu diesem Buch
sind erhältlich unter www.utb-shop.de

Die Deutsche Bibliothek – CIP-Einheitsaufnahme
Die Deutsche Nationalbibliothek verzeichnet diese Publikation in der Deutschen Nationalbibliografie;
detaillierte bibliografische Daten sind im Internet über http://dnb.d-nb.de abrufbar.

Foto auf Umschlagseite 1: © Steve Debenport / istockphoto.com.
Einbandgestaltung: Atelier Reichert, Stuttgart.

Druck und Bindung: Friedrich Pustet, Regensburg.
Printed in Germany 2012.
Gedruckt auf chlorfrei gebleichtem alterungsbeständigem Papier.

UTB-Band-Nr.: 3767
ISBN 978-3-8252-3767-7

Inhaltsverzeichnis

1 Einleitung

1.1 Didaktik und Professionalisierung von Lehrkräften

Die gesellschaftliche Bedeutung von Bildung und damit auch die Erwartungen an Schule und Lehrkräfte sind in den letzten Jahrzehnten gestiegen. Seit den 1960er Jahren wird gesellschaftlicher Fortschritt und technologisch-wirtschaftliche Entwicklung eng mit dem Bildungsniveau der Bevölkerung verknüpft. Entsprechend groß war seit dieser Zeit die Expansionsbewegung im schulischen Sektor. Ebenso stiegen Bildungsaspiration und Bildungsbeteiligung in wesentlichen Gesellschaften kontinuierlich an. Wenn Eltern heute das „Beste" für die Zukunft ihrer Kinder erreichen möchten, dann heißt das zunächst einmal die bestmögliche Schulbildung. Internationale Vergleichsstudien sorgten ab den 2000er Jahren für eine weitere Politisierung und Dynamisierung der Bildungsdebatte. In dieser Gemengelage wurden zahlreiche Schul- und Bildungsreformen vorgeschlagen und endeten oft in unfertigen Reformbaustellen (neue Fächer, neue Schularten, neue Formen der Qualitätssicherung, Bildungsstandards, etc.). Wenn dann euphorisch angekündigte Reformen doch ins Stocken gerieten und Zweifel an deren Wirksamkeit aufkamen, erinnerte sich die Gemeinde der Bildungsadministratoren und ihrer wissenschaftlichen Zuarbeiter an eine altbekannte Weisheit: Letztendlich kommt es auf „den Lehrer" an. Eigentlich nichts Neues, aber man könnte sich viele reformpolitischen Umwege sparen, wenn man gleich am Kern des Geschehens in Schulen ansetzen würde.
Doch was ist eine gute Lehrerin/ein guter Lehrer? Was ist guter Unterricht? Was bedeutet es, schulische Lehr-Lernprozesse effektiv zu organisieren und zu begleiten? Seit es Schule gibt, wird über diese Frage debattiert und geschrieben (Darling-Hammond 2000; Oser & Oelkers 2001; Bromme & Haag 2004). Grob betrachtet gibt es drei konkurrierende Antwortmuster, die sich bei näherem Hinsehen auflösen und ineinander überführen lassen. Einmal wird der/die gute Lehrer/in als eine charismatische Persönlichkeit mit natürlicher Autorität beschrieben. Man wird für diesen Beruf „geboren". Würde man dieser Antwort folgen, könnte man die universitäre Lehrer/innenbildung auflösen. Man müsste sich in der Gesellschaft nach geeigneten Persönlichkeiten umsehen, diese als Lehrkräfte einstellen und das nötige Fachwissen über *training on the job* vermitteln. Das zweite Antwortmuster betont die fachwissenschaftliche Expertise eines/r Lehrer/in. Würde man dieser Antwort konsequent folgen, müsste man für alle Schularten Lehrkräfte mit einem Unterrichtsfach, das vertieft studiert wird, ausbilden. Die dritte Antwort betont, dass

Lehrkräfte als Erziehungswissenschaftler ausgebildet werden müssten. Fachwissen würde eine randständige Rolle spielen. Vielmehr benötigen sie sozialwissenschaftlich fundierte Strategien zur Analyse und Planung von Erziehungs- und Unterrichtsprozessen. Alle drei Antworten greifen für sich genommen zu kurz. Die geborene Lehrperson ist eine äußerst seltene Spezies. Man weiß bis heute nicht, wie man sie findet und als solche identifizieren könnte. Begeisterung für einen Beruf wächst in der Regel mit wachsender Erfahrung und Expertise. Allerdings kann man ohne einen Funken Begeisterung für Kinder und Jugendliche nie als Lehrkraft in der Schule erfolgreich und zufrieden arbeiten. Die zweite Antwort greift zu kurz, weil Fachwissen zwar eine unabdingbare Grundvoraussetzung für gutes Unterrichten ist. Ein exzellenter Physiker oder Germanist weiß allerdings noch lange nicht, wie man Physik oder Sprachen lehrt und welche Schwierigkeiten Schüler/innen beim Lernen dieser Fächer haben könnten. Auch die dritte Antwort ist irreführend. Lehrer/innen müssen keine Pädagogen oder Erziehungswissenschaftler sein, obwohl man sie in den öffentlichen Medien gerne als „Pädagogen" bezeichnet. Die Erziehungswissenschaft beschäftigt sich sehr allgemein mit Prozessen der Bildung, Sozialisation und Erziehung in modernen Gesellschaften. Schulisches Lernen ist dabei nur ein praktischer Anwendungsfall. Aus erziehungswissenschaftlicher Sicht werden Lehrkräfte deshalb auch nicht als Pädagogen oder vollwertige Erziehungswissenschaftler betrachtet, was nur konsequent ist, weil auch die entsprechenden Studienanteile sehr gering sind. Dennoch benötigen Lehrkräfte sozialwissenschaftliches Reflexionswissen im weitesten Sinne, d.h. müssen pädagogische, psychologische, soziologische Theorien und Konzepte konkret anwenden können.

Die Forschung zur Professionalisierung von Lehrkräften betont deshalb auch unermüdlich, dass es beim Lehrer/innenberuf auf das Zusammenspiel von fachlichen, fachdidaktischen und erziehungswissenschaftlichen Wissenskomponenten ankommt (Shulman 1986; Baumert & Kunter 2006). Diese Idee fand mittlerweile auch in den politisch gesetzten Standards für die Lehrer/innenbildung ihren Niederschlag. Handlungsfelder und die dafür erforderlichen Kompetenzen von Lehrkräften werden in einer Reihe von Katalogen festgelegt und dienen als Grundlage für die Professionalisierung in den drei Phasen der Lehrer/innenbildung. Maßgebend für die aktuelle Diskussion über das erweiterte berufliche Handlungsfeld von Lehrkräften sind die Vorgaben der Kultusministerkonferenz. Im KMK-Beschluss zu den Standards für die Lehrerbildung (Kultusministerkonferenz 2004b, S. 3) wird das Berufsbild folgendermaßen definiert:
„1. Lehrerinnen und Lehrer sind Fachleute für das Lehren und Lernen. Ihre Kernaufgabe ist die gezielte und nach wissenschaftlichen Erkenntnissen gestaltete Planung, Organisation und Reflexion von Lehr- und Lernprozessen sowie ihre individuelle Bewertung und systemische Evaluation. Die berufliche Qualität von Lehrkräften entscheidet sich an der Qualität ihres Unterrichts.

2. Lehrerinnen und Lehrer sind sich bewusst, dass die Erziehungsaufgabe in der Schule eng mit dem Unterricht und dem Schulleben verknüpft ist. Dies gelingt umso besser, je enger die Zusammenarbeit mit den Eltern gestaltet wird. Beide Seiten müssen sich verständigen und gemeinsam bereit sein, konstruktive Lösungen zu finden, wenn es zu Erziehungsproblemen kommt oder Lernprozesse misslingen.

3. Lehrerinnen und Lehrer üben ihre Beurteilungs- und Beratungsaufgabe im Unterricht und bei der Vergabe von Berechtigungen für Ausbildungs- und Berufswege kompetent, gerecht und verantwortungsbewusst aus. Dafür sind hohe pädagogisch-psychologische und diagnostische Kompetenzen von Lehrkräften erforderlich.

4. Lehrerinnen und Lehrer entwickeln ihre Kompetenzen ständig weiter und nutzen wie in anderen Berufen auch Fort- und Weiterbildungsangebote, um die neuen Entwicklungen und wissenschaftlichen Erkenntnisse in ihrer beruflichen Tätigkeit zu berücksichtigen. Darüber hinaus sollen Lehrerinnen und Lehrer Kontakte zu außerschulischen Institutionen sowie zur Arbeitswelt generell pflegen.

5. Lehrerinnen und Lehrer beteiligen sich an der Schulentwicklung, an der Gestaltung einer lernförderlichen Schulkultur und eines motivierenden Schulklimas. Hierzu gehört auch die Bereitschaft zur Mitwirkung an internen und externen Evaluationen."

Diese fünf Standard-Bereiche der Lehrer/innenbildung verdeutlichen die Fokussierung auf das Berufs- und Handlungsfeld von Lehrkräften. Dieses reicht mittlerweile über die reine Planung, Durchführung und Nachbereitung von Unterricht hinaus. Wo soll nun aber der Kompetenzerwerb von Lehramtsstudierenden bei diesem breiten Spektrum an Handlungsfeldern ansetzen? Wie sollen Lehramtsstudierende beispielsweise auf ihr erstes Praktikum vorbereitet werden? Was sollten schulpädagogische und fachdidaktische Lehrveranstaltungen im Studium bieten? Wie definiert man eine Professionswissenschaft für Lehrkräfte?

Dieses Buch geht von der These aus, dass die Analyse, Gestaltung und Reflexion von Lehr-Lernprozessen das Zentrum von Lehrer/innenbildung sein sollte. Gleich von Beginn an muss deutlich werden, dass Lehr-Lernprozesse nur dann verstanden und gestaltet werden können, wenn fachwissenschaftliches, fachdidaktisches und lernpsychologisches Wissen zusammengedacht werden. Dies zu leisten ist Aufgabe allgemein- und fachdidaktischer Lehr-Lernmodelle. Diese Modelle müssen aber auch diagnostisches Handeln integrieren. Nur wenn Lehrkräfte Methoden und Verfahren der Beschreibung und Dokumentation von Lernvoraussetzungen und Lernentwicklungen kennen und anwenden können, gelingt eine effektive Gestaltung von individualisierten Lehr-Lernprozessen sowie eine wirkungsvolle Beratung von Eltern und Schüler/innen.

Professionalisierung von Lehrkräften muss am Kerngeschehen der Schule ansetzen. Dieses Kerngeschehen sind die individuellen Lernprozesse vieler einzelner Schüler/innen. Professionalität im Lehrer/innenberuf bedeutet, diese einzelnen, fachbezogenen Lernprozesse wahrnehmen zu können und die Wechselwirkungen zwischen Lernumgebung und Lernprozessen reflektieren zu können. Dieses Buch ist der Versuch, allgemeine Didaktik konsequent vom individuellen, fachspezifischen Lernprozess aus zu denken und die Planung, Analyse und Reflexion von Lehr-Lernprozessen daran auszurichten. Fragen der Unterrichtsmethodik, der Erziehung, der Klassenführung, der Leistungsbeurteilung, der Gestaltung des Schullebens, etc. sollen damit nicht negiert werden. Sie sind aber sekundär und müssen in Abhängigkeit einer Analyse von Lehr-Lerprozessen gestellt und beantwortet werden.

Im nachfolgenden Abschnitt soll eruiert werden, an welche allgemeindidaktischen Theorien und Modelle angedockt werden könnte. Wie wurden didaktische Fragestellungen bisher beantwortet? Ein Überblick zu bisherigen Perspektiven allgemeindidaktischer Theoriebildung soll die Einordnung der in diesem Buch verfolgten Vorgehensweise ermöglichen. Im Anschluss daran sollen Grundlinien einer an Lehr-Lernprozessen orientierten Didaktik skizziert werden.

1.2 Perspektiven allgemeindidaktischer Theoriebildung

Die allgemeindidaktische Theoriebildung beginnt im 17. Jahrhundert mit der *didacta magna* von Johann Amos Comenius (1657/1993). In der frühen Neuzeit setzte sich der Gedanke durch, dass ein allgemeines, öffentliches Schulsystem von großem Nutzen für die Menschheit sein könnte. Schule konnte sich deshalb als Institution für die Bildung und Erziehung der nachwachsenden Generation etablieren, weil damit kollektives Lernen möglich wurde. Dies heißt aber im Umkehrschluss, dass sich Didaktiken und Methodiken entwickeln mussten, die nicht den individuellen Lernprozess fokussieren, sondern die Organisation kollektiven Lernens in größeren, unfreiwillig zusammengewürfelten Gruppen. Genau dieses Problem erkannte Comenius und lieferte didaktische, methodische und unterrichtsorganisatorische Grundsätze für kollektives Lernen, die man heute unter dem Stichwort „Frontalunterricht" zusammenfassen könnte. Damit wurde der Grundstein für eine Organisation von modernen Bildungsprozessen gewählt, die sich beispielsweise grundlegend von der Medizin unterscheidet. Das Handeln von Ärzten ist um einzelne Patienten bzw. Fälle herum organisiert. Das Handeln von Lehrkräften in modernen Schulsystemen ist um Lerngruppen herum organisiert. Dies ist der fundamentale Geburtsfehler unserer modernen Schulsysteme.

Seit Comenius wurde eine kaum zu überblickende Fülle an didaktischen Modellen, Theorien, Unterrichtsprinzipien, etc. entworfen bzw. oft auch nur reformuliert. Immer wieder wurde versucht, den fundamentalen Geburtsfehler des modernen Schulsystems zu beheben oder zumindest abzumildern. Herbart dachte Anfang des 19. Jahrhunderts beispielsweise über das Hauslehrertum als Prinzip für die Organisation des öffentlichen Schulwesens in Preußen nach (Herbart 1811/2006).

Wilhelm von Humboldt betonte die Bedeutung der allgemeinen Menschenbildung und setzt damit ebenfalls bei der Individualität an (von Humboldt 1809/1999). Die großen und nachhaltigen Schulentwicklungen im 19. Jahrhundert sind allerdings von einer weiteren Verstetigung der Organisation von Massenlernprozessen geprägt. Ein weiteres Aufbäumen fand in der Zeit der Reformpädagogik statt. Auch hier wurde versucht, Schule wieder vom Individuum aus zu denken. Es entstanden Schul- und Unterrichtsansätze, die bis heute nachwirken. In der Praxis setzte sich aber kein grundsätzlich neues oder anderes Modell der Organisation von Lehr-Lernprozessen durch.

Zur allgemeinen Didaktik gesellten sich im 20. Jahrhundert die empirische Lehr-Lernforschung und die zusehends mehr und mehr empirisch ausgerichteten Fachdidaktiken (Reusser 2009). Ebenso beschäftigen sich Lernpsychologie und Neurowissenschaften mittlerweile verstärkt mit der Frage, welche Schlussfolgerungen für Schule und Unterricht aus ihren Forschungsergebnissen gezogen werden können (Nicole Becker 2006, 2009). Interessant ist, dass gerade diese fremden, von außen kommenden Wissenschaften – allen voran die Neurowissenschaften – den fundamentalen Geburtsfehler der modernen Schulsysteme aufs Neue und mit neuen wissenschaftlichen Methoden und Befunden vehement beklagen. Die moderne Gehirnforschung zwingt uns erneut dazu, den Blick nicht mehr nur auf die Klasse, die Methode, den Unterricht, sondern auf das Individuum, den Lernprozess, ja das Gehirn des einzelnen Schülers/der einzelnen Schülerin zu lenken.

Die Allgemeine Didaktik geriet durch diese wissenschaftlichen Entwicklungen zusehends in die Defensive (Bohl 2004; Terhart 2005a, 2008). Befunde der fachdidaktischen Lehr-Lernforschung, der Lernpsychologie und der Neurobiologie wurden entweder nur zögerlich rezipiert oder ignoriert. Terhart (2005a) prägte beispielsweise die treffende Metapher von Allgemeiner Didaktik und Lehr-Lernforschung als „zwei fremde Schwestern". Das prekäre Verhältnis liegt vor allem darin begründet, dass in der Erziehungswissenschaft psychologische Befunde kaum rezipiert werden und andererseits sich die Lehr-Lernforschung oft schulpädagogischen Fragestellungen verschließt. Mittlerweile muss man sogar von drei fremden Schwestern reden: Allgemeine Didaktik, Fachdidaktik und Lehr-Lernforschung (Terhart 2008).

Ein weiteres Problem liegt darin, dass die didaktische Tradition über weite Strecken nicht international anschlussfähig ist. Den Begriff der Allgemeinen Didaktik als Wissenschaft vom Unterricht gibt es nur im deutschsprachigen Raum. In der internationalen Literatur findet man Begriffe wie *instructional design* oder *teaching strategies*. Damit werden allerdings weitaus spezifischere Forschungsgebiete bezeichnet. Andererseits muss das Rad im Bereich der Unterrichtsplanung nicht ständig neu erfunden werden. Ein großer Vorteil der allgemeinen Didaktik ist, dass sie auf eine jahrhundertelange Tradition zurückblicken kann und systematische Begriffe der Gestaltung und Reflexion von Lehr-Lernprozessen feststehen.

Die allgemeindidaktische Theoriebildung ist jedoch äußerst vielfältig und oft auch disparat. Sie bietet verschiedene theoretische Ansätze und Modelle für die wissenschaftliche Analyse von Unterrichtsprozessen und Unterrichtsplanung. Diese theoretischen Ansätze lassen sich unterschiedlichen Theorietraditionen in der Erziehungswissenschaft bzw. in der Sozialwissenschaft zuordnen und müssen auch in ihren jeweiligen historischen Kontext betrachtet werden. Einschlägige Werke differenzieren folgende Perspektiven allgemeindidaktischer Theoriebildung (z.B. Blankertz 1969; Peterßen 2000; Baumgart, Lange & Wigger 2005; Hallitzky & Seibert 2007; Terhart 2008):
– Bildungstheoretische Didaktikmodelle; Bildungsgangdidaktik
– Kommunikationstheoretisch orientierte Didaktiken
– Subjektorientierte Didaktiken
– Reformpädagogisch orientierte Unterrichtskonzeptionen
– Konstruktivistische bzw. systemtheoretische Didaktiken
– Neurodidaktische Ansätze
– Lehr-lerntheoretische Didaktikmodelle
– Kompetenzorientierte Didaktiken
– etc.

Für eine fundierte Einarbeitung in unterschiedliche Didaktikmodelle bzw. didaktische Theoriefamilien sei auf die oben zitierte Überblicksliteratur verwiesen. An dieser Stelle werden lediglich die Grundfragen der Hauptströmungen in der Allgemeinen Didaktik angerissen, um anschließend eine Einordnung der eigenen Überlegungen begründen zu können. Eine einfache Heuristik zur Systematisierung verschiedener Didaktikmodelle ist die Orientierung an zentralen Begriffen, um die herum Aussagen zur Analyse und Gestaltung von Unterricht gebaut werden. In den nachfolgenden Abschnitten wird dies versucht, bestimmt auch mit dem Nachteil einer übermäßigen Vereinfachung, die den einzelnen Ansätzen nicht immer gerecht wird.

1.2.1 Bildung und Kultur

Eine ganze Reihe von einflussreichen Didaktikmodellen stellen die Frage nach Bildung und Kultur in den Mittelpunkt des Denkens über die Gestaltung von Schule und Unterricht. Was macht unsere (abendländische) Kultur aus? Welche kulturellen Inhalte sollen an die nachfolgenden Generationen weitergegeben werden? Die Antworten auf diese Fragen würde man dann Bildung bzw. erwünschte Bildungsziele bezeichnen. Schule ist eine wichtige Institution in modernen Gesellschaften, um diese Bildungsziele zu konkretisieren. Unterricht wird dann als Vermittlung von Kultur verstanden. Prominentestes Beispiel für diesen didaktischen Denkansatz ist die bildungstheoretische Didaktik. Im Zentrum der bildungsstheoretischen

Didaktik steht der Begriff der Allgemeinbildung, dessen gemeinsame Wurzeln in der europäischen Aufklärung bzw. deutschen Klassik zu suchen sind (Rousseau, Humboldt, Goethe, etc.). Wilhelm von Humboldt forderte beispielsweise eine allgemeine Menschenbildung, die sich am Vorbild der antiken Klassik orientiert.

Sehr einflussreich war die Übersetzung von bildungstheoretischen Überlegungen in ein Didaktisches Modell von Wolfgang Klafki in den 1960er Jahren (Klafki 1958). Unterrichtsplanung beginnt dort mit einer didaktischen Analyse des kategorialen Bildungsgehalts der zu unterrichtenden Themen. Kategoriale Bildung bedeutet, dass die Kinder und Jugendlichen befähigt werden, sich die Welt zu erschließen. Diese Welterschließung hat jedoch nicht nur die Wissensanhäufung zum Ziel (materiale Bildung). Über die Auseinandersetzung mit bildungsrelevanten Inhalten verändern sich dann wiederum die Fähigkeiten, Einstellungen und Haltungen der Schüler/innen (formale Bildung). Kategoriale Bildung bedeutet damit eine Balance zwischen den beiden Extremformen der materialen und formalen Bildung. Für diesen Prozess der kategorialen Bildung eignen sich exemplarische, fundamental, klassische, etc. Bildungsinhalte in besonderem Maße. Klassische Dramen werden als fundamentale Inhalte unserer Kultur betrachtet, weil in ihnen die Grundfragen der menschlichen Existenz prototypisch dargestellt und durchlebt werden. Die Auseinandersetzung mit bestimmten historischen Ereignissen (z.B. Revolutionen) steht exemplarisch für politische und gesellschaftliche Prozesse der Menschheitsgeschichte.

Um den Lehrkräften ein Handwerkszeug für ihre Unterrichtsplanung geben zu können, formulierte Klafki (1958) fünf Leitfragen, die bei der Auswahl und Begründung des Lerninhalts ansetzen und dann zu Fragen der unterrichtlichen Gestaltung überleiten:

I. Welche Bedeutung hat der betreffende Inhalt bereits im geistigen Leben der Kinder meiner Klasse? (Gegenwartsbedeutung)

II. Worin liegt die Bedeutung des Themas für die Zukunft der Kinder? (Zukunftsbedeutung)

III. Welches ist die Struktur des Inhaltes? (Struktur des Inhalts)

IV. Welchen allgemeinen Sachverhalt, welches allgemeine Problem erschließt der betreffende Inhalt? (Exemplarische Bedeutung)

V. Welches sind die besonderen Fälle, Phänomene, etc., an denen die Struktur des jeweiligen Inhaltes begreiflich, anschaulich, etc. werden kann? (Zugänglichkeit)

Man sieht bereits an der Schwerpunktsetzung im Fragenkatalog, dass methodische Überlegungen der Unterrichtsgestaltung eine eher randständige Rolle spielen. Ebenso werden Lernvoraussetzungen der Schüler/innen nicht systematisch reflektiert. Auch in seiner erweiterten, kritisch-konstruktiven Didaktik geht Klafki

(1994) immer noch von inhaltlichen Überlegungen aus. Themen werden nun aber hinsichtlich ihres emanzipatorischen Charakters untersucht: Inwiefern trägt eine Thematik zur Förderung der drei wichtigsten Bildungsziele „Selbstbestimmungsfähigkeit, Mitbestimmungsfähigkeit und Solidaritätsfähigkeit" bei? Für Klafki eignen sich vor allem Bildungsinhalte rund um wichtige Schlüsselprobleme der Menschheit (Umweltschutz; Krieg und Frieden; soziale Gerechtigkeit), um diese übergreifenden Bildungsziele zu erreichen. Parallel müssen aber auch Themen mit instrumentellem Charakter (Lesen lernen, Schreiben lernen, etc.) verfolgt werden. Erst diese instrumentellen Fähigkeiten ermöglichen die selbständige Auseinandersetzung mit bildungsrelevanten Inhalten. Klafki integriert auf diese Weise die in den 1970er Jahren geführte Debatte über den Beitrag der Schule zur Demokratisierung bzw. Humanisierung der Gesellschaft (vgl. folgender Abschnitt).

Eine aktuelle und im weitesten Sinne in der Tradition der Bildungstheorie anzusiedelnde Didaktik ist die Bildungsgangdidaktik (Hericks & Spörlein 2001; Meyer 2005). Die Bildungsgangdidaktik entstand im Zusammenhang mit dem von Blankertz geleiteten Schulversuch zur nordrhein-westfälischen Kollegstufe. Die Kollegstufe ist eine Art integrierte Gesamtschule und entstand durch die Zusammenlegung von gymnasialer Oberstufe und Berufsschule. In diesem Schulversuch rückten Übergänge und Bildungskarrieren in den Mittelpunkt der Aufmerksamkeit. Die Bildungsgangdidaktik geht dabei von folgender Grundannahme aus: Schüler/innen haben objektive Entwicklungsaufgaben, die sie in einem Bildungsgang zu bearbeiten haben. Je nach Schulart bzw. Schultyp werden unterschiedliche Bildungsgänge angeboten. Diese formalisierten Angebote werden dann von den Schüler/innen subjektiv und individuell interpretiert und für ihre Bildung (im Sinne des Prozesses von Selbstbildung) je unterschiedlich genutzt. Die Bildungsgangdidaktik arbeitet dabei sehr stark fallorientiert. Terhart (2008) kritisiert allerdings, dass die Bildungsgangdidaktik stark normativ argumentiert und kaum an empirisch überprüfbaren Aussagen zur Gestaltung von Unterricht bzw. Bildungsgängen arbeitet.

1.2.2 Kommunikation und Interaktion

Sowohl der ursprünglichen bildungstheoretischen Didaktik (Didaktische Analyse von Klafki) als auch der lerntheoretischen Didaktik (Berliner Modell, vgl. übernächster Unterabschnitt) wurde in den 1970er Jahren ein unreflektierter Positivismus vorgeworfen. Die wissenschaftstheoretische Position des Positivismus geht auf den französischen Soziologen Auguste Comte (1798-1857) zurück und bedeutet, dass Wissenschaften lediglich von dem ausgehen, was rational begründbar bzw. empirisch nachweisbar ist. Für die Didaktik bedeutet Positivismus, dass die Bedingungen von Unterricht und die Möglichkeiten der Gestaltung von Unterricht rational begründbar sein sollten. Von der kritischen Theorie der Frankfurter Schule inspirierte Erziehungswissenschaftler sahen in den 1970er Jahren darin ein Problem. Der bildungstheoretischen Didaktik, speziell der Didaktischen Analyse von Klafki wurde vorgeworfen, dass sie lediglich den möglichen Bildungsgehalt für ein einzelnes Subjekt betrachtet und dabei nicht nach den gesellschaftlichen bzw. politischen Implikationen von Bildungsinhalten fragt (z.b. für die Festigung der Demokratie). Auch die lerntheoretische Didaktik (Berliner Modell, vgl. übernächster Abschnitt) wurde kritisiert, dass sie lediglich die lernpsychologischen Grundlagen betrachte und Unterricht nicht vor dem Hintergrund übergreifender Bildungsziele wie Mündigkeit, Selbstbestimmung, etc. reflektiere.

Auf diese Kritik bzw. dieses Defizit reagierten eine Reihe von didaktischen Ansätze bzw. Weiterentwicklungen in den 1960er/70er Jahren: Hamburger Modell von Schulz (1981); kritisch-konstruktive Didaktik (Klafki 1991); kritisch-kommunikative Didaktik (Winkel 1980). Beeinflusst werden diese Modelle von der insgesamt kritischen Diskussion über die herrschenden Verhältnisse in postmodernen Industriegesellschaften (soziale Ungleichheiten; Demokratiedefizite in vielen Bereichen der Gesellschaft; etc.). In gesellschaftskritischen Theorien (z.b. von Vertretern der sog. Frankfurter Schule: Adorno) wird die Lösung dieser Probleme im kritischen, herrschaftsfreien Diskurs gesehen. In didaktischen Ansätzen wird deshalb verstärkt danach gefragt, wie man Unterricht gestalten kann, um Schüler/innen zu mündigen Bürger/innen zu erziehen, die bereits in der Lehrer-Schüler-Interaktion lernen, kritisch zu diskutieren. Damit standen plötzlich Begriffe wie Kommunikation oder Interaktion im Mittelpunkt des didaktischen Denkens. Eine symmetrische, d.h. gleichberechtigte Kommunikation im Klassenzimmer zwischen Schüler/innen und Lehrer/innen wurde beispielsweise als Grundvoraussetzung sowohl für den Aufbau der Persönlichkeit als auch für den Erwerb einer demokratischen Grundeinstellung betrachtet.

Für diese Didaktikmodelle spielen aber auch kritische Ansätze aus der Psychologie, speziell der humanistischen Psychologie und Kommunikationstheorien eine Rolle. Didaktikmodelle mit dem Schwerpunkt Kommunikation und Interaktion gehen davon aus, dass Lehr-Lernprozesse nur dann erfolgreich sein können, wenn die Kommunikation bzw. Interaktion zwischen Lehrer/innen und Schüler/innen nicht gestört ist. Um mögliche Störfaktoren analysieren zu können, rekurrierten diese Didaktiken auf psychologische Kommunikaitonstheorien bzw. sozialpsychologische Theorien, z.B. die Untersuchungen Lewins zur Auswirkung von Führungsstilen auf die Lernatmosphäre oder die Kommunikationsanalysen von Watzlawick, Beavin und Jackson (1969). Sehr populär ist in diesem Feld ebenfalls die themenzentrierte Interaktion von Ruth Cohn. Lernen und persönliches Wachstum ist in Kommunikationssituationen dann möglich, wenn die persönlichen Bedürfnisse der Teilnehmer respektiert und berücksichtigt werden (Störungen haben Vorrang) und eine möglichst gleichberechtigte Auseinandersetzung an einem für alle relevanten Sachthema stattfinden kann.

Unter den Oberbegriffen „Kommunikation", „Interaktion" und dem Leitmotiv „Kritik an herrschenden gesellschaftlichen Verhältnissen" finden sich eine Reihe von didaktischen Modellen bzw. Ansätzen. Diese lassen sich auch kaum trennscharf gegenüber anderen Theoriefamilien (siehe andere Abschnitte) abgrenzen. Ein Beispiel hierfür ist die kritisch-konstruktive Didaktik von Klafki. Er entwickelte ein Perspektivenschema für die Unterrichtsplanung, das nun explizit als oberste Lern- und Bildungsziele auf Mündigkeit, Selbstbestimmung und Mitbestimmung (demokratische Teilhabe) verweist. Ein weiteres Beispiel ist das Hamburger Modell nach Schulz (1981). Schulz gehört zu den Mitautoren des Berliner Modells (siehe übernächster Abschnitt), dass als lerntheoretisch bezeichnet werden kann. In den 1970er Jahren integriert er die damals aktuellen Strömungen und reichert das ursprüngliche Modell mit kritischem Gedankengut und kommunikationstheoretischen Ideen an.

Unterrichtsplanung hat für Schulz (1981) von grundlegenden Sollenswerten moderner Gesellschaften auszugehen: Demokratisierung, Humanisierung, Mündigkeit, etc. Daraus lassen sich oberste Lernziele für Schule und Unterricht ableiten: z.B. Emanzipation, gesellschaftliche Teilhabe, etc. Diese schulischen Ziele müssen vor dem Hintergrund der realen Kommunikations- und Herrschaftssituation in Institutionen gesehen werden. Die schulische Realität ist in der Regel von Abhängigkeiten und asymmetrischer Kommunikation geprägt (Lehrer erteilt Aufträge vs. Schüler/in führt aus; wissend vs. unwissend; etc.). Unterrichtsplanung soll nun einerseits die inhaltlichen, methodischen, medialen und sozialen Aspekte von Lehr-Lernprozessen kritisch reflektieren (wo könnte eine asymmetrische Kommunikation lauern? Wie lassen sich Störfaktoren in der Kommunikation aufdecken bzw. für die Planung nutzbar machen?) als auch Möglichkeiten der Gestaltung von potenziell emanzipatorischen Lernangeboten erörtern (Welche Inhalte, Methoden, Medien, etc. fördern kritisches Denken, die Selbständigkeit der Schüler/innen?).

1.2.3 Subjekt und Individuum

Mehr oder weniger gehen alle didaktischen Modelle und Prinzipien davon aus, dass Lernen bzw. Bildung individuelle Prozesse sind und daher die Schüler/innen als Subjekte bzw. Individuen im Mittelpunkt didaktischen Denkens und Handelns stehen sollten. Es gibt aber eine Reihe von didaktischen Theorien und Modellen, die diese Vorstellung zum Kernstück ihrer Argumentation erheben. Dies geschieht natürlich auf unterschiedlichste Art und Weise und mit heterogenen theoretischen Konstrukten. Allen Ansätzen ist jedoch gemein, dass sie nicht müde werden, die Individualität von Lernprozessen und die Subjektivität von Bildung zu betonen und entsprechende Konsequenzen für die Gestaltung von Unterricht daraus abzuleiten.

Eine Vielzahl von Unterrichtskonzeptionen bzw. Unterrichtsprinzipien, in denen die Schlagworte „Individualisierung", „Schülerorientierung", etc. prägend sind, gehen zunächst einmal auf reformpädagogisches Gedankengut zurück. Die Reformpädagogik ist eine internationale Bewegung, die am Ende des 19. Jahrhunderts einsetzt und ihren Höhepunkt in diversen Schulreformprojekten zu Beginn des 20. Jahrhunderts findet. Reformpädagogen eint vor allem die Ablehnung bzw. Kritik am damals schon etablierten, staatlichen Schulsystem, das in seiner Jahrhunderte währenden Entwicklung vor allem Massenlernprozesse kultuviert hatte. Ende des 19. Jahrhunderts, gerade zum Zeitpunkt der Realisierung einer fast 100-prozentigen Schulversorgung in Preußen, entstehen Forderungen nach geistiger Eigentätigkeit der Schüler/innen, einer stärkeren Lebensnähe von Schule, Lernen durch Erfahrung, etc. (z.b. Hugo Gaudigs Methode der freien geistigen Arbeit, Dewey's Prinzip der Erfahrung, Selbsttätigkeit als Prinzip des Lernens bei Maria Montessori). Im Mittelpunkt all dieser Reformforderungen und Reformhoffnungen steht die nicht teilbare Individualität des Kindes. Auf dieser Idee gründen auch die zahlreichen Schul- und Unterrichtskonzepte der Reformpädagogik, die aufgrund ihrer Normativität nicht als didaktischen Modelle oder Theorien im engeren Sinne bezeichnet werden können. Allerdings wird reformpädagogisches Gedankengut bis auf den heutigen Tag gerne in neue didaktische Modelle integriert (z.B. Modelle des offenen Unterrichts).

In der zeitgenössischen Didaktikszene findet man unzählige Variationen der zentralen reformpädagogischen Idee von einem individualisierten, auf das einzelne Kind bezogenen Unterricht. Beispielsweise die subjektorientierte Didaktik (z.b. Jürgens 1996; Holzbrecher 1999). Ausgangspunkt für eine subjektorientierte Didaktik ist die Kluft zwischen den objektiven Bildungsaufgaben (Lehrplan-Soll) und der individuellen Aneignungsaktivität. Diese Kluft bzw. dieses Spannungsfeld gilt es durch einen entsprechend gestalteten Unterricht zu überwinden. Jürgens (1996) argumentiert beispielsweise, dass eine Auseinandersetzung mit der pädagogischen Interessentheorie für die didaktische Gestaltung eines am Subjekt orientierten Unterrichts interessant sein könnte. Holzbrecher (1999) schlägt vor, für die Unterrichtsplanung auf konstruktivistische Lernvorstellungen zurückzugreifen und Lernen als Eigenkonstruktion bzw. sinnvolle Handlung von Subjekten zu verstehen. Dies korrespondiert dann auch mit bildungstheoretischen Vorstellungen von Bildung als Subjektentwicklung. Die unterrichtspraktischen Implikationen einer subjektorientierten Didaktik halten sich jedoch in Grenzen. Ähnlich wie bei reformpädagogischen Konzepten wird eher ein moralischer Druck auf Lehrkräfte erzeugt als dass konkrete und praktikable Umsetzungsmöglichkeiten erprobt und vorgeschlagen werden.

Sehr große Popularität genießen bereits seit Jahrzehnten sogenannte konstruktivistische Ansätze in der Didaktik (z.B. Reich 2002). Diese didaktischen Theorien ließen sich im Grunde genommen auch den Schlagworten „Kommunikation" und „Interaktion" (vorangehender Abschnitt) zuordnen. Allerdings liegt der Schwerpunkt konstruktivistischer Didaktik bei der Analyse individueller Wissenskonstruktionen. D.h. es wird angenommen, dass es kein objektives Wissen geben kann, sondern jedes einzelne Subjekt, seine je eigenen Bedeutungen konstruiert. Dies entspricht einem postmodernen Wissenschaftsverständnis, das sich von objektiven Wahrheiten, die Wissenschaft nur nach und nach zu entschlüsseln brauche, verabschiedet hat. So spannend konstruktivistische Ansätze für die Analyse von Unterricht oder schulischem Lernen insgesamt sind, so abstrakt und sind jedoch oft die konkreten Vorschläge. Zudem gleichen die Forderungen einer konstruktivistischen Didaktik sehr oft denen der reformpädagogischen Konzepte. Dubs (1995) fasste folgende Implikationen einer konstruktivistisch fundierten Didaktik zusammen:

– Komplexe lebensnahe Problemstellungen als Ausgangspunkt für Lernen
– Lernen wird als aktiver Prozess verstanden; Wissen wird mit Hilfe des Vorwissens aktiv konstruiert
– Betonung des kollektiven Lernens
– Lernen durch Fehler
– Interessen und Vorerfahrungen der Schüler berücksichtigen
– Gefühle und die persönliche Identifikation mit dem Lerngegenstand werden wichtig
– Evaluation des Lernerfolgs beschränkt sich nicht nur auf die Lernprodukte, sondern auf die Fortschritte bei den Lernprozessen.

Ähnlich wie bei reformpädagogischen Unterrichtskonzeptionen kann die konstruktivistische Didaktik auch dahingehend kritisiert werden, dass die Wirksamkeit ihrer Prinzipien nicht hinreichend empirisch geprüft wurde. Ebenfalls wird kritisiert, dass die konstruktivistische Didaktik von großer Beliebigkeit geprägt ist und ihre Offenheit dazu führt, dass viele unterschiedliche Vorstellungen und zum Teil auch widersprüchliche Ideen damit begründet werden können. Terhart (2008, S. 22) bringt diese Kritik folgendermaßen auf den Punkt: „Konstruktivistisches Vokabular kann nun herangezogen werden, um allen möglichen sinnvollen und sinnlosen didaktischen Praxen zumindest begrifflich-semantisch einen brüllend modernen Anstrich zu geben."

Teilweise untrennbar mit konstruktivistischem Gedankengut verwoben sind systemtheoretische Didaktikansätze. Auch diese könnte man wiederum unter dem Begriff „Kommunikation" subsummieren. Allerdings betonen die systemtheoretischen Didaktiken weitaus weniger das Emanzipationspotenzial von Unterricht, wie dies bei den kritisch-kommunikativen Didaktiken der Fall ist. Kösel (1993; Kösel & Scherer 1996) geht in seinen Schriften beispielsweise von der systemtheoretischen Vorstellung aus, dass Individuen in sich geschlossene Bewusstseinssysteme sind. Menschen können lediglich durch Selbstorganisation ihrer Erfahrungen Wissen aufbauen. Unterricht kann nur dann gelingen, wenn Lehrende und Lernende einen Kommunikationsweg finden, der für das jeweilige System anschlussfähig ist. Kösel kritisiert damit eine linear-kausale Vorstellung der rationalen Planung von Unterrichtsprozessen (mit bestimmten Methoden können bestimmte Lernprozesse ausgelöst und damit bestimmte Ziele erreicht werden). Die didaktischen Implikationen der subjektiven Didaktik sind allerdings sehr abstrakt und klingen zum Teil esoterisch: Lernumgebungen sollten so gestaltet werden, dass Lehrende und Lernende in eine „Driftzone" geraten, ein Raum, in dem sich Sachinhalte und subjektive Interessen bzw. Theorien der Lehrenden und Lernenden begegnen können und ein „Energiefeld" entfalten.

Auch die evolutionäre Didaktik nach Scheunpflug (2001, 2002) wird in ihrem Kern von Begriffen der Systemtheorie bzw. der Evolutionstheorie geprägt. Ausgangspunkt ist ebenfalls wie bei Kösel eine Kritik am traditionellen Didaktikverständnis, Unterricht als kausalen, linear planbaren Prozess zu verstehen. Diese Ziel-Mittel-Rationalität der Didaktik wird nach Scheunpflug den veränderten Bedingungen einer heterogenen Gesellschaft und der Vorstellung von individualisierten Lernprozessen nicht mehr gerecht. Vorgeschlagen wird dafür ein veränderter Blick auf Unterricht, um dieses komplexe Geschehen adäquat analysieren zu können. Hierfür greift Scheunpflug auf die systemtheoretische Perspektive zurück. Unterricht ist ein soziales System, in dem Individuen, die wiederum als in sich abgeschlossene, psychische Systeme verstanden werden können, selbständig miteinander interagieren. Vor diesem Hintergrund kann nicht mehr von einer zweckrationalen Unterrichtsplanung ausgegangen werden, d.h. man kann nicht linear planen, was in einem sozialen System Unterricht genau passieren wird.

Scheunpflug (2002, S. 25) bezeichnet Unterricht bzw. Unterrichtsplanung deshalb als eine „nicht beliebige Kommunikationsofferte, deren Resonanz nicht determinierbar ist." Die Lehrenden können diese Offerte präsentieren, jedoch nicht beeinflussen, wie sie von den Lernenden rezipiert wird. Allerdings warnt Scheunpflug auch vor der „konstruktivistischen Falle", d.h. der Vorstellung, dass Unterricht ein nicht planbares Unterfangen ist und die Eigenkonstruktionen der Schüler/innen nicht von außen steuerbar sind. Andererseits warnt eine systemtheoretische Betrachtung ganz klar vor einer einfachen Didaktik-Rezeptologie. Als didaktische Analysekategorien schlägt Scheunpflug Begrifflichkeiten aus der Evolutionstheorie vor: Variation und Selektion. Lehrkräfte planen eine Variationsofferte, ein kommunikatives Angebot. Die Lernenden selegieren aus diesem Angebot einzelne Aspekte und Facetten, je nach Vorwissen, Interessen oder auch situativen Zufälligkeiten. Im Unterrichtsprozess tragen dann aber auch die Lehrkräfte zur Selektion bei, indem sie unterschiedlich auf die Kommunikationsofferten der Schüler/innen reagieren, diese unterschiedlich verstärken oder zurückweisen, etc.

1.2.4 Lernen und Gehirn

Ein vierter Bezugspunkt für didaktisches Denken ist die Lernpsychologie bzw. die Neurobiologie als Wissenschaft von den biologischen Grundlagen des Lernens. Zunächst einmal gilt auch hier, dass sehr viele didaktischen Modelle und Theorien mehr oder weniger auf lernpsychologisches oder neurobiologisches Wissen zurückgreifen. Auffallend ist ebenfalls, dass es eine große Menge an didaktischen Ratschlägen bzw. Prinzipien gibt, die sich auf seriöse aber auch weniger seriöse Vorstellungen von Lernenvorgängen, Gedächtnismodellen oder neurophysiologischen Strukturen und Prozessen beziehen. In dieser Gemengelage kann man aber recht gut eine Reihe von didaktischen Modellen und Theorien identifizieren, die vom Lernprozess aus eine didaktische Argumentation entwickeln und damit im weitesten Sinne als lerntheoretische bzw. lehr-lerntheoretische Didaktiken zu bezeichnen sind.

Die lehr-lerntheoretische Grundfrage, wie ein auf Lernprozesse ausgerichteter Lehrprozess gestaltet werden müsste, geht auf Herbart und den von ihm zu Beginn des 19. Jahrhunderts geprägten Grundbegriff der Artikulation zurück. Herbart (1806/1965) geht davon aus, dass beim Lernen qualitativ unterschiedliche geistige Akte vollzogen werden. Dauer dieser Akte und wie diese Akte vollzogen werden, kann von Individuum zu Individuum variieren, jedoch nicht die Reihenfolge. Herbart ging dabei von folgendem Grundschema aus: Zunächst findet der Prozess der Apperzeption statt. Apperzeption ist die Aneignung neuer Vorstellungen mithilfe der schon vorhandenen Begriffe und Vorstellungen. In dieser Phase sollte sich der Lernende ein Ziel setzen, verstehen was er lernen sollte, sich Klarheit über den Lerngegenstand verschaffen. In einem zweiten Schritt kommt es zur Abstraktion, d.h. die Bildung neuer Begriffe als Wechselwirkung zwischen Anschauung (Erfahrung) und vorhandenen Begriffen (Denken). Zunächst werden Anschauung und vorhandene Begriffe aufeinander bezogen (Assoziation), dann integriert (System). In einer vierten Stufe kommt es zur Anwendung des insgesamt veränderten Begriffsumfangs (Methode).

Diese lehr-lerntheoretische Tradition in der Allgemeinen Didaktik wurde immer wieder als technokratisch und „kühl" beschrieben. Dies lag vor allem an einer übertriebenen Schematisierung des Gedankens der Artikulation. Bereits die an Herbarts Artikulationsbegriff angelehnte Formalstufentheorie der Herbartianer (19. Jh.) war das Ziel der reformpädagogischen Polemik gegen Ende des 19. Jahrhunderts. Man machte die Herbartianer für einen sturen, schematisierten und vom Lehrer dominierten Unterricht verantwortlich. Auch die stark technologisch inspirierte kybernetisch-informationstheoretische Didaktik (v. Cube 1980) wurde als eine der komplexen Natur von Bildungsprozessen nicht adäquate Modellierung kritisiert. Andererseits führte eine wertneutrale Betrachtung und Modellierung des Unterrichtsgeschehens immer wieder zu sehr wirkmächtigen didaktischen Entwürfen, gerade auch für die Praxis der Lehrerbildung.

Ein Beispiel hierfür ist das Berliner Modell (Schulz 1965; Heimann, Otto & Schulz 1977), das Kategorien zur Beschreibung von Bedingungen (anthropogene, soziokulturelle) und Entscheidungen (Ziele, Inhalte, Methoden, Medien) im Rahmen der Unterrichtsplanung beschreibt und dabei psychologische und sozialwissenschaftliche Erkenntnisse zu integrieren versucht. Die Autoren des Berliner Modells heben erstmals die Interdependenz zwischen Lerninhalten, Zielen, Methoden und Medien hervor und betonen damit die gleichrangige Beachtung verschiedener Aspekte von Unterrichtsplanung. Gleichwohl wird eine Integration von lernpsychologischen Grundlagen im Berliner Modell noch nicht geleistet. Die Grundstrukturen hierfür sind allerdings angelegt, indem beispielsweise Elemente des Unterrichtsgeschehen sachlich und ohne normativen Impetus definiert werden (Sozialformen, Aktionsformen) oder in der Planungsskizze bereits zwischen geplantem Lehrerverhalten und erwartetem Schülerverhalten (d.h. zwischen Lehren und Lernverhalten) unterschieden wird.

Ein weiterer Klassiker unter den lehr-lerntheoretischen Didaktikmodellen ist die „Psychologische Didaktik" von Aebli (1983; 2003). Sie gilt immer noch als Vorbild für die Integration von lernpsychologischem Wissen in didaktisches Denken. An Aebli's psychologischer Didaktik, auf die später noch genauer einzugehen ist, lassen sich bereits die wesentlichen Strukturen einer lehr-lerntheoretischen Didaktik erkennen: Zuallererst muss das Lernverständnis geklärt werden. Bei Aebli ist dies die kognitive Lern- und Entwicklungstheorie, vor allem in Anlehnung an Piaget. In einem zweiten Schritt wird eine allgemeine Strukturierung von dem in der Schule zu erwerbenden Wissen vorgeschlagen. Aebli unterscheidet hier lediglich drei sehr grobe Kategorien: Operationen, Handlungsabläufe und Begriffe. Diese einfache und grobe Unterscheidung war für allgemeindidaktisches Denken jedoch enorm anregend und vielseitig anwendbar. In einem dritten Schritt müssen prototypische Lernverläufe in Bezug auf die einzelnen Wissenskategorien beschrieben werden. Aebli postuliert beispielsweise vier übergreifende Lernschritte zum Erwerb von Operationen, Handlungsabläufen oder Begriffen. In einem vierten und letzten Schritt werden didaktische Schlussfolgerungen gezogen. Welche Lehrer- und Schülerhandlungen bzw. welche Aspekte in der Lernumgebung unterstützen den Lernverlauf?

Einen weiteren Aspekt von lehr-lerntheoretischem Denken beschreiben Straka und Macke (2002). Lehr-Lerntheorien modellieren die Zusammenhänge zwischen Lernprozessen der Schüler/innen, deren Lernverhalten und der Lernumgebung. Der Grundgedanke ist auch hier, dass Lehrkräfte bei der Unterrichtsplanung aber auch der Durchführung von Unterricht lediglich auf die Lernumgebung und bestenfalls auf das Lernverhalten der Schüler/innen Einfluss nehmen können (siehe systemtheoretische Didakikten, subjektorientierte Didaktik, konstruktivistische Didaktik). Lernen selbst ist dagegen ein interner, vom Lernenden selbst gesteuerter und zu verantwortender Vorgang. Damit beschreiben Straka und Macke (2002) die fundamentale Grenze jeglicher Didaktik. Lehrkräfte können Lernumgebungen gestalten, ja sogar das Verhalten der Schüler/innen kontrollieren und bis zu einem gewissen Grad auch steuern. Ob diese Lehrbemühungen tatsächlich zu einem effektiven Lernverhalten führen und ob dieses Lernverhalten in gewünschtes Lernen mündet, bleibt verborgen. Lehrkräfte können allenfalls mit (wiederum grundsätzlich defizitären) Diagnosemethoden die Lernergebnisse überprüfen.

Die wissenschaftlichen Fortschritte in der Analyse von Strukturen und Prozessen im menschlichen Gehirn gab und gibt der Didaktik seit fast zwei Jahrzehnten starke, jedoch nicht unbedingt neue Impulse. Unter dem Stichwort „Neurodidaktik" findet man mittlerweile eine Vielzahl sehr heterogener Konzepte und Unterrichtsprinzipien, die sich mehr oder weniger auf neurobiologische Befunde stützen. Interessanterweise ähneln viele didaktische Prinzipien, die im Zuge der „Neurodidaktik" gemacht wurden, sehr stark sowohl dem reformpädagogischen Gedankengut als auch den Vorschlägen in konstruktivistischen Didaktiken. Mit Sicherheit werden Lehrkräfte und Didaktiker in Zukunft nicht umhin kommen, die Ergebnisse der Hirnforschung zur Kenntnis zu nehmen und auf ihre Anwendung für die Planung von Unterricht hin zu prüfen.

Die bisherige neurodidaktische Literatur pendelt jedoch noch stark zwischen zwei Extremen. Einmal werden unter Verweis auf angebliche Befunde der Hirnforschung esoterisch anmutende Unterrichtsmethoden verbreitet (z.b. Verschränkung der Gehirnhälften durch Kreuzbewegungen). Auf diese Neuromythen einer eher als unseriös zu bezeichnenden neurodidaktischen Literatur wird im nächsten Kapitel eingegangen. Auf der anderen Seite werden die Befunde der Gehirnforschung sehr vorsichtig und allgemein interpretiert. Allerdings sind die bisher gezogenen didaktischen Konsequenzen der Gehirnforschung noch sehr allgemein und bestätigen lediglich Altbekanntes. Dies zeigen folgende Beispiele neurowissenschaftlich legitimierter Unterrichtsprinzipien aus der durchaus seriösen, neurodidaktischen Literatur (z.b. Egle 2009; Herrmann 2009; Grewe 2010; Sprenger 2011):

– Neugier wecken, weil das Gehirn immer lernen möchte und nach neuen Reizen und Informationen Ausschau hält und dies mit Bekanntem verbinden möchte
– Entspannte Atmosphäre und Spiel; das spielende, sich selbst vergessende Kind kann ungestört lernen
– Phasen der Entspannung zur Gedächtniskonsolidierung einbauen; Schüler/innen finden den Rhythmus von Lernen und Entspannung am besten selbst, d h nicht in einem vorgeschriebenen Stundenrhythmus. Ideal wäre deshalb die Selbstorganisation der Unterrichtszeit (weg vom 45-min Rhythmus)
– Konzentration der Wahrnehmung auf das Wesentliche ist nur in einer anregenden und störungsarmen Lernumgebung möglich
– An Bekanntes Anknüpfen, auf Vorwissen zurückgreifen; gedächtnisfundiert Unterricht planen; Phasen der Konsolidierung und Wiederholung einbauen

- Emotionale Markierung von Lerninhalten; Inhalte mit Erzählungen verbinden, auf den Lebensweltbezug hinweisen; freundliches Auftreten der Lehrkraft
- Erfolgserlebnisse ermöglichen
- Bedeutung von exekutiven Funktionen für das Lernen (Kontrolle, Überwachung, Steuerung von Lernprozessen) beachten (Metakognition, Selbststeuerung, Lernstrategien, etc.)
- Sensomotorik integrieren: den Körper und die Sinne in den Lernprozess einbeziehen
- Tugend- und werteorientiert unterrichten
- Beachtung von senstiven Phasen der Hirnentwicklung: Beispielsweise ist der Spracherwerb vor dem 12./13. Lebensjahr einfacher (Erlernen von grammatikalischen und phonologischen Mustern einer Fremsprache)

Neurodidaktische Modelle bieten damit einerseits eine Anbindung lehr-lerntheoretischen Denkens an die reformpädagogischen Ideen bzw. die subjektorientierten Didaktiken. Andererseits läuft die Neurodidaktik Gefahr, in der Beliebigkeit nicht von anderen Modellen abgrenzbarer Annahmen und Forderungen zu verschwinden. Es sind vor allem noch beachtliche theoretische Anstrengungen zu leisten, um die Fülle aktueller Forschungsbefunde der Neurobiologie auch sinnvoll, d.h. wissenschaftlich korrekt aber auch praxisbezogen, in didaktische Modelle zu integrieren.

1.3 Grundlinien einer lehr-lerntheoretischen Didaktik

Welche dieser allgemeindidaktischen Theorielinien soll nun für eine an individuellen Lehr-Lernprozessen orientierte Einführung in die Unterrichtsplanung aufgegriffen werden? Zunächst einmal ist festzuhalten, dass diese didaktischen Theorietraditionen ihren je eigenen Beitrag für die Analyse und Planung von Unterricht leisten können. Man kann nicht eine Theorielinie gegen die andere ausspielen, wie dies vor einigen Jahrzehnten noch versucht wurde. Man muss allerdings erkennen, dass jede Theorietradition impliziten Annahmen und Normen folgt und ihre jeweiligen Beschränkungen hat. Dies führt einerseits dazu, dass bestimmte Gruppen im Schulsystem Vorlieben für die eine oder andere Perspektive auf Unterricht entwickeln. Beispielsweise sind unter Studierenden reformpädagogische Ansätze oder konstruktivistische Didaktiken besonders attraktiv, weil sie ein neues und spannendes Gegenmodell zu dem Unterricht zeichnen, den Studierende jahrelang in der Schule erleben konnten. Andererseits gibt es nicht „das" didaktische Modell, das sich für alle Situationen und Kontexte eignen würde. Letztendlich auch deswegen, weil die klassischen didaktischen Modelle kaum anschlussfähig sind für die aktuellen Entwicklungen in den Fachdidaktiken.

Die vier im vorangehenden Abschnitt skizzierten Begrifflichkeiten bieten je unterschiedliche und sich ergänzende Zugänge zur Frage der Analyse und Planung von schulischen Lehr-Lernprozessen. Nicht wegzudenken sind beispielsweise die grundlegenden Überlegungen der bildungstheoretischen Didaktik. Die Auseinandersetzung mit dem Bildungsgehalt der schulischen Lerninhalte muss nicht nur bei der Gestaltung von Lehrplänen und Schulbüchern geführt werden, sondern sollte auch bei der Auswahl konkreter Lerninhalte für die zu planenden Unterrichtsstunden eine Rolle spielen. Lehrer/innen können nur dann überzeugt vor eine Klasse treten und Schüler/innen motivieren, wenn sie selbst davon überzeugt sind, dass ein Lernziel oder ein Lerninhalt für die Zukunft der Kinder und für die Gesellschaft insgesamt eine herausragende Bedeutung hat. Dabei sind bildungstheoretische Überlegungen nicht nur für Gymnasiallehrkräfte, die traditionell aus einer Vielzahl von Fachinhalten auswählen müssen, relevant. Auch die Primarstufe vermittelt Bildung und ist nicht nur für instrumentelle Fertigkeiten, Grundkompetenzen oder Erziehung zuständig. Es ist nicht egal, mit welchen Texten Schüler/innen in der Primarstufe Lesen üben. Es ist nicht egal, welche mathematischen Sachprobleme bearbeitet werden. Bei Planungsprozessen auf allen Schulstufen sind bildungstheoretische Überlegungen relevant.

Andererseits helfen bildungstheoretische Überlegungen nicht weiter, wenn es um die konkrete Gestaltung und Reflexion von Lehr-Lernprozessen geht. Klafki reagierte auf diese Kritik mit seinem erweiterten Perspektivenschema. Allerdings leistete es die bildungstheoretische Didaktik nicht, für die Befunde der Lehr-Lernforschung sowie der fachdidaktischen Forschung anschlussfähig zu werden. Auf dieses Defizit reagierte unter anderem die bildungstheoretisch orientierte Bildungsgangdidaktik. Für Lehramtspraktikant/innen und Studienreferendare stellt sich zudem weniger die Frage nach der Auswahl von Lerninhalten als vielmehr die Frage der konkreten methodischen Aufbereitung. Lehrpläne, Schulbücher, etc. geben in vielen Fächern die Inhalte bereits recht klar vor. Über die Sinnhaftigkeit bzw. den Bildungsgehalt von Themen muss mit Sicherheit immer wieder kritisch diskutiert werden, allerdings nicht vorrangig in Praktikumssituationen.

Eine ähnlich gelagerte Problematik ergibt sich für kritisch-kommunikationstheoretische oder systemtheoretische Didaktikmodelle. In diesen Ansätzen steht die soziale Interaktion im Mittelpunkt. Oft werden Störungen der sozialen Interaktion bzw. der Lehrer-Schüler-Kommunikation zum Ausgangspunkt für theoretische Modellierungen herangezogen. Damit thematisieren diese Didaktikmodelle einen wichtigen Bereich des Unterrichtsgeschehens. Im Hamburger Modell werden dann beispielsweise Strategien der Verbesserung von unterrichtlicher Kommunikation vorgeschlagen (von Kommunikationstechniken über die Themenzentrierte Interaktion bis hin zu allen möglichen Unterrichtsmethoden). In anderen Ansätzen (z.B. Evolutionäre Didaktik) wird Unterricht viel stärker aus einer „Vogelperspektive" betrachtet, mit dem Ziel, Lehrkräfte auf das ständige Scheitern unterrichtlicher

Kommunikation aufmerksam zu machen. Ein Problem dieser Perspektive auf Unterricht ist die Vernachlässigung des Lerngeschehens. Lernen als zentrales Ziel von Schule ist ja zunächst einmal ein individueller Prozess. Lernende müssen zwar mit den Medien oder einer Lehrkraft dabei kommunizieren. Es gibt aber keine natürliche Notwendigkeit, dass man nur dann gut lernt, wenn man in einer Klasse mit vielen Schüler/innen gut kommunizieren kann. Kommunikation wird sogar zum Problem, wenn man Individuen zwingt, in sozialen Einrichtungen wie Schulen gemeinsam zu lernen. D.h. das Problem der sozialen Interaktion bzw. Kommunikation ist zwar bedeutsam für Lernprozesse, eine Didaktik sollte jedoch erst von den Lernprozessen ausgehen und in einem zweiten Schritt fragen, wann und wie soziale Interaktionen für Lernprozesse förderlich oder hinderlich sein können.

Möchte man Erkenntnisse der lernpsychologischen, neurowissenschaftlichen und fachdidaktischen Forschung aufgreifen und in ein praktikables Didaktikmodell integrieren, scheint eine Anbindung an lehr-lerntheoretische Modelle lohnend zu sein. Nach Reusser (2009) beispielsweise ist die Lehr-Lernforschung auf dem besten Wege sowohl im Bereich Didaktik/Lehrerbildung als auch im Bereich Qualitätssicherung eine Führungsrolle zu übernehmen. Lehr-Lernforschung hat sich von seinen engen, behavioristischen Ursprüngen gelöst. Motivation und Emotion sind weitere zentrale Konzepte, die integriert wurden. Selbst reformpädagogische Positionen fühlen sich innerhalb dieses Referenzrahmens mittlerweile gut aufgehoben. Ein Problem ist allerdings die mangelnde Koordination zwischen den Fachdidaktiken. Diese entwickeln keine gemeinsame Fachsprache. Eine lehr-lerntheoretisch orientierte Didaktik könnte den Versuch unternehmen, eine fächerübergreifende Begrifflichkeit für die Analyse und Gestaltung von Lehr-Lernprozessen zu entwickeln.

Welche Grundannahmen sollten für eine Weiterentwicklung der lehr-lerntheoretischen Didaktik leitend sein? Ausgangspunkt von lehr-lerntheoretischen Überlegungen ist zunächst einmal immer der individuelle und auf ein ganz bestimmtes, fachliches Lernziel bezogene Lernprozess eines Individuums. Diesen fachspezifischen Lernprozess gilt es zu verstehen und zu modellieren. Erst dann werden Überlegungen angestellt, wie man diesen fachspezifischen Lernprozess einzelner Schüler/innen möglichst gut unterstützen bzw. anregen kann. D.h. erst in einem zweiten Schritt stellt sich die Frage, wie man über Bildungsinhalte, Lehr- und Lernmaterialien, Aufgabenstellungen, Lehrtechniken, soziale Interaktionen, etc. lernen unterstützen kann.

Lehr-lerntheoretisches Denken sollte deshalb zunächst einmal zu einer gewissen Bescheidenheit der Unterrichtsplaner führen. Lernen ist ein fragiler und vom Lernenden selbst zu verantwortender Prozess. Vermeintlich gute Unterrichtsideen, schöne Lernmaterialien, nette Methoden, etc. sind keine Garantie für Lernerfolg. Lehrkräfte sollten zunächst in aller Bescheidenheit die feinen Prozesse und Mechanismen des Lernens verstehen und einordnen können. Hierfür sind aufmerksames

Beobachten von Schüler/innen beim Lernen und Vorstellungen über Wissen und Lernprozesse notwendig. Erst dann können Lehrer/innen – entweder auf Grundlage von empirisch gesichertem Wissen oder eigenen Beobachtungen – die Qualität von didaktischen Arrangements richtig beurteilen.

Auch die bereits angesprochenen Fortschritte in der Hirnforschung in Bezug auf die Beschreibung von Gedächtnisstrukturen und Lernprozessen lassen sich – sofern sie eine gewisse Relevanz für schulisches Lernen besitzen – am ehesten in ein lehr-lerntheoretisches Didaktikodell integrieren. In der seriösen wissenschaftlichen Literatur wird zwar heftig über die Relevanz neurowissenschaftlicher Befunde für schulisches Lernen gestritten (Stern 2005; Spitzer 2009; Alferink & Farmer-Dougan 2010). Es besteht jedoch Konsens darüber, dass Lernpsychologie und Unterrichtsforschung das ständig wachsende Wissen über die Gehirnarchitektur zumindest zur Kenntnis nehmen sollten, auch wenn sich vielleicht keine direkten pädagogischen Konsequenzen ableiten lassen (Lüpke 2004; De Smedt et al. 2010). Stern (2005) betont beispielsweise, dass man mit Hilfe der Neurowissenschaft erklären kann, warum bestimmte Lernumgebungen das Lernen besser unterstützen als andere. Eine direkte pädagogische Relevanz haben neurowissenschaftliche Forschungsarbeiten momentan allenfalls bei der Aufklärung der Ursachen für kognitive Entwicklungsstörungen (Dyslexie, Dyscalculie).

Nicht zuletzt spricht auch die Modeerscheinung der „Kompetenzorientierung" für eine fundierte Weiterentwicklung einer lehr-lerntheoretischen Didaktik. Mit der Einführung von Bildungsstandards und Vergleichsarbeiten soll sich schulisches Lernen wesentlich stärker an grundlegenden Kompetenzen (Lesen, Texte verfassen, mathematisches Modellieren) orientieren. Die Bedeutung von Lerninhalten soll zu Gunsten der Anwendung von Kompetenzen zurückgedrängt werden. Auf diese aktuelle „Reformhoffnung" der Bildungspolitik bzw. Bildungsforschung wird später noch näher eingegangen. Grob betrachtet ist Kompetenzorientierung jedoch im Grunde genommen nichts anderes als ein weiterer Versuch, das didaktische Denken lehr-lerntheoretisch auszurichten. Lehrkräfte sollen von Schülerkompetenzen, d.h. von dem zu erwerbenden Wissen ausgehen und dessen Erwerb kontinuierlich prüfen. Kompetenzorientierung führt deshalb direkt zur Frage nach einer formativen, in den Unterricht eingebetteten Diagnostik von Lernverläufen. Erst in einem zweiten Schritt erfolgt dann die Planung von Unterricht oder Fördermaßnahmen. Diese Grundüberlegungen finden sich bereits in den ersten Vorschlägen zur kompetenzorientierten Unterrichtsplanung (z.B. Lersch 2006, 2007).

Die größten Fortschritte im lehr-lerntheoretischen Denken wurden in den letzten Jahrzehnten in den Fachdidaktiken erzielt. Vor allem die Sprachendidaktiken (Deutschdidaktik, Deutsch als Zweitsprache, Englischdidaktik), die Mathematikdidaktik und die Naturwissenschaftsdidaktiken machten große Fortschritte sowohl bei der lernpsychologisch fundierten Beschreibung der fachspezifischen Lernziele und Lernprozesse als auch bei der empirischen Überprüfung von Unterrichtsmethoden zur Förderung dieser Lernprozesse (Klieme & Rakoczy 2008). Beispielsweise weiß man heute sehr viel über die kognitiven und motivationalen Prozesse des Schriftspracherwerbs und kann auf dieser Grundlage über geeignete Unterrichtsmodelle, Lernmaterialien oder Förderstrategien diskutieren. Gleiches gilt für den Erwerb von Rechenstrategien oder den Aufbau von naturwissenschaftlichen Konzepten. D.h. eine allgemeindidaktische Perspektive muss auch auf die fachdidaktischen Grundlagen zurückgreifen. Die Stärke einer allgemeindidaktischen Perspektive liegt jedoch darin, eine übergreifende Begrifflichkeit zu etablieren. Lehrkräfte müssen alle möglichen Themen und Lernziele didaktisch durchdringen können. Es genügt nicht, wenn man nur dort Unterricht anbietet, wo die fachdidaktische Forschung bereits einen gewissen Endpunkt erreicht hat.

Lehr-lerntheoretisches Denken in der allgemeinen Didaktik steht also noch ganz am Anfang. Zwar gibt es prominente Klassiker wie Aebli, aber die Fortschritte in den Fachdidaktiken, der Lernpsychologie und vor allem den Neurowissenschaften sind immens und müssen fortwährend in das didaktische Denken integriert werden. Ziel dieses Buches ist es deshalb, auf der Grundlage von Befunden der Neurowissenschaften, der Lernpsychologie, der Lehr-Lernforschung, der Pädagogischen Diagnostik sowie relevanter Modelle und Konzepte der allgemeinen Didaktik und der Fachdidaktiken allgemeine Kategorien für die Analyse, Gestaltung und Evaluation von schulischen Lehr-Lernprozessen vorzuschlagen. Diese Kategorien der Gestaltung und Analyse von schulischen Lehr-Lernprozessen können weder die Auseinandersetzung mit den Grundlagenwissenschaften (z.B. Lernpsychologie) noch mit den fachwissenschaftlichen Grundlagen (z.B. Mathematik, Germanistik) ersetzen. Im Gegenteil: Sie dienen als praxisorientierte Denk- und Handlungswerkzeuge zur Integration von Fachwissen, fachdidaktischem Wissen und lernpsychologischem Wissen. Bereits zu Beginn des Lehramtsstudiums sollten allgemeindidaktische Kategorien den „didaktischen" Blick auf Wissen in der Fachwissenschaft, der Fachdidaktik und der Lernpsychologie schärfen.

2 Neurobiologische und lernpsychologische Grundlagen

Ausgangspunkt einer lehr-lerntheoretischen Didaktik ist die Frage, wie ein Individuum lernt. Damit führt kein Weg daran vorbei, die Ergebnisse der Wissenschaften, die sich mit den psychischen und biologischen Grundlagen von Lernvorgängen beschäftigen, zumindest holzschnittartig zu rezipieren und zu nutzen. Dies sind sowohl die Lernpsychologie als auch die Neurobiologie. Ziel dieses Kapitels ist es herauszuarbeiten, welche Forschungsergebnisse in beiden Disziplinen erstens als relativ gesichert gelten und zweitens für die Planung und Analyse von schulischen Lehr-Lernprozessen relevant sein könnten.

Mit Sicherheit gelingt hier nicht einmal annähernd eine erschöpfende Aufarbeitung. Ebenso mag der Versuch eines Allgemeindidaktikers, die für Lehr-Lernprozesse relevanten psychologischen Grundlagen zu sichten, für einen Psychologen oder Neurowissenschaftlers stark dilettantische Züge annehmen. Andererseits bleibt im Zuge einer anwendungsorientierten Nutzung nichts anderes übrig, als in Überblicksartikeln und Handbüchern zu stöbern und jeweils zu fragen, ob dies oder jenes aus Sicht eines Didaktikers von Relevanz sein könnte. Das Kapitel gliedert sich in folgende Abschnitte:

– Um der Unsitte, aus neurowissenschaftlichen Befunden einfache Schlussfolgerungen abzuleiten, vorzubeugen, werden zunächst gängige Neuromythen vorgestellt und kritisch hinterfragt.

– Im zweiten Abschnitt wird nach dem Zusammenhang von Wissen und Gedächtnis gefragt. Welche Formen des Wissens kann man unterscheiden und wie sind sie jeweils im Gedächtnis verankert? Die hier getroffenen Unterscheidungen sind grundlegend für weitere Schritte einer lehr-lerntheoretischen Didaktik (z.B. Lernzielanalyse).

– Wenn klar ist, aus welchen Teilfacetten menschliches Wissen besteht, ist in einem dritten Schritt zu klären, wie es aufgebaut und erworben wird. Hierzu geben Lerntheorien Auskunft. Sie sind die Grundlage für Überlegungen zur sequenziellen Strukturierung von Unterricht

– Weil Schüler/innen eigenaktiv Lernende sind, muss man die emotionalen und motivationalen Aspekte von Lernprozessen immer mitberücksichtigen. Befunde der Emotions- und Motivationsforschung werden knapp dargestellt und sind später unter anderem eine wichtige Reflexionsgrundlage für die methodische Ausgestaltung von Lehr-Lernprozessen.

2.1 Vorsicht Neuromythen!

Neuromythen sind entweder verzerrte oder falsche Aussagen über Lernen und Gehirn unter Berufung auf vermeintliche Ergebnisse der modernen Hirnforschung. Neuromythen sind vor allem in der didaktischen Ratgeberliteratur sehr beliebt, weil sie zur Begründung „einfacher" Lernrezepte beitragen. Mittlerweile beschäftigen sich auch die Neurowissenschaftler selbst mit den aus ihrem Forschungsgebiet abgeleiteten Fehlschlüssen. In einer Reihe von Veröffentlichungen wird auf diese Neuromythen aufmerksam gemacht (z.b. OECD 2002; Goswami 2004; Grewe 2010; Alferink & Farmer-Dougan 2010). Gänge Neuromythen betreffen in der Regel die beiden Hirnhälften oder die Vorstellung, dass wir nur 10% unseres Gehirns nutzen. Alferink und Farmer-Dougan (2010) beispielsweise warnen vor einem naiven und missverständlichen Transfer neurowissenschaftlicher Erkenntnisse auf die sonderpädagogische Praxis. Die falsche Rezeption von Wissen über Lateralität, sensitive Perioden der Gehirnentwicklung oder Synapsenverbindungen führen nach Meinung dieser Autoren sogar zur Begründung von ineffektiven Unterrichtsmethoden in der Schulpraxis. Also Vorsicht, wenn Folgendes behauptet wird:

Neuromythos von den Entwicklungsfenstern

Es wird behauptet, dass das Gehirn nur in bestimmten kritischen Entwicklungsphasen (v.a. den ersten drei Jahren) für Informationen empfänglich ist. Was bis zum Alter von drei Jahren nicht angelegt wurde, kann nicht mehr nachgelernt werden. Diese Vorstellung geht vor allem auf Forschungsarbeiten von Konrad Lorenz zur Ethologie zurück. Lorenz zeigte beispielsweise, dass frisch geschlüpfte Enten in einer ganz kurzen Zeit nach der Geburt sich das Bild ihrer Mutter einprägen und diesem Bild dann immer folgen, auch wenn es sich um einen Menschen handelt. Ein späteres „Umlernen" war nicht mehr möglich. Kann man diese Gesetzmäßigkeit aber auch auf die Entwicklung höherer geistiger Leistungen beim Menschen übertragen?

Bei Neugeborenen sind praktisch alle Neuronen schon vorhanden, jedoch noch kaum miteinander verschaltet. Die Dichte des neuronalen Netzwerks, d.h. die Anzahl der Verschaltungen zwischen den Gehirnzellen, steigt dann in den ersten drei Lebensjahren immens an. Säuglinge können aus neurowissenschaftlicher Sicht deshalb so gut lernen, weil das Gehirn noch so unfertig ist und nur sehr einfache Lernvorgänge möglich sind (Spitzer 2009). Ein Kleinkind lernt hervorragend die Muttersprache ohne Lehrer/in und ohne didaktisch gut aufbereiteten Unterricht, weil das noch nicht entwickelte Gehirn die Komplexität der Umwelt (z.B. spechende Erwachsene) automatisch reduziert. Universelle Reize genügen damit als Input für die gesunde Entwicklung in der frühen Kindheit (Stern 2006). Es sind keine besonderen Lernumgebungen nötig. Beispielsweise zeigen Studien, dass Kinder, die

lediglich den Gesprächen Erwachsener zuhören, die Muttersprache gleicht gut er-
lernen wie Kinder, mit denen ständig gesprochen wird. Die Gehirnentwicklung oder genauer die Zunahme der Verschaltungen geht in
verlangsamter Form bis zum Alter von 10 Jahren weiter. Bis 15 nimmt die Dichte
der Verschaltungen wieder ab. Ähnliches gilt auch für das Gehirnwachstum und
den Glucosestoffwechsel. Fälschlicherweise wurde diese biologische Entwicklung
nun auf Lernperioden unreflektiert übertragen und verallgemeinert. Empirische
Befunde zeigen jedoch, dass es lediglich für ganz bestimmte kognitive Funktionen
sog. „Zeitfenster" gibt: z.b. für die visuelle Wahrnehmung, die Entwicklung der
Muttersprache oder den Zweitspracherwerb. Wird beispielsweise eine Zweitsprache bereits in den ersten drei Jahren erworben, findet die Sprachverarbeitung in
anderen Hirnregionen statt als bei einem Zweitspracherwerb zu einem späteren
Zeitpunkt. Dies bedeutet aber noch lange nicht, dass nicht ein ähnliches Leistungsniveau erreicht werden kann.
Es gibt keine sich schließenden Zeitfenster, sondern die Art des Lernens verändert
sich mit dem Alter. Kritisches Denken, logisches Schlussfolgern, Abstrahieren, etc.
findet man beispielsweise erst bei Jugendlichen. Für bestimmte Bereiche der geistigen Entwicklung kann man also durchaus von „sensitive Phasen" sprechen. Dies
bedeutet jedoch noch lange nicht, dass diese Fähigkeiten bzw. Hirnregionen nicht
auch zu einem späteren Zeitpunkt trainiert werden könnten. Man spricht deshalb
von der Plastizität des Gehirns. Sensitive Phasen hängen zudem von der Art des
Lernens, der Hirnregion und der Modalität ab. Beispielsweise ist das Gehirn hinsichtlich semantischer Verknüpfungen lebenslänglich plastisch. Laute und Grammatik einer Sprache zu lernen, ist in der frühen und mittleren Kindheit besonders
optimal.

Der Neuromythos von den Lerntypen

Der Neuroymthos von den Lerntypen geht auf Frederick Vester zurück, der zwischen visuellen, auditiven, haptischen und intellektuellen Lerntypen unterscheidet
und eine Berücsichtigung dieser Lerntypen im Unterricht fordert. Problematisch
dabei ist bereits die inkonsistente Kategorisierung (Grewe 2010). Die ersten drei
Lerntypen beziehen sich auf verschiedenen sensorischen Kanälen (Auge, Ohr, Tast-
sinn). der vierte Lerntyp wird als intellektuell bezeichnet, d.h. kommt entweder
ohne die Sinneseindrücke aus oder hat keine bestimmten sensorischen Präferenzen.
Unabhängig von dieser logischen Inkonsistenz gibt es bisher keine neurowissenschaftlich haltbaren Hinweise auf diese Typisierung (OECD 2002).
Es gibt zwar bestimmte „psychologische" Präferenzen, die sich auch mit unserem
Alltagswissen in Einklang bringen lassen. D.h. es gibt Schüler/innen, die nicht gerne lesen, sondern eher geneigt sind, grafische Darstellungen zum Lernen heranzuziehen oder sich gerne den Sachverhalt mündlich erklären lassen. Daraus auf einen grundlegenden Lerntyp zu schließen, der eben nicht über Texte, sondern über

Bilder und Sprache angesprochen werden soll, ist jedoch wissenschaftlich höchst fragwürdig. Vielmehr wird es so sein, dass diese Schüler/innen Leseschwierigkeiten haben und damit das Medium Text generell meiden. Es wäre also didaktisch gerade falsch, diese Kinder nur bildlich anzusprechen. Man müsste ihnen vielmehr Unterstützung anbieten, um ihre Lesestrategien zu verbessern.

Hinzu kommt, dass schulisches Lernen immer eine intellektuelle Herausforderung ist (egal auf welcher Schulart) und sich Denken immer auf verschiedenste Sinneswahrnehmungen stützt. Es gibt schlichtweg keine höheren geistigen Leistungen wie Mathematik oder Sprache ohne eine Verankerung dieser Leistungen in konkreten Bildern, Erfahrungen, Eindrücken, etc. Welche Sinneseindrücke und basalen Erfahrungen zu welchen intellektuellen Leistungen führen ist zudem nicht beliebig. Sprachentwicklung basiert auf Hören mündlicher Sprache von Erwachsenen. Wie kann dann ein haptischer Typ die Muttersprache erwerben? Mathematik basiert sehr stark auf einer Verknüpfung von quantitativen Vorstellungen (Anzahl) mit räumlichen Vorstellungen (z.B. Zahlenstrahl). D.h. ein rein auditiver Typ könnte kaum Mathematik lernen bzw. es wäre ziemlich fahrlässig, ihm die räumliche Vorstellung der Mathematik vorzuenthalten. Auch Lesen ist ein Zusammenspiel von phonologischer und optischer Diskrimination sowie semantischen Verknüpfungen. Ohne die Schulung von Sinnesleistungen ist Lesen schlicht nicht möglich, egal welche Vorlieben oder Präferenzen ein/e Schüler/in zeigt.

Der Neuromythos von der Verknüpfung der beiden Hirnhälften

Der wohl populärste Neuromythos betrifft die Hirnhälftendominanz und Übungen zur Verknüpfung der beiden Hirnhälften. Es wird argumentiert, dass Schüler/innen je nach Typ eher mit der linken oder eher mit der rechen Hirnhälfte lernen. Eher mathematisch begabte Kinder können ihre linke Hirnhälfte besser aktivieren. Eher kreative, sprachlich und ganzheitlich orientierte Kinder setzen dagegen ihre rechte Hemisphäre ein. Unterricht sollte entweder auf diese Hirnhälftendominanz abgestimmt sein oder es sollte versucht werden, die jeweils andere Hirnhälfte durch geeignete Übungen zu aktivieren.

Neurowissenschaftler halten diese Schlussfolgerung für höchst problematisch. Mittlerweile weiß man sehr gut über die funktionelle Architektur des Gehirns Bescheid, d.h. man kann relativ genau sagen, welche Gehirnareale für welche geistigen Funktionen zuständig sind. Dabei zeigt sich, dass die Mehrzahl der Funktionen symmetrisch den beiden Hirnhälften zugeordnet ist. Vor allem die sensorischen und motorischen Rindenfelder sind jeweils den gegenüberliegenden Körperhälften zugeordnet. Die Verarbeitung der sensorischen Impulse der linken Hand wird im sensorischen Speicher der rechten Gehirnhälfte repräsentiert. D.h. für die meisten geistigen Funktionen ist eine Hirnhälftendominanz schon deswegen nicht möglich, weil die Funktionen jeweils symmetrisch von beiden Hirnhälften übernommen werden.

Ebenfalls nachgewiesen sind aber auch asymmetrisch verteilte Funktionen. Beispielsweise findet man höhere Aktivitäten in der linken Hemisphäre beim Sprechen oder beim begrifflich-analytischen Denken. Die rechte Hemisphäre in der Großhirnrinde ist dagegen eher bei Musik, Bild- und Mustererkennung oder räumlichem Denken aktiv. Es ist aber falsch anzunehmen, dass die jeweilige Hirnhälfte ausschließlich für diese Funktionen zuständig ist. Detaillierte Studien zu einzelnen Prozessen der Verarbeitung von Zahlen zeigen beispielsweise, dass immer beide Hirnhälften mit Subprozessen beteiligt sind. Bei räumlichen Verarbeitungsprozessen finden räumliche Kategorisierungen (rechts, links, oben, unten) in der linken Hemisphäre statt, während Längenabschätzungen rechts enkodiert sind. D.h. höhere geistige Leistungen sind immer nur mit beiden Gehirnhälften denkbar. Die Verbindung der beiden Hemisphären muss dabei nicht geschult werden. Die Verknüpfung ist durch den sog. Balken (corpus callosum) bereits anatomisch angelegt.

Problematisch wird es lediglich, wenn dieser Balken durchtrennt wird, beispielsweise bei Verletzungen, Hirnschlägen oder auch als letztes Mittel bei starker Epilepsie. Versuche mit entsprechenden Patienten zeigen, dass massive Wahrnehmungs- und Verarbeitungsprobleme auftreten. Versuche zeigen aber auch in diesen Fällen, dass die jeweils andere Gehirnhälfte Funktionen übernehmen kann, d.h. auch bei anatomischen Eingriffen zeigt das Gehirn, dass es aufgrund seiner Plastizität sich selbst helfen kann. Vor diesem Hintergrund sind Überkreuzübungen im Klassenzimmer eine naive Spielerei, die sicherlich nicht schadet, weil man sich dabei bewegt. Die Zeit wäre aber vermutlich besser angelegt, wenn die Lehrkraft die Hausaufgaben genau kontrolliert und auf Lernschwierigkeiten eingeht.

Neuromythos von der Steigerung unserer Gehirnkapazität

Vor allem im esoterischen Umfeld oder auch in modernen Lebens- oder Selbstmanagementratgebern findet man folgende Argumentation: Im normalen Alltag und auch in der Schule nutzen wir nur 10% unseres Gehirns. Damit bleiben die meisten Menschen weit unter dem Leistungsniveau, das sie eigentlich erbringen könnten, um in allen möglichen Lebenslagen erfolgreich zu sein. Dann werden unterschiedlichste Techniken und Strategien vorgeschlagen, wie man die Gehirnleistung steigern kann. Zwischen 10% und 100%, so die Argumentation, ist viel Luft nach oben.

Grundsätzlich problematisch ist, dass dieser Argumentation die Vorstellung vom Gehirn als „Behältnis" zu Grunde liegt. Der Mensch habe x-Milliarden Gehirnzellen und wir aktivieren in der Regel nur 10% dieser x-Milliarden Gehirnzellen bzw. nutzen nur den zehnten Teil dieses gigantischen Speichers. Allerdings funktioniert das Gehirn nicht wie eine Festplatte. Das Gehirn verarbeitet Informationen nicht sequenziell und digital wie ein Computer. Wäre dies so, müsste man tatsächlich über die Geschwindigkeit unseres Prozessors und die Kapazität unserer Festplatte nachdenken. Die neurophysiologische Forschung zeigt vielmehr, dass wir in der Regel 100% unseres Gehirns nutzen. Dies hängt mit der parallelen Verarbeitung von Information im Gehirn zusammen (Spitzer 1996). Unser Gehirn verarbeitet im Vergleich zum Computer Informationen sehr langsam. Die Stärke im Vergleich zum Computer liegt allerdings an der gigantischen Vernetzung, die eine Verarbeitung von abertausenden Impulsen gleichzeitig erlaubt. Damit sind wir erst in der Lage, Situationen „auf einen Blick" einzuschätzen (z.b. zahlreiche Reize in einer Straßenverkehrssituation in Sekundenschnelle zu verarbeiten). Durch diese parallele Verarbeitungsstruktur sind bei den meisten höheren geistigen Prozessen sehr viele Gehirnregionen ständig beteiligt. Wir nutzen damit automatisch unser Gehirn höchst effektiv.

Auch evolutionsbiologisch lässt sich argumentieren, dass es sehr ungünstig wäre, wenn ein Organismus sein Gehirn – ein Organ, das sehr viel Energie verbraucht! – nur zu 10% nutzen würde (OECD 2002). Hinzu kommt, dass ein willentliches Gehirnjogging oder Gehirntraining aus neuophysiologischer Sicht eher kontraproduktiv wäre. Spitzer (2009) argumentiert beispielsweise, dass das Gehirn immer lernt, ja lernen möchte und nicht zum Lernen gezwungen werden muss. Wir müssen unserem Gehirn quasi nur erlauben, sich mit den Dingen zu beschäftigen, die es interessiert, d.h. die uns interessieren. Dazu sind keine Neurotricks notwendig. Es reicht schon, wenn man das natürliche Interesse der Kinder an bestimmten Themen unterstützt und ihnen die Möglichkeit gibt, sich mit dem zu beschäftigen, was sie interessiert bzw. sie zu motivieren, wenn sie sich aus schulischer Sicht für einen Lerngegenstand interessieren sollten. Das Gehirn ist dann so angelegt, dass Neues und Relevantes automatisch wahrgenommen und eingespeichert wird – und zwar mit 100% der zur Verfügung stehenden Leistung.

2.2 Architektur des Wissens

Lehrerinnen und Lehrer haben die vornehme Aufgabe, Lernende beim Wissenserwerb zu unterstützen. Um diese Aufgabe auch leisten zu können, sollte man über grundlegende Bauprinzipien des Gedächtnisses bzw. der menschlichen Wissensarchitektur Bescheid wissen. In der Psychologie werden verschiedene Formen und Typen von Wissen bzw. Gedächtnis unterscheiden. Die Neurowissenschaften ergänzen und erweitern diese Erkenntnisse durch eine genaue Lokalisierung von Hirnregionen, die jeweils für unterschiedliche sensorische Informationen und Wissensformen verantwortlich sind. Was davon ist aber relevant, um Lehr-Lernprozesse besser verstehen zu können? Drei grundlegende Dimensionen des menschlichen Wissens könnten sich bei der konkreten Analyse und Planung von Unterricht als nützlich erweisen:
– Wissensarten: Deklaratives vs. prozedurales Wissen
– Grad der Vernetzung und Abstraktion von Wissen
– Modalitätsspezifische Enkodierung von Wissen

Diese drei Dimensionen werden jeweils kurz eingeführt und in Hinblick auf ihre didaktische Relevanz diskutiert.

Wissensarten: Deklaratives vs. prozedurales Wissen

Sowohl neurobiologisch als auch lernpsychologisch gut abgesichert ist die Unterscheidung zwischen deklarativen und prozeduralem Wissen (Roth 2006; Edelmann 2000). Roth (2011) differenziert zwischen deklarativem, emotionalem und prozeduralem Gedächtnis und den jeweiligen Teilfacetten (vgl. Tabelle 1). Für deklaratives Wissen findet man oft auch eine Reihe alternativer Begriffe: explizites Wissen, semantische Netzwerke, Schemata, Konzepte, mentale Modelle oder Begriffsstrukturen. Prozedurales Wissen wird auch als implizites Wissen, Regelwissen, Handlungswissen, etc. bezeichnet.

Tabelle 1: Organisation des Gedächtnisses nach Roth (2011)

Deklaratives Gedächtnis (explizites Gedächtnis)	Emotionales Gedächtnis	Prozedurales Gedächtnis (implizites Gedächtnis)
– Vertrautheitsgedächtnis – Wissensgedächtnis (Wissensmodule) – Episodisches Gedächtnis (autobiografisches Gedächtnis und Quellengedächtnis)	– Positiv – Negativ	– Fertigkeiten – Auswendiglernen – Gewohnheiten – Klassische Konditionierung – Priming

Die neurobiologischen Grundlagen des deklarativen Gedächtnisses sind der Hippocampus (Teil des limbischen Systems) und der Cortex. Der Hippocampus gilt als Organisator des deklarativen Gedächtnisses und legt Speicherorte im Cortex fest (Abbildung 1). Seine Nervenzellen gelten als besonders plastisch. Räumliche, zeitliche und semantische Codes im Hippocampus sind dann auch entscheidend für den Wiederabruf der Information aus dem Cortex. Der linke Hippocampus ist für die Konsolidierung verbaler Erinnerungen zuständig. Der rechte Teil sorgt für die Konsolidierung bildlicher und räumlicher Erfahrungen.

Der Hippocampus wird weder für das im KZG gespeicherte Wissen noch für hoch automatisiertes Wissen (prozedurales Gedächtnis) benötigt. Entscheidend für die Enkodierung von Einzelheiten über den Hippocampus ist deren Neuigkeitswert und deren Bedeutsamkeit (Spitzer 2009). Der Hippocampus steht mit den emotionalen Zentren in engster Verbindung und vermittelt emotionale Bewertungen bei der Einspeicherung von Gedächtnisinhalten bzw. beim Abruf von Erinnerungen. Die eigentlichen Speicherorte des deklarativen Wissens sind über den Cortex ver-

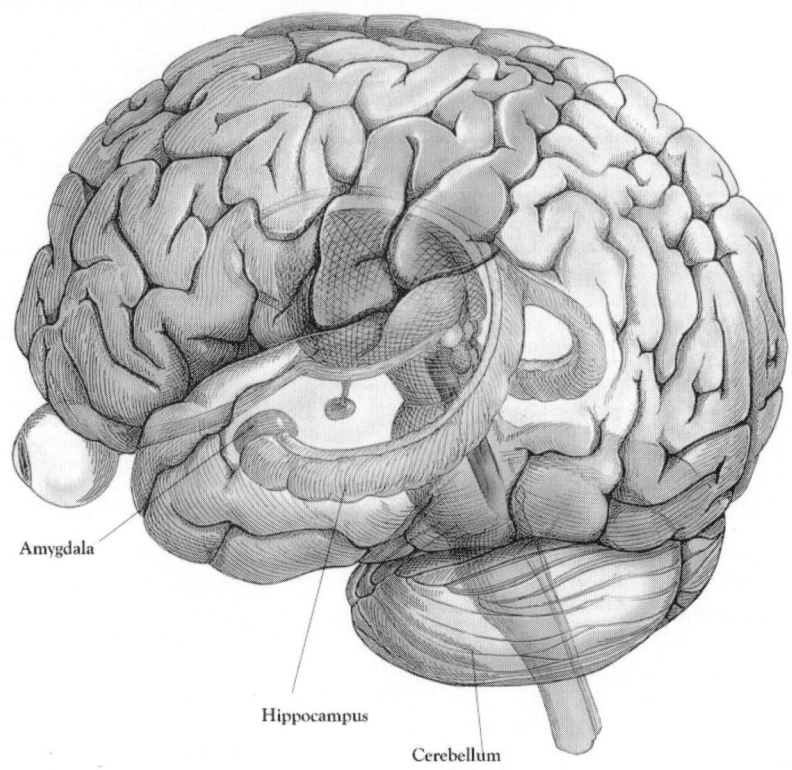

Amygdala

Hippocampus

Cerebellum

Abb. 1: Der Hippocampus als Schaltzentrale für das deklarative Gedächtnis

teilte Module. Die Gedächtnisinhalte werden dabei modalitätsspezifisch in verschiedenen Regionen abgelegt (visuelle, auditorische, räumliche, taktile, sprachliche, etc. Inhalte). In den einzelnen Gedächtnisarealen gibt es wiederum Aufteilungen nach Unterkategorien (z.B. einzelne Farben).

Inhalte des prozeduralen Gedächtnisses sind nach Roth (2006):

(1) Kognitive Fertigkeiten (z.B. Erkennen von Fehlern in einem Ablauf), motorische Fertigkeiten (Klavierspielen, Fahrradfahren) und Gewohnheiten.

(2) Priming: Reproduzieren von Wissen aufgrund von Stichwörtern und sonstigen Lernhilfen (Auswendiglernen; Merkverse)

(3) Kategoriales Lernen: Klassifikationen anhand von Prototypen (induktives, nicht an Definitionen orientiertes Klassifizieren)

(4) Klassische Konditionierung (Reiz-Reaktions-Verknüpfungen)

(5) Nichtassoziatives Lernen: Gewöhnung und Sensitivierung. Bei der Gewöhnung (Habituation) nehmen wir bestimmte Reize, die immer wieder auftreten, nach und nach als selbstverständlich wahr und schenken ihnen weniger Aufmerksamkeit. Sensitivierung ist das Gegenteil. Wir lernen, dass bestimmte Reize oder Merkmale von Bedeutung sind. Nach und nach werden wir sensibler für diese Reize (Jäger nehmen Bewegungen genauer wahr; Materialprüfer schärfen ihr Auge für bestimmte Merkmale; Musiker nehmen mehr Instrumente wahr).

Das prozedurale Gedächtnis ist nicht vom Hippocampus abhängig. Inhalte des prozeduralen Gedächtnisses hängen neurobiologisch mit den Basalganglien zusammen. Fertigkeiten erfordern mit zunehmender Übung und Automatisierung immer weniger Kapazität im Cortex und „wandern" nach unten in die Basalganglien. Endpunkt dieser Automatisierung ist das uns allen bekannte Phänomen, dass eine bewusste Aufmerksamkeit die Ausübung der Prozedur eher stört und der genaue Ablauf auch nicht verbalisiert werden kann. Versuchen Sie doch einmal jemandem zu erklären, wie Fahrrad fahren funktioniert. Oder: Wenn Sie ein Klavierstück fast auswendig spielen können und dann plötzlich wieder einzelne Notenwerte in den Blick nehmen, werden Sie höchstwahrscheinlich „hängen bleiben".

Quer zur Unterteilung in deklaratives und prozedurales Wissen liegen die sog. exekutiven Funktionen (Grewe 2010). Exekutive Funktionen sind höhere kognitive Prozesse der Planung, Aufmerksamkeitssteuerung, Überwachung, Handlungskontrolle oder Handlungsinitiierung. Lokalisieren konnte man diese exekutiven Funktionen im Stirnhirn. Sie sind trainierbar und wirken sich signifikant auf anspruchsvolle Problemlöseaktivitäten aus. In der Lernpsychologie spricht man von metakognitivem Wissen und unterscheidet dabei grob zwischen Strategien des Lernens (prozedurale Aspekte des metakognitiven Wissens) und Wissen über sich selbst als Lernender (deklarative Aspekte des metakognitiven Wissens)

Die Unterscheidung von Wissensarten ist für Lehrkräfte relevant, weil in fast allen Lernbereichen diese grundlegenden Wissensarten auf unterschiedlichste Art und Weise miteinander vernetzt sind. Lesen ist beispielsweise nur möglich, wenn Schüler/innen Prozeduren der Buchstaben-, Graphem- oder Worterkennung automatisiert haben und gleichzeitig das jeweilige Weltwissen (deklaratives Wissen) rund um den Inhalt des Textes aktivieren können. Physikalische Gesetzmäßigkeiten kann man nur verstehen, wenn man sie mit zahlreichen Bildern, Episoden, Erfahrungen verknüpfen kann (Gegenstände fallen auf den Boden), wenn man Querverbindungen zu anderen physikalischen Begriffen (Geschwindigkeit, Beschleunigung, etc.) aufgebaut hat und auch in der Lage ist, die Gesetzmäßigkeit im Sinne einer Rechenprozedur auf neue Fälle anzuwenden. Jede Wissensfacette trägt zum Gesamtverständnis bei, hat aber ihre je eigene Wissensarchitektur.

Grad der Vernetzung und Abstraktion von Wissen

Wissen entsteht durch zunehmende Abstraktion (Verdichten, Kompression) von Sinneseindrücken oder durch Verknüpfen von Wissenselementen und Abspeichern unter einem Oberbegriff (deklaraktives Wissen) oder einer generalisierten Prozedur (prozedurales Wissen). Die abstrakteren Wissenselemente sind allgemeiner (auf eine größere Zahl von Reizen anwendbar), flexibler und benötigen weniger Kapazität im Arbeitsspeicher. Spitzer (2009, S. 7) bezeichnet die Großhirnrinde als eine „Regelextraktionsmaschine". Schon Säuglinge erkunden aktiv ihre Umwelt, um immer wieder neue Beispiele zu erfahren. Durch die Verarbeitung unzähliger Beispiele baut das Gehirn nach und nach Muster, Regeln, Strukturen, etc. auf. Kinder lernen die Grammatik der Muttersprache über die Verarbeitung tausender Sprachbeispiele (z.B. Beugung von Verben), nicht über grammatikalische Regeln. Konkrete Begriffe (Tomate) lernen Kinder über unzählige einzelne Beispiele, die nach und nach abstrahiert werden (Speicherung von wichtigen Eigenschaften und Strukturmerkmalen).

Auch beim prozeduralen Wissen geht man von einer hierarchischen Struktur aus (übergeordnete Prozedur, Subprozedur). Beispielsweise besteht die Prozedur Autofahren aus ebenfalls automatisierten Subprozeduren wie Lenken, Schalten, im Verkehr den Überblick haben und auf Verkehrszeichen achten. Man muss nicht mehr mühsam diese einzelnen Teilprozeduren aufrufen oder anstoßen. Sie laufen automatisiert ab, wenn das übergeordnete Programm aufgerufen wird. D.h. auch für das prozedurale Gedächtnis gilt, dass allgemeinere, abstraktere Prozeduren effektiver und flexibler anwendbar sind.

Der Prozess der Wissensabstraktion ist eines der fundamentalen Lernprinzipien unseres Gehirns (Myers 2008). Das zentrale Nervensystem wird unterteilt in sensorische Neuronen (bringen die Umweltreize ins Gehirn), Interneuronen (im weitesten Sinn das Gehirn) und motorische Neuronen (bringen die Impulse des Gehirns zu den Muskeln). Die Interneuronen bilden hoch komplexe neuronale Netzwerke, die Informationen parallel verarbeiten können (Spitzer 1996; Roth 2011). Diese hoch komplexen Netzwerke können nur entstehen, weil das Gehirn in der Lage ist, Informationen immer wieder zu komprimieren und zu verknüpfen. Wenn Gedächtnisinhalte nicht durch Wiederholung ständig neu aktiviert werden, unterliegen sie einem Prozess der Komprimierung (vergleichbar mit der Datenkomprimierung). Dies bedeutet, dass von einem ursprünglichen Sinneseindruck (z.B. Bild eines Hauses) nur noch die absolut notwendigen Merkmale gespeichert bleiben (Farbe, Größe, Dachform), Details werden vergessen. Dieser Prozess wird *chunking* genannt, d.h. Detailinformationen werden zu höheren Einheiten zusammengefasst.

Die Analyse des Abstraktionsgrades von Wissen ist relevant, um die Hierarchie von Wissenselementen (sowohl prozedurale als auch deklarative Wissenselemente) bewerten zu können. Das Ausmaß der interneuronalen Vernetzung und damit der Abstraktion kann sehr stark variieren. Den geringsten Grad an interneuronaler

Vernetzung findet man bei Reflexen, weil eingehende Reize im Gehirn direkt an motorische Neuronen weitergeleitet werden, ohne dass weitere Schaltkreise oder Hirnareale involviert wären (psychologisch gesehen muss keine Entscheidung getroffen werden). Ebenfalls wenig komplex sind hoch automatisierte Fertigkeiten (Schuhe binden; Rad fahren) oder hoch automatisiert abrufbares Faktenwissen (eigener Name). Man hat es hier mit Wissen auf einer niedrigen Hierarchiestufe, d.h. mit eher konkretem Wissen zu tun. Dieses Wissen ist weniger abstrakt, weil es direkt mit konkreten Erfahrungen, Sinneseindrücken und Handlungen zusammenhängt.

Abstrakteres Wissen entsteht dagegen als Verbindung von unterschiedlichen (und konkreteren) Wissenselementen (sowohl prozedural als auch deklarativ) auf einer höheren Hierarchiestufe. Geschickte Rechenstrategien sind ein Beispiel für abstraktes Wissen. Auf die Aufgabe als Stimulus folgen erst einmal verschiedene Überlegungen, wie geschickt zu rechnen ist, erst dann werden automatisierte Rechenprozeduren angewandt. Deklaratives und prozedurales Wissen spielen zusammen und werden auf einer höheren Stufe abstrahiert. Hoch abstrakt ist auch die Fähigkeit, einen Text zu verfassen. Dabei handelt es sich um eine hoch abstrakte Prozedur, in der sowohl deklaratives Wissen (Sachwissen, Textsortenwissen, Rechtschreibwissen) als auch prozedurales Wissen (Grammatik, Rechtschreibfertigkeiten, Stil) organisiert werden. Im Extremfall kommt es auf einer hohen Abstraktionsebene zu beliebig komplexen, mentalen Operationen zwischen Stimulus und Handlung. Beispielsweise beim Schachspielen, wenn ein Spieler verschiedenste Kombinationen im Kopf durchspielt, bevor er sich für einen Zug entscheidet.

Modalitätsspezifische Enkodierung von Wissen

Ein dritter, für die Didaktik relevanter Aspekt der Beschreibung von Wissen ist modalitätsspezifische Form der Enkodierung von Wissen. Neurophysiologisch gesehen besteht das Gehirn besteht aus: sensorischen Feldern (nehmen Sinnesreize wahr), motorischen Feldern (senden Reize an die Muskeln) und Assoziationsfeldern, die sensorische Informationen mit gespeichertem Wissen verbinden (Myers 2008). Bei den Assoziationsfeldern wird zwischen motorischer, visueller, phonologischer und symbolischer (Schrift, math. Symbole) und semantischer (propositionale Netzwerke) Enkodierung von Wissen unterschieden. In diesen Hirnfeldern wird Wissen „landkartenförmig" angelegt (Spitzer 2009). Repräsentationen mit ähnlichen Inhalten werden in bestimmten Regionen abgelegt. Aber auch die Häufigkeit spielt eine Rolle: Mehr Wissen in einem Bereich bedeutet auch, dass diesen Repräsentationen ein größeres Gehirnareal zur Verfügung gestellt wird (z.B. somatosensorischer Kortex).

Auch die lernpsychologische Literatur (Edelmann 2000) unterscheidet zwischen verbaler/propositionaler, bildhafter/konkret-anschaulicher Kodierung und handlungsmäßiger Repräsentation:

(1) Analoge Repräsentationen sind beispielsweise mentale Vorstellungen von konkreten Objekten in einem räumlichen oder linearen Bezugsrahmen (Fluglinie eines Balls, simultane Mengenerfassung). Beim Rechnen mit mehrstelligen Zahlen werden visuelle Bereiche des Gehirns aktiviert: Bedeutung von Zahlenstrahl und anderen räumlichen Vorstellungen des Zahlenraums (Goswami 2004).

(2) Die aussagenartige Repräsentation kann nicht mit der Sprache gleich gesetzt werden, weil ein bestimmter Sachverhalt unterschiedlich versprachlicht werden kann. Aus diesem Grund trifft eher die Bezeichnung propositionale Repräsentation zu.

(3) Als handlungsmäßige Repräsentation bezeichnet man z.b. motorische Kodierungen von Fertigkeiten (Schreiben, Turnübung, ...). Diese Modalität spielt für Wissenserwerbsprozesse eine grundlegende Rolle, z.b. für den Erwerb von Sachwissen durch handelnden Umgang mit Dingen oder den Erwerb von Rechenfertigkeiten. Zählen mit den Fingern gilt beispielsweise als eine wichtige neurologische Voraussetzung für spätere Rechenfertigkeiten (Goswami 2004).

Wissen kann durch einzelne Modalitäten aber auch durch eine Kombination der Modalitäten im Gehirn gespeichert sein (multiple Repräsentation). Beim Lösen von Aufgaben können damit auch verschiedene Wissensmodalitäten zur Lösung von Problemen beitragen. Multimodale Repräsentationen können damit zu einer möglichst flexiblen Anwendung von Wissen beitragen. Ein Beispiel hierfür sind die neuronalen Grundlagen des Lesens (Theorie von Norman Geschwind): Geschrieben Wörter erregen den visuellen Kortex, visuelle Repräsentationen werden in einem weiteren Hirnareal in auditorische Codes umgewandelt; das Sprachzentrum interpretiert die Codes; von dort gehen die Impulse zur Kontrolle der Sprechmuskeln und zur Aussprache. D.h. auch die modalitätsspezifische Enkodierung von Wissen hängt wiederum stark vom Lerngegenstand ab.

Aber auch die Transformation von Wissen in eine weitere Repräsentationsform wird in der Lernpsychologie als ein wesentlicher Prozess der kognitiven Entwicklung beschrieben. Jerome Bruner beschreibt die Bedeutung dieses intermodalen Transfers vor allem für die Entwicklung von mathematischem Wissen (z.B. grafische Darstellung von algebraischen Termen). Allerdings ist eine möglichst vielschichtige, multimodale Repräsentation von Wissen nicht unbedingt immer von Vorteil. Es gibt Hinweise aus der Expertiseforschung, dass die Enkodierung von Wissen in verschiedenen Modalitäten die kognitve Verarbeitungskapazität bindet und sich der Aufwand der Übersetzung von Wissen in eine andere Repräsentationsform nicht immer lohnt. Welche Sinnesmodalitäten anzusprechen sind und welche Repräsentationsformen gewählt werden, um einen Lerngegenstand möglichst gut veranschaulichen und erfassen zu könnten, hängt also wiederum vom Lerngegenstand ab. Die Regel, möglichst viele Sinneskanäle anzusprechen oder mit möglichst vielen Veranschaulichungen zu arbeiten, wäre in vielen Fällen kontraproduktiv.

2.3 Lerntheorien und Prozesse des Wissenserwerbs

Nachdem verschiedene Wissensformen bzw. Modi der Enkodierung von Wissen im Langzeitgedächtnis beschrieben wurden, stellt sich die Frage nach den Prozessen des Wissenserwerbs. Von Vorteil ist, dass sich psychologische Lerntheorien mehr oder weniger auf unterschiedliche Wissensarten beziehen. Beispielsweise werden einfache Konditionierungen oder Gewohnheiten vor allem mit behavioristischen Lerntheorien erklärt und in der Wissensklassifikation von Roth (2011) dem prozeduralen Wissen zugeordnet. Kognitive Lerntheorien beschäftigen sich dagegen eher mit dem Erwerb von konzeptuellem Wissen oder komplexeren kognitiven Prozeduren bis hin zum metakognitiven Wissen. Aus diesem Grund ist auch dieser Abschnitt entlang verschiedener Wissenstypen und lerntheoretischer Paradigmen organisiert (vgl. Abbildung 2). Ebenso gilt der Warnhinweis aus dem vorangehenden Kapitel. Eine Aufarbeitung der didaktisch relevanten Lerntheorien auf wenigen Seiten gelingt mit Sicherheit nur äußerst skizzenhaft und mit dem Nachteil starker Reduktion.

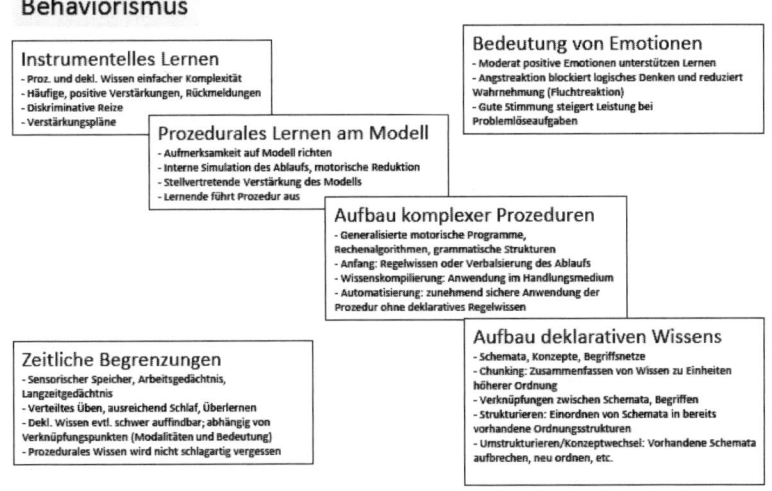

Abb. 2: Landkarte der für Lehr-Lernprozesse relevanten Theorien

Aufbau von prozeduralem Wissen aus der Perspektive des Behaviorismus

Der Aufbau von einfachem prozeduralem Wissen (Verhaltensweisen, Handlungsmustern, etc.) lässt sich zunächst einmal mit zentralen Befunden der behavioristischen Lernpsychologie erklären. Im behavioristischen Lernparadigma werden Reaktionen des Organismus auf äußere Reize beobachtet und Lernen wird als Aufbau von stabilen und von außen beobachtbaren Verhaltensweisen verstanden. Von besonderer Bedeutung ist dabei die Theorie des operanten Konditionierens (bzw. instrumentelles Lernen) nach Skinner. Edelmann (2000, S. 68) definiert das Schema des instrumentellen Lernens folgendermaßen: „Von instrumentellem Verhalten (IV) sprechen wir, weil das Verhalten das Instrument oder Mittel ist, das die entsprechende Konsequenz (K) hervorruft. In der Regel wird erst durch häufig wiederkehrende, gleichförmige Konsequenzen allmählich ein stabiles instrumentelles Verhalten gelernt." Dabei muss zwischen verschiedenen Arten von Konsequenzen, die zu instrumentellem Lernen führen können, unterschieden werden (z.B. Myers 2008, S. 357):

– Verstärker sind Ereignisse, durch die ein vorangehendes Verhalten bekräftigt wird
– Von positiver Verstärkung (positive reinforcement) spricht man, wenn durch angenehme Reize (Essen, Lob) eine Zunahme des Verhaltens beobachtet werden kann
– Von negativer Verstärkung (negative reinforcement) spricht man wenn aversive Reize (z.B. Elektroschocks, Strafen) reduziert werden und damit eine Zunahme der Häufigkeit des Verhaltens, das diese affektiven Reize reduziert, zu beobachten ist. Negative Verstärkung ist keine Bestrafung.

Damit gelten folgende Gesetzmäßigkeiten für das instrumentelle Lernen:
– Verhalten wird aufgebaut, indem man angenehme Konsequenzen folgen lässt. Angenehme Konsequenzen können sowohl positive Verstärker (Lob, Futter, etc.) als auch negative Verstärker sein (ein aversiver Reiz wird entfernt, wenn ein bestimmtes Verhalten auftritt: z.B. Piepston hört auf, wenn man sich anschnallt)
– Verhalten wird abgebaut durch Bestrafung (aversive Reize oder Entzug von positiven Verstärkern) oder durch Nichtbeachtung

Entscheidend beim instrumentellen Lernen ist jeweils die Frage, ob ein/e Schüler/in eine Konsequenz als Verstärkung, Bestrafung oder Nichtbeachtung interpretiert. Bekanntestes Beispiel für entsprechende Missverständnisse ist die schimpfende Lehrkraft, die gerade dadurch zum Aufbau von unerwünschtem sozialen Verhalten beiträgt, weil einige Schüler/innen das Schimpfen als Beachtung ihrer Person und damit als positiven Verstärker verstehen. Instrumentelles Lernen ist insgesamt gesehen eine sehr wirkmächtige Lernform und kann für den Wissenserwerb in der

Schule in vielfältiger Form genutzt werden. Mit häufigen positiven Verstärkern lassen sich sowohl Wissenselemente (Fakten, Lösungsprozeduren) als auch soziale Verhaltensweisen sehr zuverlässig und stabil aufbauen. Dabei sind folgende Bedingungen zu beachten:

(1) Lernende müssen die Verstärkung mit dem aufzubauenden Verhalten in Verbindung bringen. Entweder durch zeitliche Nähe oder durch eine Zusatzinformation muss geklärt sein, welches Verhalten verstärkt werden soll. Diese zusätzlichen Hinweise auf das zu verstärkende Verhalten nennt man „diskriminative Reize". Beispielsweise lobt eine Lehrkraft eine/n leistungsschwache/n Schüler/in, weil diese/r sich besondere Mühe gegeben hat, obwohl ihre/seine Leistungen noch fehlerhaft sind. In diesem Fall müsste sich das Lob direkt auf die Anstrengung beziehen.

(2) Beim Verstärkungslernen sind Zeit und Intervalle zu beachten. In manchen Fällen genügt zwar *one-trial learning* (z.b. Finger auf heißer Herdplatte verbrennen). Beim Aufbau von komplexeren Verhaltensweisen sind allerdings Verstärkungspläne sinnvoll. Als vorteilhaft für den langfristigen Aufbau von Verhalten haben sich intermittierende Verstärkungspläne herausgestellt. Zu Beginn wird eine Verhaltensweise nach jedem Auftreten verstärkt. Jedes Mal, wenn ein/e Schüler/in nach der Pause schnell an ihrem/seinem Platz sitzt, bekommt sie/er ein Lob. Tritt das Verhalten regelmäßig auf, wird die Anzahl der positiven Verstärkungen reduziert, d.h. die/der Schüler/in wird nur noch jedes dritte oder vierte Mal gelobt. Wenn das Verhalten zur Gewohnheit wird, kann auf die Verstärkung komplett verzichtet werden.

Aufbau von prozeduralem Wissen aus der Perspektive der kognitiven Lernpsychologie

Aus der Perspektive des Behaviorismus wurden auch motorische Prozeduren (Bewegungsabläufe) als Verkettung von einzelnen, über Verstärkung erlernte Bewegungen verstanden. Die Verkettung erfolgt über bewegungsinduzierte Reize, die die nächste Bewegungsfolge auslösen. Die Verstärkung ist dann gegeben, wenn die Gesamtbewegungsabfolge als richtig wahrgenommen wird (Steiner 2001). Dies würde jedoch bedeuten, dass man Fahrrad fahren, Klavier spielen, etc. immer in Teilschritten lernt und abschließend diese Teilschritte zu einer Gesamtbewegung zusammengesetzt werden. Dies entspricht nicht der Realität. Beispielsweise beherrscht ein/e Fahrschüler/in bereits den Gesamtbewegungsablauf „Anfahren am Berg", hat jedoch immer noch Probleme mit der Handbremse. Oder ein/e Schüler/in kann bereits Lesen (Zusammenschleifen einzelner Phoneme), obwohl sie/er noch nicht alle Buchstaben kennt. Mit Konzepten der kognitiven Lernpsychologie lassen sich diese Phänome besser erklären. Kognitionspsychologische Lerntheorien zeichnen sich dadurch aus, dass sie nicht nur die äußerlich beobachtbaren Reize und Verhaltensweise betrachten, sondern Denkvorgänge und interne Wissensstrukturen modellieren und in die Erklärung von Lernprozessen mit einbeziehen.

Im Gegensatz zur behavioristischen Vorstellung, dass komplexere Prozeduren als Verkettung einzelner Teilprozeduren zu verstehen sind, konzeptualisierte die kognitive Psychologie prozedurales Wissen als hierarchische Struktur (Steiner 2001). Beispielsweise werden bei der Sprachproduktion erst größere linguistische Einheiten (z.b. Satzphrasen) aufgerufen und darunter dann die einzelnen Wörter. Für die hierarchische Vorstellung spricht auch, dass man bei einem Fehler wieder von vorne anfängt oder zumindest bei einem sinnhaften Abschnittsbeginn (z.b. Klavierspielen) und nicht genau an dem abgebrochenen Element (z.b. beim Lesen: Wo fängt ein/e Schüler/in wieder an zu lesen, wenn er über ein Wort stolpert?). Für eine hierarchische Struktur von Bewegungsabläufen spricht auch die unendliche Kombinierbarkeit von Teilbewegungen (z.b. beim Jonglieren, Sprechen, Sportarten). Man nimmt also an, dass ganze Bewegungsklassen gelernt werden (abgespeichert hinsichtlich relevanter Merkmale dieser Bewegungen, wie z.b. zeitlicher Ablauf, Kräfteeinsatz, etc.).

Der Abruf dieser einzelnen Bewegungen wird von generalisierten motorischen Programmen gesteuert. Dabei spielt der Kontext des Abrufs eine entscheidende Rolle (z.b. Weite zum Korb beim Korbwurf). Beim Üben von Korbwürfen ist deshalb die ständige Variation der Wurfweite wichtig (randomisiertes Üben). Damit wird gewährleistet, dass die Wurfbewegung flexibel anwendbar ist (Kontext-Interferenz-Verfahren). Dies ist effektiver als das blockweise Üben von Würfen von der gleichen Position aus. Erklärt wird dies durch die ständig wechselnden Rekonstruktionsbedingungen der Bewegung.

Auch der Prozess des Automatisierens von zunächst begrifflichem Regelwissen wurde in der Kognitionspsychologie untersucht (Anderson 1989). Beispiele hierfür sind Handlungsabfolgen, die man zunächst erklärt (z.b. Fahren lernen) oder zunächst verstanden haben muss, bevor sie als Prozedur automatisiert werden können (z.b. Rechenverfahren). Folgende Schritte der Automatisierung werden unterschieden:

(1) Begriffliches Regelwissen: Der Fertigkeitserwerb beginnt mit einem begrifflichen Wissen über die Bewegungs- oder Handlungsabfolge (deklaratives Wissen)

(2) Wissenskompilierung (*knowledge compilation*): Das begriffliche Wissen wird im Handlungsmedium angewendet und es entsteht nach und nach prozedurales Wissen. Das deklarative Wissen (in Form von verbalisierbaren Regeln) dient immer noch als Steuerungshilfe. Nach und nach entstehen dabei größere Pakete prozeduralen Wissens (größere *chunks*); die Funktion des deklarativen Detailwissens zur Steuerung von Subprozeduren geht langsam zurück. Man vergisst das deklarative Wissen nach und nach.

(3) Automatisierung: Die Prozeduren oder Bewegungsabläufe werden durch weitere Wiederholungen zunehmend sicherer, flexibler, geschmeidiger ausgeführt. Die verbale Steuerung durch das deklarative Wissen fällt komplett weg (z.b. leises Vorsagen der einzelnen Schritte). Damit reduziert sich die Kapazität, die das Arbeitsgedächtnis für die Ausführung der Prozedur zur Verfügung stellen muss.

Auch Forschungen zu neuronalen Netzwerken haben gezeigt, dass sich im Gehirn keine „Regeln" befinden, wie dies beim Computer der Fall ist. Grammatikwissen wird beispielsweise durch eine Vielzahl von Beispielen erlernt und in komplexen neuronalen Netzwerken gespeichert (Spitzer 1996). Explizit verbalisierbare grammatische Regeln spielen entweder nur am Anfang des Fremdspracherwerbs eine Rolle und werden dann vergessen. Man könnte beim Spracherwerb beispielsweise komplett auf Grammatikwissen verzichten, wenn die Anzahl der dargebotenen Beispiele groß genug ist.

Bedeutung von Modellen für das Lernen von prozeduralem Wissen in sozio-kognitivistischen Ansätzen

Verhaltensweisen treten auf, ohne dass diese vorher von Kindern geübt worden wären und damit hätten verstärkt werden können. Dies lässt sich durch Beobachtungslernen erklären (Bandura 1977). Diese Lernform ist vor allem deshalb möglich, weil Menschen soziale Wesen sind und voneinander lernen können. Beim Beobachtungslernen spielen folgende Prozesse eine Rolle:

(1) Die Aufmerksamkeit ist auf ein Modell mit affektiver Valenz gerichtet, d.h. das Modell ist ein Vorbild oder sozial attraktiv. Das zu beobachtendes Verhalten des Modells muss zudem gut nachvollzogen werden können.

(2) Der Beobachtende muss eine interne Simulation des Handlungsablaufs erzeugen. Diese mentale Kodierung ist eine Kombination aus visueller Kodierung und teilweise schon motorischer Kodierung. Beim Zusehen werden bereits erste motorische Bewegungen in Ansätzen simuliert oder nachgeahmt (z.B. auch beim Spracherwerb werden Laute nachgeahmt). Ebenfalls können kurze verbale Äußerungen des Modells verbal kodiert werden (z.B. Kommentare zu Bewegungsabläufen).

(3) In einem dritten Schritt finden motorische Reduktionsprozesse statt: Der Lernende vollzieht den gesamten Handlungsablauf in der eigenen Vorstellungen. Dabei finden mentale, motorische Reduktionsprozesse statt, d.h. es wird ein übergreifendes Handlungsschema gebildet.

(4) Diese mentalen Abläufe werden durch das Modell stellvertretend verstärkt. Wenn das Modell die Handlung erfolgreich ausführt und der Lernende diese Handlung intern nachvollzieht, wird die interne Repräsentation der Handlung verstärkt.

(5) Wenn der Lernende nur die Fertigkeit selbst ausführt, kann die Lehrkraft gezielt Rückmeldungen geben und Teilbewegungen vormachen und damit modellieren (Reflexion der eigenen Handlung und erneute Reproduktion).

Die Theorie des Beobachtungslernens kombinierte behavioristische und kognitivistische Elemente. Verhaltensweisen werden stellvertretend verstärkt. Eine Verhaltensweise kann jedoch nur ausgeführt werden, wenn eine interne Repräsentation entsteht. Die Theorie des Beobachtungslernens ist für viele schulische Lernziele von Bedeutung (z.B. Vormachen von Turnübungen, Handgriffen, etc.). Allerdings gibt es mittlerweile auch Lehr-Lerntheorien, in denen Beobachtungslernen auf kognitive Prozeduren angewendet wird (z.B. Cognitive Apprenticeship, vgl. Abschnitt Lehr-Lerntheorien). Auch die Bedeutung der Imitation von Lauten für den Spracherwerb geht letztendlich auf Modellernen zurück (Goswami 2004).

Aufbau von deklarativem Wissen in der Kognitionspsychologie

In der kognitiven Lernpsychologie bedeutet Lernen zunächst einmal, dass vorhandene Wissensrepräsentationen (Schemata, semantische Netzwerke, mentale Modelle) verändert werden. Der Begriff Schemata stammt von Piaget und bezeichnet in seinem Theoriegebäude zunächst einmal einen „Handlungsplan" von Kleinkindern (Greifschema), der bei Bedarf der Umwelt neu angepasst werden kann (Akkommodation). Letztendlich werden damit auch Prozeduren als Schemata bezeichnet. In aktuellen Handbüchern bezeichnet man mit Schemata dagegen begriffliche Erkenntnisinstrumente (Begriffe, deklaratives Wissen). Unter semantischen Netzwerken versteht man ganze Verbünde von Schemata.

Beispielsweise beschreibt Aebli (1993, 2003) den Aufbau von Schemata durch die Teiloperationen des Verknüpfens, Verdichtens und Strukturierens. Die Prozesse des Verknüpfens und Verdichtens laufen beim Erwerb von Wissen aus Texten meist parallel ab. Verknüpfungen finden beispielsweise durch Verben oder andere relationale Verbindungen statt. Die Ketten verknüpfter Elemente werden dann zu Elementen höherer Ordnung verdichtet. Aebli nennt diesen Prozess Objektivierung, weil damit neue Objekte des Denkens entstehen, die dann wiederum für weitere Verknüpfungen zur Verfügung stehen. Grundlegende Vorstellungen zur Erklärung des Wissenserwerbs im Kognitivismus sind damit (Steiner 2001):

– Chunking: Zusammenfassen von Wissen zu Einheiten höherer Ordnung
– Verknüpfungen zwischen Schemata, Begriffen
– Strukturieren: Einordnen von Schemata in bereits vorhandene Ordnungsstrukturen
– Umstrukturieren/Konzeptwechsel: Vorhandene Schemata aufbrechen, neu ordnen, etc.

Unter *Chunking* versteht man das Zusammenfassen von einzelnen Informationen zu Einheiten höherer Ordnung. Erklärungen und Detailinformationen zu einem Thema werden zu einem Begriff zusammengefasst und damit verdichtet. Damit wird das Arbeitsgedächtnis entlastet, weil es im weiteren Verlauf nur noch den Begriff denken muss und nicht mehr alle darunter zu verstehenden Detailinformationen. Als Dekomposition bezeichnet man den Prozess des Wiederausfaltens der *chunks*, d.h. wenn man erneut über die Begriffsstruktur nachdenkt und diese durchläuft. *Chunking* hat seine neurophysiologische Entsprechung im Begriff der Kompression bzw. Abstraktion.

Verknüpfungen entstehen durch relationale Verbindungen zwischen einzelnen Begriffen (bzw. chunks). Dabei sind verschiedene Relationen möglich: kausal, implikativ (was für Säugetiere gilt, gilt auch für Wale), zeitlich, finale (um etwas zu erreichen), modale (Mittel zum Zweck). Lernen von neuem begrifflichem Wissen ist dann besonders erfolgreich, wenn die Lernenden bereits über Vorwissen verfügen und dies in der Lernsituation aktivieren können. Über die Aktivierung eines begrifflichen Knotens in einem semantischen Netzwerk werden angrenzenden Begriffe durch eine Erregungsausbreitung aktiviert. Es muss allerdings auch zu einer Elaboration der neuen Information kommen, d.h. ein aktives Verbinden neuer Information mit vorhandenen Netzwerkknoten oder ein mehrmaliges Durchgehen durch die neu entstandene Netzwerkstruktur. Ein Beispiel hierfür ist der Aufbau von numerisch-arithmetischen Netzwerken (Steiner 2001). Ausgehend von der Zahlinvarianz nach Piaget (Erkennen von Mengengleichheit und damit Bildung des Zahlbegriffs) können elementare Teile des numerisch-arithmetischen Netzwerkes gebildet werden: z.B. 2+3=5. Weitere Netzwerkknoten ergeben sich durch sog. iterative Nachbarschaften (Umkehraufgaben, naheliegende Zahlen: 2+4=6, Verdopplungen, etc.). Man muss das Prinzip einer Rechenoperation verstanden haben und sucht dann das Netzwerk nach naheliegenden Aufgaben ab.

Strukturieren: Der ganze Prozess muss allerdings von jemand angeleitet werden, der über einen Wissensvorsprung verfügt und den Prozess des Verknüpfens und Verdichtens strukturiert, d.h. in bereits vorhandene Ordnungsschemata integriert. Von großer Bedeutung für schulisches Lernen ist die Umstrukturierung von konzeptuellem Wissen, eine Idee, die auf den Begriff der Akkommodation von Piaget zurückgeht. Wenn kognitive Schemata nicht mehr in de Lage sind, die in der Umwelt wahrgenommenen Reize einzuordnen, zu erklären, besteht die Wahrscheinlichkeit der Neuordnung von kognitiven Schemata. In sog. Konzeptwechseltheorien (z.B. Posner et al. 1982) werden vier Bedingungen für die Umstrukturierung von deklarativem Wissen genannt:

1. Unzufriedenheit mit bestehenden Vorstellungen (dissatisfaction)
2. Das neue Konzept muss vorstellbar, verständlich sein (intelligible)
3. Die neue Vorstellung muss plausibel sein, d.h. es führt nicht zu Inkonsistenzen mit anderen Konzepten (plausible)
4. Das neue Konzept kann erfolgreich angewandt werden

Beim Konzeptwechsel kommt es jedoch nicht nur auf diesen ‚kalten', rationalen Prozess an, der im Prinzip der wissenschaftlichen Forschungslogik entspricht, sondern auch auf motivationale oder emotionale Faktoren wie Selbstwirksamkeitsüberzeugungen oder selbst gesteckte Lernziele (Pintrich, Marx & Boyle 1993).

Wissenserwerb und Gedächtniskapazität

Im Unterricht werden Schüler/innen oft mit zu vielen Reizen überfordert. Lehrer/innen erklären zu lange und zu kompliziert. Arbeitsmaterialien sind oft mit Bildern, Texten, Grafiken, Anweisungen überfüllt. Diese Fülle an Informationen kann dazu führen, dass Lernende den Arbeitsauftrag nicht verstehen, sich nicht auf das Wesentliche konzentrieren können. Aber auch die Lernumgebung kann so gestaltet sein, dass auf die Schüler/innen eine Flut an Sinnesreizen einströmt. Der psychologische Grund für diese Problematik ist die begrenzte Kapazität des Arbeitsspeichers. Wir können mit unseren Sinnesorganen sehr viele Reize gleichzeitig aufnehmen (Hören, Sehen, Fühlen, etc.). Allerdings müssen alle Reize durch das Nadelöhr unseres Arbeitsspeichers (Kurzzeitgedächtnis) und dieser kann lediglich ca. 5 bis 9 Wissenseinheiten gleichzeitig bearbeiten.

Der Beschränktheit unseres Kurzzeitgedächtnisses steht eine fast unbegrenzte Aufnahmekapazität des Langzeitgedächtnisses gegenüber. Wissen wird – im Gegensatz zum Kurzzeitgedächtnis – in das Langzeitgedächtnis durch eine mehrfache Reizung von Neuronennetzwerken eingelagert. Gedächtnisinhalte liegen zunächst in einer sehr instabilen Form vor (Kurzzeitgedächtnis), die durch Konsolidierung längerfristig abgespeichert werden können (Langzeitgedächtnis). Im Kurzzeitgedächtnis unterscheidet man noch einmal zwischen einem sensorischen Speicher (je nach Sinnesorgan) mit einer Speicherzeit von 1 bis 2 s (Ultrakurzzeitgedächtnis). In dieser kurzen Zeit finden Assoziationen mit anderen Reizen oder Gedächtnisinhalten statt. Das Kurzzeitgedächtnis hat eine Behaltensspanne von bis zu 30 s und eine begrenzte Speicherkapazität (Arbeitsgedächtnis). Das Langzeitgedächtnis hat eine unbegrenzt große Speicherkapazität. Im Langzeitgedächtnis finden ständig Reorganisationsvorgänge statt (vergleichbar mit der Datenkompression bei Computern).

Die Speichervorgänge zwischen Langzeit- und Kurzzeitgedächtnis unterscheiden sich vor allem hinsichtlich der neurophysiologischen Vorgänge. Beim Kurzzeitgedächtnis gibt es eine frühe Langzeitpotenzierung. Ein kurzer, hochfrequenter Reiz führt zur Erregung der nachgeschalteten Neuronennetzwerke für wenige Minuten bis max. zwei Stunden, jedoch nicht zu einer anatomischen Veränderung der Netzwerke. Inhalte des Langzeitgedächtnisses entstehen durch eine späte Langzeitpotenzierung. Eine Nervenzelle im Hippocampus reizt mehrfach im Abstand von einigen Minuten einen Neuronenverband im Cortex. Dabei kommt es zu anatomischen Veränderungen in den nachgeschalteten Neuronenverbänden (neue Synapsen entstehen, vorhandene Synpasen werden eliminiert).

Um die Speicherung von Wissen im Langzeitgedächtnis zu fördern, gelten folgende „Regeln" oder Hinweise für Übungsphasen als relativ gut bestätigt:

– Bedeutung von Schafphasen nach intensiven Übungsphasen: In Leichtschlafphasen sind die Hirnregionen, aktiv, die in den Übungsphasen aktiviert wurden.

– Prinzip des Überlernens: Auch wenn man eine Information behalten kann, steigert das nochmalige Wiederholen den Behaltenseffekt (overlearning)

– Spacing-Effekt: Verteiltes Lernen ist besser als zeitlich gehäuftes Lernen; Wieder-holungen in größeren Abständen sind wichtig

Effekte von langjähriger Erfahrung und Übung lassen sich direkt an den Hirnstruk-turen nachweisen. Bei Erwachsenen mit speziellen Fähigkeiten (Musiker, Taxifah-rer, etc.) sind die entsprechenden Gehirnregionen größer und vernetzter. Man kann sich diesen Effekt zu Nutze machen, indem man spezielle Gehirnregion schult, die für Lernbeeinträchtigungen (motorische Fähigkeiten bei Dyslexia) verantwortlich sind. Diese ungeheure Plastizität des Gehirns kann auch noch bei Erwachsenen nachgewiesen werden.

Neben dem Aufbau von Wissen spielt jedoch auch das Vergessen eine zentrale Rolle für Lernprozesse. Inhalte des deklarativen Gedächtnisses werden in der Regel nicht gelöscht, sondern wir finden sie einfach nicht mehr bzw. der Wiederabruf ist extrem erschwert. Durch verschiedene Techniken des Erinnerns (sich in eine Situation, Episode hineindenken, Erinnerungshilfen, Kontext wiederherstellen, etc.) können wir diese Inhalte wieder aktivieren. Je mehr „Anknüpfungspunkte" ein Inhalt hat, desto eher können wir ihn behalten. Beim prozeduralen Gedächtnis können Inhal-te (Fertigkeiten) nicht schlagartig verschwinden (man kann auch nach langer Zeit wieder auf ein Rad aufsteigen). Sie können höchsten abgeschwächt werden, wenn man sie sehr lange nicht mehr ausübt.   ,

2.4 Bedeutung von Emotionen und Lernmotivation

Sowohl behavioristische als auch kognitivistische Lerntheorien blenden zum Teil die motivationalen und emotionalen Grundlagen des Lernens aus bzw. tragen nicht zu einer umfassenden Darstellung der Bedeutung von Emotionen und Motivation bei. Lernen, Emotion und Motivation sind allerdings untrennbar miteinander ver-bunden. Ein zentrales Thema und Anliegen der neurowissenschaftlichen Lernfor-schung ist gerade die Relevanz von Emotionen für Lernprozesse. Neuere Entwick-lungen in der kognitiven Psychologie versuchen dann auch, die emotionalen und motivationalen Grundlagen des Wissenserwerbs zu modellieren (z.B. Bedeutung von Emotionen für conceputal change). In diesem Abschnitt soll die Bedeutung von Emotionen und Lernmotivation für Prozesse des Wissenserwerbs angedeutet werden. Es werden vor allem Konsequenzen für die motivationsfördernde Gestal-tung von Lernumgebungen zusammengefasst.

Unter dem Einfluss von Angst und Ärger kann ein Mensch nicht effizient lernen (z.B. Goswami 2004; Hille 2006; Spitzer 2009; Roth 2011). Die Abspeicherung von Wissen hängt deutlich von den begleitenden Emotionen beim Lernen ab. Emo-tionen dürfen jedoch nicht zu intensiv sein, sie belasten vor allem die kurzfristige Behaltensleistung des Arbeitsgedächtnisses. Positive Emotionen unterstützen eher die Erinnerungsleistung als negative. Das Erinnern von episodisch-biographischen

Inhalten kann eher durch Emotionen unterstützt werden als das Erinnern von Faktenwissen.

Neurophysiologisch wurden die Effekte von Emotionen auf Lernprozesse sehr gut dokumentiert. Negative Emotionen (v.a. Angst) aktivieren den Mandelkern (Amygdala), der für die Bewertung der Gefährlichkeit einer Situation zuständig ist und eine Fluchtreaktion auslösen kann. Stress dagegen ist ambivalent. Er kann einerseits nötige Ressourcen für eine Leistung mobilisieren. Andererseits ist ein zu hoher Stresspegel kontraproduktiv für kreative Leistungen. Das limbische System (bestehend aus Amygdala und Hippocampus) hat starke Verbindungen mit dem Frontalhirn, das für logisches Denken zuständig ist, und organisiert die Enkodierung von deklarativem Wissen. Bei einer sehr bedrohlichen Information blockiert die Amygdala das logische Denken und aktiviert körperliche Reaktionen zur Vorbereitung einer kritischen Überlebensreaktion (Flucht oder Angriff). Positive Emotionen aktivieren dagegen den Hippocampus, der als Eingangspforte für das Langzeitgedächtnis bezeichnet werden kann.

Ebenfalls empirisch gut belegt sind Effekte von Emotionen und Stimmungen auf Problemlöseprozesse. Dabei zeigt sich immer wieder, dass Aufgaben, die eine kreative Problemlösestrategie erfordern, bei guter Stimmung besser bewältigt werden. Isen, Daubman & Nowicki (1987) stellten ihren Probanden die „Duncker'sche Kerzenaufgabe". Sie bekamen dazu eine Streichholzschachtel, Reißnägel und eine Kerze, die an der Wand so befestigt werden musste, dass während des Brennens kein Wachs herunter tropfen kann. Dies gelingt nur dann, wenn man die Schachtel als Kerzenhalter zweckentfremdet und mit dem Reißnagel waagrecht an die Wand heftet. Die Aufgabe wurde Probanden vorgelegt, die mit Filmen entweder in eine heitere, eine neutrale oder eine traurige Stimmung versetzt wurden. Bei heiterer Stimmung fanden 75 Prozent der Probanden die richtige Lösung. Bei neutraler oder trauriger Stimmung sank die Lösungsquote dagegen auf 20%.

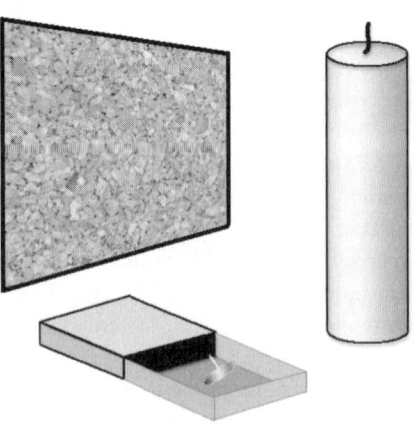

Emotionen in Lehr-Lernsituationen hängen natürlich auch sehr eng mit dem Verhältnis der Lernenden zu den Lehrpersonen zusammen. Menschen sind in der Lage, die Glaubwürdigkeit einer Person anhand der Gesichtsmimik in Sekundenschnelle einzuschätzen (Der erste Eindruck zählt). Neurobiologisch spielt hier auch wieder die Amygdala (als emotionales Zentrum) eine wichtige Rolle (Roth 2011). Vor allem bei sehr unglaubwürdigen Gesichtsausdrücken ist sie in hohem Maße aktiviert. Sowohl eine zynisch-abschätzige Haltung als auch Unterwürfigkeit und Anbiederung werden von den Lernenden sofort intuitiv erkannt. Die inneren Einstellungen den Schüler/innen gegenüber können auch kaum überspielt werden; Gesichtsausdruck, Körperhaltung, Sprachmelodie, etc. senden tausende von Einzelsignalen aus, die vom Gegenüber parallel verarbeitet werden können.

Der amerikanische Psychologe Csikszentmihalyi (1975, 1992) beschreibt unter dem Begriff „flow" einen motivational optimalen Erlebniszustand, in dem Personen bestimmte Aktivitäten (v.a. auch Freizeitaktivitäten) ausführen und sich dabei ganz auf die Aufgabe bzw. die Zielsetzung der Aktivität konzentrieren. Es werden weder starke positive noch negative Emotionen erlebt. Im Zentrum steht die Freude an einer Tätigkeit. Flow wird dabei als das Gegenteil von Langeweile verstanden (Csikszentmihaly & Schiefele 1993).

Als Voraussetzungen für flow-Erleben werden vor allem die optimale Passung zwischen Fähigkeit der Person und wahrgenommener Aufgabenschwierigkeit genannt. Sobald die Fähigkeit im Zuge der Ausführung einer bestimmten Lernhandlung ansteigt, kommt Langeweile auf und der angenehme flow-Zustand wird unterbrochen. Der/die Schüler/in braucht wieder eine schwierigere, seinem veränderten Fähigkeitsniveau angepasste Lerntätigkeit. Ein zu hoch angesetztes Schwierigkeitsniveau verhindert ebenfalls das Zustandekommen von ‚optimalen Erfahrungen' und führt zu Angst. Die Beschreibung eines flow-Kanals zwischen Angst und Langeweile führt exakt zu der von der klassischen Leistungsmotivationsforschung ebenfalls aufgestellten Forderung nach einer optimalen Passung zwischen Herausforderungen durch eine Aufgabenstellung und den vom/von Schüler/innen wahrgenommenen Fähigkeiten.

Eine weitere Bedingung für flow sind Zielsetzungen und Rückmeldungen. Gibt es eine klare Zielsetzung und ermöglicht die Handlung ständige Rückmeldungen, in welchem Umfang das Ziel bereits erreicht wurde? Ein Bergsteiger zum Beispiel hat ein klares Ziel vor Augen und bekommt zu jedem Zeitpunkt die entsprechende Rückmeldung, ob seine Klettergriffe richtig sitzen und er entsprechend vorwärts kommt. Für den Unterricht heißt dies, dass den Schüler/inne/n klare Ziele ihrer Lernhandlungen vor Augen stehen sollten. Was lerne ich in welcher Zeit und warum? In der Regel werden Aufgaben ja erledigt, weil sie die Lehrkraft gestellt hat. Auch die Möglichkeiten einer ständigen informativen Rückmeldung während der Bearbeitung von schulischen Aufgaben ist in den wenigsten Fällen gegeben. Erfährt der/die Schüler/in bereits nach kurzer Zeit, ob er/sie auf dem richtigen Weg ist oder nicht, erfährt er/sie ein Gefühl der Kontrolle über die eigenen Handlungen. Ebenso ist *flow* durch Aufmerksamkeitsfokussierung und Ausblenden störender Reize gekennzeichnet. Neurophysiologische Untersuchungen ergaben einen Zusammenhang zwischen der Fähigkeit, seine Aufmerksamkeit zu fokussieren und der Neigung zu *flow*-Erlebnissen. Die Fähigkeit, äußere Reize auszublenden und sich ganz und gar der begonnene Aktivität zu widmen, ist von Person zu Person äußerst unterschiedlich. Vor allem nervöse oder hyperaktive Schüler/innen kämpfen damit, sich auf Lerntätigkeiten zu konzentrieren. Für das Unterrichtsmanagement der Lehrkraft lässt sich daraus die Hypothese ableiten, dass ein hoher Lärmpegel, ständige Unterbrechungen oder Störungen garantiert *flow*-hinderlich sind und durch eine disziplinierte Klassenführung möglichst vermieden werden sollten.

Eine Befragung von Schüler/innen an amerikanischen *High schools* zeigte zudem, dass auch Lehrer/innen als flow-Vorbilder zu einem motivierenden Lernen beitragen können (Csikszentmihalyi & McCormack 1986). Die in der Studie beschriebenen Lehrkräfte entwickelten ein persönliches Interesse an den Schüler/innen und kümmerten sich um deren Lernprozesse. Auf diese Weise lernten die Lehrer/innen ihre Zöglinge näher kennen und konnten ihnen Aufgaben geben, die auf die individuellen Fähigkeiten zugeschnitten waren. Zu der bereits weiter oben beschriebenen Passung von Fähigkeit und Herausforderung kam noch hinzu, dass die Lehrer/innen selbst Spaß am Unterrichten hatten und für die Schüler/innen somit ein *flow*-Vorbild waren.

3 Befunde der Lehr-Lernforschung

Das vorausgehende Kapitel zeigt, dass man bereits sehr viel über individuelle Lernprozesse und deren Bedingungen weiß. Vor allem die Lernpsychologie liefert ein stabiles Fundament für die Gestaltung von Lehr-Lernprozessen. Ein Nachteil der lernpsychologischen und vor allem auch der neurobiologischen Erkenntnisse ist allerdings, dass sie überwiegend in Laborsituationen gewonnen wurden. Lernprozesse in Schulen unterliegen zwar immer noch den grundlegenden lernpsychologischen Gesetzmäßigkeiten, werden aber von weitaus mehr Kontextbedingungen beeinflusst (z.B. Klassenzusammensetzung, Lehrer/innen/verhalten, Ausstattung, etc.). Man kann also nicht direkt von lernpsychologischen Erkenntnissen und Studien auf Unterricht schließen. Wesentlich näher am realen Unterrichtsgeschehen arbeitet jedoch eine Forschungsrichtung, die man als Lehr-Lernforschung bzw. Unterrichtsforschung bezeichnet. Lehr-Lernforschung ist zunächst einmal ein allgemeines Forschungsprogramm der pädagogischen Psychologie sowie der empirischen Bildungsforschung, um Voraussetzungen, Prozesse und Ergebnisse menschlichen Lernens in beliebigen Lehr-Lernsituationen zu erforschen. Unterrichtsforschung ist der speziell auf den institutionellen Kontext Schule bezogene Teil der Lehr-Lernforschung (Lüders & Rauin 2008).

Die schulbezogene Lehr-Lernforschung kann auf eine jahrzehntelange Tradition zurückblicken. Die ersten großen Unterrichtsstudien wurden in den 1960er und 1970er Jahren in den USA durchgeführt. Äußerst pessimistische Befunde über die Effektivität von Schule gelten als Initialzündung für die genauere Betrachtung von Unterrichtseffekten. Bildungssoziologen kamen zu dem Ergebnis, dass der Einfluss des Schulunterrichts auf Schülerleistungen im Vergleich zum sozioökonomischen Hintergrund vernachlässigbar gering ist (Coleman et al. 1966; Jencks et al. 1972). Die Varianzaufklärung der Schulleistung durch Unterricht war in diesen Studien gerade mal 3%. Die Varianzaufklärung der Schulleistung durch den familialen Hintergrund betrug dagegen 50%. Damit stellte sich die berechtigte Frage, ob sich höhere Bildungsinvestitionen überhaupt lohnen?

Die Gegenreaktion war von einem pädagogischen Überoptimismus geprägt. Mit besseren Forschungsmethoden wollte man nachweisen, dass Unterricht sehr wohl die Schülerleistungen beeinflussen kann. Bloom (1974) argumentierte, dass sogar eine enorme Steigerung der Schulleistung möglich ist, wenn wissenschaftlich erprobte Konzepte im Unterricht zur Anwendung kommen (z.B. *Mastery Learning* und *Tutoring*). In Deutschland proklamierte Heinrich Roth in den 1960er Jahren zwar auch eine „empirische Wende", allerdings entstand eine empirische Lehr-

Lernforschung auf internationalem Niveau erst in den 1990er Jahren. Mittlerweile gehört die empirische Lehr-Lernforschung auch in Deutschland zum Standardrepertoire der fachdidaktischen und erziehungswissenschaftlichen Forschung. Auf internationaler Ebene kann man auf einen umfangreichen Korpus an empirischen Forschungsergebnissen zu effektivem Unterrichten und effektivem Lehrer/innen/verhalten zurückgreifen.

3.1 Exemplarische Studien der Lehr-Lernforschung

In diesem Abschnitt werden ausgewählte Studien (Klassiker) der empirischen Lehr-Lernforschung kritisch besprochen. Ziel ist es, an diesen Beispielen die Arbeitsweise der empirischen Lehr-Lernforschung kennenzulernen. Diese forschungsmethodologischen Einblicke sind nicht zuletzt wichtig, um Übersichtsartikel, Metaaalysen und praktische Konsequenzen der Lehr-Lernforschung (z.B. Unterrichtsbeobachtungsbögen) besser verstehen zu können. Die hier vorgestellten Studien werden chronologisch angeordnet, um den methodologischen Fortschritt in der Unterrichtsforschung nachvollziehen zu können.

Beispiele für Studien im frühen Prozess-Produkt-Paradigma

Die Arbeiten von Flanders oder Brophy gehören zu den wichtigsten Studien des frühen Prozess-Produkt-Paradigma vor den 1970er Jahren (vgl. Literaturübersicht von Brophy & Good 1986). Flanders (1970) entwickelte ein Kategoriensystem zur Beobachtung von Lehrer/innen/verhalten, speziell des Kommunikationsverhaltens von Lehrkräften. Seine Forschungsfrage war, ob indirekte Verhaltensweisen (Loben, Schüler/innen verstärken, Schüler/innen/ideen aufgreifen) zu einem höheren Lernerfolg führen als direktives Lehrer/innen/verhalten. Hierzu wurden Klassen in verschiedenen Fächern und Jahrgangsstufen zunächst einmal hinsichtlich ihrer Eingangsvoraussetzungen (Schülerleistungen, Einstellungswerte) untersucht. Anschließend wurde das Interaktionsverhalten der Lehrkräfte in drei Unterrichtsstunden mit Hilfe eines niedrig-inferenten Beobachtungsinventars kategorisiert. Es musste ein einheitlicher, nicht im Curriculum verankerter Inhalt unterrichtet werden musste, um Vorwissenseffekte zu minimieren.

Das Beobachtungsinventar von Flanders basiert auf einer Zeitstichprobe: Alle drei Sekunden mussten die Beobachter das Lehrer/innen/verhalten bzw. die Schüler/innen/reaktionen in eine der 10 Kategorien einordnen. Als indirektes Lehrer/innen/verhalten galten bei Flanders „accept feelings", „praises and encourages", „uses pupil ideas". Direktes Lehrer/innen/verhalten wurde operationalisiert durch „gives directions", „criticizes, justifies" und „authority". Weitere Kategorien für Lehrer/innen/verhalten waren „ask questions" und „lectures". Diese wurden weder als direkt

noch indirektes Verhalten gewertet. Schüler/innen/verhalten wurde kategorisiert in „pupil talk, response", „pupil talk, initiate" und „silence, confusion".
Flanders setzte dieses Beobachtungsinventar in einer Serie von Studien ein. Folgende Befunde konnten in diesen Studien bestätigt werden:
(1) Lehrer/innen reden sehr viel in einer Unterrichtsstunde (im Schnitt ca. 2/3 der Zeit), dennoch gibt es keine Anzeichen dafür, dass dies dem Lernerfolg schaden würde. Die Kategorie „teacher talk" korrelierte in allen Studien positiv mit Schülerleistungen und Einstellungen.

(2) Die Hypothese von Flanders wird tendenziell bestätigt: eher positive Effekte auf Leistung und Einstellungen bei indirektem Lehrer/innen/verhalten, eher negative bei direktem Lehrer/innen/verhalten. Allerdings finden sich diese Zusammenhänge nicht in den unteren Klassen. Eine mögliche Erklärung ist, dass gerade in unteren Jahrgangsstufen die Einübung von Routinen (Rechnen, Lesen) im Vordergrund steht und ein eher indirektes Lehrer/innen/verhalten hier weniger lernförderlich ist. Dagegen in höheren Klassen kognitiv anspruchsvolleres, konzeptuelles Lernen stattfindet und dies eher von indirektem Lehrer/innen/verhalten unterstützt wird.

(3) Negative Korrelationen mit direktem Lehrer/innen/verhalten sind tendenziell stärker und eher signifikant als die positiven Zusammenhänge bei indirektem Lehrer/innen/verhalten.

(4) Das Flexibilitätsmaß als Indikator dafür, wie gut eine Lehkraft sein Interaktionsverhalten an eine Klasse anpassen kann, korreliert tendenziell positiv mit den Einstellungen und den Schülerleistungen.

Kann man daraus schließen, dass ältere Schüler/innen durch indirektes Lehrer/innen/verhalten mehr lernen? Brophy und Good (1986) denken, dass diese Schlussfolgerung problematisch ist und diskutieren die Grenzen dieser Studie:
– Es handelt sich um Korrelationsstudien, d.h. es ist nicht klar was Ursache und Wirkung ist. Es könnte auch sein, dass eine Lehrkraft in einer Klasse mit hohen Leistungen eher indirekt unterrichtet.
– In experimentellen Studien konnte man den Effekt von indirektem Lehrer/innen/verhalten auf Schüler/innen/leistungen nicht replizieren.
– Ein weiteres Problem ist, dass der zeitliche Umfang des als indirekt klassifizierten Lehrer/innen/verhaltens sehr gering ist im Vergleich zu den anderen Kategorien: teacher talk, lecturing. Diese Verhaltensweisen wurden jedoch nicht näher spezifiziert oder sogar qualitativ analysiert.
– Disziplinarische Interaktionen (z.B. Ermahnen) wird bei Flanders als direktes Lehrer/innen/verhalten kodiert. Somit entsteht ein systematischer Fehler. Klassen mit mehr verhaltensauffälligen Schüler/inne/n erhalten höhere Werte in den Kategorien für direktes Verhalten und haben in der Regel auch schlechtere Leistungs- und Einstellungsergebnisse.

Trotz dieser Kritik sieht man an der Studie von Flanders, auf welch hohem Niveau bereits in den 1970er Jahren empirische Lehr-Lernforschung betrieben wurde. Ebenso wurden dort schon wichtige Einsichten über effektiven Unterricht herausgearbeitet, die durch spätere Studien bestätigt oder verfeinert wurden.

Erste Videostudien in der deutschen Unterrrichtsforschung TIMSS-Videostudien 1995 und 1999

Die TIMSS-Video Studien können als erste länderübergreifende, quasi-experimentelle Studien in der Unterrichtsforschung bezeichnet werden. Die erste TIMSS-Videostudie (1995) ist für die deutschsprachige Unterrichtsforschung deshalb von hoher Relevanz, weil hier Deutschland erstmals an einer großen, internationalen, empirischen Unterrichtsstudie teilnahm (Klieme, Knoll & Schümer 1998). Die Forschungsfrage der Studie ergab sich aus der TIMS-Studie (Third International Mathematics and Science Study). Diese erste internationale Schulleistungsstudie im Bereich Naturwissenschaften und Mathematik führte zu ernüchternden Befunden für Deutschland aber auch den USA (Baumert et al. 1997). Schüler/innen aus ostasiatischen Ländern (v.a. Japan) erzielten weitaus bessere Leistungen. In einer Videostudie wollte man nun der Frage nachgehen, ob diese deutlichen Leistungsunterschiede am Unterricht liegen oder eher auf die kulturellen Differenzen (Leistungsorientierung, Hausaufgabenbetreuung, etc.) zurückgeführt werden können.

In den USA, Japan und Deutschland wurden deshalb jeweils 50 bis 100 Unterrichtsstunden in Mathematik in den Jahrgangsstufen 7/8 videografiert. Die Aufnahmen der insgesamt 231 Klassen wurden systematisch nach den methodisch-didaktischen Strategien der Lehrkräfte ausgewertet (Klieme, Knoll & Schümer 1998). Dabei gelang es, Besonderheiten des japanischen Mathematikunterrichts im Vergleich zum deutschen bzw. amerikanischen Mathematikunterricht für die Leistungsunterschiede verantwortlich zu machen (Baumert & Klieme 1997; Stigler & Hiebert 1997). Besonders auffallend sind sowohl kulturell bedingte Unterschiede in der Lehrer/innen-Schüler/innen-Interaktion (Formelle Begrüßung und Verabschiedung; Rollenkonformität z.B. schnelle Gruppenbildung) als auch didaktisch-methodische Unterschiede (gut vorbereitete Lehrkräfte, Tafel als Medium mit Überschriften oder graphischen Darstellungen auf Papier, gut strukturierte Arbeitsphasen, in denen Lehrkräfte beraten oder helfen; ausführliche Besprechung von Schüler/innen/leistungen mit Notizen zu den verschiedenen Lösungen und Leistungen). In einer Zusatzstudie wurden die Unterrichtstranskripte von fachdidaktischen Experten blind beurteilt. Die Experten attestierten dem japanischen Unterricht ebenfalls einen gut strukturierten Unterricht auf hohem Niveau. Die kategoriengeleitete Analyse der Unterrichtsvideos kam zu folgenden Unterschieden:

In Japan werden eher anspruchsvolle Lernziele im Unterricht verfolgt (Mathematisches Verständnis im Vergleich zu D, USA: Mathematische Fertigkeiten). In Deutschland wurde fast ausschließlich fragend-entwickelnd unterrichtet, während in Japan problemorientiert gearbeitet wurde. Offensichtlich gibt es in Japan mehr Lehrer/innen als in Deutschland oder den USA, die Wert darauf legen, dass ihre Schüler/innen sich nicht mit einer Aufgabenlösung zufrieden geben, sondern über verschiedene Lösungsmöglichkeiten nachdenken, mit anderen Worten, denen es wichtiger ist, dass ihre Schüler/innen flexibel mit mathematischen Konzepten umgehen, als dass sie einen Lösungsalgorithmus anwenden und ein korrektes Ergebnis vorlegen können. Auch in Übungs- und Anwendungsphasen scheint es den Japanern weniger als den amerikanischen und deutschen Lehrer/innen darum zu gehen, dass ihre Schüler/innen Routine in der Bewältigung bestimmter Typen von Aufgaben erlangen. So gibt es unter den japanischen Mathematikstunden relativ viele mit Übungs- und Anwendungsphasen, die die Schüler/innen zu erneutem Nachdenken zwingen, weil die Komplexität der zu lösenden Aufgaben zunimmt.

Die TIMSS-Videostudie regte eine Vielzahl weiterer Videostudien sowohl international (TIMSS Video 1999) als auch im deutschsprachigen Raum (z.B. Pauli et al. 2008) an. Vor allem der Umgang mit Aufgaben im Unterricht und das kognitive Potenzial von Schulbuchaufgaben wurden nach der TIMSS-Videostudie verstärkt thematisiert (z.B. BLK-Projekt SINUS zur Aufgabenkultur). Man sollte allerdings nicht unerwähnt lassen, dass die Kritik an wenig anspruchsvollen Aufgabenstellungen bereits lange vor TIMSS in der internationale Curriculumforschung diskutiert wurde (Doyle 1992). Viele der in Studien beobachteten Aufgaben im Mathematik-, Englisch und naturwissenschaftlichen Unterricht in Sekundarstufen konnten durch bekannte Routinen und Informationen bearbeitet werden. Anspruchsvollere Aufgaben (Sachaufgaben, Textinterpretation, ...) wurden in einer Art und Weise prozeduralisiert, dass die Arbeit der Schüler/innen mit diesen Aufgaben ebenfalls nur einen geringen kognitiven Anspruch hatte.

Beispielstudie im Rahmen von PISA

Auch die PISA-Studien wurden genutzt, um Unterrichtsforschung zu betreiben. Als Beispiel wird hier die PISA-I-Plus Längsschnittstudie (Prenzel et al. 2006) herausgegriffen. Die PISA 2006 Erhebung in Deutschland wurde genutzt, um die Leistungsentwicklung in Mathematik mit Merkmalen des Unterrichts in Verbindung zu bringen. Die 2006 in PISA getesteten 15-jährigen (in Klasse 9) wurden ein Jahr später (Klasse 10) in einer Zusatzstudie noch einmal in Mathematik getestet. Damit entstand im Vergleich zur eigentlichen PISA-Studie eine echte Längsschnittstudie mit einer für Deutschland repräsentativen Stichprobe mit ca. 5000 Schülerinnen und Schüler aller Schularten. Merkmale des Unterrichts in den untersuchten Schulklassen wurden mit unterschiedlichen Instrumenten erfasst:

– Die von den Mathematiklehrkräften eingesetzten Unterrichtsaufgaben wurden mit einer Dokumentenanalyse hinsichtlich ihres Anspruchsniveaus analysiert (Modellieren, Argumentieren, etc.). Die Arbeitsmaterialien (Schulbücher, Arbeitsblätter, Hausaufgaben) der Lehrkräfte wurden eingesammelt und ausgewertet.

– Weitere Aspekte des Unterrichts wurden mit Schüler/innen- und Lehrer/innen-fragebögen erfasst: Unterrichtsstörungen, Zeitnutzung, Umgang mit Fehlern, individuelle Unterstützung, etc.

Die verschiedenen Indikatoren zur Beschreibung des Unterrichts wurden nun herangezogen, um die Veränderung in der Mathematikleistung von Klasse 9 zu Klasse 10 zu erklären. Die wesentlichen Ergebnisse sind:
– Je besser die Mathematikleistung in Klasse 9 (als Indikator für das Vorwissen) desto anspruchsvoller ist die Aufgabenauswahl, die Lehrkräfte in Klasse 10 ihren Schüler/innen vorlegen.
– Das Vorwissen der Schüler/innen (Mathematikleistung in 9) wirkt sich jedoch nicht auf das Klassenmanagement und die Unterstützung aus.
– Das kognitive Potenzial der Mathematikaufgaben in Klasse 10 und die Klassenführung wirken sich positiv auf die Mathematikleistung der Schüler/innen aus.
– Die konstruktive Unterstützung hat keinen Effekt auf die Mathematikleistung.

Wie lassen sich diese Ergebnisse einordnen und bewerten? Die Studie zeigt zunächst einmal wieder die Bedeutung von Aufgabenstellungen für den Mathematikunterricht (vgl. TIMSS-Videostudie). Lehrkräfte orientieren sich bei ihrer Aufgabenauswahl zudem am Vorwissen der Schüler/innen. Je besser eine Klasse bereits ist, desto anspruchsvollere Aufgaben können gelöst werden und desto mehr wird in der 10. Klasse gelernt.

Klassenführung und das Ausmaß der konstruktiven Unterstützung einzelner Schüler/innen hängt dagegen nicht vom Vorwissen der Schüler/innen ab, d.h. hier reagieren die Lehrkräfte nicht adaptiv. Beide Unterrichtsmerkmale hängen wohl eher mit grundlegenden pädagogisch-didaktischen Einstellungen bzw. Routinen der Lehrkräfte zusammen. Bedeutsam ist jedoch die Wirkung der Klassenführung auf die Mathematikleistung am Ende der 10. Klasse. Dieser Befund bestätigt bisherige Studien zur Klassenführung. Es zeigt sich immer wieder, dass Klassenmanagement (v.a. Störungsreduktion und Unterrichtsquantität) ein wesentlicher Prädiktor für Schülerleistungszuwächse ist.

Kontraintuitiv ist dagegen der nicht signifikante Effekt von konstruktiver Unterstützung auf Mathematikleistung. Bedeutet dies, dass ein unterstützendes Lehrer/inenn/verhalten keine Auswirkungen auf Schülerleistungszuwächse hat? Hier gibt es Parallelen beispielsweise zur Flanders-Studie, die zeigte, dass sich ein indirekter, den Schüler/innen wertschätzender Interaktionsstil zwar auf motivationale Variablen (Einstellungen zu Schule) auswirkt, jedoch nicht unbedingt auf Leistungsindikatoren. Eine weitere parallele besteht zur BIJU-Studie. Auch dort korrelieren Individualisierung und Schülerpartizipation keineswegs positiv mit Leistungsentwicklung. Diese Befunde könnten aber auch Artefakte der Forschungsmethode sein. Es ist anzunehmen, dass gerade in leistungsschwachen Klassen Lehrkräfte eine konstruktive Unterstützung und Individualisierung praktizieren und dennoch nie die Leistungszuwächse von leistungsstarken Schulklassen erreichen.

Beispielstudie zum naturwissenschaftlichen Unterricht

Bei der dritten PISA-Studie lag der Schwerpunkt auf dem naturwissenschaftlichen Unterricht. Für die Unterrichtsforschung ist einer deutschlandspezifischen Zusatzstudie von Interesse (Prenzel et al. 2008). Die in PISA getesteten Schüler/innen wurden per Fragebogen zu Merkmalen des naturwissenschaftlichen Unterrichts befragt. Mithilfe von Clusteranalysen konnten drei verschiedene Typen von naturwissenschaftlichem Unterricht identifiziert werden:

(1) Globale Aktivität (ca. 13 % der Klassen): Die Schüler/innen in diesen Klassen geben an, dass sie eigene Experimente entwickeln und durchführen dürfen. Sie sollen Schlüsse daraus ziehen, ihre Ideen erklären. Die Lehrer/in macht ihnen zudem die Welt außerhalb der Schule verständlich.

(2) Kognitiv fokussierte Aktivität (55% der Klassen): Die Schüler/innen dieser Klassen geben an, dass sie kaum eigene Experimente durchführen dürfen. Dagegen sollen sie Schlussfolgerungen aus den Experimenten ziehen und eigene Ideen erklären. Auch hier macht der/die Lehrer/in die Welt außerhalb der Schule anhand von naturwissenschaftlichem Wissen verständlich.

(3) Traditioneller Unterricht (32% der Klassen): Nach Angaben der Schüler/innen ist in diesen Klassen die Häufigkeit von Schülerexperimenten gering und Schüler/innen bekommen eher wenig Gelegenheit, eigene Ideen zu erklären und Schlussfolgerungen zu ziehen. Die Welt außerhalb der Schule wird in diesen Klassen nur in geringem Maße verständlich gemacht.

Anhand der PISA-Leistungstests in Naturwissenschaften konnte man die drei Gruppen in Hinblick auf ihre Leistung vergleichen. Prenzel et al. (2008) berichten hierzu folgende Befunde:
– Länderunterschiede in Hinblick auf die drei Unterrichtsmuster sind erkennbar. Beispielsweise ist traditioneller Unterricht in Bayern, Mecklenburg-Vorpommern, Sachsen-Anhalt und Thüringen besonders häufig.
– Die drei Unterrichtsmuster hängen systematisch mit den Testleistungen in PISA zusammen. Am leistungsstärksten sind die Schüler/innen in Klassen mit kognitiv aktivierendem Unterrichtsmuster. Danach folgen Klassen mit traditionellem Unterricht. Schlusslicht bilden Schüler/innen aus Klassen mit globaler Aktivität.
– In Gegensatz zur Leistung sind Schüler/innen in den Klassen mit globaler Aktivität im Schnitt am höchsten motiviert. Am geringsten motiviert sind Schüler/innen im traditionellen Unterricht. In neun Bundesländern sind die Unterschiede in der Schülermotivation zwischen den Mustern globale Aktivität und kognitiv fokussierte Aktivität nicht signifikant.

Diese Befunde stellen stark handlungsorientierte Vorstellungen von naturwissenschaftlichem Unterricht zunächst einmal grundlegend in Frage. Es kommt anscheinend auf die kognitive Aktivierung an und nicht auf Aktionismus. Prenzel et al.

(2008, 20) interpretieren diesen Befund wie folgt: „Dass der naturwissenschaftliche Unterricht hier eine wichtige Rolle spielen kann, belegen die Analysen der Unterrichtsmuster: Ein traditioneller Unterricht mit wenigen Experimenten und wenigen Gelegenheiten, eigene Ideen einzubringen und umzusetzen, muss in den Leistungsergebnissen nicht schlecht sein, gefährdet aber die Motivation und das Interesse. Andererseits befördert ein Unterricht mit vielen Hands-on-Aktivitäten, Diskussionsphasen und Anwendungsbeispielen zwar die Motivation, gelangt aber in beschränkter Unterrichtszeit nicht zur kognitiven Durchdringung und Sicherung des Verständnisses. Es kommt also auf die Mischung und lernorientierte Fokussierung der Unterrichtsaktivitäten an, um Wissen und Interesse zu fördern."

Beispielstudie zum Fremdspracherwerb: DESI

Die DESI-Studie Deutsch-Englisch-Studie International (z.B. Klieme et al. 2006) ist ebenfalls eine *large-scale*-Studie und erfasste Kompetenzen im Deutsch und Englischunterricht (Lesen, Hörverstehen, mündlicher Sprachgebrauch, Schreiben) in der Sekundarstufe über den Zeitraum eines Schuljahres (9 bis 10). Für die Lehr-Lernforschung ist DESI interessant, weil zusätzlich umfangreiche Daten (Schülerbefragungen, Videobeobachtungen) zum Unterricht in den Klassen der getesteten Schüler/innen erfasst wurden. Damit können gemäß dem Prozess-Produkt-Paradigma Leistungszuwächse (z.B. in Englisch-Hörverstehen) mit den Unterrichtsqualitätsmerkmalen in Verbindung gebracht werden. Diese Rückschlüsse sind unter anderem auch deswegen möglich, weil DESI längsschnittlich angelegt ist, d.h. man erklärt die tatsächlichen Kompetenzzuwächse. Zweitens wurden umfangreiche soziografische Daten erfasst, um den hohen Einfluss des sozialen Hintergrunds berücksichtigen zu können. Besonders zuverlässig sind auch die erfassten Unterrichtsmerkmale. Videobeobachtungen haben den Vorteil, dass man das Urteil von Beobachtern überprüfen kann bzw. Videobeobachter schulen kann. Damit können Unterrichtsmerkmale recht zuverlässig gemessen werden.

Die Ergebnisse der DESI-Videostudie zu Zusammenhängen zwischen Unterricht und Hörverstehensleistungen fassen Klieme et al. (2006) wie folgt kurz und knapp zusammen: „In erfolgreichen Klassen
– kommen Schülerinnen und Schüler häufig zum Sprechen (Verteilung der Sprechanteile)
– warten Lehrerinnen und Lehrer mindestens 3 Sekunden auf Schülerantworten
– ist bei Unterrichtsgesprächen Englisch die überwiegende Unterrichtssprache
– erhalten Schülerinnen und Schüler Gelegenheit zur Selbstkorrektur ihrer Fehler
– gibt es vergleichsweise wenige „Ein-Wort-Sätze" – kommt es zu Lehrer/innen-Schüler/innen-Dialogen (mehrere Gesprächsstationen, über einfache Frage-Antwort-Sequenzen hinaus)

Erfolgreicher Unterricht (bezogen auf Hörverstehens-Zuwachs) ist damit gekennzeichnet durch intensive Zeitnutzung und eine ausgeprägte Aufgabenorientierung, Störungsfreiheit, ein positives Fehlerklima und ein hohes Schülerengagement während des Unterrichts. Interessant ist auch ein Blick auf diejenigen Unterrichtsmerkmale, die entweder keinen bedeutsamen Beitrag zur Erklärung von Leistungsunterschieden leisten oder deren Erklärungsbeitrag auf den ersten Blick womöglich überraschend ist. Keinen nachweislichen Effekt – weder auf die Englischleistung noch auf die Einstellung zum Fach Englisch – haben Merkmale der Lehrer/innenfrage wie z.b. Komplexität oder Authentizität. Anders als im Mathematikunterricht wirken sich enggeführte Fragen (mit geringem Antwortspielraum) durchaus positiv auf die Entwicklung des Hörverstehens aus. Dies dürfte damit zusammenhängen, dass Formulierarbeit ein bedeutender Bestandteil von Englischunterricht ist.

3.2 Metaanalysen in der Lehr-Lernforschung

Die zahlreichen Ergebnisse sowohl der Prozess-Produktforschung als auch anderer Ansätze (Klassenklimaforschung, Forschung zu einzelnen Instruktionsmodellen) wurden immer wieder zu sog. „Merkmalskatalogen für guten Unterricht" zusammengestellt (z.B. Meyer 2004). Problematisch ist, dass diese Listen von den einzelnen Forschungstraditionen und Forschungsbefunden zum Teil sehr stark abstrahieren und von den Autoren nicht dargelegt wird, nach welchen Kriterien die Qualitätsmerkmale ausgewählt wurden. Zum Teil werden bereits vorhandene, in der Regel normativ begründete Vorstellungen über guten Unterricht mit empirischen Befunden leicht angereichert. Man nimmt die Qualitätsmerkmale als „Stichwortgeber" um dann die eigenen Vorstellungen von gutem Unterricht möglichst unterrichtspraktisch auszubreiten. Wenn die Ergebnisse der empirischen Lehr-Lernforschung ernst genommen werden sollen und als Grundlagenwissen in die Didaktik einfließen sollen, benötigen wir jedoch einen methodisch gesicherten Überblick über bedeutsame Merkmale effektiver Unterrichtsgestaltung. Dies leisten in zuverlässiger Weise Metaanalysen und qualitativ hochwertige Sammelreferate. Wichtige Metaanalyse und Überblicksdarstellungen werden im nachfolgenden Abschnitt erläutert.

In einem weiteren Abschnitt sollen dann die praktischen Implikationen der empirischen Lehr-Lernforschung für die Analyse und Gestaltung von Lehr-Lernprozessen diskutiert werden. Eine wesentliche Konsequenz ist beispielsweise die an Unterrichtsqualitätskriterien orientierte Besprechung von Unterrichtsstunden im Rahmen von Praktika oder Prüfungslehrproben. Ebenso sind Unterrichtsqualitätskriterien mittlerweile fester Bestandteil eines schulischen Qualitätsrahmens, der die Bewertungsgrundlage im Rahmen einer externen Schulevaluation darstellt.

Metaanalysen und Effektstärken

Der Vorteil von Metaanalysen liegt darin, dass Studien zu gleichen Qualitätsmerkmalen oder Unterrichtsinterventionen zusammengefasst und die jeweiligen Effekte über die Anzahl der verfügbaren Studien hinweg gemittelt werden. Dabei spielen sog. Effektstärken eine besondere Rolle. Bei einer empirischen Prüfung von Unterrichtsmerkmalen oder Unterrichtsinnovationen finden sich in der Regel immer positive Effekte. Dies lässt sich auf verschiedene Ursachen zurückführen. Es gibt beispielsweise Versuchsleitereffekte. Wenn eine Innovation empirisch überprüft werden soll, strengen sich die Lehrkräfte in den Versuchsgruppen in besonderem Maße an, weil sie von der Sinnhaftigkeit der Innovation überzeugt sind. Eine weitere Ursache ist, dass keine Mindesteffektstärken für die Akzeptanz einer Innovation festgelegt werden. Bei Studien zur Wirksamkeit von Medikamenten wird beispielsweise festgelegt, welchen Effekt ein Medikament mindestens haben muss, um eine Zulassung zu bekommen. Dies fehlt bei Unterrichtsinnovationen. In der Regel bekommt man immer statistisch signifikante Effekte. Es bleibt jedoch oft unklar, ob dieser Effekt den Aufwand rechtfertigen kann.

Um den Beitrag von Unterrichtsmerkmalen oder Interventionen für die Schülerleistungssteigerung messbar und damit vergleichbar zu machen, werden deshalb Effektstärken berechnet. Effektstärken beziehen sich entweder auf die Differenz zwischen einem Treatment (der Innovation) und einer Kontrollgruppe (traditioneller Unterricht) oder auf die Differenz zwischen der Schülerleistung vor und nach einer Intervention (vgl. Variante 1 und 2). Die Effektstärke gibt an, um welchen Anteil einer Standardabweichung eine Intervention oder ein einzelnes Unterrichtsmerkmal zu einem Leistungszuwachs führt.

Variante 1:   Effektstärke = (M treatment – M control) / SD

Variante 2:   Effektstärke = (M nachher – M vorher) / SD

M … Mittelwert

SD … Standardabweichung

Effektstärke „0" … kein Effekt

Effektstärke über 0 … positiver Effekt, d.h. Treatment bzw. Innovation ist besser als traditioneller Unterricht

Effektstärke unter 0 … negativer Effekt, d.h. Treatment bzw. Innovation ist schlechter als traditioneller Unterricht

Die Berechnung der Effektstärke soll an einem einfachen Beispiel erläutert werden. Zufällig ausgewählte Studentengruppe A hört eine neue Art der Vorlesung bei Prof. X und erzielt im Durchschnitt 28 Punkte (von 40 P). Die andere Gruppe B hört die traditionelle Vorlesung bei Prof. X und erzielt im Durchschnitt 25 Punkte (von 40 P). Die Standardabweichung der Klausur liegt bei SD = 6 Punkten. Die Standardabweichung ist dabei die durchschnittliche Abweichung vom Mittelwert; d.h. 2/3 aller Studenten in Gruppe B liegen zwischen 19 und 31 Punkte.

Die Effektstärke lässt sich dann so berechnen:

$$\text{Effektstärke} = (M \text{ treatment} - M \text{ control}) / SD$$
$$= (M A - M B) / SD$$
$$= (28 P - 25 P) / 6 P$$
$$= 0.5$$

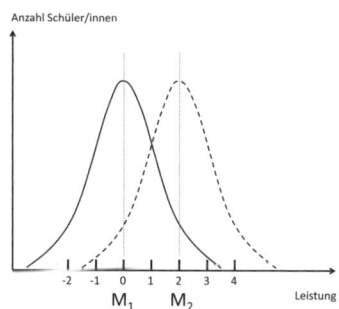 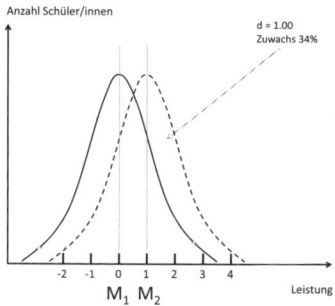

Abb. 3: Grafische Veranschaulichung einer Effektstärke

Effektstärken lassen sich auch grafisch veranschaulichen (Abbildung 3, linkes Schaubild). Die Leistungsverteilung der Kontrollgruppe (Mittelwert M_1) ist mit durchgezogener Linie eingezeichnet und entspricht idealtypisch einer Normalverteilung. Die Verteilung der Schülerleistungen der Experimentalgruppe (Mittelwert M_2) ist gestrichelt eingezeichnet. Die X-Achse stellt die Leistungsverteilung beispielsweise in einem Mathematiktest dar. Wird auf der X-Achse die Standardabweichung (SD=1) als Einheit gewählt, dann kann man die Effektstärke als Differenz zwischen den Wendepunkten der beiden Verteilungen ($M_2 - M_1$) verstehen. D.h. der Mittelwert der Experimentalgruppe ist um die zweifache Standardabweichung nach rechts verschoben. Damit ist die Effektstärke d = 2.0. Der Überlappungsbereich zwischen den beiden Häufigkeitsverteilungen veranschaulicht, wie hoch der Anteil der Schülerleistungen ohne Zuwachs ist. D.h. bei einer Effektstärke von d=2.0 liegt der Zuwachs bei über 50%. Bei einer Effektstärke von d=1.00 (M_2 wäre bei der 1 auf der X-Achse) hätte man dagegen nur einen Gesamtzuwachs von 34% (Abbildung 3, rechtes Schaubild).

In Metaanalysen werden nun – vereinfachend gesagt – die Effektstärken vieler Studien zu einer Intervention oder einem Qualitätsmerkmal gemittelt. Beispielsweise werden alle Studien recherchiert, die mittels eines Experimental-Kontrollgruppen-Designs die Effekte von Gruppenunterricht auf Schülerleistungszuwächse erforscht haben. Die Auswahl der Studien erfolgt dabei nach strengen und nachprüfbaren

Kriterien. Es muss klar sein, dass sich die Effekte auf ein Merkmal zurückführen lassen (hier Gruppenunterricht), die Leistungsindikatoren (Leistungstests) müssen angegeben werden und die Berechnung der Effektstärke für jede Studie muss nachvollziehbar sein. Wenn man beispielsweise 10 Studien zum Gruppenunterricht findet, die diesen Bedingungen entsprechen, werden die 10 berichteten Effektstärken gemittelt und in einer Metaanalyse berichtet.

Das Problem von Metaanalysen ist natürlich immer der Abstraktionsgrad. Durch das Zusammenfassen von Studien werden feine Nuancen verwischt. Beispielsweise kann man Gruppenunterricht auf unterschiedliche Weise realisieren. Wenn in einer Metaanalyse dann allerdings 10 Studien zu Gruppenunterricht zu einem Kennwert zusammengefasst werden, verschwindet diese Differenz. Der Vorteil ist allerdings, dass sehr robuste Vergleiche zwischen einzelnen Unterrichtsinterventionen oder Unterrichtsmerkmalen entstehen. Es lässt sich sehr gut abschätzen, wo sich Innovationen lohnen könnten und wo nicht.

Ergebnisse von Metaanalysen

Frühe Metaanalysen und Forschungsüberblicke zu den Befunden der Prozess-Produkt-Forschung wurden bereits in den 1970er Jahren veröffentlicht. Ein Klassiker ist das Sammelreferat zur Lehrereffektivität von Rosenshine (1971). Es handelt sich dabei noch nicht um eine Metaanalyse im oben beschriebenen Sinne. Der Kontext vieler in diesem Sammelreferat erfasster Studien ist das Lernen von Lesen, Schreiben und Mathematik in der GS, sowie die lehrer/innengesteuerte Instruktion. Dieser Forschungsüberblick ist allerdings durch die Hinwendung zu Formen der direkten Instruktion normativ geprägt. Als Merkmale effektiven Unterrichts werden beschrieben:

– Hohe Lehrer/innen/steuerung
– Wenig Spielraum für Kinder
– Stark strukturierte L-S-Interaktionen
– Intensives Monitoring
– „Lower order questioning" (Fragen auf niedrigem kogn. Niveau)

Mittlerweile gibt es selbst wiederum eine Fülle von Metaanalysen zu einzelnen Bereichen der Lehr-Lernforschung. D.h. selbst alle für die Unterrichtsgestaltung relevanten Metaanalysen zu lesen und zu verstehen wäre eine sehr zeitraubende Beschäftigung. Für einen schnellen Überblick werden deshalb Zusammenfassungen von Metaanalysen erzeugt, die es auf einen Blick erlauben, auf eine unglaublich große Fülle von Studien zurückzugreifen. Hattie (2009) entwickelte deshalb die früheren Überblicksartikel zu Metaanalysen weiter (Fraser, Walberg, Welch & Hattie 1987; Hattie 1987, 1992) und stellt nun eine Synthese von 800 Metaanalysen vor, in denen sich insgesamt 138 Variablen identifizieren lassen, die signifikant mit Schulleistung zusammenhängen. Damit handelt es sich um die umfassendste Metaanalyse von Metaanalysen in diesem Bereich überhaupt. Insgesamt werden Effektstärken von tausenden von Studien quantitativ verglichen. Selbstverständlich geht mit diesen Metaanalysen Detailwissen über einzelne Studien verloren. Andererseits kristallisieren sich sehr stabile und aussagekräftige Befunde über die Effektivität einzelner Unterrichtsmerkmale heraus.

Hattie (2009) teilt die 138 Variablen zur Erklärung von Schülerleistungszuwächsen zunächst einmal in 6 Bereiche ein:
– Schüler/in (the child)
– Häusliche Faktoren (the home)
– Faktoren der Einzelschule (the school)
– Lernmaterialien und Unterrichtsprogramme (the curricula)
– Lehrer/in (the teacher)
– Unterrichtsmethoden und Unterrichtsstile (the approaches to teaching)

Für alle relevanten Variablen werden mittlere Effektstärken berechnet und die Variablen werden anhand dieser Effektstärke in eine Rangreihe gebracht. In den Metaanalysen zeigt sich allerdings, dass der überwiegende Teil der untersuchten Variablen signifikant positiv mit Schulleistungen zusammenhängt. Es gibt jedoch große Unterschiede hinsichtlich der Höhe der Effektstärke. Der überwiegende Teil der Effektstärken liegt im Bereich zwischen 0 und 1. Es gibt jedoch auch negative Effektstärken. Effektstärken über 1.3 sind sehr selten.

Aus diesem Grund argumentiert Hattie, dass nicht jede Variable mit einer signifikanten Effektstärke automatisch ein relevanter Beitrag zur Verbesserung von Schulleistungen sein kann. Damit stellt sich die Frage nach dem sog. "cut-off point". Ab welcher Effektstärke kann man von bedeutsamen, d.h. auch für die Praxis relevanten Effekten sprechen? Eine Effektstärke von d=1.0 bedeutet, dass sich die Leistung von Schüler/innen in einer Treatmentgruppe bei Normalverteilung um eine Standardabweichung erhöht, d.h. es zu einem Zugewinn von ca. 34% kommt. Effektstärken von 1.0 sind allerdings sehr hoch in der Lehr-Lernforschung. Deshalb geht Hattie induktiv vor und berechnet die mittlere Effektstärke aller in der Metaanalyse untersuchten Variablen und kommt auf einen Wert von d=.40, d.h. dies entspricht einem Leistungszuwachs von ca. 16%. Diese Effektstärke definiert er als cut-off point bzw. als Benchmark. Variablen mit Effektstärken unter d=.40 lohnen sich somit kaum. Allein schon der Leistungszuwachs durch ein Schuljahr (NAEP-Daten) entspricht einer mittleren Effektstärke von .24. Interventionen oder Variablen mit Effekstärken über d=.40 sind praktisch relevant und sollten beachtet werden.

Nun zu den Ergebnissen. Hattie (2009) berichtet die Effektstärken der einzelnen Variablen sowie deren Rang innerhalb einzelner Bereiche (Schüler/innen/merkmale, Lehrer/innen/merkmale, Schulmerkmale, etc.). Diese einzelnen Tabellen listen nun die mittleren Effektstärken für jedes Qualitätsmerkmal auf. Ebenso werden sehr detailliert Kennzahlen der jeweiligen Studien bzw. Metaanalysen (Stichprobenumfang, etc.) aufgeführt. An dieser Stelle genügt eine reduzierte Zusammenfassung der für

Unterricht wichtigen Qualitätsmerkmale. Für eine genauere Betrachtung der Metaanalyse ist die Originallektüre unverzichtbar. Um einen schnellen Überblick zu erhalten, wurden für die Bereiche „Schüler/in", „Lehrkraft" und „Unterricht" Variablen mit den höchsten Effektstärken ausgewählt und in Tabellen zusammengestellt (Tabellen 2, 3 und 4).

Tabelle 2: Relevante Schüler/innen/variablen mit einer substanziellen Effektstärke

Influences	Effect size (d)
Self-report grades (self efficacy)	1.44
Stage of cognitive development (Piaget)	1.28
Prior achievement	.67
Pre-term birth weight	.54
Concentration, persistance, engagement	.48
Motivation	.48

Tabelle 3: Relevante Lehrer/innen/variablen mit einer substanziellen Effektstärke

Influences	Effect size (d)
Micro teaching	.88
Teacher clarity	.75
Teacher-student relationships	.72
Professional development	.62
Not labeling students	.61
Quality of teaching	.44
Expectations	.43

Tabelle 4: Relevante Unterrichtsansätze, Methoden, Interventionen mit einer substanziellen Effektstärke

Influences	Effect size (d)
Providing formative evaluation	.90
Reciprocal teaching	.74
Feedback	.73
Spaced vs. massed practice	.71
Meta-cognitive strategies	.69
Self-verbalization/self-questioning	.64
Problem-solving teaching	.61
Cooperative vs. individualistic learning	.59

Bereits durch diese Auswahl einer „Bestenliste" zeichnen sich wichtige Aussagen für eine effektive Unterrichtsgestaltung ab:

– Den größten Einfluss auf Schülerleistungen haben die Schüler/in selbst. Durch ihr Vorwissen, ihr Fähigkeitsselbstbild (das durch gute Noten aufgebaut wird) und ihren jeweiligen kognitiven Entwicklungsstand werden Lernprozesse und damit Leistungen in Tests wesentlich determiniert. Der Einfluss von Unterricht und Lehrkräften wird durch diese Variablen immer in den Schatten gestellt.

– Erfolgreich sind Lehrkräfte, die klar und strukturiert unterrichten können und dies in Lehrerfortbildungen und ganz speziell in sog. Micro-teaching Kursen lernen konnten. Ebenso von Bedeutung ist die Pflege einer guten Lehrer/innen-Schüler/innen-Beziehung. Die Schülerleistungen sind dann hoch, wenn Lehrkräfte von Schüler/innen gute Leistungen erwarten und sie dabei unterstützen und nicht bloßstellen.

– Metaanalysen bringen auch Licht in das Dunkel der endlos wirkenden Literatur zu Unterrichtsmethoden und didaktischen Ansätzen. Besonders effektiv ist Unterricht dann, wenn direktes und an Kriterien orientiertes Feedback zur Verfügung gestellt wird, die Übungen und Wiederholungen sich über einen längeren Zeitraum verteilen, Phasen des kooperativen Lernens und des metakognitiven Lernens (Problemlösestrategien, Fragestrategien) eingebaut werden.

Felten (2011) greift in einem ZEIT-Artikel die Metaanalyse von Hattie auf und sieht die Befunde als wesentlichen Beleg dafür, dass ein von den Lehrkräften gut geplanter und gelenkter Unterricht sehr erfolgreich sein kann. Die überhöhten Hoffnungen auf eine Verbesserung von Schülerleistungen durch Konzepte des offenen Unterrichts oder auch Schulstrukturreformen werden aus seiner Sicht damit stark gedämpft: „Die Befunde der jüngsten XXL-Analyse (gemeint ist damit die Metaanalyse von Hattie 2009) wirken wie ein Gegenstück zur gängigen Reformeuphorie – sie sprechen für die Verfeinerung des Bewährten: Der gute Lehrer als leidenschaftlicher Erzieher und Erklärer, der seine Schüler ernst nimmt – er vermag ihre Perspektive als Lernende einzunehmen, und er verdeutlicht ihnen die seinige als Unterrichtender. Die Hattie-Studie ist beileibe kein Freibrief für monotonen Lehrervortrag – aber eine Absage an jede Selbstlernidyllik." (Felten 2011, S. 76)

3.3 Kriterien für Unterrichtsqualität

Es gibt eine Reihe von Unterrichtsforschern, die zentrale Befunde von Metaanalysen übersichtlich aufbereitet haben. Im deutschsprachigen Raum ist vor allem die Publikation von Helmke (2003) mit dem Titel „Unterrichtsqualität: erfassen – bewerten – verbessern" sehr populär. Hier werden nicht nur die forschungsmethodischen Grundlagen erörtert, es wird auch ein sehr differenzierter Überblick zu

Unterrichtsmerkmalen und Qualitätsentwicklungsprojekten gegeben. Mittlerweile sind neuere Auflagen erschienen. Ebenfalls wissenschaftlich fundiert, jedoch wesentlich knapper und übersichtlicher ist die englischsprachige Publikation von Jere Brophy. Brophy (1999) synthetisiert in einer Broschüre des International Bureau of Education der UNESCO die Literatur zu „effective teaching" zu 12 allgemeinen Merkmalen eines erfolgreichen Unterrichts. Er greift dabei auf Prinzipien zurück, die sich vor allem mit den Ergebnissen der Prozess-Produkt-Forschung belegen lassen. Berücksichtigt wurden aber ebenfalls neuere Ansätze und Theorien (Instructional Design, sozial-konstruktivistische Lerntheorien). Brophy (1999) fasst die Befunde dieser Studien unter folgenden Stichworten zusammen:
– Unterstützendes Klassenklima
– Effektive Nutzung der Lernzeit für lernzielorientierte Lernaktivitäten
– Curriculare Vernetzung
– Bei Schülern eine Lernorientierung aufbauen
– Verständlichkeit
– Vertiefte Gespräche und Diskussionen
– Möglichkeiten, das Gelernte anzuwenden und zu üben
– Lernaktivitäten der Schüler unterstützen
– Lern- und Selbstregulationsstrategien lehren
– Gemeinsames Lernen
– Lernzielorientierte Überprüfung der Lernergebnisse
– Realistisch hohe Leistungserwartungen

Für eine vertiefte Auseinandersetzung mit Qualitätskriterien und ihren unterrichtspraktischen Implikationen empfiehlt sich diese Literatur. Allerdings benötigen Studierende, Lehramtsanwärter/innen und Lehrkräfte eine Auswahl weniger Kriterien, um ihren evaluativen Blick auf Unterricht schärfen zu können. Selbst 10 oder 12 Qualitätsmerkmale führen zu sehr umfangreichen Reflexions- oder Evaluationsbögen. In Gesprächen über Unterricht sollte man sich aber auf einige wenige und wirklich zentrale Qualitätsaspekte konzentrieren. Auf Basis der Metaanalyse von Hattie (2009) und der 12 Merkmale effektiven Unterrichtens nach Brophy (1999) wurde deshalb eine überschaubare Auswahl von fünf Merkmalen effektiven Unterrichtens getroffen. Diese werden noch einmal überblicksartig und auf die konkrete Anwendung in Lehr-Lernprozessen skizziert. Ebenfalls wird erörtert, inwiefern diese Effektivitätsmerkmale der Lehr-Lernforschung auch aus lernpsychologischer und neurobiologischer Sicht zu bewerten sind.

(1) Unterstützendes Lernklima und positive Lehrer-Schüler-Beziehungen
Sowohl die Prozess-Produkt-Forschung als auch die Klassenklimaforschung zeigen, dass ein unterstützendes Lernklima und eine positive Lehrer-Schüler-Beziehung notwendige Voraussetzungen für gelingende Lehr-Lernprozesse sind:

– Lehrer/in ist emotional stabil, freundlich und dennoch klar und bestimmt in ihren Ansagen
– Emotionen und Bedürfnisse der Schüler/innen werden wahrgenommen und reflektiert
– Immer wieder wird der Nutzen des Lernens aufgezeigt
– Fehler gehören zum Lernprozess
– Schüler/innen werden nicht lächerlich gemacht

Aus schulpädagogischer Sicht mag es sich dabei um eine triviale Einsicht handeln. Der pädagogische Bezug zum Zögling ist seit Jahrhunderten eine zentrale Thematik der Pädagogik und Didaktik. Die Lehr-Lernforschung bestätigt damit etwas, was einem aufmerksamen Beobachter von Lern- und Bildungsprozessen relativ schnell auch ohne wissenschaftliche Unterstützung klar sein dürfte. Allerdings kann man grundlegende Wahrheiten nicht oft genug wissenschaftlich neu bestätigen oder neu erfinden. Der pädagogischen Praxis wird es nicht schaden, wenn neue Disziplinen etwas Richtiges mit anderen Methoden bestätigen. Die Bedeutung von emotionaler Unterstützung und positiven Lehrer-Schüler-Beziehungen wird natürlich auch durch die Befunde der Neurowissenschaften und der humanistischen Psychologie gestützt. Man weiß es also jetzt endlich ganz sicher: Die Persönlichkeit der Lehrerin/des Lehrers spielt für schulische Lehr-Lernprozesse eine entscheidende Rolle. Eine emotional geklärte Beziehung zwischen Lehrer/in und Schüler/in ist das Fundament für institutionalisiertes Lernen. Genug Argumente also, die humane Grundlage von Unterricht als Evaluationskriterium Nummer eins zu verwenden.

(2) Lernzeitnutzung und Klassenmanagement
Gelernt wird dann, wenn möglichst viel echte, d.h. vom Lernenden produktiv nutzbare Lernzeit zur Verfügung steht. Ein effektives Klassenmanagement ist die Basis hierfür. Für die Planung von Lehr-Lernprozessen in einführenden Praktika spielen deshalb zunächst einmal Strategien zur Verhaltensregulation eine wichtige Rolle (vgl. Kounin-Variablen). Studierende können durch diese einfach anwendbaren Techniken erste Sicherheit im Umgang mit Schüler/innengruppen erlangen und damit den Anteil echter Lernzeit erhöhen:
– Pünktlicher Unterrichtsbeginn
– Schnelle und klare Aufgabenstellungen
– Reibungslose Übergänge
– Interessante und abwechslungsreiche Aufgaben
– Wiederkehrende Unterrichtsmethoden, Rituale und Lernstrategien mit Schüler/innen einüben
– Die ganze Lerngruppe fokussieren und beschäftigen

Allerdings muss sowohl bei der Planung als auch bei der Durchführung und Reflexion von Unterricht Studierenden sehr schnell klar werden, dass Techniken der Klassenführung letztendlich nur dann effektiv sein können, wenn langfristig eine positive Lehrer-Schüler-Beziehung aufgebaut werden kann und wenn der Unterricht hinreichend interessant und aktivierend ist. In den ersten Praktika sollten Studierende zudem zumindest ansatzweise auf schulweite Konfliktlösestrategien und Präventionsprogramme aufmerksam gemacht werden.

Das Reflexions- und Evaluationskriterium „Klassenmanagement und echte Lernzeitnutzung" lässt sich ebenfalls aus lernpsychologischer und neurobiologischer Perspektive begründen. Echte Lernzeit bedeutet letztendlich, dass die für Lernprozesse relevanten neuronalen Netzwerke genügend lange und genügend oft aktiviert werden können. Lernprozesse benötigen Zeit, Wiederholung, Ruhe, Muße und Fokussierung. Wenn man in modernen Gesellschaften aus ökonomischen Gründen Massenlernprozesse organisiert, d.h. größere Lernergruppen in Räumen zusammenbringt, dann muss diese Art von Unterrichten so gut organisiert werden, dass Räume und Zeiten für individuelle Lernprozesse bleiben.

(3) Einübung von Lern- und Selbstregulationsstrategien

Schüler/innen können dann erfolgreich lernen, wenn sie zunehmend in die Lage versetzt werden, selbständig zu lernen. Das bedeutet konkret:

– Bei den Schüler/innen eine Lernorientierung aufbauen (Lernziele explizieren, an Vorwissen anknüpfen, Bedeutung der Lernziele deutlich machen)
– Realistisch hohe Leistungserwartungen kommunizieren
– Immer wieder eine Metaperspektive einnehmen: z.B. bei einzelnen Lernaktivitäten auf die bedeutsamen Ziele hinweisen; Überblick zu den wichtigsten Schritten und Zielen geben
– Vortests sensibilisieren die Schüler für die wichtigsten Ziele des Unterrichts; vorausgreifende Fragen stimulieren das Nachdenken über das Thema
– Fachspezifische Lern- und Arbeitstechniken einführen und regelmäßig nutzen
– Lehrer/in verbalisiert eigene Denk- und Lernstrategien bei der Bearbeitung einer Aufgabe
– Reflexion über die Vorgehensweise der Schüler bei der Aufgabenbesprechung

Auch dieses Evaluationskriterium hat eine lernpsychologische und neurobiologische Basis. Metakognitives Wissen (deklarativ und prozedural) oder exekutive Funktionen spielen für die Organisation und Aufrechterhaltung von höheren, geistigen Prozessen eine entscheidende Rolle. Die Ausbildung von exekutiven Funktionen kann und sollte im Unterricht gezielt gefördert und modelliert werden.

(4) Unterrichtsklarheit und Verständlichkeit

Prozessvariablen zur Beschreibung der Klarheit und Verständlichkeit von Unterricht korrelieren in der Regel immer sehr hoch positiv mit kognitiven Schülerleistungen als auch mit motivationalen Variablen. Verständlichkeit bezieht sich vor allem auf die logische und konsistente Entwicklung der Lerninhalte vor dem Hintergrund der Schülerlernvoraussetzungen:

– Sinnvolle Verknüpfung oder Sequenzierung der Wissensinhalte entlang zentraler und für die Schüler/innen relevanter Ideen (roter Faden einer Unterrichtssequenz)

– Neue Informationen werden Lehrer/innen klar, begeistert und zusammenhängend dargestellt; Verknüpfung mit Voriwssen der Schüler/innen

– Schrittweises, dem Verständnis der Schüler/innen angepasstes Vorgehen (an das Vorwissen angepasstes Interaktionstempo; Lehrer/in stellt Rückfragen an die Schüler, um sich über deren Verständnis zu vergewissern; Zeit zum Nachdenken einräumen)

– Wichtiges noch einmal zusammenfassen (z.b. grafische Darstellungen der Wissensorganisation nutzen)

– Wissen anwenden, in neuen Situationen wieder aufgreifen

Wie kann man das Evaluationskriterium „Klarheit/Verständlichkeit" aus lernpsychologischer Sicht beurteilen? Aus Sicht des instrumentellen Konditionierens würde Klarheit bedeuten, dass ein Verhalten konsequent und eindeutig belohnt wird. Höhere kognitive Lernprozesse (z.B. Konzepterwerb) leben jedoch auch von Unklarheit und Widersprüchen. In Konzeptwechseltheorien geht man beispielsweise davon aus, dass Lernende mit einem bestimmten Begriff nicht mehr klar kommen, Phänomene in ihrer Umwelt plötzlich nicht mehr richtig erklären können. Erst diese kognitive Dissonanz löst dann weiterführendes Nachdenken und eine Umorganisation des Wissens aus. Guter Unterricht muss also stellenweise auch zu Unklarheiten, offenen Fragen oder Problemstellungen führen. Allerdings sollte dies den Schüler/innen dann jeweils auch klar sein. Auf einer metakommunikativen Ebene müssten Lehrkräfte verdeutlichen, dass sie jetzt bewusst die Vorstellungen der Schüler/innen in Frage stellen, sie zum Nachdenken herausfordern. Der Konzeptwechsel ist abgeschlossen, wenn mit einem neuen Begriffsverständnis wieder ein Stück mehr der Realität erklärt werden kann.

(5) Feedback und lernzielorientierte Überprüfung der Lernergebnisse

Die Bewertung von Lernleistungen ist ein institutionell verankerter Teil des Unterrichts und wirkt sich sehr stark auf Lehr-Lernprozesse aus. Es gibt vielfältige Hinweise, dass eine verstärkt formative Gestaltung und Nutzung von Leistungsmessungen sowohl zu fachlichen Leistungssteigerungen führen kann als auch die Fähigkeit zum selbstregulierten Lernen unterstützt. Für die Gestaltung und Evaluation von Lehr-Lernprozessen bedeutet dies, dass Leistungsmessungen als Teil des Lehr-Lernprozesses verstanden werden sollten (assessment for learning bzw. assessment as learning).

– Bereits bei der Auswahl von Lernzielen spielen spätere Beurteilungskriterien eine Rolle; Schüler/innen und Lehrer/innen sollten sich über die Ziele von Unterricht und Leistungsmessung einig sein
– Aufgaben mit Diagnosepotenzial können je nach zu erlernendem Wissen oder zu erlernender Kompetenz den Lernprozess begleiten und allen Beteiligten zeitnahe Rückmeldungen geben; Informationen über Lernprozesse und Lernprodukte sollten genutzt werden, um Lernen und Lehren zu optimieren; Je nach Lernziel und Inhalt werden Aufgaben zu Faktenwissen, konzeptuellem Wissen oder zur Anwendung von prozeduralem Wissen gestellt.
– Studien zeigen, dass es von besonderem Vorteil ist, wenn man den Aufbau grundlegender Kompetenzen über einen längeren Zeitraum mit formativen Leistungsdiagnosen misst und dokumentiert; formative Lernverlaufsdiagnostik ist dabei die entscheidende Grundlage für eine genaue Passung und ständige Evaluation von individuellen Fördermaßnahmen
– Unterrichtsplanungen sollten die Verfahrensschritte formativer Leistungsdiagnostik sowohl bei der Beschreibung von Lernvoraussetzungen als auch bei der abschließenden Reflexion über die Zielerreichung aufgreifen; mehr noch: im Rahmen eines kompetenzorientierten Unterrichts gehen formative Leistungsdiagnostik und Unterrichtsplanung ineinander auf. Unterrichtsplanung bezieht sich dann nicht mehr auf einzelne Stunden oder Themen, sondern auf den gesamten Zeitraum des Erwerbs grundlegender Kompetenzen; formative Leistungsdiagnostik ist dann die evaluative Seite des zu planenden Lehr-Lernprozesses.
– Je nach Möglichkeit ist eine aktive Beteiligung der Schüler/innen an der Messung und Beurteilung ihrer eigenen Leistungen von großem Vorteil (Stärkung des selbstregulierten Lernens; Selbsteinschätzungskompetenz)

Auch aus neurobiologischer und lernpsychologischer Perspektive kann das Evaluationskriterium „Feedback und formative Leistungsmessung" massiv gestützt werden. Konstruktive, unterstützende, auf die Sache und den Lernverlauf bezogene Rückmeldungen sind in vielen Lern- und Motivationstheorien konstitutive Elemente. Neurobiologisch gesehen tragen Rückmeldungen dazu bei, dass neuronale Aktivierungskreisläufe geschlossen werden können. Ob ein neuronaler Input richtig verarbeitet wurde und die passenden Reaktionen (neuronaler Output; motorische Impulse) ausgelöst wurden, lässt sich letztendlich nur an den Reaktionen und damit Rückmeldungen der Umwelt erkennen. Gelernt wird dann, wenn kognitive Aktivierungsmuster durch die Umwelt oft bestätigt werden.

4 Lehr-lerntheoretische Grundlagen

Bis hierher wurde auf einer psychologischen Ebene angedeutet, was man über menschliches Lernen weiß und wie sich Wissen beschreiben lässt. Auf der Ebene der Lehr-Lernprozesse wurden empirische Studien betrachtet und zusammengefasst, die nach Merkmalen effektiven Unterrichtens fragen. Auch hier konnten bedeutsame Befunde herausgestellt werden, die das lernpsychologische Wissen letztendlich stützen. Die Aussagen über effektive Lehr-Lernprozesse auf diesen beiden Ebenen sind allerdings noch rein deskriptiv. Unter Anwendung von bestimmten Forschungsmethoden werden Wissen, Lernprozesse und effektive Lehr-Lernprozesse beschrieben. Für die Gestaltung von Lehr-Lernprozessen benötigen Lehrkräfte jedoch präskriptive Modelle, d.h. theoretisch begründete Handlungs- und Konstruktionsvorgaben. Entsprechende Modelle sollen in den nachfolgenden Abschnitten skizziert und hinsichtlich ihrer Relevanz für die Weiterentwicklung einer lehr-lerntheoretischen Didaktik diskutiert werden.

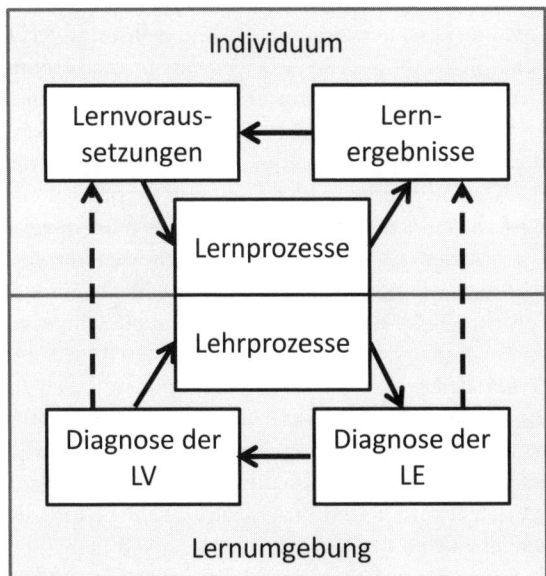

Abbildung 3: Allgemeine Struktur von Lehr-Lernmodellen

Lehr-lerntheoretische Modelle bestehen mehr oder weniger immer aus den folgenden Komponenten (Abbildung 3):

– Lernergebnisse/Lernziele: Beschreibung des Wissens, das aufgebaut werden soll (mit einer großen Bandbreite von allgemeinen Wissenskategorien bis hin zu fachspezifischem Wissen)
– Lernprozesse: Bezüge zu Lerntheorien, die den Wissensaufbau beschreiben (ebenso große Bandbreite von allgemeinen Lerntheorien bis hin zu fachspezifischen Lernprozessen)
– Lehrprozesse: Mehr oder weniger konsequent abgeleitete Konstruktionsprinzipien für die Gestaltung von Lehr-Lernprozessen bei bestimmten Lernvoraussetzungen
– Diagnostik: Vorgaben für die formative, in den Lehr-Lernprozess eingebettete Diagnose von Lernvoraussetzungen und Lernfortschritten

Diese Komponenten werden in einzelnen Ansätzen und Modellen jeweils unterschiedlich stark akzentuiert. Lernzieltaxonomien liefern eher eine Beschreibung und Einordnung des zu erlernenden Wissens, eignen sich aber auch als Ordnungsprinzip für den Aufbau von Lehr-Lernprozessen. Lehr-Lernmodelle und Unterrichtsprinzipien liefern präskriptive Aussagen zur Gestaltung von Unterricht, sollten sich aber immer auch auf bestimmte Arten von Lernzielen beziehen. Eine Zusammenfassung allgemeindidaktischer Lehr-Lernmodelle lieferten beispielsweise Oser und Baeriswyl (2001). Sie unterscheiden zwischen Basismodellen und Sichtstrukturen. Sichtstrukturen sind die methodischen Arrangements in der Lernumgebung und die beobachtbaren Verhaltensweisen von Lehrer/innen und Schüler/innen. Dahinter liegt verborgen ein Basismodell, das bestenfalls von der Lehrkraft bei der Planung von Unterricht antizipiert wurde. Das Basismodell ist der rote Faden des Unterrichts. Nach Oser und Baeriswyl (2001) müssen sie sich auf eine oder mehrere, fundamentale psychologische Theorien beziehen. Es muss möglich sein, prototypische Unterrichtssituationen den einzelnen Lernschritten zuzuordnen und die einzelnen Lernschritte des Basismodells müssen sich zeitlich anordnen lassen. Eine weitergehende Forderung wäre dann, dass diese Reihenfolge empirisch prüfbar ist.

Bevor wir zu ganzen Lehr-Lernmodellen bzw. Basismodellen kommen, sollen zunächst einmal fächerübergreifende und fachspezifische Lernzieltaxonomien (z.B. Bildungsstandards, Kompetenzmodelle) exemplarisch gesichtet werden. Sowohl die klassischen Lernzieltaxonomien als auch die fachspezifischen Bildungsstandards bzw. Kompetenzmodelle werden in der Literatur nicht explizit als Lehr-Lernmodelle gehandelt. Sie versuchen vor allem eine systematische Ordnung von Lernzielen, d.h. dem zu erwerbenden Wissen, zu liefern. Allerdings beziehen sich fast alle klassischen und fachspezifischen Lernzieltaxonomien oft indirekt auf Lernvorstellungen und implizieren ebenfalls indirekt Konstruktionsprinzipien für die Gestaltung von

Lehr-Lernprozessen. Dies soll in einem ersten Abschnitt „Von Lernzieltaxonomien zu Kompetenzmodellen" genauer beschrieben und analysiert werden.

In einem zweiten Abschnitt werden klassische aber auch neuere, fächerübergreifende (allgemeindidaktische) Lehr-Lernmodelle oder Lehr-Lerntheorien skizziert. Auch dabei muss wieder eine (vielleicht subjektiv anmutende) Auswahl getroffen werden. Wie bei den Lernzieltaxonomien ist zu überlegen, welche Beschreibungsstrukturen sowohl neue Erkenntnisse der Neurobiologie und Lernpsychologie reflektieren als auch in eine praktikable Didaktik für die Planung von Unterricht übersetzt werden können. Die Reichweite von allgemeindidaktischen Lehr-Lernmodellen ist zwar breit, geht jedoch nicht in die Tiefe. Für eine Feinplanung von Unterricht muss deshalb vor allem auf fachdidaktische Lehr-Lerntheorien zurückgegriffen werden (Abschnitt 3). Wo diese nicht oder noch nicht vorhanden sind, können allgemein-didaktische Lehr-Lernmodelle immer nur bedingt aushelfen. Für einzelne Fächer werden fachdidaktische Lehr-Lernmodelle exemplarisch angedeutet.

In einem vierten Abschnitt wird die bedeutsame Frage der Leistungsmessung und Leistungsbeurteilung in den Mittelpunkt gerückt. Die gängigsten Lernzielbeschreibungen (z.b. Bildungsstandards) als auch viele Lehr-Lernmodelle machen zwar bereits Aussagen über die Erfassung und Bewertung von Schülerleistungen innerhalb des Lehr-Lernprozesses. Die herausragende Bedeutung sowohl von Rückmeldungen aus lernpsychologischer und neurobiologischer Perspektive als auch der Studien zu formative assessment rechtfertigen jedoch eine gesonderte Betrachtung dieser Teilkomponente von Lehr-Lernmodellen. Auch hier wäre zu fragen, wie man sich eine möglichst optimale (im Sinne der Lernziele) Einbindung von Leistungsmessungen in den Lehr-Lernprozess vorstellt. Wie kommt man von einer Kultur der Notengebung zu einer Kultur der Leistungsdiagnostik im Dienste des individuellen Lernfortschritts?

4.1 Von Lernzieltaxonomien zu Kompetenzmodellen

Um sauber lehr-lerntheoretisch Denken zu können, muss man zuallererst ein klares Verständnis von den angestrebten Lernzielen entwickeln. Die klassischen und bis heute noch wirkmächtigen Lernzieltaxonomien entstanden in der Zeit der lernziel-orientierten Didaktik vor gut 50 Jahren. Eine feinere Auflösungsebene, wenngleich nicht universell anwendbar, bieten fachdidaktische Lernzielbeschreibungen. Der Abschnitt mündet in eine ausführliche Darlegung und Diskussion der momentan aktuellen Variante von Beschreibungsstrukturen für Lernziele: Bildungsstandards und Kompetenzstrukturmodelle. Noch einen Schritt weiter gehen Kompetenz-entwicklungsmodelle, die sich im Vergleich zu den Kompetenzstrukturmodellen der Bildungsstandards auf Annahmen über individuelle Wissenserwerbsstufen beziehen. Die ausgewählten Beschreibungsstrukturen für schulische Lernergebnisse

sollen dahingehend bewertet werden, ob sie aus der Perspektive einer lern-lehrtheoretischen Didaktik nutzbar sind.

4.1.1 Allgemeindidaktische Lernzieltaxonomien

Eine „Hochzeit" allgemeindidaktischer Lernzieltaxonomien waren die 1960er
Jahre. Rückblickend spricht man von der Zeit der lernzielorientierten Didaktik.
Beeinflusst von Entwicklungen in der kognitiven Psychologie und der Curricu-
lumdiskussion in den USA sollten Ziele schulischen Lernens verstärkt unter Bezug
auf kognitive Prozesse formuliert und präzise definiert werden (z.b. Mager 1962;
Bloom et al. 1965; Möller 1980). In der lernzielorientierten Didaktik wurde zu-
nächst zwischen verschiedenen Arten des zu erlernenden Wissens unterschieden:
– Kognitive Lernziele
– Affektive Lernziele
– Soziale Lernziele
– Psychomotorische Lernziele

Allerdings entspricht beispielsweise die Trennung von kognitiv und affektiv nicht
mehr dem aktuellen Stand der Lernpsychologie. Ebenso problematisch ist die Differenz zwischen kognitiv und psychomotorisch. Beim Schriftspracherwerb geht
man mittlerweile davon aus, dass Kinder Schreiben und Lesen zusammen erlernen
und dabei sowohl kognitive Prozesse der Mustererkennung und Bedeutungszuord-
nung als auch motorische Prozesse (Schreibbewegungen, Lautierübungen) zusam-
menwirken. Man sollte festhalten, dass eine damals übliche und heute immer noch
gängige Untergliederung von Lernzielen in die Bereiche kognitiv, affektiv, psychomotorisch und sozial aus heutiger Sicht nicht mehr haltbar ist. Auf einer fachspezifischen Auflösungsebene hat Wissen immer kognitive und emotionale Facetten, die
untrennbar verwoben sind.
In der lernzielorientierten Didaktik wurde auch viel von „Operationalisierung"
geschrieben. Aus abstrakten Lernzielen sollen konkrete Lernziele abgeleitet werden. Beispielsweise findet man in den Bildungsplänen sehr allgemeine „Richtziele"
(z.B. Erziehung zu demokratischem Verhalten). Diese Richtziele werden dann in
„Grobziele" für eine Unterrichtsstunde oder Unterrichtseinheit überführt (z.B. das
Bundestagswahlsystem kennen). Innerhalb dieser Unterrichtseinheit werden dann
„Feinziele" für einzelne Abschnitte oder Aufgaben festgelegt (z.B. Unterscheidung
zwischen Erst- und Zweitstimme). Der Begriff der Operationalisierung von Lernzielen korrespondiert mit der Vorstellung, dass Wissen unterschiedlich abstrakt
sein kann. Allerdings fehlt in der lernzielorientierten Didaktik eine adäquate Be-
schreibungsstruktur für die Vernetzung von Wissen. Das Verhältnis von konkret
zu abstrakt wird sehr hierarchisch verstanden. Konkrete Lernziele lassen sich unter

abstrakte Lernziele subsummieren. Würde man das Wissen über Demokratie eines mündigen Bürgers analysieren, würde man neben Über- und Unterordnungen sehr viele Vernetzungen mit weiteren Wissensbereichen finden. Eine Gliederung in Richtziele, Grobziele und Feinziele stößt hier an Grenzen.

Taxonomy of Educational Objectives (TEO)

Bloom et al. (1956) ordnen Lernziele nach der Komplexität der geforderten Verhaltensweisen im kognitiven Bereich. Die Klassifikation ist eindimensional, hierarchisch und kognitive Prozesse werden in 6 Stufen geordnet: Kenntnisse, Verstehen, Anwenden, Analysieren, Synthetisieren, Bewerten. Für jede dieser Stufen werden noch einmal Feingliederungen vorgeschlagen und mit konkreten Verben beschrieben. Beispielverben für die erste Stufe der Kenntnisse sind: Definieren, beschreiben, aufzählen. Ein anschauliches Beispiel für die Bloom'sche Lernzieltaxonomie findet sich bei Peterßen (2000, S. 367):

"(1) Kenntnisse: Schüler benennt Teile einer Pflanze

(2) Verständnis: Schüler erklärt, warum Frühlingsblumen ohne viel Sonne auskommen

(3) Anwendung: Schüler erklärt, warum das Scharbockskraut im Schatten der Bäume schon im Frühjahr blüht

(4) Analyse: Schüler erläutert, wie man Frühblüher von anderen Blumen unterscheiden kann

(5) Synthese: Schüler schlägt vor, wie man nachweisen kann, dass Frühblüher kaum Sonne brauchen

(6) Beurteilen: Schüler beurteilt den für eine Problemlösung vorgesehen Weg in seiner Bedeutung"

Das Modell ist hierarchisch, weil angenommen wird, dass eine bestimmte Stufe sämtliche untergeordneten Stufen mit einschließt. Bloom et al. (1956) verfolgten damit das Ziel, die Lehrkräfte zu einem kognitiv anspruchsvolleren Unterricht anzuregen, indem ein Unterricht geplant wird, der Schülerinnen und Schüler von einer Stufe zur nächst höheren Lernzielstufe usw. führt. Vor allem die Stufe der Überprüfung von reinem Faktenwissen sollte verlassen werden. Damit haben wir es im Grunde genommen mit einem Lehr-Lernmodell zu tun. Die Handlungsvorgabe an Lehrkräfte lautet, die Komplexität des Unterrichts entlang der Taxonomiestufen sukzessive zu steigern. Dabei aber auch eine Überforderung von Schüler/innen vermeiden, indem darauf geachtet wird, dass die Lernziele auf den vorausgehenden Stufen sicher beherrscht werden.

Dass sich viele Lernzieltaxonomien an der TEO orientieren, kann man an der Lernzielbeschreibung des Deutschen Bildungsrats (1970) erkennen. Dort findet sich folgende Untergliederung:

- Reproduktion / Wissen (Wiedergabe aus dem Gedächtnis auf Abruf durch Stichworte)
- Reorganisation / Verstehen (eigene Verarbeitung und Anordnung des Gelernten)
- Transfer (Übertragung der Grundprinzipien auf neue, ähnliche Aufgaben)
- Problemlösendes und entdeckendes Denken (produktive, für den Lernenden neuartige Leistungen)

Die ersten drei Stufen wurden von der TEO übernommen. Alle in ihrer kognitiven Komplexität darüber hinausgehenden Lernergebnisse wurden in einer vierten Stufe zusammengefasst.

Die Bloom'sche Lernzieltaxonomie wurde immer wieder kritisiert, weil die Trennschärfe der Kategorien nicht exakt und die hierarchische Organisation vor allem im oberen Bereich fraglich ist (Dubs 1978; Jatzwauk 2007). Bei genauerer Betrachtung kann man beispielsweise erkennen, dass die für die Feinabstufung genutzten Verben unterschiedlichen Stufen zugeordnet werden können. Am oben dargestellten Beispiel kann man erkennen, dass die Verben "erklären" oder "erläutern" auf mindestens drei Stufen Sinn machen. Dies liegt daran, dass es sich jeweils um unterschiedliche Teilaspekte eines komplexeren, deklarativen Wissensnetzwerks handelt. Dabei ist unklar, ob eine Differenzierungsleistung wie im Beispiel auf Stufe 4 tatsächlich komplexer und anspruchsvoller ist als die im Beispiel auf Stufe 2 angesprochenen Zusammenhänge.

Ebenso wird verschiedentlich die Verallgemeinerbarkeit von intellektuellen Fähigkeiten und Fertigkeiten in Frage gestellt und eine stärkere Domänen- bzw. Fachspezifität eingefordert. In der konkreten Anwendung wurde die Taxonomie deshalb auf zwei oder drei Stufen reduziert (Brophy & Good 1986). Schabram (2007) beispielsweise nutzt die Dimension kognitive Prozesse mit den Abstufungen Wissen, Verstehen, Anwendung für die Analyse von Lernaufgaben im Physikunterricht. Die Bloom'sche Taxonomie wurde trotz dieser Einschränkungen sowohl in der Lehrerbildung als auch in der Unterrichtsforschung breit rezipiert. Auch Aufgabentaxonomien für internationale Schülerleistungsstudien (z.B. TIMSS) greifen auf die Grundstruktur der Bloom'sche Taxonomie zurück.

Revidierte Bloom'sche Lernzieltaxonomie

Aufgrund der großen Beliebtheit der TEO (v.a. auch in den USA) hat eine Autorengruppe um Anderson und Krathwohl (2001) eine Weiterentwicklung der Bloom'schen Taxonomie vorgelegt. Diese ist im Vergleich zu ihrer Vorgängerversion zweidimensional angelegt (Tabelle 5).

Tabelle 5: Revidierte Bloom'sche Taxonomie nach Anderson und Krathwohl (2001)

	Cognitive process dimension					
	Remembering	Understanding	Applying	Analyzing	Evaluating	Creating

...ven Prozesse (cognitive process dimension)
...iner Aufgabe verknüpfte Wissen (knowledge
...ren auf einen Teil der Kritik an Bloom, z.B.
...domänenspezifischen Wissen interagieren.
...Weiterentwicklung der Bloom'schen Taxono-
...e Lernzielbeschreibung an, weil mit der Ver-
...Wissen und kognitiven Anforderungen die
...len sichtbar wird: In welchem Wissensbereich
...bei wird allerdings auf eine explizite Katego-
...n bzw. des Aufgabenkontextes verzichtet. An-
...hmen von Bloom nicht nur die grundlegende
...rnzielen und unterrichtlichen Prüfungsaufga-
...tschaft, d.h. das Lehr-Lernmodell: Lehrkräfte
...en, dass Unterricht kognitive Lernziele anstre-
...ie reine Reproduktion von Faktenwissen oder

...egründen die vier Subkategorien der Wissens-
...schen Begriffen und Befunden. Beispielsweise
korrespondiert die Unterscheidung zwischen Faktenwissen und Konzeptwissen mit der lernpsychologischen Unterscheidung zwischen Einzelinformationen und mentalen Modellen, Strukturen, subjektiven Theorien bzw. zwischen trägem Faktenwissen und vertieftem Verständnis. Jede Subkategorie wird noch einmal unterteilt.

Diese dritte Gliederungsebene ist stärker an typischen Begriffen oder Inhalten schulischen Lernens orientiert. Zum Beispiel wird innerhalb der Subkategorie „konzeptuelles Wissen" der Unterschied zwischen Generalisierungen und Strukturen nicht kognitionspsychologisch begründet. Die Begründungen beziehen sich lediglich auf mehr oder weniger komplexe Lerninhalte.

Die Subkategorien der Wissensdimension (*knowledge dimension*) im Einzelnen:

(1) Faktenwissen (*factual knowledge*): a.) Kenntnis der Terminologie in einem bestimmten Wissensgebiet, verbal und symbolisch; b.) Kenntnis spezifischer Elemente, Details, Daten, Informationen, Personen.

(2) Konzeptuelles Wissen (*conceptual knowledge*): Kategorien und Klassifikationen sind Konventionen und Resultat der wissenschaftlichen Herangehensweise in einem Bereich, während Faktenwissen das Ergebnis von Einzelbeobachtungen ist. Ebenso Prinzipien, Generalisierungen, Modelle und Theorien als grundlegende Muster in einer Wissensdomäne.

(3) Prozedurales Wissen (*procedural knowledge*): Wissen wie man etwas macht, z.B. eine Serie von Handlungen oder Schritten, die auch automatisiert ablaufen können. Prozedurales Wissen lässt sich weiter unterteilen in Algorithmen, Techniken in einer Wissensdomäne (z.B. auch Problemlösestrategien in einer Wissensdomäne) und Wissen über die Merkmale einer Situation, in der eine bestimmte Prozedur zur Anwendung kommt.

(4) Die Kategorie metakognitives Wissen wurde aufgenommen, weil Forschungen eindrücklich die Bedeutung von metakognitivem Wissen und Kontrollstrategien für effektives Lernen zeigen konnten. Metakognitives Wissen spielt auch in sozio-konstruktivistischen Lernmodellen eine wichtige Rolle und lässt sich unterteilen in strategisches Wissen (z.B. Lernstrategien und Heuristiken), Wissen über kognitive Aufgaben und kontextuelles Wissen (Wann ist welches Wissen anzuwenden?) und Wissen über sich selbst als Lerner.

Während die Berücksichtigung der Wissensdimension einen deutlichen Fortschritt darstellt, wurde die Problematik der Bloom'schen Taxonomie im Hinblick auf die kognitiven Prozesse nicht gelöst. Die Autoren können beispielsweise keine schlüssig nachvollziehbare und lernpsychologisch fundierte Differenzierung zwischen den einzelnen Stufen der kognitiven Prozesse anbieten und belassen es bei Aufgabenbeispielen, die den semantischen Raum des jeweiligen Schlüsselverbs ungefähr abdecken. In den meisten Studien, die auf Bloom zurückgreifen, werden deshalb die sechs Stufen zu zwei Kategorien mit dem Ziel zusammengefasst, *low level*-Aufgaben von *high level*-Aufgaben zu unterscheiden. Als *low level*-Aufgaben werden Aufgaben definiert, bei denen die Lernenden Wissen und Fakten wiedergeben sollen, während sie bei *high level*-Aufgaben Informationen verarbeiten und transferieren müssen.

tary problem, so if you have a 1/3 chance of choosing the car the first time, you have a 2/3 chance of not. So when you switch it gives you a 2/3 chance of the car, even though there are only 2 doors left. The probability is still base on the initial choice of 3 doors. Think of it if you didn't switch you still have a 1/3 chance of the car that you started with, even though there are only 2 doors left. Your odds seem to have improved to ½, but your choice was based on 1/3.

(5) Extended Abstract: The coherent whole is generalized or re-conceptualized to a higher level of abstraction. Example: After further thought I agree with the 2/3 chance theory. My theory just didn't add up when I applied it to really big numbers. Therefore the probability of a single event happening is 1/n where n>0 and the probability of it not occurring is (n-1)/n where n>0. Therefore regardless of how many windows are taken from the equation, the probability remains the same for the event occurring, therefore the probability for the event not occurring must remain the same. As the windows are knocked out by the host, the chosen window remains at odds of 1/n, however the odds of each remaining window increases....I have derived a more generalised formula to calculate the probability of each of the non chosen windows as the host removes windows from the equation. If n = the number of possible choices and x= the number of windows removed and R = the probability of each of the remaining windows, then R = (n-1)/(n^2-xn)."

Damit wird deutlich, dass eine allgemeindidaktische Lernzieltaxonomie sowohl als Werkzeug zur Formulierung von Lernzielen und gleichzeitig als Grundlage für die Diagnose von Schülerleistungen genutzt werden kann. Ein weiterer Vorteil der SOLO-Taxonomie ist ihre relative Unabhängigkeit vom Wissensbegriff und fachspezifischen Wissensvorstellungen. Wissen wird zunächst einmal ganz formal als vernetzt bzw. in Komponenten zerlegbar betrachtet. Je mehr einzelne Wissensbausteine simultan genutzt bzw. integriert werden können, desto eher gelingt die Lösung komplexerer Aufgaben. Die SOLO-Taxonomie kommt allerdings an ihre Grenzen, wenn Lehrkräfte die Zusammenhänge zwischen einzelnen Bausteine (prozedural, deklarativ) und Modalitäten (auditiv, visuell) fachspezifischer Wissenserwerbsprozesse detailliert verstehen und analysieren müssen (z.B. beim Aufbau von Zahlenraumvorstellungen).

Outcomes of Instruction

Eine recht eigenständige und von der Bloom'schen Tradition deutlich abzugrenzende Lernzieltaxonomie geht auf den amerikanischen Lernpsychologen Robert M. Gagné zurück. Die ursprüngliche Arbeit von Gagné in den 1960er und 70er Jahren war noch stark vom Behaviorismus geprägt und sah eine präzise Hierarchisierung von Lerntypen vor. Eine Weiterentwicklung zusammen mit Kollegen (Gagné, Briggs & Wager 1992) reflektiert dagegen die kognitive Wende in der Instruktionspsychologie. Gagné, Briggs und Wager (1992) unterscheiden fünf Klassen von Lernergebnissen, die mit den später von Anderson und Krathwohl (2001) aufgegriffenen Wissensdimensionen teilweise übereinstimmen (Abbildung 4).

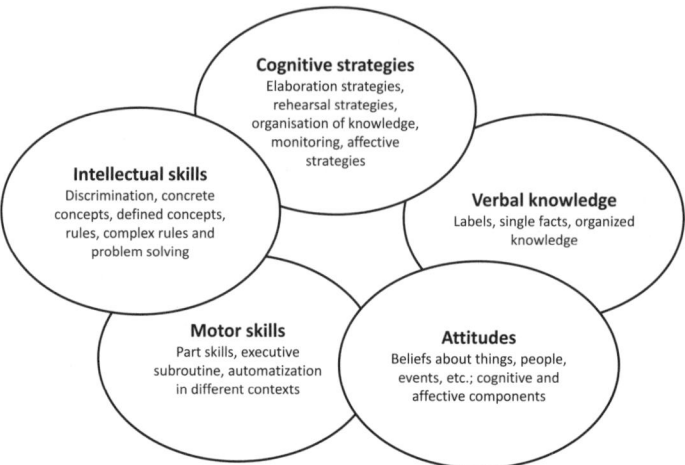

Abb. 4: Gruppierung von schulischen Lernzielen nach Gagné, Briggs und Wager (1988)

Im Unterschied zu Bloom bzw. Anderson und Krathwohl werden nun innerhalb der Wissenstypen hierarchisch gestufte Lernergebnisse beschrieben. Hierarchie bedeutet auch hier, dass eine Fähigkeit auf einer bestimmten Stufe nur dann erreicht oder ausgeführt werden kann, wenn die notwendigen Voraussetzungen auf den unteren Stufen vorhanden sind. Am Beispiel der kognitiven Fähigkeiten (*intellectual skills*) soll dies veranschaulicht werden:

(1a) Diskrimination (*discrimination*) ist die Fähigkeit, zwischen Reizen zu differenzieren, die sich mindestens in einem physikalischen Merkmal unterscheiden. Diskriminationslernen ist oft Teil der Vorschulerziehung: z.B. Unterscheidung zwischen verschiedenen Farben und Formen. Viele Diskriminationsleistungen werden bereits in sehr frühem Alter erlernt oder erworben. Vor allem bei sprach-, hör- oder sehgeschädigten Kindern wird großer Wert auf die Diskrimination von äußeren Reizen gelegt. Wie lässt sich eine Diskriminationsleistung prüfen? Der Lernende muss eine Antwort geben, aus der hervorgeht, dass er zwischen Reizen differenzieren kann, die sich in mindestens einem physikalischen Merkmal unterscheiden.

(1b) Konkrete Konzepte (*concrete concepts*) beschreiben die Fähigkeit, konkrete Objekte nach Merkmalen oder Eigenschaften einer bestimmten Klasse zuzuordnen und diese zu benennen (z.B.: Farben, Formen, Menge, ...). Bei der Diskrimination muss nur zwischen der Gleichheit oder Unterschiedlichkeit von Reizen differenziert werden. Ein konkretes Konzept hingegen ist dann vorhanden, wenn konkrete Objekte entsprechenden Merkmalsklassen zugeordnet werden können. Prüfen lassen sich konkrete Konzepte, indem man Schüler/innen unterschiedliche Objekte, die allesamt einer Merkmalsklasse angehören, identifizieren lässt (alle Dreiecke finden lassen). Interne Bedingungen für diese Lernleistung sind entsprechende Diskriminationsleistungen.

(1c) Definierte Konzepte (*defined concepts*): Begriffe sind definierte Konzepte. Der Unterschied zu den konkreten Konzepten liegt darin, dass es sich nicht mehr um physikalisch zu unterscheidende, konkrete Merkmale oder Eigenschaften handelt. Man kann nicht mehr auf Objekte zeigen und dadurch ein Konzept aufbauen, sondern muss sich verbal über eine Definition verständigen (z.B.: Fremder, Energie, Vergangenheitsform, ökologische Landwirtschaft, Familie, Stadt, Gerechtigkeit, Frieden, ganze Zahlen, Bruchzahlen, etc.). Eine Überlappung von konkreten und definierten Konzepten gibt es beispielsweise in der Geometrie. Die Schüler erlernen das Konzept „Dreieck" anhand konkreter Objekte. Später wird eine Dreiecksdefinition eingeführt. Die reine verbale Reproduktion der Definition genügt noch nicht, um sicher sagen zu können, dass ein Lerner ein definiertes Konzept erworben hat. Er muss das Konzept auf konkrete Beispiele anwenden können, bzw. die einzelnen Elemente der Definition und ihre Relationen erklären können.

(1d) Regeln (*rules*): Eine Regel wurde gelernt, wenn die/der Schüler/in auf eine Klasse von Objekten (konkrete oder definierte Konzepte) mit einer Klasse von Relationen antworten kann (Beispiele: grammatikalische Regeln werden bei der Satzbildung intuitiv angewandt; Ohmsches Gesetz). Definierte Konzepte sind im Grunde einfache Regeln, die eine Aussage darüber machen, wie Objekte zu klassifizieren sind. Regeln gehen jedoch darüber hinaus und beschreiben Relationen zwischen Klassen von Objekten. Die Regel wird sprachlich präsentiert und durchgearbeitet, um sicherzustellen, dass die Lerner die richtigen Basiskonzepte verwenden und dafür zu sorgen, dass diese in der richtigen Reihenfolge kombiniert und zusammengefügt werden. Unter bestimmten Umständen kann das entdeckende Lernen von Regeln (Bruner) eine Rolle spielen. Ob eine Regel erlernt wurde, lässt sich durch ein Anwendungsbeispiel prüfen. Der Lerner muss hierzu alle Konzepte, die der Regel zu Grunde liegen, abrufen können (z.B. Bildung grammatikalischer Formen anhand von Satzvorgaben).

(1e) Komplexere Regeln und Problemlösen (*higher-order rules and problem solving*): Problemlöseaktivitäten sind dadurch charakterisiert, dass es keine Anleitung zur Lösung gibt. Diese muss entdeckt oder neu erfunden werden. Oft werden implizite Regeln angewandt, die nicht unbedingt verbalisiert werden können oder die nicht explizit Thema von Unterricht waren. Beispiele: Einen Wagenheber mit einfachen

Materialien ersetzen (Seil, Brett, Stange); Regeln für das Addieren algebraischer Terme entdecken; wie schreibt man ein Gedicht? Die Lernleistung auf dieser Stufe lässt sich durch das Erfinden und Anwenden einer komplexeren Regel in einer Problemsituation operationalisieren. Der Lerner muss hierfür untergeordnete Regeln und relevante Informationen anwenden und abrufen können. Die Lernumgebung wird dabei so gestaltet, dass der Lerner mit einem tatsächlichen oder einem fiktiven Problem konfrontiert wird. Es werden keine oder nur minimale Lösungshilfen bereitgestellt.

Die *Outcomes of Instruction* sind sehr stark an lernpsychologischen Begriffen bzw. Lerntheorien orientiert. Dies war ja auch die ursprüngliche Intention von Gagné und Kollegen: eine Hierarchie von Lerntypen zu entwickeln. Ein weiterer Vorteil ist die Anwendbarkeit für schulische Lerninhalte. Sowohl für sprachliche als auch für mathematische Lerninhalte lassen sich Beispiele für alle fünf Stufen finden. Die hierarchische Stufung dürfte in vielen Fällen auch mit fachdidaktischen Wissenserwerbsmodellen übereinstimmen (z.b. Bedeutung von Diskriminationsleistungen beim Schriftspracherwerb; mathematische Problemlöseaktivitäten sind nur möglich, wenn basalere Regeln und Begriffe für den Lernenden greifbar sind). Problematisch an den *Outcomes of Instruction* ist die nicht klare Trennung zwischen deklarativem und prozeduralem Wissen sowie die Ausblendung der Zusammenhänge zwischen Modalitäten der Enkodierung und Wissensarten. Allgemeindidaktische Lernzieltaxonomien kommen in der Regel genau an dieser Stelle an ihre Grenzen.

4.1.2 Kompetenzbegriff und Bildungsstandards

Die Fachdidaktiken lehnten sich entweder an allgemeindidaktische Lernzieltaxonomien an oder entwickelten eigene, in der Regel stark an den Fachinhalten orientierte Kataloge für die Beschreibung der fachlichen Lernziele. Dies änderte sich grundlegend mit der Etablierung von *large scale assessments* und dem Einstieg der Fachdidaktiken in die empirische Unterrichtsforschung. Diese Entwicklungen kulminierten dann Anfang der 2000er Jahre in der Entwicklung von fachspezifischen Kompetenzmodellen und Bildungsstandards.
Bildungsstandards sind nicht nur ein Meilenstein in der Entwicklung lehr-lerntheoretisch orientierter Lernzielmodelle. Sie gehören vielmehr zum Kern der Bildungsreformen nach PISA und sind damit an viele Erwartungen geknüpft. Als 2001 die für Deutschland alarmierenden Ergebnisse der ersten PISA-Studie veröffentlicht wurden, standen der Bildungspolitik verschiedene Schulreformprojekte als Antwort zur Verfügung. Neben Ganztagsschulen und Sprachförderung für Migranten wurde auch die Einführung nationaler Bildungsstandards als gewinnbringende Option in die Diskussion eingebracht (z.B. Klieme et al. 2003; Klieme 2004; Klieme & Döbert 2007; Halbheer & Reusser 2008). Es wurde argumentiert, dass viele der bei

PISA erfolgreichen Länder bereits nationale Bildungsstandards und darauf bezogene Evaluationssysteme eingeführt hatten. Durch die Festlegung von verbindlichen
Leistungsstandards sollen hohe Erwartungen an alle Beteiligten im Bildungssystem
gestellt und über Aufgabenbeispiele und Vergleichsarbeiten konkretisiert werden
(z.b. Köller 2008).

Zentrales, wissenschaftliches Dokument zur Einführung von Bildungsstandards
ist die vom Bundesministerium für Bildung und Forschung in Auftrag gegebene
Expertise zur Entwicklung nationaler Bildungsstandards (Klieme et al. 2003). Dieses Positionspapier fordert die Einführung von Mindeststandards und landeswei-
ten Vergleichsarbeiten, mit denen das Erreichen von Standards auf der Grundlage
von Kompetenzmodellen geprüft werden soll. Bildungsstandards und zentrale Vergleichsarbeiten sind von Anfang an nicht nur nationales Systemmonitoring, sondern werden mit dem Begriff der Qualitätsentwicklung an Schulen in Verbindung
gebracht. Standards sollen der/m einzelnen Lehrer/in und der einzelnen Schule eine
fortlaufende Kontrolle der eigenen Arbeit ermöglichen. Die Rückmeldungen sollen
produktiv für die Entwicklung des eigenen Unterrichts eingesetzt werden. Nach
Klieme (2002) könnte dies folgendermaßen aussehen:

– Standards fördern den pädagogischen Zielklärungsprozess und erhöhen damit
  die Arbeitsmotivation an Schulen: Die Bezugsnorm für eine Einschätzung der
  Unterrichtsqualität ist in der Regel das engere schulische Umfeld. Bildungsstan-
  dards ermöglichen dagegen eine übergreifende und somit realistischere Einschät-
  zung der eigenen Arbeit, was dazu führen könnte, dass man sich anspruchsvollere
  Ziele setzt.
– Fehleinschätzungen können korrigiert werden: Der Einsatz von standardisierten
  Testinstrumenten erhöht die diagnostische Kompetenz der Lehrkräfte. Schwä-
  chen einzelner Schülergruppen lassen sich differenziert und sicher beschreiben.
– Eine datenbasierte, professionelle Reflexion über den eigenen Unterricht stößt
  Veränderungen an.
– Die schulinterne Diskussion über Standards kann zu einer verstärkten Koopera-
  tion und gegenseitigen Hilfestellung führen. Dies sind dann wichtige Bausteine
  für Schulentwicklungsprozesse.

Subtrahiert man diese bildungspolitischen Reformhoffnungen, dann sind Bildungsstandards im Grunde genommen nichts anderes als eine neue Variante zur
Beschreibung, Sortierung und Systematisierung von Lernzielen. Es handelt sich um
Lernzieltaxonomien, die mit einer neuartigen Begrifflichkeit agieren und zudem
empirische Verfahren zur Stufung von Lernergebnissen nutzen. Neu ist auch die
konsequent fachdidaktische Fundierung der Lernziele. Um dies zu verstehen, muss
zunächst einmal geklärt werden, was man unter Kompetenzen und kompetenzorientierten Bildungsstandards versteht. Danach wird skizziert, wie man mit Verfahren der internationalen Schulleistungsstudien (PISA, IGLU, etc.) in einzelnen

Kompetenzbereichen sog. Kompetenzstufenmodelle bzw. Kompetenzstrukturmodelle empirisch ermittelt. Abschließend sollen Implikationen der Kompetenzorientierung für die schulische Leistungsdiagnostik erörtert werden.

Kompetenz und Kompetenzorientierung

Der inflationäre Gebrauch des Kompetenzbegriffs zur Begründung von Bildungsstandards und Leistungsvergleichsstudien ist zum Teil eine interessensdominierte Modeerscheinung, die es genau zu durchschauen und deren wissenschaftliche, sprich lernpsychologische Grundlagen verstanden werden sollten. Bei der Entwicklung nationaler Bildungsstandards orientierte man sich am Kompetenzbegriff der Expertiseforschung. Der Psychologe Weinert (2001, S. 27f.) versteht Kompetenzen als „die bei Individuen verfügbaren oder durch sie erlernbaren kognitiven Fähigkeiten und Fertigkeiten, um bestimmte Probleme zu lösen, sowie die damit verbundenen motivationalen, volitionalen und sozialen Bereitschaften und Fähigkeiten, um die Problemlösungen in variablen Situationen erfolgreich und verantwortungsvoll nutzen zu können." Dieser Kompetenzbegriff ist sehr weit gefasst und geht über die bisher bekannten Strukturen zur Beschreibung schulischer Lernziele weit hinaus. Neuartig sind vor allem folgende Aspekte:

– Kompetenzen werden domänenspezifisch, d.h. auf konkretes Fachwissen bezogen definiert. Bisher kannte man den Kompetenzbegriff in der pädagogischen Diskussion vor allem im Zusammenhang mit fachübergreifenden Kompetenzen, sog. Schlüsselqualifikationen (Sozialkompetenz, Methodenkompetenz, Personalkompetenz, etc.) oder methodisch-instrumentellen Kompetenzen wie Lesen, Rechnen, etc.). Neu ist, dass man jetzt von „mathematischen Kompetenzen" oder „Schreibkompetenzen" spricht.

– Kompetenzen sind problemlöseorientiert, d.h. es geht nicht um die Wiedergabe von Wissen sondern vielmehr um die Anwendung von Fachwissen in bestimmten Problem- bzw. Aufgabensituationen. Im Vordergrund steht nicht mehr, ob ein/e Schüler/in Merkmale von Märchen kennt, sondern ob ein/e Schüler/in die Textsorte Märchen von anderen Textsorten unterscheiden kann oder gar selbst ein Märchen schreiben kann. In Mathematik bedeutet Kompetenz beispielsweise, dass Lernende mathematische Algorithmen in unbekannten Situationen (Sachaufgaben) anwenden können (im Gegensatz zur routinemäßigen Anwendung von Algorithmen in immer gleichen Situationen).

– Kompetenzen lassen sich nur in Anwendungssituationen messen. Um etwas darüber zu erfahren, ob ein/e Schüler/in eine bestimmte Fachkompetenz besitzt, muss diese in einer konkreten Anforderungssituation unter Beweis gestellt werden. Das klingt zunächst trivial. Dieses Verständnis würde jedoch die schulische Praxis auf den Kopf stellen – sofern man sie dort ernst nehmen würde. Mathematische Kompetenz zeigt sich nicht in der Bearbeitung von immer gleichen Päckchenaufgaben aus dem Mathematikbuch. Vielmehr wäre mathematische

Kompetenz gegeben, wenn Schüler/innen in einer alltäglichen Situation (z.B. einen Ratenkredit für ein neues Handy beurteilen) mathematisches Wissen und mathematische Fertigkeiten anwenden können. Dies stellt sowohl den Unterricht als auch die Formen der Leistungsmessung in der Schule vor völlig neue Herausforderungen.

– Kompetenzen haben immer auch eine motivationale und emotionale Seite. Es wäre unzureichend, wenn man Kompetenzen lediglich auf rein kognitives Wissen bzw. Fähigkeiten reduzieren würde. Dies entspricht den neueren Erkenntnissen der Lernpsychologie bzw. der Hirnforschung. Ein/e Schüler/in ist nur dann kompetent in einem bestimmten Fachgebiet, wenn sie/er für dieses Fach auch Interesse zeigt und motiviert ist, das Wissen in konkreten Situationen anzuwenden.

Diese Vorstellung von Kompetenz wurde mittlerweile breit rezipiert und wird als theoretische Grundlage für Bildungsstandards und die damit verknüpften Leistungsmessungen (z.B. VERA 3 und VERA 8) akzeptiert. In der Pädagogischen Psychologie und hier vor allem von Psychometrikern wird der Kompetenzbegriff nach Weinert allerdings auch kritisch diskutiert. Fraglich ist ja generell die Operationalisierbarkeit eines Kompetenzverständnisses, das die Prüfung von Kompetenzen in möglichst konkreten, realistischen Situationen fordert. Psychometrische Schulleistungstests wie PISA oder VERA sind ja genau das Gegenteil. Diese Diskrepanz führt zu weiteren Diskussionen und zu einer Weiterentwicklung des Kompetenzbegriffs. Hartig und Klieme (2006) beispielsweise klammerten die motivationalen und affektiven Voraussetzungen für das Handeln kurzerhand aus und beschränkten sich in der Beschreibung von Kompetenz auf die kognitiven Dimensionen. Ebenso wurde die Abhängigkeit der Kompetenzen vom Kontext bzw. der Lerndomäne betont. Damit konnten Hartig und Klieme den Kompetenzbegriff von Intelligenz oder Schlüsselqualifikationen abgrenzen. Kompetenzen sind damit nach Hartig und Klieme (2006) kontextspezifische, kognitive Leistungsdispositionen. Vom psychologischen Wissensbegriff ist man damit nicht mehr weit entfernt. Kompetenzbeschreibung sollten deshalb immer auf ihre Wissensfacetten hin durchleuchtet werden. Meistens gelingt damit die Entzauberung dieses schillernden Konstrukts (siehe unten).

Nationale Bildungsstandards

Wie wurde dieser Kompetenzbegriff nun in kompetenzorientierte Bildungsstandards übersetzt? Die Kultusministerkonferenz definierte in den Jahren 2003 und 2004 nationale Bildungsstandards für:

– Mathematik, Deutsch und die Erste Fremdsprache für den Mittleren Bildungsabschluss
– Mathematik, Deutsch und Erste Fremdsprache für den Hauptschulabschluss
– Mathematik und Deutsch für den Primarbereich
– Biologie, Physik und Chemie für den Mittleren Schulabschluss

Die einzelnen Bildungsstandards-Heftchen können auf der Homepage der Kultusministerkonferenz heruntergeladen werden und bestehen aus folgenden Abschnitten:

– Allgemeine Kompetenzbereiche im jeweiligen Fach (Deutsch: Sprechen und
  Zuhören, Schreiben, Lesen – mit Texten und Medien umgehen; Mathematik:
  Probleme mathematisch lösen, mathematisch argumentieren, mathematisch mo-
  dellieren, etc.)
– Inhaltsbezogene Konkretisierungen der allgemeinen Kompetenzen (Festlegung
  von Leidideen in der Mathematik: Zahl, Messen, Raum und Form, Funktionaler
  Zusammenhang, Daten und Zufall; Konkretisierung der Standards für Deutsch
  nach Kompetenzbereichen: z.b. Welche Arten von Texten sollen Schüler verfassen können?)
– Festlegung von Anforderungsbereichen (analog zu den klassischen Lernzieltaxonomien)
– Veranschaulichung der Bildungsstandards durch Aufgabenbeispiele, die jeweils
  einem Kompetenzbereich, einem Inhaltsbereich und einem bestimmten Anforderungsniveau (dreistufig) zugeordnet werden können

Diese Bildungsstandards sind seit dem Schuljahr 2004/05 in allen Bundesländern
gültig und bestimmen die Anforderungen für den jeweiligen Schulabschluss (Primarstufe, Hauptschulabschluss, Mittlerer Schulabschluss). Die Länder verpflichteten sich zur Implementation der Standards (Lehrplanentwicklung, Schulentwicklung, Lehreraus- und -fortbildung). Ebenfalls verpflichteten sich die Bundesländer
zur Überprüfung der Standards mit länderspezifischen oder länderübergreifenden
Orientierungs- und Vergleichsarbeiten. Am Beispiel der Standards für den Mittleren Schulabschluss in Mathematik soll das lehr-lerntheoretische Potenzial der nationalen Bildungsstandards untersucht werden.

KMK-Bildungsstandards für den Mittleren Schulabschluss in Mathematik:

Die oben beschriebenen Komponenten von Bildungsstandards führen für die
KMK-Standards für den Mittleren Schulabschluss in Mathematik zu einer dreidi
mensionalen Matrix für die Einordnung einzelner Standards bzw. Beispielaufgaben
(KMK 2009, S. 3):

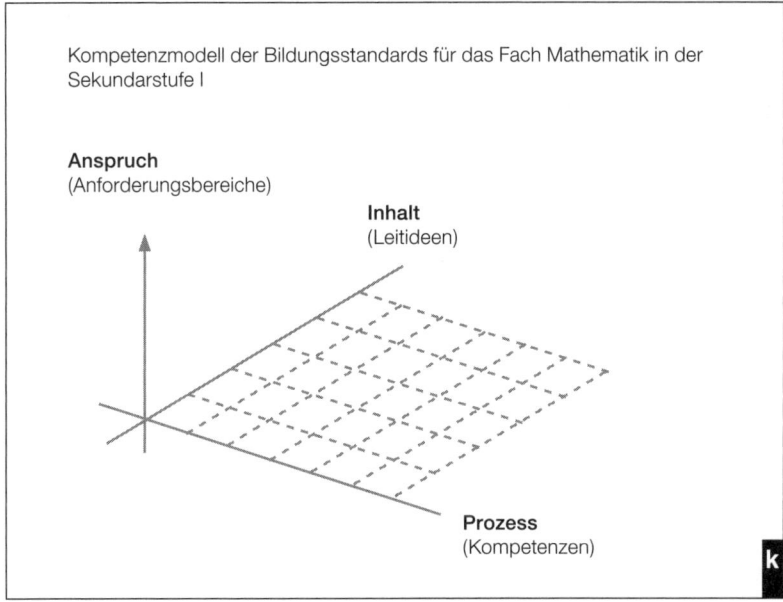

Kompetenzmodell der Bildungsstandards für das Fach Mathematik in der Sekundarstufe I

Abb. 5: Kompetenzmodell Mathematik der nationalen Bildungsstandards

Zunächst einmal werden 6 allgemeine, mathematische Kompetenzen wie beispielsweise „mathematisch argumentieren" oder „mathematisch modellieren" beschrieben (KMK 2003b, S. 9f):

– (K 1) Mathematisch argumentieren: Fragen stellen, die für die Mathematik charakteristisch sind („Gibt es …?", „Wie verändert sich…?", „Ist das immer so …?") und Vermutungen begründet äußern, mathematische Argumentationen entwickeln (wie Erläuterungen, Begründungen, Beweise), Lösungswege beschreiben und begründen.

– (K 3) Mathematisch modellieren: Den Bereich oder die Situation, die modelliert werden soll, in mathematische Begriffe, Strukturen und Relationen übersetzen, in dem jeweiligen mathematischen Modell arbeiten, Ergebnisse in dem entsprechenden Bereich oder der entsprechenden Situation interpretieren und prüfen.

Diese Kompetenzbeschreibungen sind auf einem sehr abstrakten Niveau und unabhängig von konkreten mathematischen Inhalten oder Themen. Aus diesem Grund erfolgt in einer weiteren Dimension die Benennung von sog. „mathematischen Leitideen":

– Zahl
– Messen
– Raum und Form
– Funktionaler Zusammenhang
– Daten und Zufall

Diese mathematischen Leitideen sind im Grunde genommen nichts anderes als die in bisherigen Lehrplänen beschriebenen Unterrichtseinheiten oder Themengebiete, die spiralförmig in jeder Jahrgangsstufe in Mathematik aufgegriffen werden. So wirken dann auch die konkreten Beispiele für Standards zur Leitidee Zahl wie herkömmliche Lehrplanziele. Es wurde lediglich auf tätigkeitsorientierte Verben geachtet (KMK 2003b, S. 11): „Die Schülerinnen und Schüler …

… nutzen sinntragende Vorstellungen von rationalen Zahlen, insbesondere von natürlichen, ganzen und gebrochenen Zahlen entsprechend der Verwendungsnotwendigkeit,

… stellen Zahlen der Situation angemessen dar, unter anderem in Zehnerpotenzschreibweise,

… begründen die Notwendigkeit von Zahlbereichserweiterungen an Beispielen,

… nutzen Rechengesetze, auch zum vorteilhaften Rechnen,

… nutzen zur Kontrolle Überschlagsrechnungen und andere Verfahren …"

Als dritte Dimension von Bildungsstandards werden nun drei allgemeine Anforderungsbereiche mit jeweils steigendem Komplexitätsgrad bzw. Anforderungsniveau definiert:
– Anforderungsbereich I: Reproduzieren umfasst die Wiedergabe und direkte Anwendung von grundlegenden Begriffen, Sätzen und Verfahren in einem abgegrenzten Gebiet und einem wiederholenden Zusammenhang.
– Anforderungsbereich II: Zusammenhänge herstellen (Dieses Niveau umfasst das Bearbeiten bekannter Sachverhalte, indem Kenntnisse, Fertigkeiten und Fähigkeiten verknüpft werden, die in der Auseinandersetzung mit Mathematik auf verschiedenen Gebieten erworben wurden.)
– Anforderungsbereich III: Verallgemeinern und Reflektieren (Dieses Niveau umfasst das Bearbeiten komplexer Gegebenheiten u. a. mit dem Ziel, zu eigenen Problemformulierungen, Lösungen, Begründungen, Folgerungen, Interpretationen oder Wertungen zu gelangen.)

Was ist nun neu an Bildungsstandards dieser Art? Man möchte eine Art allgemeingültige Lernzieltaxonomie für ein Unterrichtsfach begründen. Über alle mathematischen Teilgebieten und Themen hinweg wird behauptet, dass es allgemeine mathematische Kompetenzen gibt. Die gibt es mit Sicherheit. Argumentieren oder mathematisch Modellieren sind Fähigkeiten, die ich sowohl in der Geometrie als auch in der Algebra benötige. Allerdings ist ungeklärt, wie bedeutsam diese allgemeinen Kompetenzen im Vergleich zum inhaltlichen mathematischen Wissen sind, wie sie zusammenhängen und ob sich die allgemeinen Kompetenzen tatsächlich unabhängig von Inhalten beschreiben lassen. Gleiches gilt für die drei Anforderungsbereiche. Hier wird im Grunde genommen eine sehr grobe allgemeindidaktische Lernzieltaxonomie gebaut (ohne bisherige Taxonomien ausreichend zu berücksichtigen). Nachfolgend wird angenommen, dass sich konkrete mathematische Anforderungen in diese drei Bereiche einordnen lassen. Wie schwierig das ist und welche Probleme sich dabei (gerade aus mathematikdidaktischer Perspektive) ergeben, zeigen die Beispielaufgaben zur Konkretisierung der Bildungsstandards, die im vierten Abschnitt folgen.

(3) Vom Stern zur Pyramide

Aufgabenstellung

Der nebenstehende symmetrische Stern hat folgende Eigenschaften:

Alle Seiten sowie die Strecken $\overline{AC}$ und $\overline{CE}$ haben die gleiche Länge a. $\overline{AC}$ steht senkrecht auf $\overline{CE}$.

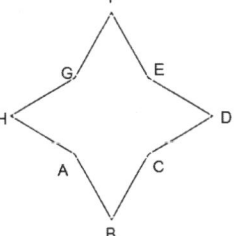

a) Wie viele Symmetrieachsen hat der Stern?

b) Beschreiben Sie eine Konstruktion des Sterns.

c) Die Dreiecksflächen sollen so geklappt werden, dass eine Pyramide entsteht.

Bestimmen Sie das Volumen der Pyramide für $a = 5{,}0\ \text{cm}$.

d) Der Stern wird so verändert, dass die Strecken $\overline{AC}$ und $\overline{AB}$ nicht mehr gleich lang sind. Die Symmetrie des Sterns bleibt jedoch erhalten. Unter welchen Bedingungen kann durch Klappen der Dreiecksflächen eine Pyramide entstehen?

Abb. 6: Aufgabe „Vom Stern zur Pyramide (KMK 2004, S. 21)

Auf Basis der drei Standards-Dimensionen werden die vier Teilaufgaben folgendermaßen eingeordnet:

	Lösungen und Hinweise	Leitidee	Anforderungsbereich I	II	III
a)	Anzahl der Symmetrieachsen: 4	L 3	K 4		
b)	Konstruktionsbeschreibung, die folgende Punkte enthält: – Konstruktion des Quadrats ACEG, – Konstruktion der vier gleichseitigen Dreiecke. (Weitere Konstruktionsmöglichkeiten existieren.)	L 3		K 6	
c)	– Erkennen des Quadrats als Grundfläche der Pyramide. – Bezeichnen der für die Bestimmung des Volumens notwendigen Teile: a – Quadratseite; h_D – Dreieckshöhe; h_P – Pyramidenhöhe. – Erstellen des Hilfsdreiecks aus $\frac{a}{2}$, h_D und h_P. – Bestimmung des Volumens $V = 29{,}5\ \mathrm{cm}^3$ (Weitere Lösungsmöglichkeit mit Hilfe eines Dreiecks über einer Diagonale des Quadrats.)	L 2		K 2	
d)	Angabe einer der beiden Bedingungen: – Die Länge der Höhe zur Basis des gleichschenkligen Dreiecks ist größer als die Hälfte der Seitenlänge des Quadrats. – Die Länge eines Schenkels des Dreiecks ist größer als die Hälfte der Diagonalenlänge des Quadrats.	L 3			K 1

Abb. 7: Lösungen und Hinweise für die Aufgabe „Vom Stern zur Pyramide" (KMK 2003b, S. 21)

Bis auf Teilaufgabe c) werden alle Teilaufgaben der Leitidee Raum und Form zugeordnet. Teilaufgabe c) umfasst die räumliche Konstruktion der Pryamide sowie die Berechnung des Volumens. Zugeordnet wird diese Teilaufgabe der inhaltlichen Leitidee Messen. Allerdings lässt sich diese Aufgabe nicht ohne sehr gutes räumliches Vorstellungsvermögen und Wissen über die Pyramidenform lösen. Auch hier wäre eine Zuordnung zu L3 gerechtfertigt.

Die Teilaufgaben werden auch unterschiedlichen allgemeinen Kompetenzbereichen zugeordnet. Das Finden der Symmetrieachsen wird als Ausdruck der allgemeinen mathematischen Kompetenz „mathematische Darstellungen verwenden" betrachtet. Die Konstruktionsbeschreibung in Teilaufgabe b) soll dagegen Ausdruck der allgemeinen Kompetenz „mathematisch kommunizieren" sein. Warum aber nicht „Problemlösen" (K2) oder auch „mathematische Darstellungen verwenden" (K4)? Die Zuordnung der Teilaufgaben zu den drei Anforderungsbereichen verdeutlicht die Zunahme der Schwierigkeit bzw. genauer gesagt der Komplexität der Aufgabenstellungen. Das Entdecken und Zählen der Symmetrieachsen im Stern ist eine einfache Anwendung eines bekannten Begriffs bzw. Verfahrens (Symmetrieachsen finden) auf eine überschaubare Situation. Sprachlich nicht ganz korrekt ist hierfür die Bezeichnung „Reproduzieren" für den Anforderungsbereich I. Reproduktion ist in klassischen Lernzieltaxonomien in der Regel die exakte Wiedergabe von memoriertem Wissen. In Teilaufgabe a) wird dagegen eher eine einfache Transferleistung gefordert. Wesentlich schwieriger wird die genaue Differenzierung zwischen den Anforderungsbereichen II und III. Dies sieht man an den Teilaufgaben b) bis d). Aufgabe b) ist keineswegs trivial. Es muss das Quadrat in der Mitte erkannt werden und es muss erkannt werden, dass es sich um gleichseitige Dreiecke handelt. Daraufhin kann eine konkrete Konstruktion für diesen Stern entworfen werden. Die Lösungsschritte und die für die Lösung benötigten Wissenselemente für Teilaufgabe c) sind jedoch wesentlich umfangreicher. Warum werden diese beiden Aufgaben dennoch in den gleichen Anforderungsbereich eingeordnet?

Dass Teilaufgabe d) dem höchsten Anforderungsbereich zugeordnet wurde, lässt sich mit der Abstraktion vom konkreten Stern begründen. Längen sollen variiert werden unter der Bedingung, dass weiterhin eine Pyramide durch Falten entstehen kann. Eventuell könnte diese Aufgabe für Schüler/innen mit gutem räumlichem Vorstellungsvermögen einfacher sein als Teilaufgabe c) mit einer Vielzahl an fehleranfälligen Konstruktions- und Rechenschritten. Teilaufgabe d) kann jedoch mit einer einfachen mentalen Vorstellung (in die Länge ziehen aller vier Ecken) gelöst werden.

Diese fachdidaktisch recht einfache Analyse zeigt, dass mit den Bildungsstandards eine differenzierte, fachdidaktische Analyse von Lernzielen, mathematischem Wissen, Aufgaben und möglichen Schülerlösungen kaum möglich ist. Zumindest genügen bereits einfache, fachdidaktische Analysen und eine genaue Wahrnehmung von Schülerhandlungen beim Lösen von Aufgaben, um ein Auflösungsniveau zu erreichen, das die Begrifflichkeiten und Ordnungen der Bildungsstandards übertrifft.

KMK Bildungsstandards für den Mittleren Schulabschluss in Physik

Auch die KMK Bildungsstandards für den Mittleren Schulabschluss in Physik sind von der Idee getragen, allgemeine Kompetenzbereiche für das Fach Physik zu definieren (Schecker 2007). Allerdings wurde im Vergleich zu den Mathematikstandards eine etwas andere Systematik der Kompetenzdimensionierung gewählt. Anstatt einen dreidimensionalen Raum mit allgemeinen Kompetenzen, Leitideen und Anforderungsbereichen aufzuspannen, wurden für die Physik-Standards vier große Kompetenzbereiche festgelegt, von denen der erste Bereich das inhaltsorientierte Fachwissen umfasst (KMK 2003c, S. 7):

(1) Fachwissen: Physikalische Phänomene, Begriffe, Prinzipien, Fakten, Gesetzmäßigkeiten kennen und Basiskonzepten zuordnen. Vertikal dazu die Basiskonzepte Materie, Wechselwirkung, System und Energie.

(2) Erkenntnisgewinnung: Experimentelle und andere Untersuchungsmethoden sowie Modelle nutzen.

(3) Kommunikation: Informationen sach- und fachbezogen erschließen und austauschen.

(4) Bewertung: Physikalische Sachverhalte in verschiedenen Kontexten erkennen und bewerten

Die inhaltsbezogenen Standards werden entlang von Basiskonzepten organisiert. Das Basiskonzept „Materie" wird folgendermaßen umrissen (KMK 2003c, S. 8): „Körper können verschiedene Aggregatzustände annehmen. Diese können sich durch äußere Einwirkungen ändern (Beispiel: Form und Volumen von Körpern). Körper bestehen aus Teilchen (Teilchenmodell, Brownsche Bewegung). Materie ist strukturiert (Atome, Moleküle, Kristalle)." Ein weiteres Basiskonzept ist „Energie" (KMK 2003c, S. 9): „Nutzbare Energie kann aus erschöpfbaren und regenerativen Quellen gewonnen werden (z.B. fossile Brennstoffe, Wind- und Sonnenenergie, Kernenergie). Für den Transport und bei der Nutzung von Energie kann ein Wechsel der Energieform bzw. des Energieträgers stattfinden. Dabei kann nur ein Teil der eingesetzten Energie genutzt werden (z.B. Generator, Motor, Transformator, Wirkungsgrad, Entropie, Abwärme, Energieentwertung). Die Gesamtheit der Energien bleibt konstant (z.B. Pumpspeicherwerk, Akkumulator, Wärmepumpe, Kühlschrank). Bei Körpern unterschiedlicher Temperatur findet ein Energiefluss von alleine nur von höherer zu niedrigerer Temperatur statt (z.B. Wärmeleitung, Strahlung)."

Die Basiskonzepte konkretisieren das zu erwerbende physikalische Fachwissen und zeigen gleichzeitig auf, mit welchen Beispielen und wie detailliert die Schüler/innen das Konzept jeweils verstehen können sollten. Mit drei weiteren Standards wird versucht, die Idee der Kompetenzorientierung im Fach Physik zu realisieren. Der Kompetenzbereich Erkenntnisgewinnung beispielsweise beschreibt Tätigkeiten und Handlungen, mit denen physikalisches Wissen generiert bzw. geordnet wird:

– Wahrnehmen: Beobachten und Beschreiben eines Phänomens, Erkennen einer Problemstellung, Vergegenwärtigen der Wissensbasis

– Ordnen: Zurückführen auf und Einordnen in Bekanntes, Systematisieren

– Erklären: Modellieren von Realität, Aufstellen von Hypothesen

– Prüfen: Experimentieren, Auswerten, Beurteilen, kritisches Reflektieren von Hypothesen

– Modelle bilden: Idealisieren, Beschreiben von Zusammenhängen, Verallgemeinern, Abstrahieren, Begriffe bilden, Formalisieren, Aufstellen einfacher Theorien, Transferieren.

Die Idee dabei ist, dass Schüler/innen Physik nicht als festgefügtes und zu passiv zu erlernendes Wissensgebäude kennenlernen, sondern vielmehr erkennen, dass physikalisches Wissen von einer Vielzahl an Forschern mühsam entwickelt wurde. Ja, sie selbst sollen im kleinen Maßstab im Physikunterricht diesen Prozess der naturwissenschaftlichen Erkenntnisgewinnung nachvollziehen und dabei Methoden des wissenschaftlichen Arbeitens in Physik kennenlernen. Der Kompetenzbereich Erkenntnisgewinnung wird im weiteren Verlauf der KMK-Standards für Physik noch weiter konkretisiert (KMK 2003, S. 11):

„Die Schülerinnen und Schüler . . .
– beschreiben Phänomene und führen sie auf bekannte physikalische Zusammenhänge zurück,
– wählen Daten und Informationen aus verschiedenen Quellen zur Bearbeitung von Aufgaben und Problemen aus, prüfen sie auf Relevanz und ordnen sie,
– verwenden Analogien und Modellvorstellungen zur Wissensgenerierung,
– wenden einfache Formen der Mathematisierung an,
– nehmen einfache Idealisierungen vor,
– stellen an einfachen Beispielen Hypothesen auf,
– führen einfache Experimente nach Anleitung durch und werten sie aus,
– planen einfache Experimente, führen sie durch und dokumentieren die Ergebnisse,
– werten gewonnene Daten aus, ggf. auch durch einfache Mathematisierungen,
– beurteilen die Gültigkeit empirischer Ergebnisse und deren Verallgemeinerung."

Analog zu den Mathematik-Standards werden auch für den Physikunterricht drei eher abstrakte Anforderungsbereiche definiert:
– Wissen wiedergeben
– Wissen anwenden
– Wissen transferieren und verknüpfen

Eine interessante Fundgrube sind sodann wiederum die folgenden Aufgabenbeispiele. An ihnen kann man ungefähr ablesen, wie detailliert die Schüler/innen das begriffliche Wissen lernen und wie genau es zur Anwendung kommen sollte. Hierzu wurden Beispielaufgaben formuliert, die jeweils den drei (ebenfalls allgemeinen) Anforderungsbereichen (Wissen wiedergeben, Wissen anwenden, Wissen transferieren und verknüpfen) zugeordnet werden können.

1. **Aufgabenbeispiel: Durchmischung von Flüssigkeiten**

(Basiskonzept Materie: Körper bestehen aus Teilchen.)

In zwei Versuchen wird mit Flüssigkeiten experimentiert, die sich vermischen können. Beide Flüssigkeiten haben jeweils die gleiche Temperatur (Raumtemperatur).

Die Flüssigkeit A wird in ein Becherglas gegossen und eine zweite Flüssigkeit B wird vorsichtig darüber geschichtet. Das Becherglas wird drei Stunden ruhig stehen gelassen. Bild 1 zeigt jeweils den Ausgangszustand, Bild 2 das Endergebnis des Experimentes.

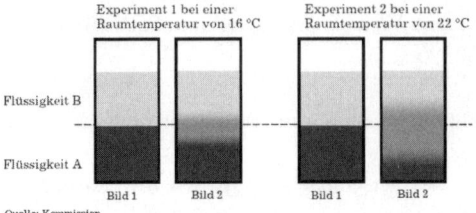

Quelle: Kommission

1. Beschreiben und vergleichen Sie die Ergebnisse der beiden Experimente.
2. Es werden mehrere Hypothesen zur Erklärung der Ergebnisse aufgestellt. Kreuzen Sie bei jeder Hypothese an, ob Sie diese für richtig, falsch oder unentscheidbar halten. Sollten Sie eine Hypothese für falsch halten, geben Sie eine kurze Begründung für Ihre Meinung an.

Arbeitsblatt:

	Hypothesen	richtig	falsch	keine Entscheidung möglich	Begründung
1	Bei höherer Temperatur bewegen sich die Teilchen schneller und die Flüssigkeiten durchmischen sich leichter.				
2	Die Teilchen der Flüssigkeit A bewegen sich gezielt in Richtung der Flüssigkeit B.				
3	Die Teilchen der Flüssigkeit B sind schwerer als die Teilchen der Flüssigkeit A.				

Abb. 8: Aufgabenbeispiel Durchmischung von Flüssigkeiten mit Auswertungstabelle

Aufgabenteil 1 wird nun dem Anforderungsbereich I (Wissen wiedergeben) und dem Kompetenzbereich Erkenntnisgewinnung zugeordnet. Die Schüler/innen sollen Beobachtungen in einem fiktiven (nicht selbst durchgeführten) Experiment wiedergeben. Das genaue Beobachten und Beschreiben von Experimenten ist Teil des physikalischen Forschungsprozesses. Teil 2 der Aufgabe prüft nun das konzeptuelle Wissen der Schüler/innen. Drei mögliche Erklärungen für die Durchmischung von Flüssigkeiten werden angeboten. Man geht davon aus, dass die konzeptuelle Vorstellung vom Zusammenhang zwischen Teilchenbewegung und Temperatur eindeutig dazu führt, dass die richtige Hypothese 1 erkannt wird. Die falsche Hypothese 2 soll begründet abgelehnt werden. Dieser Aufgabenteil wird ebenfalls dem Anforderungsbereich I (Wissen wiedergeben) zugeordnet. Diese Einordnung ist nicht ganz nachvollziehbar. Die Schüler/innen müssen entweder ihr Wissen über die Bewegung von Molekülen hier zur Anwendung bringen (Anforderungsbereich II). Man könnte ebenso für Anforderungsbereich III votieren. Einmal ist unklar worin der Unterschied zwischen Anwendung und Transfer besteht. Zweitens könnte man auch argumentieren, dass die Schüler/innen diese Aufgabe durch logisches nachdenken lösen. Sie verknüpfen die bildliche Information links mit der aussagenartigen Behauptung der Hypothese 2 und schlussfolgern, dass die „gezielte Bewegung" ja letztendlich auch von der Temperatur abhängen müsste.

Zusammenfassend lässt sich sagen, dass auch die Bildungsstandards für den Physikunterricht eine grobe inhaltliche Orientierung bieten (welche zentralen Begriffe und Konzepte sollen erworben werden) und Aspekte der Arbeitsweise im Physikunterricht aufzeigen (Erkenntisgewinnung, über physikalische Sachverhalte kommunizieren). Es fragt sich jedoch, ob hierzu eine neue Systematik notwendig ist, ob man dazu unbedingt den Kompetenzbegriff bemühen musste. Die bisherige naturwissenschaftsdidaktische Literatur – sowohl national als auch international – kommt auch ohne Kompetenzorieintierung zu ähnlichen Wissensbeschreibungen und didaktischen Konsequenzen für den Unterricht.

KMK-Bildungsstandards für das Fach Deutsch

Noch auffälliger ist diese Ambivalenz der KMK-Bildungsstandards im Fach Deutsch. Hier sind die Kompetenzbereiche im Grunde genommen die immer schon bestehenden Arbeitsbereiche des Deutschunterrichts:

– Sprechen und Zuhören (Mündlichkeit)
– Schreiben (Schriftlichkeit)
– Lesen – Mit Texten und Medien umgehen (Lesedidaktik, Literaturunterricht)
– Sprache und Sprachgebrauch untersuchen (Semantik, Grammatik)

Die große Chance der Bildungsstandards im Fach Deutsch besteht allerdings darin, dass nun konsequent nach der kompetenten Anwendung der deutschen Sprache sowohl mündlich als auch schriftlich in variierenden Situationen und bei variierenden Inhalten gefragt wird. Beispielsweise wird relativ konkret beschrieben, was es bedeutet, einen eigenen Text zu verfassen. Der Standard „einen Schreibprozess eigenverantwortlich gestalten" (KMK 2003, S. 14) umfasst dabei die Bereiche

– Texte planen und entwerfen
– Texte schreiben
– Texte überarbeiten

Mit sehr genauen Untergliederungen, die sich direkt in einen handlungs- und produktionsorientierten Schreibunterricht überführen lassen. Allerdings fragt sich auch bei den KMK-Standards für den Deutschunterricht, worin der Mehrwert einer Formulierung von Kompetenzstandards liegt. Sämtliche Standards sind aus fachdidaktischer Perspektive keine Neuheiten. Vielleicht ist es aber die konzentrierte Darstellung des im Deutschunterricht zu erwerbenden Wissens (deklarativ und prozedural), was den Reiz und auch den Nutzen der Bildungsstandards ausmacht. Eine für Lehrkräfte wohl kaum nachzuvollziehende Problematik der Deutsch-Standards ist allerdings der vollständige Verzicht auf inhaltliche Festlegungen im Bereich des Literaturunterrichts. Man hat es hier quasi mit dem Gegenentwurf einer klassischen, materialen Deutschlehrplans zu tun. Welche Autoren bzw. Texte als „Bildungsstandard" gelten scheint aus dieser Perspektive irrelevant zu sein oder wird ganz an die Lehrkräfte delegiert. Sprache wird ganz als funktionale Facette von Bildung betrachtet.

4.1.3 Domänenspezifische Kompetenzmodelle

Der vorangehende Abschnitt zeigte, dass versucht wurde, die von der KMK eingeführten nationalen Bildungsstandards nach einem bestimmten Prinzip zu komponieren. Allgemeine Fachkompetenzen wurden mit inhaltlichen Standards des Faches kombiniert. Ebenso wurden in allen Bildungsstandards drei allgemeine Anforderungsbereiche für das Fach festgelegt. Allerdings sind diese Kompetenzstandards keinesfalls empirisch gesichert. D.h. vor der Formulierung von Standards wurde beispielsweise nicht geprüft, ob die beschriebenen Anforderungsbereiche für Aufgaben auch der tatsächlichen Aufgabenschwierigkeit entsprichen, wenn man diese Aufgaben von Schüler/innen bearbeiten ließe.

Im Grunde genommen wurden die nationalen Bildungsstandards genauso wie Lehrpläne bisher entworfen. Lediglich die Kompetenzterminologie und die Idee der Definition allgemeiner Fachkompetenzen waren leitende Konstruktionsprinzipien. Ein wesentliches Argument für die Einführung von Bildungsstandards in der sog. Klieme-Expertise war allerdings die Idee, dass man in Zukunft für alle Fächer empirisch gesicherte Kompetenzmodelle nach dem Vorbild des für PISA maßgeblichen Lesekompetenzmodells entwickeln werde. Nach Klieme et al. (2003) haben diese Kompetenzmodelle die Aufgabe, zwischen abstrakten Bildungszielen und konkreten Aufgabensammlungen zu vermitteln. Sie sollen eine wichtige Orientierungshilfe für einen Unterricht, der sich an den Lernprozessen der Schüler/innen und nicht nur an fachlicher Systematik orientiert, sein. Doch auf welche empirisch gesicherten Kompetenzmodelle kann man zurückgreifen und inwiefern können diese für die Planung und Evaluation von Lehr-Lernprozessen nützlich sein?

Daran wird in einigen Fachdidaktiken mittlerweile fieberhaft geforscht. Mittlerweile gibt es eine Reihe von Lerndomänen, für die empirisch geprüfte Kompetenzmodelle vorliegen bzw. gerade entwickelt werden. Kompetenzmodelle bzw. Kompetenzstufen werden dabei in einem komplexen Verfahren ermittelt, das sowohl empirisch ermittelte Aufgabenschwierigkeiten als auch fachdidaktisch begründbare Kompetenzfacetten berücksichtigt. Ein Problem ist, dass mit modernen Testverfahren überprüfte Kompetenzbereiche eindimensional sein sollten, um sie mit eindimensionalen Rasch-Skalierungen prüfen zu können. Man ist damit zwar anschlussfähig an die PISA-Messmethodik (z.b. Lesekompetenz von Schüler/innen wird auf einer eindimensionalen Skala verortet). Allerdings wird man der Komplexität einzelner Fachkompetenzen damit nur selten gerecht. Die psychometrische Forschung kann mittlerweile darauf reagieren und bietet mehrdimensionale, probabilistische Testmodelle an. Es fragt sich aber, inwiefern damit praktikable und überschaubare Kompetenzmodelle und Kompetenztests entwickelt werden können. Die nachfolgenden Beispiele veranschaulichen dieses komplexe Wechselspiel zwischen Kompetenzstrukturmodellierung, empirischer Überprüfung von Kompetenzniveaus und Nutzung für die Diagnose von Schülerkompetenzen bzw. für die Planung von Lehr-Lernprozessen.

Ein erstes Beispiel für ein empirisch abgesichertes und vor allem in der didaktischen Praxis gut verankertes Kompetenzstrukturmodell ist der gemeinsame europäische Referenzrahmen für das Sprachenlernen (Abgerufen am 7.6.2012 unter http:// www.goethe.de/Z/50/commeuro/i2.htm). Dieses Kompetenzstrukturmodell wurde bereits in der Klieme-Expertise als vorbildlich beschrieben und war damit ein wesentlicher Orientierungspunkt für die Formulierung der nationalen Bildungsstandards. Dies gilt im Prinzip noch fast 10 Jahre nach Veröffentlichung der KMK-Standards. Sowohl die Verankerung in der Praxis des Fremdsprachenlernens als auch der Konkretisierungsgrad von Kompetenzfacetten und Kompetenzniveaus werden von vielen anderen Kompetenzmodelle noch nicht erreicht.

Ausgangspunkt des Fremdsprackompetenzmodells ist eine kompetenzorientierte Vorstellung von Sprachverwendung. Kompetenz wird im Referenzrahmen so definiert:

„Kompetenzen sind die Summe des (deklarativen) Wissens, der (prozeduralen) Fertigkeiten und der persönlichkeitsbezogenen Kompetenzen und allgemeinen kognitiven Fähigkeiten, die es einem Menschen erlauben, Handlungen auszuführen." (Abgerufen am 7.6.2012 unter http://www.goethe.de/Z/50/commeuro/201.htm)

Analog zur Weinert'schen Kompetenzdefinition, die Grundlage für die nationalen Bildungsstandards der KMK ist, sind Kompetenzen ein komplexes Zusammenspiel kognitiver aber auch sozialer und emotionaler Facetten, die sich in konkreten Anwendungssituationen bewähren müssen. Die Anwendung von kommunikativer Sprachkompetenz in konkreten Situationen wird dabei als Sprachhandeln verstanden. Darüber hinaus wird in dieser Kompetenzdefinition die wichtige wissen-spsychologische Unterscheidung zwischen deklarativem Wissen und prozeduralen Fähigkeiten vorgenommen. Dies ist bei allen komplexen Kompetenzen, wie bei-spielsweise dem Sprachhandeln, der Fall. Um kompetent handeln zu können, muss „Wissen" und „Können" zusammenspielen. Dies wird deutlich, wenn man sich die einzelnen Facetten des Modells für kommunikative Sprachkompetenz vor Augen führt (Abbildung 9).

Gemeinsamer Europäischer Referenzrahmen für Sprachen

Kompetenzbereiche		Sprachverwendung	
Allgemeine Kompetenzen	**Kommunikative Kompetenzen**	**Kontext, Domänen**	**Sprach-aktivitäten**
Weltwissen	Linguistische Kompetenzen: Lexikon, Grammatik, Semantik, Orthografie	Öffentlicher Bereich	Rezeption: Hören, Lesen, Film ansehen, etc.
Fertigkeiten und prozedurales Wissen		Privater Bereich	Produktion: Lesen, Schreiben, Medien erstellen
	Sozio-linguistische Kompetenzen: Redewendungen, Konventionen, etc.		
Einstellungen, Motivation, etc.		Beruflicher Bereich	
	Pragmatische Kompetenzen: Sprecherwechsel, Textsortenkenntnis, etc.		Interaktion und Sprachmittlung: Gespräch, Diskussion, Dolmetschen, etc.
Lernfähigkeit		Bildungswesen	

Gemeinsame Referenzniveaus	Elementare Sprachverwendung (A1, A2)	Selbständige Sprachverwendung (B1, B2)	Kompetente Sprachverwendung (C1, C2)

Abb. 9: Grafische Zusammenfassung des Modells für Sprachkompetenz nach dem Europäischen Referenzrahmen für Sprachen (eigene Darstellung)

Zunächst werden verschiedene Kompetenzbereiche mit Teilfacetten unterschieden. Kommunikative Sprachkompetenz besteht aus allgemeinen Kompetenzen und den spezifisch sprachbezogenen Kompetenzen:
(1) Allgemeinen Kompetenzen:
– Weltwissen (Gesprächspartner müssen über ein gemeinsam geteiltes Weltwissen verfügen)
– Fertigkeiten und prozedurales Wissen (soziale Konventionen, berufliche Fertig-keiten, etc.)
– Persönlichkeitsbezogene Kompetenzen (Einstellungen gegenüber Gesprächspart-nern, Selbstbild, etc.)
– Lernfähigkeit (z.B. sich auf Neues einlassen)

(2) Spezifische kommunikative Sprachkompetenzen sind ebenfalls ein Zusammenspiel aus deklarativem und prozeduralem Wissen und lassen sich in mehrere Teilfacetten aufgliedern:
– Linguistische Kompetenzen: lexikalische (Wortschatz, Redewendungen, etc.), phonologische, orthografische und syntaktische Kenntnisse und Fertigkeiten
– Soziolinguistische Kompetenzen: In welchen Situationen wähle ich welche Redewendungen; Wissen über Höflichkeitsregeln; Wissen über kulturelle Differenzen
– Pragmatische Kompetenzen: Welche Funktion hat Sprache in welcher Situation? Wie verhalte ich mich in einem Gespräch? Welche Funktion und Struktur haben bestimmte Textsorten?
Bis hierher werden verschiedene Facetten des sprachlichen Wissens (im Sinne von deklarativem und prozeduralem Sprachwissen) beschrieben. Ein Kompetenzmodell ist jedoch nur komplett, wenn es auch konkrete Anwendungssituationen definiert, in denen dieses Wissen bzw. dieses Können gezeigt werden kann (Sprachverwendung). In weiteren Schritten definiert der Europäische Referenzrahmen für Sprachen deshalb sprachliche Aktivitäten und den Kontext, in dem diese Aktivitäten stattfinden können.

(3) Kontext der Sprachverwendung bzw. Domänen (Lebensbereiche) der Anwendung von Sprache:
– Öffentlicher Bereich
– Privater Bereich
– Beruflicher Bereich
– Bildungswesen

(4) Im Modell werden drei Typen von mündlicher oder schriftlicher Sprachaktivität unterschieden: Rezeption (Hören, Lesen), Produktion (Schreiben, Sprechen), Interaktion und Sprachmittlung (insbesondere Dolmetschen und Übersetzung)
Eine zentrale Frage, die man sich bei der Erstellung des Europäischen Referenzrahmens für Sprachen gestellt hat, war die nach der vertikalen Einteilung von Sprachkompetenz in Niveaustufen. Bisher wurde eine Art horizontale Einteilung in einzelne Teilfacetten der Sprachkompetenz geliefert. Jetzt stellt sich die Frage, ob sich die Sprachkompetenz einzelner Personen einer bestimmten Fähigkeitsstufe zuordnen lässt. Im PISA-Lesekompetenzmodell wird diese Frage beispielsweise positiv beantwortet. Man gibt vor, dass es für die Lesekompetenz ein eindimensionales Fähigkeitskontinuum gibt, auf dem man sowohl Leseaufgaben als auch die Fähigkeit von Personen platzieren kann. Die Autoren des Europäischen Referenzrahmens für Sprachen sind dagegen viel vorsichtiger. Eine Beschreibung von Niveaustufen müsste zumindest multidimensional erfolgen, d.h. in den einzelnen Kompetenzbereichen könnten Personen durchaus unterschiedliche Niveaustufen erreichen. Dies

würde aber zu einem äußerst komplexen und wohl kaum praktikablen Niveaustufenmodell führen: „Die grafische Darstellung der Multidimensionalität sprachlichen Handelns wäre theoretisch zwar reizvoll, praktisch aber wohl nicht möglich." (Abgerufen am 7.6.2012 unter http://www.goethe.de/Z/50/commeuro/202.htm zitiert nach dem ersten Absatz)

Trotz dieser Komplexität wird versucht, eine vertikale Dimension in das Kompetenzmodell einzuziehen. Damit muss man gezwungenermaßen mit Vereinfachungen leben. Der Vorteil von Niveaustufen der Sprachkompetenz für den fremdsprachlichen Unterricht und vor allem für die Einschätzung der Sprachkompetenz von Lernenden ist jedoch so groß, dass man diese Ungenauigkeiten in Kauf nehmen kann. Niveaustufen erlauben vor allem eine formative und summative Evaluation von sprachlichen Lernprozessen. Abschlusszertifikate von Sprachkursen werden mittlerweile standardmäßig den Niveaustufen des Europäischen Referenzrahmens zugeordnet. Aber auch die Einordnung von Lernvoraussetzungen für Sprachkurse oder die Beurteilung des Lernfortschritts während eines Sprachkurses können sich an den Niveaustufen orientieren.

(5) Gemeinsame Referenzniveaus: Darüber hinaus unterscheidet der Gemeinsame Europäische Referenzrahmen auch verschiedene Niveaustufen für Sprachkompetenz: Elementare Sprachverwendung (A1, A2), selbstständige Sprachverwendung (B1, B2) und kompetente Sprachverwendung (C1, C2).

Beispiel für den Deskriptor der Stufe A1: „Kann vertraute, alltägliche Ausdrücke und ganz einfache Sätze verstehen und verwenden, die auf die Befriedigung konkreter Bedürfnisse zielen. Kann sich und andere vorstellen und anderen Leuten Fragen zu ihrer Person stellen – z. B. wo sie wohnen, was für Leute sie kennen oder was für Dinge sie haben – und kann auf Fragen dieser Art Antwort geben. Kann sich auf einfache Art verständigen, wenn die Gesprächspartnerinnen oder Gesprächspartner langsam und deutlich sprechen und bereit sind zu helfen." (http://www.goethe. de/Z/50/commeuro/303.htm)

Es wird deutlich, dass die verschiedenen Teilfacetten der kommunikativen Sprachkompetenz in die Beschreibung der Niveaustufe mit einfließen (Wortschatz, soziale Kompetenzen, etc.). Man wird mit Sicherheit Lernende finden (oder mit Tests diagnostizieren), die sich dieser Niveaustufe zuordnen lassen bzw. auf deren Sprachkompetenz diese Niveaustufe am besten passt. Allerdings ist dieser allgemeine Deskriptor für das Niveau A1 noch zu wenig konkret, um spezifische Lernmaterialien für Sprachkurse oder diagnostische Materialien zu entwerfen. Aus diesem Grund werden für die verschiedenen Sprachaktivitäten (Hören, Lesen, etc.) weitere Deskriptoren formuliert. Hier ein Beispiel für den Deskriptor zur Selbsteinschätzung der Sprachkompetenz im Bereich Hören:

„Ich kann vertraute Wörter und ganz einfache Sätze verstehen, die sich auf mich selbst, meine Familie oder auf konkrete Dinge um mich herum beziehen, vorausgesetzt es wird langsam und deutlich gesprochen." (http://www.goethe.de/Z/50/commeuro/303.htm)

Im Unterschied zu den oben skizzierten KMK-Bildungsstandards ist der Europäische Referenzrahmen für Sprachen Ergebnis einer langjährigen Entwicklungsarbeit und bereits seit Jahren Grundlage für die Entwicklung von Sprachkursen sowie die Einordnung der Schwierigkeit von Sprachtests. Vor allem im Bereich der Erwachsenenbildung wäre dieses Kompetenzstrukturmodell nicht mehr wegzudenken. Die KMK-Bildungsstandards sind dagegen eher ein Bruch mit langjährigen fachdidaktischen Lehrplantraditionen. Aus diesem Grund ist noch viel Entwicklungsarbeit notwendig, um für bestimmte Bereiche des Deutschunterrichts (z.B. Literaturunterricht) oder den Mathematikunterricht Kompetenzmodelle zu entwickeln, die einerseits empirisch geprüft sind (d.h. durch Tests abgesichert werden können) und andererseits die Praxis des Mathematik bzw. Deutschunterrichts informieren können.

Empirische Überprüfung der naturwissenschaftlichen Kompetenzmodelle

Das Institut für Qualitätsentwicklung im Bildungswesen (IQB), ein großer DFG-Forschungsschwerpunkt zur Kompetenzdiagnostik aber auch einzelne Lehrerverbände arbeiten an der Entwicklung von empirisch gesicherten Kompetenzmodellen. Die Modelle sind jeweils unterschiedlich aufgebaut und ihre empirische Überprüfung durch Testaufgaben divergiert ebenfalls. Exemplarisch soll nun dargestellt und erörtert werden, was man genau unter einem empirisch gesicherten Kompetenzstufenmodell versteht und welcher Nutzen sich damit für eine lehr-lern-theoretisch orientierte Didaktik verbinden könnte. Am Beispiel der Entwicklung von Kompetenzmodellen für den naturwissenschaftlichen Unterricht kann man schön erkennen, wie die ursprünglichen Kompetenzbeschreibungen der KMK-Bildungsstandards nach und nach modifiziert werden. Dabei spielen sowohl weitere theoretische Überlegungen zur Struktur des naturwissenschaftlichen Wissens als auch Neuentwicklungen von Aufgaben zur Überprüfung dieses Wissens eine Rolle. Das Projekt „Kompetenzorientierung" ist also noch lange nicht abgeschlossen. Es muss abgewartet werden, welches didaktische Potenzial diese wissenschaftlich sehr aufwändigen Projekte haben werden.

Neumann et al. (2007; Kauertz et al. 2010) entwickelten auf Basis von Theorien zur vertikalen Vernetzung ein Modell zur Beschreibung physikalischer Kompetenz (im Rahmen der Evaluation der nationalen Bildungsstandards: ESNaS-Projekt) mit folgenden Dimensionen:

(1) Kompetenzbereiche: Umgang mit Fachwissen, Erkenntnisgewinnung, Kommunizieren, Bewerten

(2) Komplexität:

– Ein Fakt: Bezeichnung einer biologischen, chemischen, physikalischen Größe Eigenschaft oder Variablen
– Zwei unverbundene Fakten: Zwei Eigenschaften desselben Objekts; Unterteilung in abhängige und unabhängige Variable
– Ein Zusammenhang: Eine funktionale Beziehung (kausal, korrelativ), je-desto-Beziehungen, Verknüpfungen abhängiger und unabhängiger Variablen
– Zwei Zusammenhänge: Zwei funktionale Beziehungen werden miteinander verknüpft (Je höher die Spannung, desto mehr Strom fließt; je höher der Widerstand, desto weniger Strom fließt)
– Übergeordnetes Konzept: z.b. Ohmsches Gesetz; Energieerhaltung oder Diskussion über die Notwendigkeit von Variablenkontrollstrategien

(3) Kognitive Aktivität: Reproduzieren, Selegieren, Organisieren, Integrieren
Auf den ersten Blick kann man erkennen, dass die Kompetenzsystematik der KMK-Standards für den Physikunterricht aufgenommen, jedoch erweitert und verfeinert wurde. Die vier Kompetenzbereiche bleiben gleich. Es wird weiterhin zwischen dem eigentlichen physikalischen Fachwissen und den Prozessen der Generierung und des Umgehens mit diesem Wissen unterschieden. Interessant sind nun die beiden anderen Dimensionen. Mit „Komplexität" wird das Niveau der Vernetzung zwischen den Wissensinhalten umrissen. Die Autoren des Kompetenzmodells verlassen hier die Systematik der KMK-Standards und argumentieren wissenspsychologisch. Der Grad der Vernetzung einzelner Wissenselemente (hier des deklarativen Wissens, des physikalischen Begriffswissens) soll analysiert werden. Die vorgeschlagene Ordnung ist dabei sowohl überzeugend als auch praktikabel: Ein Fakt, mehrere Fakten, Zusammenhang, unverbundene Zusammenhänge, verbundene Zusammenhänge, übergeordnetes Konzept. Mit einer dritten Dimension wird die kognitive Aktivität, mit der das zuvor analysierte Wissen „bearbeitet" wird, beschrieben: Reproduzieren, Selegieren, Organisieren, Integrieren.

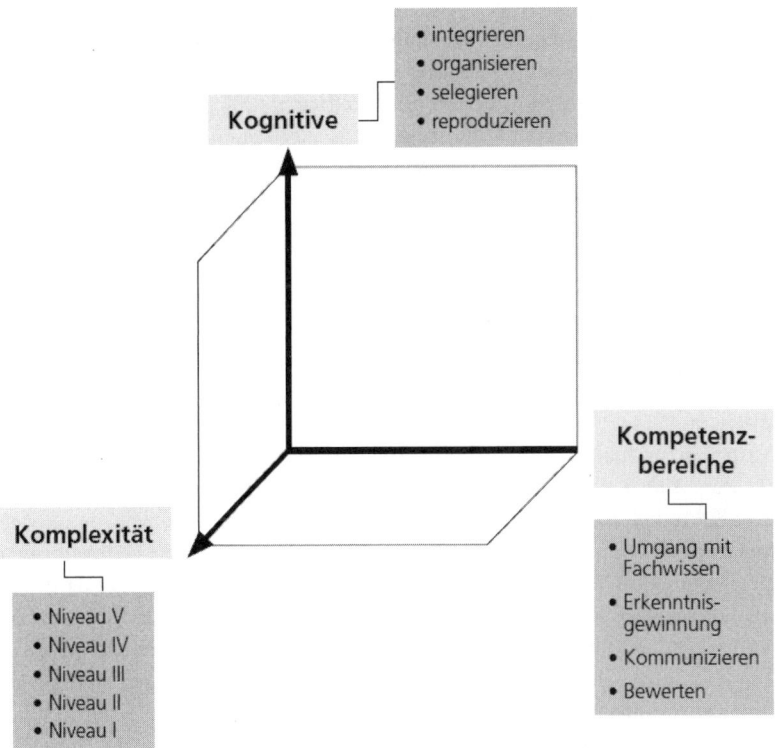

Abb. 10: Das ESNaS Kompetenzmodell (Kauertz et al. 2010, S. 145)

Tabelle 6: Operationalisierung der Dimension kognitive Prozesse (Kauertz et al. 2010, S. 144)

Kriterien / Kognitive Prozesse	Verhältnis zwischen der Menge der vorgegebenen Information und der erwarteten Information	Notwendigkeit, Zusammenhänge herzustellen	Ähnlichkeit der Situation in Aufgabenstellung und Lösung
Reproduzieren	Identisch	Nein	hoch
Selegieren	Teilmenge	Nein	hoch
Organisieren	Erweiterung	Ja	hoch
Integrieren	Erweiterung	Ja	niedrig

Spätestens jetzt müsste sich der Leser an die Systematik der überarbeiteten Bloom'schen Lernzieltaxonomie von Anderson und Krathwohl (2001) erinnern. Auch dort wird zwischen der Wissensdimension und der kognitiven Aktivität unterschieden. Im Gegensatz zu Anderson und Krathwohl (2001) fokussiert das Kompetenzmodell für den Physikunterricht allerdings auf das konzeptuelle Wissen, legt dafür aber eine sehr feine Analyse der Wissenskomplexität vor. Auch die Beschreibung der kognitiven Aktivität ist lose an allgemeindidaktische Lernzieltaxonomien angelehnt, impliziert jedoch keine Strenge Stufenfolge. Das Kompetenzmodell für den Physikunterricht hielt für einzelne Bereiche einer empirischen Überprüfung stand (Kauertz & Fischer 2006; Kauertz et al. 2010). Dabei zeigte sich, dass sich die Schwierigkeit von Aufgaben vor allem durch die Dimension Komplexität vorhersagen lässt. Die im Modell beschriebenen kognitiven Aktivitäten haben dagegen einen wesentlich geringeren Aufklärungswert. Momentan wird diese Dimension überarbeitet.

Die Naturwissenschaftsdidaktiker in Deutschland sind insgesamt sehr rege, sodass noch weitere Alternativmodelle entwickelt und erprobt werden. Als Gegenentwurf zum KMK-Modell, das sich stark an den TIMSS- und PISA-Kompetenzmodellen orientiert, entwickelten Schecker und Parchmann (2006) das Bremen-Oldenburger Kompetenzmodell. Das Modell lehnt sich an das Modell der KMK-Standards an, erweitert dieses jedoch um weitere Kompetenzdimensionen, um die Komplexität des naturwissenschaftlichen Unterrichts realistisch abbilden zu können. Damit eignet es sich automatisch weniger für die Generierung von psychometrischen Skalen (beispielsweise konnten die postulierten Anforderungsniveaus nicht empirisch bestätigt werden). Dimensionen des Modells sind:

(1) Inhaltsbereich/Basiskonzept: Energie, Materie, ... (analog zum KMK-Modell).

(2) Handlung/Prozess: Fachwissen nutzen, Erkenntnisse gewinnen, Kommunizieren, Bewerten (analog zum KMK-Modell).

(3) Kontext: innerfachlich, persönlich-gesellschaftlich, professionelle Anwendungen.

(4) Kognitive Anforderungen: divergentes Denken, konvergentes Denken, Umgang mit mentalen Modellen, Umgang mit Zahlen.

(5) Das Anforderungsniveau wird mit der Dimension „Ausprägung" beschrieben: lebensweltlich, fachlich-nominell, aktiv-anwendend, konzeptuell-vertieft.

Während die ersten beiden Dimensionen vom KMK-Modell übernommen wurden, bringen Schecker und Parchmann (2006) neue Aspekte für die Analyse naturwissenschaftlichen Wissens ins Spiel. Zum Beispiel der Kontext des Wissens. Es gibt eine Reihe von physikalischen Inhalten mit gesellschaftlicher Relevanz (Atomkraft, Windenergie). Dieser Kontext spielt für den Unterricht eine sehr bedeutsame Rolle, sowohl in Hinblick auf die Motivation der Schüler/innen als auch in Hinblick auf die Erklärung und Einbettung der Inhalte. Interessant auch, dass die Dimension „Ausprägung" sehr stark von den Aktivitäten der Schüler/innen aus gedacht ist. Sollen Lernende innerhalb eines lebensweltlichen Kontextes physikalisch argumentieren (z.b. Energieformen im Haushalt) oder geht es um die fachlich korrekte Anwendung von Begriffen, Maßeinheiten oder Formeln (fachlich-nominell)? Steht aktives Handeln im Mittelpunkt (z.b. Bau eines Solarmoduls) oder geht es um die vertiefte Durchdringung komplexer Sachverhalte (z.b. Energieerhaltungssatz)?

Die genaue Beschreibung und empirische Erfassung von Kompetenzstrukturen ist zwar eine notwendige aber noch lange keine hinreichende Grundlage für die Planung von Lehr-Lernprozessen. Wenn Lehrkräfte eine Vorstellung darüber haben, was mündliche Sprachkompetenz in einer Fremdsprache genau bedeutet, dann wissen sie noch lange nicht, wie sich diese Sprachkompetenz entwickelt und fördern lässt. Die Beschreibung von Lernzielen, Bildungsstandards, Kompetenzstrukturen, etc. vermittelt Lehrkräften lediglich ein Bild vom idealen Endzustand. Auch die aus Kompetenzstrukturmodellen abgeleiteten Tests mit ihren Niveaustufen (Kompetenzstufen) sind noch lange keine Kompetenzentwicklungsmodelle. Sie beschreiben empirisch, welche Aspekte der Kompetenz von einzelnen Schüler/innen bereits erworben wurden. Es wäre ein Fehlschluss, wenn man annehmen würde, dass die Niveaustufen eines Rechtschreibtests auch Entwicklungsstufen der Rechtschreibentwicklung sind.

Allerdings steht momentan die empirische Erfassung von Kompetenzen stark im Mittelpunkt der Forschung (Kompetenzstrukturmodelle). Entscheidender wäre jedoch die Arbeit an Modellen, die etwas darüber aussagen, wie sich Kompetenzen bei einzelnen Schüler/innen entwickeln (Oelkers & Reusser 2008; Bernholt et al. 2009). Bernholt et al. (2009) stellen beispielsweise fest, dass Bildungsstandards, Kompetenzmodelle und kompetenzorientierte Tests letztendlich nur dann für die Verbesserung von Unterricht von Wert sind, wenn sich Vorstellungen der Forscher über die Messung von Kompetenzen und Vorstellungen der Didaktiker über den Aufbau von Kompetenzen im Unterricht auch in einem Punkt treffen. Mittlerweile scheinen diese eher zwei getrennte Welten zu sein. „Langfristig muss es also insbesondere darum gehen, Kompetenzentwicklungsmodelle aufzubauen, die es ermöglichen, den diagnostizierten Kompetenzstand einer Schülerin/eines Schülers mit instruktionsrelevanten Informationen zu verknüpfen. In Hinblick auf den momentanen Stand der Forschung ist jedoch festzuhalten, dass es dazu kaum Ansätze gibt und es momentan aussichtsreicher erscheint, theoretisch und empirisch die Struktur der Kompetenzdimensionen und -facetten zu untersuchen." (Bernholt, Parchmann & Commons 2009, 221)

Eine lehr-lerntheoretische Didaktik muss deshalb fragen, wie man sich den domänenspezifischen Wissenserwerb vorstellen kann. Kompetenzstrukturmodelle leisten dies nicht. Sie beschreiben interindividuelle Differenzen (Kompetenzstufen). Lehrkräfte benötigen dagegen eine Vorstellung von intraindividuellen Entwicklungen spezifischer Fachkompetenzen. Welche Modelle der Entwicklung von Lesekompetenz, Schreibkompetenz, etc. gibt es? Wie stellt man sich den Aufbau naturwissenschaftlicher Begrifflichkeiten vor? Und wie lassen sich diese Modelle in eine zeitliche Strukturierung von Lehr-Lernprozessen übersetzen? Diesen Fragen widmen sich die beiden folgenden Abschnitte.

4.2 Allgemeindidaktische Lehr-Lernmodelle

Bis hierhier wurden die erwünschten Ziele und Ergebnisse von schulischen Lehr-Lernprozessen beschrieben. Damit können die Lernvoraussetzungen und Lerner-gebnisse besser eigeordnet, verstanden und im Idealfall auch besser diagnostiziert werden. In einem allgemeinen Strukturmodell für Lehr-Lernprozesse (Abbildung 11) sind dies die vier äußeren Kästchen. In diesem und dem folgenden Abschnitt des vierten Kapitels geht es nun um Lehr-Lernmodelle. Lehr-Lernmodelle bilden den inneren Kern des Strukturmodells und beschreiben eine idealtypische Relation zwischen Lernprozessen und Lehrprozessen. Wie sollte ein Lehrprozess ablaufen und methodisch organisiert werden, um einen ganz bestimmten Lernprozess (z.B. Schwimmenlernen) bei Schüler/innen zu initiieren oder zu unterstützen? Lehr-Lernmodelle hängen damit zunächst einmal vom Lernziel ab (Schwimmen lernen oder einen physikalischen Begriff aufbauen). Lehr-Lernmodelle sollten aber auch den Verlauf von Lehr-Lernprozessen so beschreiben, dass klar wird, bei welchen Lernvoraussetzungen welche Lehr-Lernschritte günstig wären.

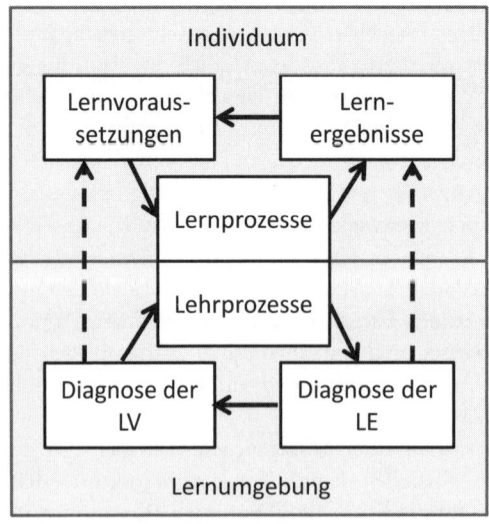

Abb. 11: Allgemeine Struktur von Lehr-Lernprozessen

Zunächst einmal entstanden allgemeindidaktische Lehr-Lernmodelle. Unter allgemeindidaktischen Lehr-Lernmodellen sollen hier theoretische Modellierungen der Gestaltung von Lehr-Lernprozessen, die nicht auf bestimmte Fachinhalte beschränkt sind, verstanden werden. In der Regel beziehen sich diese allgemeindidaktischen Lehr-Lernmodelle auf eine bestimmte Vorstellung von Lernen oder bestimmte Bereiche des Wissens (motorisches Lernen, deklaratives Wissen, etc.). Im Zuge der Ausdifferenzierung von Fachdidaktiken entstanden domänenspezifische Lehr-Lernmodelle. Diese beziehen sich auf ganz konkrete, domänenspezifische Lernprozesse (z.B. Schwimmen lernen, flexibles Kopfrechnen, Schriftspracherwerb, etc.) und können damit wesentlich genauere Aussagen zur Gestaltung von Lehr-Lernprozessen machen. Diese werden im folgenden Abschnitt skizziert.

Allgemeindidaktische Lehr-Lernmodelle können unterschiedliche Vorgaben für die Gestaltung von Lehr-Lernprozessen machen. In der Regel geht es um die zeitliche Sequenzierung des Lehr-Lernprozesses. Allerdings können auch weitere Facetten, wie die Gestaltung von Medien, die Gestaltung der Kommunikation, etc. eine Rolle spielen. In der allgemeinen Didaktik gibt es beispielsweise sehr traditionelle, z.T. bereits in der *didacta magna* von Comenius erwähnte Prinzipien der sequenziellen Strukturierung von Unterricht (z.B. vom Einfachen zum Schweren, vom Nahen zum Fernen, vom Konkreten zum Abstrakten etc.). Diese Prinzipien sind kondensierte Unterrichtserfahrung von vielen Lehrergenerationen und werden auch ohne weitere empirische Überprüfung oder theoretische Legitimation weitertradiert. Im 20. Jahrhundert wurden Modelle der sequenziellen Strukturierung verstärkt aus lernpsychologischen Theorien abgeleitet. Aus diesem Fundus wurden Lehr-Lernmodelle ausgewählt, die in der didaktischen Literatur der letzten Jahrzehnte eine gewisse Rolle spielen und für eine praktikable, lehr-lerntheoretische Didaktik auch weiterhin von Nutzen sein könnten.

Eine systematische Ordnung von Lehr-Lernmodellen ist nicht einfach zu finden. In der allgemeindidaktischen Literatur gibt es immer wieder Versuche, die Fülle der Unterrichtsprinzipien und/oder Lehr-Lernmodelle zu sortieren. Zunächst einmal muss man berücksichtigen, dass unterschiedlichste Begriffe genutzt werden, um lernpsychologisch fundierte Lehr-Lernmodelle zu beschreiben: z.B. Verlaufsformen, methodische Grundstrukturen, Artikulationsschemata, Basismodelle, etc. Dann wurde immer wieder versucht, die Fülle an Lehr-Lernmodellen auf bestimmte Grundmodelle zu reduzieren. Beispielsweise schlagen Oser und Baeriswyl (2001) zwölf grundlegende Basismodelle vor, die entlang von Lernzielen bzw. Wissensformen sortiert sind (z.B. Lehr-Lernmodelle für konzeptuelles Lernen, Automatisierung von Prozeduren, Lernen von Werten, etc.). Ganz ähnlich ist die Sortierung methodischer Grundstrukturen von Glöckel (2003) aufgebaut. Terhart (1995) benennt verschiedene Lehrmethoden als Bedingungen für Lernprozesse. Auf diese Systematiken wird im nächsten Kapitel zurückgegriffen, weil sie für die konkrete Unterrichtsplanung überschaubar sind. In diesem Abschnitt sollen jedoch ausgewählte Lehr-Lernmodelle skizziert werden, um den engen Zusammenhang zwischen lerntheoretischen Vorstellungen und Prinzipien der Strukturierung des Lehrprozesses verstehen zu können. Dabei werden die allgemeindidaktischen Lehr-Lernmodelle ganz grob bestimmten Forschungsparadigmen der Lernpsychologie zugeordnet.

4.2.1 Behavioristisch und/oder kognitivistisch orientierte Lehr-Lernmodelle

Die Kernaussagen der behavioristischen Lerntheorien wurden genutzt, um Vorgaben zur optimalen Gestaltung von Lernumgebungen zu begründen. Vor allem die lernzielorientierte Didaktik der 1960er Jahre war von einem großen Fortschrittsoptimismus geprägt. Man sah verschiedenste Anwendungsbereiche von operantem Konditionieren. Beispielsweise entstand in dieser Zeit bereits die Idee von sog. „Lernmaschinen", die durch kleinteiliges Präsentieren von Wissen und sofortigen Verstärkungen den Unterricht effektiv unterstützen können.

Dieses Wissen um die Bedeutung von häufigen, positiven Rückmeldungen hielt dann auch Einzug in die Didaktik. Das wohl einflussreichste Lehr-Lernkonzept, das die Effekte von Feedback zu nutzen sucht, ist die von Bloom (1974) in den 1960er und 70er Jahren entwickelte Idee des mastery learning. Blooms Ausgangspunkt entspricht im Prinzip der heute immer noch diskutierten Heterogenität von Schülerlernvoraussetzungen: Er stellte fest, dass es erhebliche Differenzen in den Lernergebnissen zwischen Lernern gibt, obwohl der Unterricht doch recht homogen ist. Daraus schloss er, dass man dies nur ändern kann, wenn Unterricht an das Vorwissen der Lernenden angepasst wird. Und dies ist nur dann möglich, wenn man das Vorwissen der einzelnen Schüler/innen genau kennt. Erst dann können Schritte zur Schließung der Lücke zwischen aktuellem Wissensstand und Lernziel abgeleitet werden. Zentrale Aktivität bei *mastery learning* sind häufige Leistungsüberprüfungen mit schülerspezifischem Feedback während einer Unterrichtseinheit. Die Rückmeldungen werden als Grundlage für die Planung individueller Unterstützungsmaßnahmen genutzt. Bloom hatte die Utopie, dass jeder/m Schüler/in mit dieser Methode die Erreichung der wichtigsten Lernziele bis zu einem gewissen Grad möglich sei.

Gagné und Kollegen: Lehr-Lernmodelle für kumulatives Lernen

Die Arbeiten von Robert M. Gagné waren immer von der Frage getrieben, wie die verschiedenen Lerntheorien und Lernparadigmen in der Psychologie (Behaviorismus und Kognitivismus) zu einem allgemeinen Lehr-Lernmodell zusammengefügt werden können. Seine Arbeiten waren deshalb auch wichtige Meilensteine für die *instructional design*-Forschung. In einem ersten Schritt entwickelte Gagné (1969) eine Art „synthetische Lerntheorie" (Frey 1971), indem er das damals vorhandene Wissen über Lernvorgänge zusammenbindet und überlegt, welche Lernarten und Lernergebnisse grundlegend sind und jeweils die Basis für höhere Lernarten und deren Lernergebnisse darstellen. Es entstand ein Lehr-Lernmodell mit insgesamt 8 Stufen, die eine Analyse und Strukturierung von schulischen Lehr-Lernprozessen erlauben sollte.

Typ 1: Signallernen; klassisches Konditionieren nach Pawlow

Typ 2: Reiz-Reaktionslernen; operantes Konditionieren nach Skinner oder Thorndike; das Lernergebnis ist eine Verknüpfung eines Reizes mit einer instrumentalen Reaktion

Typ 3: Kettenbildung von zwei oder mehr Reiz-Reaktionsverknüpfungen; shaping als kleinschrittiger Aufbau von komplexeren Verhaltensweisen

Typ 4: Sprachliche Assoziation; Bilden sprachlicher Ketten; Auswendiglernen von Fakten

Typ 5: Multiple Diskrimination; unterschiedliche Reaktionen auf unterschiedliche Reize werden gelernt (Reiz-Reaktionsklassen); Interferenz in der Behaltensleistung

Typ 6: Begriffslernen; Reaktion auf eine Klasse von äußerlich stark unterschiedlichen Reizen; Objekte und Ereignisse können zu Klassen zusammengefasst werden

Typ 7: Regellernen; Regeln sind Ketten von zwei oder mehr Begriffen, die mit einer wenn-dann-Vorschrift verknüpft sind; eine Regel ist jedoch etwas anderes als die rein verbale Verkettung der Begriffe bei Typ 4

Typ 8: Problemlösen macht innere Vorgänge erforderlich; zwei oder mehr bereits vorhandene Regeln werden neu kombiniert, um ein Problem mit einer neuen Regel höherer Ordnung zu lösen

Für Gagné ist jede Lernart in den höheren Lernarten enthalten (Taxonomie, Stufung). Analog zur Taxonomy of Educational Objectives (TEO) von Benjamin Bloom sollte auch diese Taxonomie einen schrittweisen Aufbau von Unterricht hin zu höheren Lernformen ermöglichen. Mit fortschreitendem Unterricht werden sozusagen komplexere Lernbegriffe oder Lerntheorien zur Erklärung aber auch Modellierung der Lehr-Lernprozesse herangezogen. Für die Unterrichtsplanung ist diese hierarchische Ordnung von Lernbegriffen allerdings wenig praktikabel. Aus diesem Grund entwickelte Gagné (1985; Gagné, Briggs & Wager, 1992) seine sog. *events of instruction*. Damit wird auf Basis der bekannten Lerntheorien eine sehr allgemeine, sequenzielle (zeitliche) Struktur für die Planung von Lehr-Lernprozessen vorgeschlagen

(1) Gaining attention (reception)

(2) Informing learners of the objective (expectancy)

(3) Stimulating recall of prior learning (retrieval)

(4) Presenting the stimulus (selective perception)

(5) Providing learning guidance (semantic encoding)

(6) Eliciting performance (responding)

(7) Providing feedback (reinforcement)

(8) Assessing performance (retrieval)

(9) Enhancing retention and transfer (generalization).

An den Begriffen kann man sehr schön die Mischung aus behavioristischen und kognitivistischen Lerntheorien, auf die Gagné für dieses Lehr-Lernmodell zurückgreift, erkennen. Lernende müssen in diesem Modell ein bestimmtes Verhalten zeigen (eliciting performance) und werden für das korrekte Verhalten verstärkt (reinforcement). Ebenso wird auf kognitivistische Lernvorstellungen rekurriert, z.B. die Bedeutung der semantischen Enkodierung von Lerninhalten.

In einer späteren, instruktionspsychologischen Arbeit entwickelt Gagné mit Kollegen eine Reihe von Lehr-Lernmodellen, die sich auf spezifische Lernziele bzw. Wissensarten beziehen. D.h. er geht nicht mehr von generellen "events of instruction" aus. Vielmehr hängen die Schritte des Lehr-Lernprozesses von der Art des Wissens und der jeweiligen Komplexität des Wissens ab. Gagné, Briggs und Wager (1988) unterscheiden dabei fünf unterschiedliche Klassen von Lernergebnissen, die sowohl für die Schule relevant sind als auch lernpsychologisch begründbar sind (vgl. Abschnitt zu den allgemeindidaktischen Lernzieltaxonomien):

– Intellektuelle/kognitive Fähigkeiten (intellectual skills)

– Kognitive Strategien (cognitive strategies)

– (Deklaratives) Wissen (verbal knowledge)

– Motorische Fähigkeiten (motor skills)

– Haltungen und Einstellungen (attitudes)

Die Unterscheidung zwischen kognitiven Fähigkeiten und Wissen ist aus heutiger Sicht nicht mehr haltbar. Wie bereits mehrfach erwähnt bestehen komplexe Kompetenzen aus einem Zusammenspiel von deklarativem, d.h. verbalisierbarem Wissen und prozeduralem Wissen. Trotz dieser Unstimmigkeiten soll die Vorgehensweise von Gagné et al (1988) angedeutet werden. Am Beispiel der Lehr-Lernmodelle für intellectual skills und verbal knowledge wird vor allem die Idee des kumulativen Lernens besonders eindrücklich vor Augen geführt. Analog zu seiner ersten, synthetischen Lehr-Lerntheorie versucht Gagné darzustellen, wie Wissen aufeinander aufbaut, welche Lehrschritte dazu nötig sind und vor allem wie Lehrkräfte diagnostizieren können, über welches Vorwissen die Lernenden bereits verfügen.

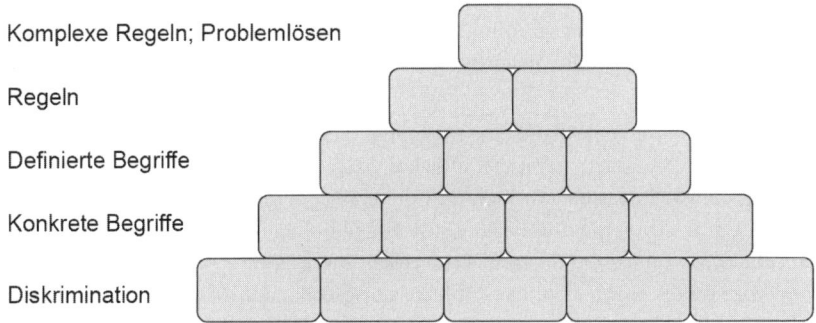

Komplexe Regeln; Problemlösen

Regeln

Definierte Begriffe

Konkrete Begriffe

Diskrimination

Abb. 12: Vorstellung von kumulativen Lehr-Lernprozessen bei Gagné, Briggs und Wager (1998) am Beispiel der Lernzielklasse "kognitive Fertigkeiten" (intellectual skills)

Der Aufbau von kognitiven Fähigkeiten (intellectual skills) nach Gagné et al (1988) orientiert sich an einer Lernhierarchie für kognitive Fähigkeiten: Diskrimination, konkrete Konzepte, definierte Konzepte, Regeln, komplexere Regeln und Problemlösen (vgl. Abbildung 12). Hierarchie bedeutet in diesem Fall, dass eine Fähigkeit auf einer bestimmten Stufe nur dann erreicht oder ausgeführt werden kann, wenn die notwendigen Voraussetzungen auf den unteren Stufen vorhanden sind. Diese Idee des kumulativen Lernens müsste nach Gagné et al. (1988) für die Planung von Lehr-Lernschritten leitend sein. In Bezug auf den Aufbau einer bestimmten kognitiven Fähigkeit (z.B. Rechnen, Lesen, etc.) müssten Lehrende überlegen, welche Teilfähigkeiten bereits automatisiert sind und welche weiteren Lernschritte damit möglich wären. Die Autoren beschreiben nun für alle fünf Stufen der Lernhierarchie beim Lernen von kognitiven Fähigkeiten das Können auf der jeweiligen Stufe, wie man diese Fähigkeiten operationalisieren und prüfen (diagnostizieren) kann und wie man das Lernen auf der jeweiligen Stufe am besten organisiert:
(1a) Diskrimination: Die Fähigkeit, zwischen Reizen zu differenzieren, die sich mindestens in einem physikalischen Merkmal unterscheiden. Beispielsweise die optische Diskrimination der Buchstaben b und d oder die phonologische Diskrimination der Laute „m" und „n". Für mathematische Fähigkeiten ist es grundlegend, dass zwischen Mengen, Größen, Formen oder Farben differenziert werden kann. Diskriminationslernen ist oft Teil der Vorschulerziehung: z.B. Unterscheidung zwischen verschiedenen Farben und Formen. Viele Diskriminationsleistungen werden bereits in sehr frühem Alter erlernt oder erworben. Vor allem bei sprach-, hör- oder sehgeschädigten Kindern wird großer Wert auf die Diskrimination von äußeren Reizen gelegt. Wie lassen sich spezifische Diskriminationsleistungen für den Aufbau einer kognitiven Fähigkeit prüfen? Der/die Lernende muss eine Antwort geben, aus der hervorgeht, dass er/sie zwischen Reizen differenzieren kann, die sich

in mindestens einem physikalischen Merkmal unterscheiden. Bedingungen hierfür sind die sensorische Wahrnehmung und die Nähe von Reiz und Antwort (Kontiguität). Lernen wird durch Verstärkung bei richtiger Antwort und Wiederholungen gefördert.

(1b) Konkrete Konzepte (concrete concepts): Auf dieser Stufe besitzen die Schüler/innen die Fähigkeit, konkrete Objekte nach Merkmalen oder Eigenschaften einer bestimmten Klasse zu ordnen und diese zu benennen (z.b.: Farben, Formen, Menge, ...). Bei der Diskrimination muss nur zwischen der Gleichheit oder Unterschiedlichkeit von Reizen differenziert werden. Ein konkretes Konzept hingegen ist dann vorhanden, wenn konkrete Objekte entsprechenden Merkmalsklassen zugeordnet werden können. Beispielsweise verschieden geschriebene „A" als den Buchstaben „A" erkennen können. Oder in der Umwelt bestimmte Formen als Quadrate, Kreise, Dreiecke oder Rechtecke erkennen können. Lehrkräfte können die Stabilität von konkreten Konzepten prüfen, indem sie unterschiedliche Objekte, die einer Merkmalsklasse angehören, identifizieren lassen. Dabei können Beispiele mit relevanten und nichtrelevanten Merkmalen präsentiert werden (z.b. Dreiecke aus verschiedenfarbigen Formen herausfinden können). Eine interne Bedingung für die Identifikation von konkreten Objekten sind entsprechende Diskriminationsleistungen.

(1c) Definierte Konzepte (defined concepts): Begriffe wie „Adjektiv", „Quadratzahl" oder „Kraft" sind nach Gagné, Briggs und Wager (1988) definierte Konzepte. Der Unterschied zu den konkreten Konzepten liegt darin, dass es sich nicht mehr um physikalisch zu unterscheidende, konkrete Merkmale oder Eigenschaften handelt. Man kann nicht mehr auf Objekte zeigen und dadurch ein Konzept aufbauen, sondern muss sich verbal über eine Definition verständigen (z.b.: Fremder, Energie, Vergangenheitsform, ökologische Landwirtschaft, Familie, Stadt, Gerechtigkeit, Frieden, ganze Zahlen, Bruchzahlen, etc.). Eine Überlappung von konkreten und definierten Konzepten gibt es beispielsweise in der Geometrie. Die Schüler erlernen das Konzept „Dreieck" anhand konkreter Objekte. Später wird eine Dreiecksdefinition eingeführt. Die reine verbale Reproduktion der Definition genügt noch nicht, um sicher sagen zu können, dass ein Lerner ein definiertes Konzept erworben hat. Er muss das Konzept auf konkrete Beispiele anwenden können, bzw. die einzelnen Elemente der Definition und ihre Relationen erklären können. Ein definiertes Konzept kann als gesichert aufgebaut gelten, wenn es dem Lernenden gelingt, mit Hilfe von Beispielen die Relationen der Komponenten zueinander aufzuzeigen.

(1d) Regeln (rules): Regeln sind für Gagné et al. (1998) Relationen zwischen Begriffen. Eine Regel wurde gelernt, wenn Schüler/innen auf eine Klasse von Objekten (konkrete oder definierte Konzepte) mit einer Klasse von Relationen antworten können (Beispiele: grammatikalische Regeln werden bei der Satzbildung intuitiv angewandt; Ohmsches Gesetz). Definierte Konzepte sind im Grunde genommen einfache Regeln, die eine Aussage darüber machen, wie Objekte zu klassifizieren sind. Regeln gehen jedoch darüber hinaus und beschreiben Relationen zwischen Klassen von Objekten. Regelwissen lässt sich überprüfen, indem man Schüler/innen auffordert, die Regel auf ein konkretes Beispiel anzuwenden. Der Lerner muss hierzu alle Konzepte, die der Regel zu Grunde liegen, abrufen können. Eine wichtige Bedingung der Lernumgebung für das Lernen von Regeln ist die sprachliche Präsentation und das konkrete Durcharbeiten der Regel anhand von Beispielen. Die Lehrenden müssen dabei sicherstellen, dass die Schüler/innen über die richtigen Basiskonzepte verfügen.

(1e) Komplexere Regeln und Problemlösen (higher-order rules and problem solving): Auf einer fünften Stufe beschreiben Gagné und Kollegen komplexe Regeln als Kombination von einzelnen Regeln. Diese komplexen Regeln sind dann die Grundlage für Problemlösungen. Komplexe Problemlöseaktivitäten sind dadurch charakterisiert, dass es keine Anleitung zur Lösung gibt. Die Lösung muss oft entdeckt oder neu erfunden werden. Dabei werden implizite Regeln (Heuristiken) angewandt, die nicht unbedingt verbalisiert werden können oder die nicht explizit Thema von Unterricht waren. Beispiele: Einen Wagenheber mit einfachen Materialien ersetzen (Seil, Brett, Stange); Regeln für das Addieren algebraischer Terme entdecken; wie schreibt man ein Gedicht? Die Lernleistung auf dieser Stufe lässt sich durch das Erfinden und Anwenden einer komplexeren Regel in einer Problemsituation operationalisieren. Der/die Lernende muss hierfür untergeordnete Regeln und relevante Informationen anwenden und abrufen können. Der Lehr-Lernprozess wird dabei so gestaltet, dass Schüler/innen mit einem tatsächlichen oder einem fiktiven Problem konfrontiert werden. Je nach Situation können minimale Lösungshilfen bereitgestellt werden.

Für viele Bereiche des Lernens von kognitiven Fähigkeiten ergibt sich durch diese fünf Lernstufen ein sehr allgemeines Lehr-Lernmodell. Die Botschaft dieses Lehr-Lernmodells für die Gestaltung von Lehrprozessen lässt sich wie folgt zusammenfassen: Analysiere den Aufbau von komplexen Regeln oder Problemlöseaktivitäten (z.b. algebraische Termumforungen; eine Inhaltsangabe schreiben; eine maßstabsgetreue Zeichnung eines Gegenstands anfertigen). Welche einfachen Regeln, Begriffe, Diskriminationsleistungen sind notwendig und können als Lernvoraussetzung beschrieben werden? Überprüfe, welches Vorwissen die Schüler/innen vorweisen können? Baue den Unterricht so auf, dass die Schüler/innen von Stufe zu Stufe ihre kognitiven Fähigkeiten schrittweise erweitern können. Prüfe auf jeder Stufe die korrekte und automatisierte Anwendung der kognitiven Fähigkeiten.

Auch beim Aufbau von verbalisierbaren Wissensbeständen (verbal knowledge) betonen Gagné, Briggs und Wager (1998) den kumulativen Lernfortschritt. Verbalisierbares Wissen setzt sich zusammen aus Weltwissen, biografischem Wissen, etc. und ist in propositionalen Netzen gespeichert. Ein überwiegender Teil dieses

Wissens wird außerhalb der Schule erworben. In der Schule geht es darüber hinaus um den geplanten und strukturierten Wissenserwerb in zentralen Themenbereichen. Deklaratives Wissen ist die Grundlage für Sozialisation und gesellschaftliche Kommunikation sowie Denken, kreatives Denken, Problemlösen und somit auch Handeln. Gagné, Briggs und Wager (1988) unterscheiden auch beim verbarliserbaren Wissen verschiedene Komplexitätsstufen, die dann auch leitend für den Aufbau von Unterricht sein können:

(3a) Bezeichnungen/Namen (labels): Die Fähigkeit, Objekte oder Klassen von Objekten mit Namen zu benennen. Die Fähigkeit, Dinge zu benennen bedeutet noch lange nicht, dass die Bedeutung der Bezeichnung verstanden wurde. Der Lerner muss noch kein Konzept (Begriff) erworben haben, um Namen korrekt verwenden zu können. Beispiele: Das Herz ist ein Organ (Name). Der/die Schüler/in kann dies sagen, ohne den Begriff (Konzept) Organ im Ganzen erfasst zu haben. Hierzu muss er „Organ" definieren können und Körperteile, die Organe sind von anderen Körperteilen unterscheiden können. In der Regel werden Name und Konzept gleichzeitig oder kurz nacheinander erlernt. Namen sind wichtige Grundlage für die weitere Kommunikation im Unterricht. Problematisch wird es allerdings vor allem dann, wenn zu viele Dinge auf einmal auswendig gelernt werden müssen.

(3b) Faktenwissen: Fakten sind verbale Aussagen, die Relationen zwischen zwei oder mehreren Objekten oder Ereignissen beschreiben. Beispiele: Der Zweite Weltkrieg begann mit dem Überfall auf Polen. Wasser siedet bei 100°C. Jedes Quadrat ist ein Rechteck. Fakten werden entweder isoliert oder in größere Wissensbereiche eingebettet gelernt. Faktenwissen wird unterschiedlich häufig verwendet. Die Konstante pi wird beispielsweise sehr oft angewandt, so dass man zumindest die ersten drei Ziffern auswendig können sollte. Physikalische Konstanten oder komplexe Körperberechnungsformen hingegen können bequem nachgeschlagen werden. Faktenwissen kann durch schriftliche oder mündliche Aussage in syntaktischer Form über eine Relation zwischen Objekten oder Ereignissen geprüft werden. Um Faktenwissen besser behalten zu können, muss es in bestehende Wissensstrukturen eingebettet werden. Um diese Einbettung zu erleichtern können über Gespräche, Bilder, etc. Hinweise auf den größeren Wissenskontext, in den das neu zu lernende Faktenwissen eingebettet werden soll, gegeben werden. Präsentation der neuen Information durch eine verbale oder schriftliche Aussage, Elaboration innerhalb des Wissenskontextes und Möglichkeiten zur Wiederholung und Übung.

(3c) Organisiertes Wissen sind größere Bereiche von miteinander verbundenen Einzelfakten. Um Wissen als organisiert zu bezeichnen, bedarf es einer strukturierenden Idee, mit der bereits vorhandene Wissensbestandteile miteinander verknüpft werden können. Die organisierende Struktur dient bei Erinnerungsprozessen als Hinweis oder Anker, mit dessen Hilfe Schüler/innen auf die Einzelinformationen zurückgreifen können. Als Beispiele werden die chemische Elementgruppen und einzelne Elemente oder geschichtliche Epochen genannt. Beim Erwerb von organisiertem Wissen spielt das entsprechende Vorwissen wiederum eine entscheidende Rolle. Neu zu lernendes organisiertes Wissen wird in umfassendere Gebiete von bedeutungshaltigem Wissen integriert. (Beispiel: eine psychologische Theorie wird einer wissenschaftstheoretischen Position zugeordnet und dort einsortiert).

Um den Aufbau organisierter Wissensstrukturen zu unterstützen schlagen Gagné, Briggs und Wager (1988) vor, dass den Lernenden Hinweise oder „Anker" (cues) zur Verfügung gestellt werden sollten. Diese Anker können den Abruf des Wissens zu einem späteren Zeitpunkt erleichtern. Die Ankerpunkte sollten möglichst gut von anderen Wissenselementen zu unterscheiden sein (Reime, Sprüche, grafische oder bildliche Darstellungen, Tabellen, ...). Eine weitere Möglichkeit ist die Elaboration: Aktives Verbinden mit vorhandenem Wissen (advance organizer). Aufmerksamkeitsstrategien beim Lesen von Texten: vor Beginn Fragen stellen.

Auch für das Lernen von Einstellungen (attitudes) schlagen Gagné, Briggs und Wager (1988) verschiedene, allgemeine Lehr-Lernmodelle vor. Direkte Methoden des Lernens von Einstellungen sind beispielsweise das klassisches Konditionieren (Tierphobien an- oder abtrainieren, ...) oder das instrumentelle Lernen nach Skinner. Durch Verstärkung können Einstellungen gegenüber bestimmten Personen oder Aktivitäten aufgebaut werden (Das Kind darf eine gewünschte Aktivität ausführen, wenn es danach mit einem vollständigen Satz fragt. / Man hat Erfolg beim Ausführen einer bestimmten Aktivität; dies führt dann zu einer positiven Einstellung gegenüber dieser Aktivität.). Als indirekte Methoden bezeichnen Gagné, Briggs und Wager (1988) Lehr-Lernmodelle, die auf die Vorstellung des Modelllernens nach Bandura zurückgreifen. Die Lernenden erhalten beispielsweise die Möglichkeit der Identifikation mit einem Rollenmodell. Das Modell muss bestimmte Handlungen ausführen und die Lernenden als Beobachter sollten erkennen, dass diese Handlungen beim Modell zu einem positiven Zustand führen. Beispielsweise könnten Lehrkräfte selbst als Rollenmodell für Interesse am Fach oder lebenslanges Lernen fungieren. Lehrkräfte könnten beispielsweise signalisieren, dass ihnen die Beschäftigung mit einem Lerngegenstand selbst viel Freude bereitet.

Aebli: Psychologische Didaktik

Ein prototypisches Beispiel für die Ableitung eines Lehr-Lernmodells aus kognitiven Lern- und Entwicklungstheorien ist die psychologische Didaktik von Aebli (2003). Grundlage dieses Lehr-Lernmodells ist unter anderem die Theorie der kognitiven Entwicklung nach Piaget sowie die lernpsychologischen Vorstellungen über die Generierung von Wissen. Aebli fragt sich, wie in den einzelnen Entwicklungsphasen die Umstrukturierung von kognitiven Schemata durch Unterrichtsprozesse unterstützt werden kann. Hierfür unterscheidet er drei Dimensionen des Lehrens und Lernens:

(1) Das Medium, in dem Erfahrungen gewonnen, organisiert, vermittelt werden: Erzählen und Referieren, Vorzeigen und Nachmachen, Objekt- und Bildbetrachtung, Lesen und Schreiben

(2) Die internen Strukturen des zu erwerbenden Wissens: Handlungsabläufe, Operationen, Begriffe

(3) Die Schritte des Lernprozesses in für alle drei Wissensinhalte gültigen Stufen: Problemlösendes Aufbauen einer Struktur, Durcharbeiten der Struktur, Üben und Wiederholen zur Konsolidierung des Wissens, Anwenden des Wissens in neuen Situationen. Aebli (2003, 24) bezeichnet diese vier Schritte in Anspielung auf die Herbartianer selbst als „moderne Formalstufentheorie".

Exemplarisch wird sein Ansatz anhand der zweiten Dimension von Lehr-Lernprozessen beschrieben. Was weiß man aus der psychologischen Forschung über den Aufbau von Handlungsabläufen, Operationen und Begriffen? Welche didaktischen Schlussfolgerungen lassen sich daraus ableiten? Speziell: Wie sollte der Lehr-Lernprozess zeitlich strukturiert werden?

Handlungsabläufe aufbauen: Aeblis Beispiele sind hier sehr stark an schulischen Projektideen orientiert: Terrarium aufbauen und Tiere beobachten, Hartkäse herstellen. Psychologisch geht Aebli vom Skript-Begriff aus bzw. vom Begriff der Handlungsschemata. Psychologisch gesehen ist der Vorteil beim Erlernen von Handlungsschemata, dass man beim Vollzug der Handlung sämtliche Teilergebnisse wahrnehmen kann. Das Handlungsschemata ist aufgebaut, wenn es verinnerlicht wurde, d.h. mental nachvollzogen oder sprachlich beschrieben werden kann. Handlungsschemata sind für ihn als Ganzes abgespeichert, reproduzierbar und auf neue Situationen übertragbar. Aebli hat zudem einen Handlungsbegriff, der den heutigen Kompetenzbegriff bereits antizipiert. Er spricht auch die Problematik an, dass schulisches Lernen nur selten Handeln lernen bedeutet. Kritisch kann allerdings gefragt werden, ob man Beispiele wie „Herstellung von Hartkäse" als prozeduralisiertes Wissen verstehen kann. Oder handelt es sich vielmehr um komplexe Schemata, die aus Teilprozeduren und deklarativem Wissen bestehen?

Nun folgt der didaktische Teil: Wie kann man Handlungsabläufe lehren? Hierfür schlägt Aebli folgende Schrittfolge vor:

– Ein Problem stellen und zusammen mit den Schülern/Schülerinnen eine Zielangabe formulieren; dabei den Anschluss an die Erfahrungswelt der Kinder beachten

– Die Handlung planen und durchführen. Zunächst dabei auch die Schüler/innen einiges erproben lassen; dann die Handlungsabfolgen nach und nach korrigieren

– Die Handlung verinnerlichen: Nach Abschluss der Handlungsdurchführung die Handlung gemeinsam reflektieren; präzise Darstellung oder Verschriftlichung des Handlungsablaufs; Handlungsablauf ohne Hilfestellung (Skizze, konkrete Anschauung) mündlich wiedergeben können

– Den tieferen Sinn der Handlungen verstehen und in das eigene Weltwissen eingliedern

Operationen aufbauen: In Anlehnung an Piaget versteht Aebli Operationen als verinnerlichte Handlungen. Vor allem den Aufbau von mathematischen Operationen (Addition, Subtraktion aber auch geometrische Operationen) erklärt Piaget in seiner kognitiven Entwicklungpsychologie als eine zunehmend intern repräsentierte Handlungsabfolge. Einzelne Operationen bilden dann für Piaget ganze Systeme (z.b. mannigfaltige Beziehungen zwischen Einmaleinsaufgaben). Aebli spricht in Anlehnung an diese Vorstellungen von Operationen als abstrakte Handlungen. Der Aufbau von Operationen vollzieht sich nach Aebli in zwei Schritten: Zunächst führt der Lernende eine Verknüpfung mit bekannten Elementen durch (Bei der Addition das Zusammenlegen von zwei unterschiedlich großen Mengen). In einem zweiten Schritt betrachtet der Lernende das Ergebnis der Verknüpfung und ordnet es einer dritten, bekannten Größe zu (bei der Addition die Gesamtmenge). Analog erklärt Aebli den Aufbau von komplexeren mathematischen Operationen aus Teiloperationen (z.B. Berechnung der Rechtecksfläche). Beim weiteren Aufbau der Operation werden die einzelnen Schritte noch einmal rekonstruiert. Danach erfolgt der Schritt der symbolischen Kodierung der Operation (Einführung von Rechenzeichen). Ein weiterer Schritt ist die Verinnerlichung der Operation. Alle für die Operation notwendigen Elemente sind symbolisiert und intern repräsentiert. Abschließend muss die Operation automatisiert werden. An dieser Stelle spricht Aebli selbst davon, dass es eine automatisierte Operation eigentlich ein Widerspruch ist, weil sie dann nicht mehr bewusst vollzogen wird. Als Beispiel bringt er die fast automatische und reflexhafte Antwort 7, wenn man 3+4 sagt. Nach den oben skizzierten Befunden der Lern- und Neuropsychologie würde man in diesem Fall von Faktenwissen als Teil des prozeduralen Gedächtnisses sprechen.
Analog zu diesen lernpsychologischen Überlegungen zum Aufbau von Operationen formuliert Aebli didaktische Anweisungen für die Gestaltung einer Lehr-Lernsequenz:
– Aufbau der Operation durch eine Problemstellung (z.B. Addition ungleichnamiger Brüche); je schwieriger die aufzubauende Operation, desto stärker muss die Lehrkraft den Aufbau der Operation lenken; je einfacher die Operation bzw. konkrete Manipulation, desto eher können Schüler/innen handelnd selbständig eine Lösung finden
– Operation durcharbeiten: verschiedene Beispiele, Umkehroperation, etc.
– Verinnerlichung der Operation: Über die konkrete Veranschaulichung der Operation (Pappscheiben für die Brüche) zur bildlichen Veranschaulichung (Zeichnung der Kreisscheiben an der Tafel) zur symbolischen Darstellung (Bruchzahlen); begleitet wird dieser Prozess der Verinnerlichung durch die Versprachlichung der Handlungen

– Auswendiglernen und Automatisieren: Form des symbolischen Vollzugs der Operation genau festlegen (Konventionen der Darstellung und Umrechnung von Brüchen), ständiges Wiederholen bis die Operation sicher ausgeführt wird
– Anwenden der Operation in neuen Kontexten

Aufbau von Begriffen: Grundlage ist die Begriffsbildung aus psychologischer Sicht (concept attainment). Aebli unterscheidet hier Begriffsbildung durch Abstraktion, Induktion oder Umstrukturierung. Bei der Begriffsbildung durch Abstraktion entstehen Begriffshierarchien bzw. hierarchische Klassifikationen. Beispielsweise werden Tierarten und Tierfamilien per Definition geordnet. Die Definition bzw. Klassifikation kann dann auf Einzelfälle angewandt werden. Eine Begriffsbildung durch Induktion liegt vor, wenn eine Klassifikation oder Abgrenzung der Begriffe durch Definitionen nicht möglich ist. Es liegen Einzelfälle vor und diese werden dann induktiv sortiert bzw. voneinander abgegrenzt und mit Begriffen bezeichnet. Eine Begriffsbildung durch Umstrukturierung liegt vor, wenn ein Präkonzept in einer neuen Situation nicht mehr trägt und eine kognitive Dissonanz entsteht (Konzeptwechseltheorien).

Aeblis schlägt nun folgende Schritte des Begriffserwerbs für Lehr-Lernprozesse vor:

– Aufbau des Begriffsinhalts: erklärend (Aufbauschritte in Variationen formulieren) oder problemlösend: konkrete Fragestellung als Ausgangspunkt; Verständniskontrollen: Schüler/innen sollen bestimmte Schlussfolgerungen ziehen, aufgrund des gewonnen Begriffsverständnisses; Sich im Begriffsnetz argumentativ hin und her bewegen, Teilergebnisse bewusst festhalten und einprägen; Aufbauschritte rekapitulieren
– Begriff durcharbeiten: Netzdarstellung konstruieren und nutzen; weitere Problemstellungen, die ein Begriffsverständnis voraussetzen; Begriff von seinen „Schlacken" befreien
– Begriff anwenden: Einbindung in die Alltagswelt; Einbindung in umfangreichere Wissensgebiete des Faches

Damit legt Aebli insgesamt drei allgemeine Lehr-Lernmodelle vor, die auf das Erlernen von Handlungsabläufen, mentalen Operationen und Begriffen jeglicher Art angewendet werden können. Auch bei Aebli kann man erkennen, dass er sowohl psychologische als auch unterrichtspraktische Kompromisse machen musste. Um drei überschaubare und praktikable Lehr-Lernmodelle entwickeln zu können, muss er die Fülle an Lerntheorien stark reduzieren und vereinfacht darstellen. Dies ist – wie der Erfolg seines Modells in der Lehrerbildung zeigt – durchaus gelungen. Auch die Beschreibung von Lehr-Lernfolgen muss notwendigerweise allgemein und abstrakt bleiben. Es werden lediglich sehr grobe Leitlinien für die Gestaltung von Unterrichtseinheiten mit dem Ziel des Begriffserwerbs gegeben. Allerdings sind diese psychologischen Lehr-Lernprinzipien so fundamental, dass sie auch bei der Planung einer Lehr-Lernsequenz zum Energiebegriff oder in Biologie zum Anpassungsbegriff zum Tragen kommen sollten.

4.2.2 Konstruktivistisch orientierte Lehr-Lernmodelle

Eine Reihe jüngerer instructional design-Modelle bezieht sich mehr oder weniger auf konstruktivistische Lerntheorien. Konstruktivistischen Vorstellungen über das Lernen lassen sich nicht unbedingt als einheitliche Lerntheorie darstellen (wie z.b. die instrumentelle Konditionierung). Vielmehr handelt es sich um eine breite Strömung innerhalb der Lernforschung mit unterschiedlichen Aspekten und Ansatzpunkten. Gemeinsame Basis ist allerdings die Vorstellung, dass Lernen als eigenaktiver Konstruktionsprozess des Individuums verstanden werden muss. Dieser Konstruktionsprozess wird als sehr fragil und von unterschiedlichen Einflüssen abhängig betrachtet. Nicht nur das Vorwissen (wie in kognitiven Lerntheorien), sondern auch soziale Einflüsse (Interaktion mit peers), Emotionen, situative Merkmale der Lernumgebung, Merkmale des Kontextes, etc. prägen die individuellen Konstruktionen von Wissen. Konstruktivistisch orientierte Lehr-Lernmodelle nehmen damit wesentlich stärker den Kontext des Lernens in den Fokus. Zudem wird die Eigenaktivität wesentlich stärker betont als in behavioristisch oder kognitivistisch orientierten Lehr-Lernmodellen. Vor allem im Zuge der Forderungen nach Öffnung des Unterrichts und Stärkung des selbstgesteuerten Lernens waren konstruktivistische Lehr-Lernmodelle in den letzten zwei Jahrzehnten „in Mode".

Anchored Instruction

Ein Beispiel ist der Ansatz des *anchored instruction* nach Bransford et al. (1990). Idee dieses Lehr-Lernmodells ist die Verankerung von Unterricht in einem komplexen, lebensweltlichen Problem. Die Autoren gehen davon aus, dass ein lebensweltlicher oder auch fiktiver Kontext (z.B. Abenteuergeschichte) sowohl die Schüler/innen motiviert als auch zu anspruchsvollen, eigengesteuerten Denk- und Arbeitsprozessen führt. In einer Serie von Studien wurden deshalb mathematische Probleme in Abenteuergeschichten verpackt und verfilmt (Cognition and Technology Group at Vanderbilt 1992). Beispielsweise war der Filmheld mit dem Motorboot unterwegs. Plötzlich sieht er, dass ihm das Benzin ausgeht. Im Film finden sich verschiedene Hinweise auf Entfernungen, Tankmöglichkeiten, etc. Die Schüler/innen schauten sich diese Filme an und mussten in Kleingruppen sowohl die Problematik selbst formulieren als auch die notwendigen Informationen sammeln. Anchored instruction führt damit theoretisch zu folgendem Lehr-Lernmodell:

- Präsentation eines komplexen und nicht genau definierten Problems; narrative Anker als Ausgangspunkt für Lernprozesse (Abenteuergeschichte); multimediale Präsentation der Problemstellung (Video)
- Klärung des Problems (in Kleingruppen), Erkennen eigener Wissenslücken, Material in der Gruppe diskutieren und Fragen finden; ein Arbeitsziel festlegen
- Aktivierung von Vorwissen (Rechenformeln), Lösungswege erkunden; vorgegebenes Material auf relevante Informationen durchsuchen; in der Gruppe überlegen, welche Konzepte anzuwenden sind
- Verifikation: Überprüfung der Lösung am Material; Präsentation der Lösung und kritische Diskussion (Wie tragfähig ist das neue Konzept?)

Dieses Lehr-Lernmodell erinnert stark an die Projektmethode von John Dewey. Man könnte ihn etwas vereinfachend auch als konstruktivistischen Vordenker bezeichnen. Auch Dewey ging davon aus, dass Denken aus der Erfahrung mit konkreten Fragen und Problemen heraus entsteht. Die große Herausforderung von *anchored instruction* ist allerdings Sicherung des notwendigen Vorwissens für die Bearbeitung der Aufgabenstellungen. Diese Problematik gilt letztendlich für alle Ansätze und Lehr-Lernmodelle des selbstgesteuerten Lernens. Schüler/innen können nur dann von offenen, situierten und komplexen Lernangeboten profitieren, wenn sie auch über das notwendige prozedurale und deklarative Wissen zur Bearbeitung der Problemstellungen verfügen. D.h. anchored instruction eignet sich nicht zur Erarbeitung oder Einführung von Rechenfertigkeiten oder Problemlöseprozeduren, sondern eher zur Festigung, Anwendung oder Wiederholung von Wissen.

Cognitive Apprenticeship

Cognitive apprenticeship von Collins, Brown und Newman (1989, 1991) ist ein weiterer Ansatz, der ebenfalls als konstruktivistisches Lehr-Lernmodell im weitesten Sinne bezeichnet werden kann. Im Vergleich zu *anchored instruction* eignete sich cognitive apprenticeship allerdings gerade zum Aufbau von Wissen. Die Grundidee ist, dass Vormachen und Nachmachen ursprüngliche Formen des Lernens sind. Bereits in vormodernen Zeiten wurden wichtige Tätigkeiten an die nachfolgenden Generationen durch Vormachen und Nachmachen weitervermittelt. Idealtypisch werden sie im Lernsetting der Meisterlehre realisiert. Eine Meisterlehre unterscheidet sich dabei in folgenden Gesichtspunkten von schulischem Lernen:
- Der Lehrling kann die zu erlernende Tätigkeit beim Meister beobachten. In der Schule haben die Kinder nur selten ein reales Modell der Tätigkeit. Lehrer/innen stellen zwar Aufgaben, lassen sich jedoch nur in seltenen Fällen beim Bearbeiten der Aufgaben beobachten. Schüler/innen sollen Texte schreiben lernen. Wann können sie aber Erwachsene beim Schreiben von Texten eine längere Zeit beobachten?

– In einer Meisterlehre ist dem Lehrerling in der Regel völlig klar, wozu er etwas lernen soll. Für schulisches Lernen gilt dies nicht. Lehrkräfte müssen immer wieder mit windigen Argumenten und Begründungen die Bedeutung von Lerninhalten oder Fertigkeiten für das spätere Leben erläutern

– In der Meisterlehre werden auch die begleitenden Denkprozesse sichtbar, indem der Meister sein Handeln oder das fertige Produkt kommentiert. Beim schulischen Lernen laufen die Denkprozesse sowohl der Schüler/innen als auch des Lehrers in der Regel im Verborgenen ab. Die Folge davon ist, dass Schüler/innen keinen Zugang zum strategischen, heuristischen Wissen von Experten haben. Mathematikaufgaben werden entlang des Schulbuchs oft schematisch gelöst. Wenn Schüler/innen dann vor eine Aufgabe gestellt werden, die nicht mit den herkömmlichen Schemata bearbeitet werden kann, scheitern sie oft. Sie verfügen nicht über die notwendigen Problemlösestrategien für komplexe Aufgaben. Aus der Expertiseforschung weiß man jedoch, dass gute Problemlöser über ein reichhaltiges und flexibel einsetzbares Strategiewissen verfügen. Selbst wenn die Lehrkräfte über dieses Strategiewissen verfügen würden, hätten die Schüler/innen im traditionellen Unterricht kaum die Möglichkeit, davon zu partizipieren.

Im cognitive apprenticeship-Ansatz wird die traditionelle Meisterlehre als ein Lernsetting beschrieben, das konstruktivistischen Prinzipien des Lernens entspricht: Lebensweltliche Situierung; Abhängigkeit des Lernens vom sozialen Kontext; komplexe Aufgabenstellungen; Lernen im Dialog mit Gleichaltrigen oder Experten; etc. Collins, Brown und Newman (1989) entwerfen nun ein Lehr-Lernmodell für die traditionelle Meisterlehre. Sie können folgende Stufen bzw. Lehr-Lernprinzipien erkennen:

(1) Modeling: Der Meister demonstriert die zu erlernende Handlung; in der Regel zunächst langsam und mit deutlichen Kommentaren für den Lehrling; dieser beobachtet den Meister bei der Ausführung der Tätigkeit

(2) Scaffolding: Der Lehrling führt zunächst Teile der Handlung und dann den ganzen Handlungsablauf aus; der Meister beobachtet ihn, kommentiert seine Arbeit; unterstützt oder korrigiert ihn wenn nötig

(3) Fading: Die Eingriffe des Meister sowie seine Unterstützung werden schrittweise reduziert; der Lehrling führt die Tätigkeit mehr und mehr in Eigenverantwortung durch

(4) Coaching: Solange der Lehrling lernt, wird er vom Meister gecoacht: Aufgaben auswählen, Hinweise geben, die Ausführung der Tätigkeit bewerten, Fehler diagnosizieren und besprechen, spezielle Übungen durchführen, etc.

Der Lehrling kann in diesem Lernsetting von der Expertise seines Meisters profitieren. Er entwickelt sowohl konkrete Fertigkeiten (prozedurales Wissen), Wissen über den Fachbereich (deklaratives Wissen) als auch die notwendigen Einstellungen, Denkweisen, Heuristiken, Selbstkontrollstrategien, etc. (Metakognition). Das

Modelllernen durch Beobachten spielt in diesem Prozess eine zentrale Rolle. Der Lernende erwirbt bereits vor der ersten Ausführung seiner Handlung ein mentales Modell der gesamten Handlung. Dieses mentale Modell hat den Effekt einer generalisierten Ordnungsstruktur, in die einzelne Teiltätigkeiten oder Teilkonzepte integriert werden können. Auch Rückmeldungen, Korrekturen, etc. lassen sich so leichter vom Lernenden interpretieren, einordnen.

Ein weiteres wichtiges Merkmal der Meisterlehre ist der soziale Kontext des Lernens. Alle Beteiligten arbeiten an einem Ziel und Lernende können in diesem sozialen Rahmen kontinuierlich ihre Fertigkeiten verbessern. Sie sehen ständig (in der Regel mehrere) Experten bei der Anwendung komplexer Fertigkeiten. Durch diese Variation in der Modellierung und in den zu erledigenden Aufgaben erleben sie verschiedene Anwendungskontexte der Fertigkeiten und sehen, dass man Aufgaben auch mit unterschiedlichen Strategien angehen kann.

Nun fragen sich die Autoren, wie die Prinzipien der Meisterlehre auf Unterricht angewendet werden können. Die Problematik von schulischem Lernen liegt ja gerade darin, dass das zu erlernende Wissen in der Regel verborgen bleibt. Schüler/innen notieren zwar die Lösung einer Mathematikaufgabe. Es wird aber nicht sichtbar, was sie dabei gedacht haben. Gleiches gilt für die Präsentation von Wissen. Lehrkräfte rechnen zwar eine Aufgabe an der Tafel vor. Schüler/innen haben aber nicht die Möglichkeit, sämtliche Denkprozesse eines Experten beim Rechnen über eine längere Zeit zu beobachten. Collins, Brown und Newman (1989) schlagen deshalb folgendes Lehr-Lernmodell vor:

(1) Beim Wissenserwerb müsste es den Lernenden ermöglicht werden, dass sie einen Experten beim Bearbeiten einer Aufgabe beobachten können. Bei komplexen kognitiven Fertigkeiten wie Lesen, Schreiben oder Problemlösen ist dies nur möglich, wenn die Lehrkraft selbst die Fertigkeit anwendet und dabei die eigenen Überlegungen artikuliert. Dies geht weit über die reine Versprachlichung einer Musterlösung oder eines schematischen Ablaufs beim Schreiben hinaus. Lehrkräfte sollten in der Lage sein, auch komplexere Überlegungen, Irrwege, Assoziationen, etc. zu versprachlichen und so den Schüler/innen eine Vorstellung von den eigentlichen Anforderungen aber auch den möglichen Lösungswegen geben zu können.

(2) In der Meisterlehre wird an authentischen Aufgabenstellungen gelernt. Ein Produkt muss fertiggestellt werden; das Ergebnis des Lernprozesses ist direkt ersichtlich in Form eines gelungenen Produktes. Die einzelnen Teilschritte des Prozesses machen Sinn, weil das Produkt nachher gut sichtbar ist. Für das schulische Lernen wurde dagegen die konkrete Anwendung von Fertigkeiten im realen Leben fein säuberlich von dem Erwerb einzelner Teilprozesse getrennt. Es ist deshalb wiederum die Aufgabe der Schule, das Lernen einzelner Teilprozesse (z.B. einer mathematischen Formel, eines physikalischen Gesetzes, etc.) wiederum innerhalb einer authentischen Aufgabenstellung zu situieren.

(3) In der Meisterlehre ist in der Regel kein Wissenstransfer erforderlich, weil eine Fertigkeit genau dann erlernt wird, wenn sie im Produktionsprozess erforderlich ist. In der Schule dagegen werden komplexe kognitive Fertigkeiten auf Vorrat gelernt und sollen anschließend in noch komplexeren Situationen genutzt werden. Dies ist nur möglich, wenn das Wissen auch so gut sitzt und so flexibel genutzt werden kann, dass es transferierbar ist. In der Schule kann man dies nur dadurch erreichen, dass man den Schüler/innen eine große Bandbreite an Aufgabenstellungen präsentiert und die unterschiedlichen Lösungen und Lösungswege miteinander vergleicht, abgrenzt, etc. Ziel ist die Generalisierung und Flexibilisierung des Wissens.

Ein Beispiel für die Prinzipien von *cognitive apprenticeship* ist der Leseförderansatz *reciprocal teaching* von Palincsar and Brown (1984). Ziel ist es, die Lesestrategien bei leistungsschwachen Schülern/Schülerinnen zu modellieren und sie beim Lesen zu coachen. Dabei werden vier zentrale Strategien eingeübt:

(1) Fragen zum Text formulieren (formulating questions based on the text).

(2) Den Text nach einem bestimmten Abschnitt zusammenfassen (summarizing the text).

(3) Voraussagen über den weiteren Fortgang im Text machen (making predictions about what will come next).

(4) Schwierigkeiten mit dem Text klären (clarifying difficulties with the text).

In kleinen Gruppen wird reihum gelesen. Dabei übernimmt immer ein/e Schüler/in die Rolle der Lehrkraft bzw. Moderators, der Fragen stellt, zur Zusammenfassung des Abschnitts auffordert, etc. Wichtig dabei ist, dass die Lehrkraft die Strategien modelliert, d.h. als erste beginnt Fragen zu formulieren, etc. Im ersten Durchgang unterstützt die Lehrkraft die Schüler/innen entsprechend ihren Fähigkeiten. Sie kann beispielsweise helfen, Fragen zu reformulieren oder die Zusammenfassungen zu ergänzen. Diese Unterstützung (scaffolding) kann sie dann nach und nach zurückfahren (fading). Zum Schluss reicht es aus, wenn die Lehrkraft nur noch vereinzelt Hinweise und Feedback gibt. Hinzu kommt, dass die Schüler/innen voneinander lernen und sich gegenseitig kontrollieren. Weil Schüler/innen immer wieder abwechselnd selbst einen Textabschnitt bearbeiten und dann wieder den anderen Schülern/Schülerinnen Rückmeldungen geben, entsteht eine gemeinsame Verantwortung für den Leseprozess. Sie können das, was sie bei den anderen kritisiert haben, gleich selbst anwenden.

Ein weiteres Beispiel für die Anwendung des *cognitive apprenticeship*-Modells wurde von Scardamalia, Bereiter und Steinbach (1984) für das Schreibenlernen vorgelegt. In diesem Ansatz werden Schreibstrategien durch die Lehrkraft aktiv modelliert. Schreiben wird als ein komplexer, kognitiver Prozess betrachtet, der bei Experten durch eine Vielzahl von flexibel einsetzbaren Metastrategien gesteuert wird. Schüler/innen dagegen verfügen nicht über diese Schreibstrategien und beginnen in der Regel mit der sog. *knowledge-telling strategy* (erste Stufe im Schreibentwicklungsmodell von Bereiter). Um Schüler/innen zu unterstützen, wurde der Schreibprozess von Experten detailliert analysiert und in fünf Phasen eingeteilt. In jeder Phase erhalten die Schüler/innen Hilfestellungen, Hinweise und werden zum lauten Nachdenken aufgefordert. Dabei zeigt zunächst einmal die Lehrkraft selbst, wie man diese Hinweise und Hilfestellungen nutzen kann (*modeling*). Dabei soll den Schüler/innen erstmals deutlich werden, dass Experten sehr viel Zeit in die Planung eines Textes investieren. Auch die Überarbeitung von Texten ist neu für Schreibanfänger und wird vom Experten vorgemacht. Anschließend planen, schreiben und überarbeiten die Schüler/innen ihre eigenen Texte. Diese werden dann gemeinsam besprochen (Prinzip der Schreibkonferenzen). Vorschläge der Mitschüler/innen werden bei der Überarbeitung aufgenommen (Bedeutung der sozialen Interaktion).

Aufbau von Expertenwissen

Ein weiterer, für schulische Lehr-Lernprozesse bedeutsamer Zweig der psychologischen Lernforschung ist die Expertiseforschung. Auch diese arbeitet mit Prämissen, die sich weitgehend dem konstruktivistischen Lernparadigma zuordnen lassen. Ein typisches Studienobjekt der Expertiseforscher war und ist der Schachexperte. In zahlreichen Studien konnte beispielsweise gezeigt werden, dass Experten wie Schachmeister ein hoch strukturiertes und vernetztes Wissen besitzen (Chi, Glaser & Farr 1988). In konkreten Anforderungssituationen können Experten sehr schnell auf dieses Wissen zurückgreifen und effektive Problemlösungen durchdenken. Eine herausragende Intelligenz reicht also nicht aus, um Schachmeister zu werden. Vielmehr kommt es auf die Kenntnis vieler tausend Schachsituationen und möglicher Züge in diesen Situationen an. Diese komplexe Wissensbasis ist die Grundlage für Exertise beim Schachspielen.

In der Expertiseforschung wird nun versucht, dieses Expertenwissen durch Simulationen zu erklären und damit auch Modelle für den Aufbau von Expertise zu entwickeln. Gobet (2005) greift auf sog. *chunking models* zurück, die entwickelt wurden, um die Entwicklung von Expertise in ganz bestimmten Domänen (z.B. Schach) mit Computerprogrammen zu simulieren. Grundlage dieser Modelle ist die Idee, dass sich Expertise durch Klassifikation von Situationen, die in Form von *chunks* abgespeichert werden können, aufbaut. Experten können dann komplexe Problemkonstellationen schnell einordnen und mit möglichen erfolgreichen Handlungsoptionen in Verbindung bringen. Aus diesen Forschungsarbeiten lassen sich einige fundamentale Bedingungen für den Aufbau von Expertise ableiten:

– Entscheidend ist die Zeit, die Lernende mit Aufgabenstellungen in einer Domäne verbringen (*time at task*); sowohl zum Aufbau von *chunks*, zur Integration neuer Information in bestehende *chunks* sowie zur Bildung lateraler Verknüpfungen zwischen *chunks*. Diese Implikation korreliert mit Befunden der Lehr-Lernforschung, dass interindividuelle und interkulturelle Leistungsdifferenzen zu einem großen Teil mit der zur Verfügung gestellten und tatsächlich genutzten Unterrichtszeit erklärt werden können.

– Übungsaufgaben müssen gezielt gestellt werden. Es genügt nicht einfach nur Schach zu spielen, um besser zu werden. Es muss um den Aufbau relevanter und anspruchsvoller Wissenselemente gehen. D.h. bestimmte Züge oder Spielsituationen müssen gezielt simuliert und geübt werden.

– Konkrete Beispiele sind die Grundlage für die stabile Bildung von *chunks*. Begriffliches Wissen baut letztendlich auf einer Vielzahl einzelner, konkreter Beispiele, Fälle auf. Dies gilt sowohl für deklaratives und prozedurales Wissen. Zur gleichen Schlussfolgerung kommt übrigens die Neurowissenschaft. Auch Spitzer (2009) sagt ganz eindeutig, dass das Gehirn nur dann stabile Regeln generiert, wenn ihm sehr viele Einzelbeispiele dargeboten werden (sowohl sprachliche Beispiele als auch Wissen, das begrifflich sortiert wird).

– Lehrkräfte müssen den Aufbau von Begriffen unterstützen, indem sie auf zentrale, begriffsbildende Merkmale der jeweiligen Beispiele verweisen. D.h. der Aufbau von Expertise (hier deklarativem Wissen) kann durch Lehr-Lernprozesse beschleunigt werden. Bei aller Bedeutung von Konstruktion und Selbsttätigkeit ist die instruktionale Komponente (oder einfacher: die Steuerung der Aufmerksamkeit auf relevante Aspekte durch die Lehrkraft) weiterhin von großer Bedeutung für effektive Lehr-Lernprozesse.

– Transfer tritt nur dann auf, wenn es ähnliche Aufgabensituationen gibt (naher Transfer). Je spezieller die Situation und je mehr Expertise eine Person hat, desto unwahrscheinlicher ist es, dass dieses Wissen transferiert wird. Der Grund dafür ist, dass bei Experten die Wahrnehmung sehr differenziert und damit auf einen kleinen Bereich eingeschränkt ist. Damit müssen allzu offene und projektartige Lernsettings, die auf weiten Tranfer setzen, kritisch in Frage gestellt werden.

– Sequenzierung der Lehr-Lernprozesse: *Chunk-based* Modelle implizieren, dass es von großer Bedeutung ist, dass grundlegende Begriffe und Routinen korrekt erlernt werden müssen, weil diese die Grundbausteine für alle weiteren, elaborierteren Wissensbausteine darstellen und sich Fehler somit exponenziell verbreiten würden. Von entscheidender Bedeutung ist, dass Lehrkräfte bereits bei den grundlegenden Begriffen auf die diskriminierenden Merkmale aufmerksam machen (Worin unterscheiden sich verschiedene Textsorten?).

– Beim Aufbau von Problemlösungen kommt es darauf an, auch das Erkennen von Situationen, in denen diese Problemlösung angewendet werden könnte, zu erweitern und nicht nur die Problemlösung zu trainieren. Wenn das Schreiben bestimmter Textsorten geübt wird (Briefe, Zeitungsbericht, Kurzgeschichte, etc.), sollten die textsortenspezifischen Merkmale immer mit der Situierung der jeweiligen Textsorte in Verbindung gebracht werden (z.B. Ein Zeitungsbericht hat eine kurze und prägnante Überschrift, weil man damit die Aufmerksamkeit der Leser/innen einfangen kann).

– Schemata können nur dann erweitert werden, wenn die Lernumwelt sowohl Varianz als auch konstant bleibende Merkmale bereitstellt. Wenn immer sehr ähnliche Subtraktions- und Additionsaufgaben präsentiert werden, können kann keine Vernetzung von Schemata stattfinden (Fuson 1992). Schüler/innen müssen das Schreiben von Texten an verschiedenen Textsorten erlernen. Allerdings müssen Wiederholungen möglich sein. Es wäre wenig sinnvoll, wenn man drei Wochen nur Briefe schreiben übt und dann eine andere Textsorte einführt und nicht mehr das Schreiben von Briefen wiederholt.

Die Vorstellung, schulisches Lernen entspricht dem Erwerb von Expertise, lässt sich sehr gut mit der Forderung nach „Kompetenzorientierung" in Einklang bringen. Dies zeigt auch diese Liste von Lehr-Lernprinzipien. Der Vorteil des Expertise-Begriffs ist hingegen, dass er viel genauer die lern- und wissenspsychologischen Grundlagen des Handelns von Experten berücksichtigt. Es wird deutlich herausgearbeitet, dass Können die Folge von hoch vernetztem Wissen ist. Praxis und Übung reichen nicht aus. Expertise und damit Können oder Kompetenz entstehen bei der kognitiven Durchdringung von vielen Einzelfällen und Einzelbeispielen. Nur eine reflektierte und kognitiv strukturierte Praxis führt zu Expertise.

4.2.3 Lehr-lerntheoretische Implikationen der *Cognitive Load Theory*

Eine in der Lehr-Lernforschung aber auch in der fachdidaktischen Forschung häufig genutzte Theorie ist die cognitive load theory (CLT), die auf Arbeiten von Sweller (1988) zurückgeht. Im Grunde genommen hätte man die CLT bereits im Einführungskapitel über die lernpsychologischen Grundlagen von Lehr-Lernprozessen ausführlich darstellen müssen. Sie bezieht sich direkt auf die kognitive Architektur des Gedächtnisses, speziell auf das Zusammenspiel zwischen Kurzzeit- und Langzeitgedächtnis. Sie an dieser Stelle der Systematik zu platzieren hat allerdings den Vorteil, dass man direkt an die vielfältigen lehr-lerntheoretischen Implikationen der CLT anknüpfen kann. Diese sind nicht nur auf schulische Lehr-Lernprozesse beschränkt. Die CLT wird beispielsweise auch in der Medizin- und Pflegedidaktik rege zitiert und für die Begründung von Lehr-Lernszenarien herangezogen (Van Merrienboer & Sweller 2010).

Die aus der CLT abgeleiteten Empfehlungen stehen dabei den Vorstellungen der vorherrschenden „Mainstream-Didaktik" oft konträr entgegen. Beispielsweise sollen nach der CLT die Schüler/innen beim anfänglichen Erwerb komplexer kognitiver Fertigkeiten durch ausgearbeitete Lösungsbeispiele unterstützt werden. Eine Forderung, die auch aus Sicht der Expertiseforschung Unterstützung findet. Formen des problemorientierten oder entdeckenden Lernens lassen sich damit kritisch hinterfragen. Die CLT wird auch relevant, wenn man Lernende mit komplexen, authentischen Problemstellungen konfrontiert (vgl. konstruktivistische Lehr-Lernmodelle). Diese sind zwar motivierend und valide, sollen träges Wissen verhindern, führen allerdings oft zu einer Überforderung, die sich mit kognitiver Überlastung erklären lässt. Gerade um dies zu vermeiden, müssten Strategien zur Reduktion der kognitiven Belastung gefunden werden.

Zunächst sollen allerdings die wesentlichen Aussagen der *cognitive load theory (CLT)* kurz skizziert werden (Sweller 1988; Paas, Renkl & Sweller 2003; Van Merrienboer & Sweller 2010). Ausgangspunkt ist die begrenzte Speicherkapazität des Kurzzeitgedächtnisses (nicht mehr als 7 +-2 Einzelinformationen können gleichzeitig behalten und verarbeitet werden). Informationseinheiten werden überdies nach spätestens 20s wieder gelöscht, wenn sie nicht aktiv wiederholt werden. Dies betrifft Informationen aus dem sensorischen Gedächtnis (d.h. neu ankommende Information). Andererseits gibt es kaum kapazitäre Begrenzungen für das im Langzeitgedächtnis gespeicherte Wissen. Im Langzeitgedächtnis sind kognitive Schemata gespeichert, die sich hinsichtlich ihrer Komplexität und Automatisierung beträchtlich unterscheiden können (vgl. Kap 2.2). Wissen und Können hängt von diesen kognitiven Schemata ab. Diese Schemata organisieren auch die Speicherung und Verarbeitung der sensorischen Informationen. Je komplexer kognitive Schemata im Langzeitgedächtnis sind, desto mehr sensorische Informationen (z.B. bei einer komplexen mathematischen Sachaufgabe) kann das Kurzzeitgedächtnis verarbeiten. Je komplexer und je automatisierter diese kognitiven Schemata sind, desto mehr wird das Kurzzeitgedächtnis entlastet (z.B fast automatisiertes Erkennen einer bestimmten Rechenoperation oder eines mathematischen Modells für eine Sachsituation).

Die CLT betont drei Möglichkeiten der Bildung kognitiver Schemata, um die Informationsbelastung im Kurzzeitgedächtnis zu reduzieren:

(1) Zusammenfassen von Informationen unter einem Oberbegriff (induktive Begriffsbildung, vgl. Aebli)

(2) Integration neuer Information in ein vorhandenes kognitives Schema

(3) Übernahme eines kognitiven Schema von einer anderen Person

Wenn kognitiven Schemata zur Verfügung stehen, werden sie im Arbeitsgedächtnis als eine Information repräsentiert und können somit zur Reduktion der Belastung beitragen. Damit können für die Lösung komplexer Probleme mehr Möglichkeiten (systematische, kombinatorische Verknüpfung von Operatoren) erprobt werden. Wird ein kognitives Schema sehr oft erfolgreich genutzt, wird es letztendlich automatisiert und benötigt keine Kapazität im Arbeitsspeicher mehr. Weil man das Schema sehr oft in gleicher Form wiederholen muss, werden in der Regel nur die Schemata automatisiert, die in vielen Aufgabenstellungen immer wieder vorkommen. Hier leiten van Merrienboer und Sweller bereits ein Designprinzip ab: In Lernumgebungen zum Aufbau komplexer kognitiver Fähigkeiten muss man nicht nur den Aufbau von Schemata fördern und unterstützen sondern auch auf die Automatisierung immer wiederkehrender Schemata Wert legen (Einmaleinsaufgaben, Einmaleinsreihen, Rechtschreibregeln, Maßeinheiten umrechnen, etc.).

Beim Aufbau von kognitiven Schemata muss neue Information im Arbeitsspeicher prozessiert werden. Dabei kann man drei Typen von Information unterscheiden, die den Arbeitsspeicher belasten können:

(1) *Intrinsic load* kann man nicht ändern (z.b. durch Vereinfachung), außer man ändert das Lernziel, d.h. das zu erwerbende kognitive Schemata. *Intrinsic load* hängt von der Anzahl der mindestens zu verarbeitenden Elemente ab (*element interactivity*). Beim Lernen von Vokabeln gibt es eine geringe Anzahl zu verarbeitender Elemente, weil zwei Worte miteinander in Verbindung gebracht werden müssen. Diese beiden Worte können dabei unabhängig von all den weiteren Worten einer Sprache miteinander verknüpft werden. Eine hohe Zahl an Elementen muss miteinander kombiniert werden, wenn man einen grammatikalisch korrekten Satz bilden möchte (Zeiten, Fälle, Endungen, Nebensatzstrukturen, etc.). Die einzige Möglichkeit, *intrinsic load* zu reduzieren, ist die Bildung von Schemata, d.h. das Zusammenfassen oder das Automatisieren von Einzelinformation.

(2) *Extraneous load*: Im Gegensatz zu *intrinsic load* wird *extraneous load* durch die Aufgabenstellung erzeugt. Wenn Schüler/innen beispielsweise ein Problem durch Versuch und Irrtum lösen sollen und zudem über keine adäquaten Lösungsheuristiken verfügen. *Extraneous load* entsteht auch dann, wenn Schüler/innen verschiedene, weit auseinanderliegende Informationsquellen nutzen müssen (Nachschlagen, Recherchieren, sich Erinnern, etc.). Oder wenn alle Information über einen sensorischen Kanal einströmt: z.B. nur visuell in Form von Texten und Grafiken.

(3) *Germane load* (relevante Belastung): Die Belastung die Arbeitsspeichers, die durch den Umgang mit den relevanten Elementen beim Schemaerwerb entsteht, wird als *germane load* bezeichnet. Wenn beispielsweise eine Information in ein vorhandenes kognitives Schema intergriert werden muss, muss dieses vorhandene Schema aktiviert werden, d.h. es belastet zusätzlich den Arbeitsspeicher. Dies ist für den Wissenserwerbsprozess allerdings notwendig.

Vereinfacht könnte man sagen, dass *intrinsic load* und *germane load* notwendige Belastungen des Kurzzeitgedächtnisses sind. *Extraneous load* ist verzichtbar und entsteht durch unnötige Informationen oder Störungen beim Lernen. Bei der Gestaltung von Lehr-Lernprozessen wäre deshalb immer zu fragen, ob durch methodische Arrangements tatsächlich der Lernprozess unterstützt wird (*germane load*) oder eher *extraneous load* erzeugt wird. Bisherige Forschungsarbeiten deuten dabei auf folgendes Verhältnis der drei Arten von *cognitive load* in Abhängigkeit der Lernaufgabe hin: Beim Lernen einfacher kognitiver Schema bzw. einfacher Elementverbindungen bringt die Reduktion von *extraneous load* keinen Lerngewinn, weil genug Arbeitsspeicher vorhanden ist, um mit der aufgabenspezifischen Belastung durch *intrisic load* umzugehen. Beim Lösen komplexer Aufgaben bzw. beim Aufbau komplexer kognitiver Schema ist allerdings die Reduktion von *extraneous load* entscheidend. Nur so bleibt genug Speicherkapazität für *germane load*, um den Lernprozess zu steuern.

Van Merrienboer und Sweller (2010) fassen eine Reihe von empirisch geprüften Strategien zusammen, die sich mit der CLT begründen lassen. Diese lassen sich teilweise sehr gut in Vorgaben zur Gestaltung von Lehr-Lernprozessen überführen. Eine Auswahl dieser Strategien soll skizziert und vor dem Hintergrund schulischer Lehr-Lernprozesse diskutiert werden. Wie bereits angedeutet wird in der CLT zwischen Komplexität der Aufgabenstellung (des Lernziels) und Vorwissen des Lernenden (Novizen vs. Experten) unterschieden. D.h. die CLT-Mechanismen wirken unterschiedlich in Abhängigkeit dieser beiden Dimensionen. Es werden Strategien zur Reduktion von extraneous load, zur Organisation von intrinsic load

(1) Prinzipien, um extraneous load zu reduzieren:

– *Goal free principle*: Aufgabenstellungen ohne feste Zielsetzung: „Finden Sie so viele Erklärungen wie möglich." anstatt „Finden Sie die beste Erklärung für ...".

– *Worked example principle*: Ein für schulische Lehr-Lernprozesse wichtiger Anwendungsfall der CLT ist das Lernen mit Lösungsbeispielen (Van Gog, Paas, & Van Merrienboer, 2006; van Gog, Kester & Paas 2011). Lösungsbeispiele sind das Gegenstück zum problemlösenden Lernen. Schüler/innen bekommen zunächst eine Aufgabenstellungen mit einem ausgearbeiteten Lösungsbeispiel, das sie durcharbeiten (am besten mit prompts, d.h. der Aufforderung sich das Lösungsbeispiel genau anzusehen). Danach versuchen sie erst selbständig eine neue, aber ähnliche Problemstellung zu lösen. Studien zeigen, dass diese Vorgehensweise zu besseren Lernleistungen führt als das sofortige Problemlösen.

– *Completion principle*: Aufgaben mit Lücken reduzieren extraneous load auf eine ähnliche Art und Weise wie ausgearbeitete Lösungsbeispiele. Bei einem Lückentext oder einer Aufgabenstellung mit einzelnen Lücken ist ein Teil der Lösung bereits gegeben und der Lernende kann sich auf einen Ausschnitt konzentrieren

– *Split attention principle*: Wenn die zur Bewältigung einer Aufgabe nötigen Informationen weit auseinanderliegen (in Grafiken, Texten, etc. versteckt), erhöht dies *extraneous load*. Eine Reduktion ist durch integrative Abbildungen mit Informationen möglich

– *Modality principle*: Nicht zu viel Information über einen sensorischen Kanal laufen lassen; evtl. den auditiven Kanal ebenfalls nutzen (multimodale Präsentation von Information).

– *Redundancy principle*: Redundante Information reduzieren; eine Information auch wirklich nur einmal präsentieren

(2) Eine Reduktion von *intrinsic load* würde eine Vereinfachung der Aufgabenstellung oder des Lernziels bedeuten. Aus diesem Grund wird in der CLT zunächst über Strategien der Organisation von *intrinsic load* nachgedacht:

– *Multiple step strategies*: Zunächst einzelne Teile der Aufgabe präsentieren und bearbeiten lassen, dann die Komplexität schrittweise erhöhen und zum Schluss die komplexeste Form der Aufgabenstellung bringen

– *Low-to-high fidelity strategy*: Nicht gleich mit komplexen, realistischen Problemstellungen beginnen, sondern erst mit simulierten, in ihrer Komplexität reduzierten Problemen arbeiten. Erst dann ganz zum Schluss der komplexe, realitätsnahe Fall (komplexe Sachsituation).

(3) Eine weitere Lehr-Lernstrategie wäre *german load* zu optimieren, indem *intrinsic load*, d.h. die Aufgabenkomplexität schrittweise erhöht wird. Hierzu schlagen van Merrienboer und Sweller (2010) folgende Lehr-Lernprinzipien vor:

– *Variability of learning tasks*: Durch die häufige Variation der Aufgabenstellung entsteht schneller eine induktive Begriffsbildung. Der Lernende muss sich schneller damit auseinandersetzen, welches die immer wiederkehrenden Aspekte einer Problemlösung sind und welche nicht

– *Contextual interference*: Interferenz mit dem Kontext ist hoch, wenn benachbarte Aufgaben unterschiedliche Schemata aktivieren; niedrig, wenn benachbarte Aufgaben immer das gleiche Schema aktivieren (z.b. Päckchenrechnen in Mathematik). In Experimenten konnte gezeigt werden, dass hohe Interferenz mit dem Kontext *germane load* erhöht und damit zu besseren Lernergebnissen führt. Die Lernenden mussten genau überlegen, welches Schema zu aktivieren ist. Eine praktische Schlussfolgerung dieser Strategie ist, dass viele Schulbücher, Schulstunden etc. falsch aufgebaut sind, weil in der Regel ein Schema eingeführt und dann eine Zeit lang nur dieses Schema geübt wird; es fehlt die Durchmischung und ständige Aktivierung anderer Schemata (Rechenoperationen, Begriffe, etc).

– *Self-explanation effect*: Lösungsbeispiele sind dann effektiver, wenn sich die Lernenden die Lösung selbst noch einmal erklären.

Die hier skizzierten CLT-Designprinzipien unterliegen allerdings dem sog. *expertise reversal effect*. Sämtliche Effekte oder Prinzipien gelten nicht mehr oder verkehren sich ins Gegenteil, wenn Lernende mehr Wissen haben, d.h. mehr Schemata automatisiert anwenden können (Novizen vs. Experten). Beispielsweise verkehrt sich der Effekt von ausgearbeiteten Lösungsbeispielen (*worked examples effect*) ins Gegenteil bei Lernenden mit höherem Vorwissen. Zu viele Informationen sind dann redundant. Man muss demnach Unterrichtssequenzen so aufbauen, dass sie mit Lösungsbeispielen beginnen und dann langsam zur selbständigen Problembearbeitung übergehen. Gleiches gilt für den *split-attention effect* und den *multi modality effect*. Je weiter der Fortschritt innerhalb einer Lehr-Lernsequenz bzw. je größer das Vorwissen und die Routine der Schüler/innen, desto eher können sie auch die Informationen aus unterschiedlichen sensorischen Kanälen verarbeiten oder verstreut liegende Informationen richtig einordnen und integrieren.

4.3 Domänenspezifische Lehr-Lernmodelle

Allgemeinheit und Abstraktion allgemeindidaktischer Lehr-Lernmodelle sind Vor- und Nachteil zugleich. Vorteil, weil sich beispielsweise mit den drei Lehr-Lernmodellen nach Aebli die meisten schulischen Lehr-Lernprozesse analysieren lassen. Nachteil, weil die Analysetiefe begrenzt ist und präskriptive Aussagen oder Prinzipien zur Gestaltung von Lehr-Lernprozessen auf einem sehr abstrakten Niveau stehen bleiben. Wenn für ein Lernziel empirisch gesicherte, domänenspezifische Lehr-Lernmodelle zur Verfügung stehen, sind diese den allgemeindidaktischen Modellen deshalb immer vorzuziehen. Der Ausgangspunkt domänenspezifischer Lehr-Lernmodelle ist ein konkreter, fachlich begrenzter Lernprozess (z.B. Schriftspracherwerb, Lernen einer Fremdsprache, Aufbau mathematischer Modellierungskompetenz, etc.). Entlang einer Beschreibung dieser fachlichen Lernprozesse werden Prinzipien und Vorgaben der Strukturierung des domänenspezifischen Lehr-Lernprozesses abgeleitet. In vielen Fällen konvergieren die Aussagen allgemeindidaktischer und domänenspezifischer Lehr-Lernmodelle.

In den folgenden Abschnitten werden Beispiele für domänenspezifische Lehr-Lernmodelle aus der Naturwissenschaftsdidaktik, der Sprachendidaktik und der Mathematikdidaktik angedeutet. Es ist zu empfehlen, sich relativ bald im Lehramtsstudium bzw. vor den ersten Praktika mit den domänenspezifischen Lehr-Lernmodellen des eigenen Faches eingehend vertraut zu machen. Ebenfalls wichtig ist, dass Lehramtsstudierende zwischen tradierten Prinzipien einer Fachdidaktik (Anschaulichkeit, Eigentätigkeit, etc.), rein curricularen Auflistungen (wann und in welcher Reihenfolge werden welche Fachinhalte behandelt) und tatsächlichen Lehr-Lernmodellen unterscheiden lernen. Dabei sollte auch immer beachtet werden, dass fachdidaktische Lehr-Lernmodelle immer domänenspezifisch sind. D.h. es gibt kein Lehr-Lernmodell für den gesamten Deutschunterricht oder den gesamten Mathematikunterricht. Man muss innerhalb des Deutschunterrichts relevante Lerndomänen differenzieren können. Die wesentlichen Domänen des Deutschunterrichts werden beispielsweise in den Bildungsstandards oder den länderspezifischen Lehrplänen aufgeführt (Literatur, Schriftspracherwerb, etc.). Für den Mathematikunterricht wäre beispielsweise zu fragen, welche Lehr-Lernmodelle es für den Erwerb des Zahlbegriffs, die Grundrechenarten, das mathematische Modellieren, etc. gibt.

4.3.1 Naturwissenschaftsdidaktische Lehr-Lernmodelle

Aus lerntheoretischer Perspektive wird am naturwissenschaftlichen Unterricht kritisiert, dass Schüler/innen Rechenalgorithmen oder Formeln lernen sollen, größere Zusammenhänge zwischen naturwissenschaftlichen Begriffen und Gesetzmäßigkeiten dagegen kaum thematisiert und damit auch eher nicht verstanden werden. Die Schüler/innen können mit bestimmten Angaben die Dichte eines Körpers berechnen. Sie lernen relativ mechanisch, welche Formel man benutzt, wie man sie umstellt und welche Größen mit welchen Maßeinheiten einzusetzen sind. Dies ist möglich ohne ein vertieftes Verständnis über die Zusammenhänge zwischen Masse, Volumen, Gewichtskraft, Gravitation und Dichte zu haben. Es wird kritisiert, dass naturwissenschaftliche Begriffe oft leer bleiben, Physik zum Rechenunterricht degradiert wird, in Chemie Formeln und Fachwörter auswendig gelernt werden und Biologie aus einer endlosen Aufzählung von Einzelfakten besteht.

Vor dem Hintergrund dieser Kritik muss man die naturwissenschaftsdidaktische Diskussion über Lehr-Lernprozesse in Biologie, Chemie oder Physik sehen. Wie kann man konzeptuelles, d.h. am vertieften Verstehen von Zusammenhängen orientiertes Lernen in diesen Fächern fördern? Damit rückt konzeptuelles Lernen in den Mittelpunkt der naturwissenschaftsdidaktischen Diskussion. Naturwissenschaftliches Begriffswissen ist dabei immer ein komplex vernetztes, deklaratives Wissen. Formeln sind letztendlich nur der mathematische Ausfluss konzeptueller Zusammenhänge. Gut sichtbar wird dieses Lernverständnis an den KMK-Bildungsstandards für Physik, Chemie oder Biologie. In einem ersten Kompetenzbereich werden die zentralen fachlichen Inhalte entlang von Basiskonzepten organisiert (z.B. Materie, Energie, etc. für Physik). In diese deklarative Wissensbasis muss allerdings auch prozedurales Wissen integriert werden. Schüler/innen müssen Prozeduren der Erkenntnisgewinnung oder der Ordnung von naturwissenschaftlichem Wissen kennenlernen und anwenden können. Schüler/innen müssen in Physik Formeln umstellen und berechnen können. Das Herzstück naturwissenschaftlichen Lernens bleibt jedoch der Aufbau von weitverzweigten und gut verankerten Begriffsnetzen. Wie sieht nun begriffliches Lernen in den naturwissenschaftlichen Fächern aus und welche Lehr-Lernmodelle wurden daraus abgeleitet? Zunächst einmal treffen alle allgemeindidaktischen Lehr-Lernmodelle, die sich explizit mit dem Erwerb von begrifflichem Wissen beschäftigen (z.B. Aebli, Ausubel, Prinzipien der CLT, etc.) auf naturwissenschaftlichen Unterricht zu. Die darin beschriebenen Prinzipien für die Gestaltung von Lehr-Lernprozessen sind eine erste Annäherung für die Gestaltung von Physik-, Biologie- oder Chemieunterricht. Zudem entwickelte die naturwissenschaftsdidaktische Forschung einen eigenen Korpus an domänenspezifischen Lehr-Lernmodellen, in denen das konzeptuelle Lernen im Mittelpunkt steht. Eine Besonderheit von naturwissenschaftlichen Konzepten ist, dass sie bereits im Alltag der Schüler/innen, lange bevor sie in den Unterricht kommen, eine Rolle spielen. Begriffe wie „Energie" oder „Anpassung" sind fest im Sprachgebrauch von Kindern und Jugendlichen verankert und besitzen eine bestimmte Bedeutung. Damit steht die Naturwissenschaftsdidaktik vor der Herausforderung, diese Bedeutungen umzustrukturieren und zwischen einer alltagssprachlichen Nutzung der Begriffe und einer korrekten, naturwissenschaftlichen Definition und Anwendung zu differenzieren. Mit dieser Problematik beschäftigen sich vorrangig Konzeptwechseltheorien.

Untersuchungen zu Schülervorstellungen und Lehr-Lernmodelle für den Konzeptwechsel

Untersuchungen zu Schülervorstellungen zeigen, dass Schüler/innen bei Experimenten oft das beobachten, was sie sich auch vorstellen. In der Regel wird auch eine Problemlösestrategie entsprechend der Vorstellung gewählt. Selbst der konkrete Nachweis einer Fehlvorstellung kann von Schüler/innen relativiert oder wegdiskutiert werden. Die Fehlkonzepte sind äußerst resistent. Der Lernprozess muss deshalb von den Schülervorstellungen ausgehen und wissenschaftliche Konzepte anbahnen. Dabei sollen die Fehlkonzepte nicht ersetzt werden. Es kommt vielmehr darauf an, in einem wissenschaftlichen Kontext die richtigen Konzepte einzusetzen. Oft werden sogenannte Hybride, Zwischenformen von Fehl- und wiss. Konzept, erreicht.

Ein prominentes Beispiel für ein sehr hartnäckiges Fehlkonzept ist Anpassung. Lernende nutzen den Begriff der Anpassung in vielfältigen Kontexten zur Erklärung von evolutionären Phänomenen (Halldén 1988). Biologieunterricht muss deshalb von den Präkonzepten der Schüler/innen ausgehen. Baalmann et al. (2004) untersuchten in einer Interviewstudie Inhalt und Struktur von Schülervorstellungen zum Begriff der evolutionären Anpassung. Die Autoren konnten folgende Fehlvorstellungen beschreiben:

(1) Gezielt adaptives Handeln von Individuen. Danach passen sich die Individuen gezielt an ihre Umwelt an, indem sie Erkenntnisse über ihre Situation verarbeiten. Die Tiere „merken" etwas in der Umwelt und reagieren dann. Das Motiv für die Veränderung ist der Überlebenswille der Tiere.

(2) Adaptive körperliche Umstellung: Wenn Lebewesen neuen Umweltsituationen ausgesetzt sind, gewöhnt sich ihr Körper daran. Diese Gewöhnung wird als automatische Reaktion des Körpers verstanden.

(3) Absichtsvolle genetische Transmutation: Schüler/innen stellen sich vor, dass der Körper sein genetisches Material mit Absicht verändert; beispielsweise durch stärkere Beanspruchung von bestimmten Körperteilen.

Während die Fehlvorstellungen zum Anpassungsbegriff mit dem Sprachgebrauch erklärt werden können, gibt es biologische Fehlvorstellungen, die direkt mit eigenen körperlichen Erfahrungen und Wahrnehmungen zu tun haben. Ein Beispiel hierfür sind Schülervorstellungen vom Blutkreislauf. Riemeier et al. (2010) analysierten Schülervorstellungen zum Blutkreislauf vor dem Hintergrund der Theorie des erfahrungsbasierten Verstehens (Lakoff & Johnson 1999). In dieser Theorie wird die Genese von Konzepten untersucht und zwischen verkörperten Vorstellungen und imaginativen Vorstellungen unterschieden. Verkörperte Vorstellungen entstehen durch konkrete Erfahrungen, d.h. über wiederholt ähnliche Sinneswahrnehmungen (Begriffe zu konkreten Gegenständen: Haus, Feuer, etc.). Durch wiederholte Darbietung dieser Sinneseindrücke entstehen neuronale Netzwerke für die Repräsentation dieser Erfahrungen (vgl. concrete concepts bei Gagné). Viele Bereiche sind jedoch der Sinneswahrnehmung nicht unmittelbar zugänglich (z.B. was im Inneren unseres Körpers passiert). Die verkörperten Vorstellungen werden deshalb als Metaphern oder Analogien genutzt, um diese nicht zugänglichen Bereiche zu imaginieren (Strom fließt; die verkörperte Vorstellung wäre die eines Wasserflusses).

Riemeier et al. (2010) fanden in ihrer Studie (Interviewstudie, eingebettet in den Unterricht, Gruppendiskussionen) folgende erfahrungsbasierten Konzepte: Blut als rote Flüßigkeit, Blut fließt, Blut trocknet und wird zur Kruste; Herz treibt das Blut an. Imaginative Konzepte lassen sich beispielsweise unter der Denkfigur „personifiziertes Blut" zusammenfassen: Blutkörperchen als kleine Männchen, die im Körper herumlaufen; Blutkörperchen gleicher Blutgruppen erkennen sich, mit anderen streiten sie sich; Blut versorgt den Körper mit Sauerstoff; Blut kämpft gegen Krankheitserreger. Diese imaginativen Vorstellungen haben in der Regel wenig mit den wissenschaftlichen Theorien zum Gegenstandsbereich zu tun, sind aber Grundlage für naturwissenschaftliches Lernen. Unterricht muss von diesen Schülervorstellungen ausehen.

Von besonderer Bedeutung ist, dass Untersuchungen zu wissenschaftlichen Fehlvorstellungen bei Schüler/innen auch Aufschlüsse geben können, wie der Erwerb korrekter Begrifflichkeiten ablaufen könnte. Damit wäre die Grundlage für ein domänenspezifisches Lehr-Lernmodell gegeben. Für die Blutbewegung (Blutkreislauf) beschreiben Riemeier et al. (2010, S. 87) folgende, aufeinander aufbauende Stufen des Verstehens der Zusammenhänge beim Blutkreislauf:

– Allgegenwart: Blut ist überall in und unter der Haut
– Zu den Organen: Blut fließt vom Herz zu den Organen
– Hin und Zurück: Blut fließt vom Herz zu den Organen und zurück
– Kreislauf: Blut fließt im Kreislauf durch Herz und Körper
– Doppelter Kreislauf: Blut fließt im Herz- und im Lungenkreislauf
– Zwei-Schleifen-Kreislauf: Blut fließt in einem Kreislauf mit Lungen und Körperpassage

Sollte ein großer Teil der Schüler/innen diese Schritte des Konzeptwechsels vollziehen, lässt sich eine Lehr-Lernsequenz zum Blutkreislauf entsprechend gestalten. Dabei müsste zunächst eine Erfassung des aktuellen Begriffsverständnisses bei den einzelnen Schüler/innen stattfinden. Daraufhin könnten schrittweise weitere Aspekte des Blutkreislaufes thematisiert werden.

Auf einer allgemeineren Ebene werden folgende Stufen des Konzeptwechsels (conceptual change) beschrieben (z.B. v. Duit 1995; Pintrich, Marx & Boyle 1993):
– Phänomen vorstellen und Schülervorstellungen sammeln
– Einführen der wiss. Sichtweise und Arragement von kogn. Konflikten (Experimente oder Phänomene, die sich mit der bisherigen Vorstellung nicht mehr erklären lassen)
– Rückblick auf die Lernwege (Reflexion) und Anwendung der neuen Sichtweise auf einen anderen Kontext

Die Umstrukturierung der Präkonzepte ist jedoch kein Automatismus. Forschungen legen nahe, dass *conceptual change* unter folgenden Bedingungen eher stattfinden kann: Unzufriedenheit (dissatisfaction) mit der bisherigen Vorstellung. Das neue Konzept bzw. die neue Vorstellung wird als logisch, einleuchtend und nutzbringend wahrgenommen.

Kompetenzentwicklungsmodelle für den naturwissenschaftlichen Unterricht

Bildungsstandards im Fach Physik sollen sowohl die Bilanzierung von Bildungsprozessen ermöglichen als auch Prozesse des Lernens verbessern, sofern empirisch geprüfte Modelle der Kompetenzentwicklung vorliegen. Dies wird jedoch von einigen Naturwissenschaftsdidaktikern kritisch hinterfragt. Wie bereits in Abschnitt 4.1. kritisch diskutiert, lassen sich mit Bildungsstandards zwar verschiedene Facetten von beispielsweise mathematischer oder naturwissenschaftlicher Kompetenz beschreiben. Damit können dann Leistungsunterschiede zwischen Schüler/innen beschrieben und im Idealfall auch erfasst werden (was in VERA oder PISA gemacht wird). Über die Kompetenzentwicklung bzw. den Erwerb von Wissen sagen diese Kompetenzmodelle jedoch noch lange nichts aus.

Von Aufschnaiter und Rogge (2010) weisen in ihrer Kritik der Bildungsstandards beispielsweise sehr deutlich auf diesen Unterschied zwischen Kompetenzstrukturmodellen und Stufen- bzw. Entwicklungsmodellen hin. Erstere beschreiben einzelne Dimensionen der naturwissenschaftlichen Kompetenz, geben jedoch keine Auskunft über die Reihenfolge des Kompetenzerwerbs. Niveau- oder Stufenmodelle gehen dagegen von einer Entwicklungsabfolge aus. Von Aufschnaiter und Rogge (2010) kritisieren, dass man den vorherrschenden, statischen Kompetenzbegriff zwar gut für Vergleichsstudien nutzen kann, er jedoch wenig Hinweise zu Lernverläufen gibt. Diese müssen nicht den Kompetenzstufen folgen. Dies gilt auch für die Forschung zu Kompetenzentwicklungsmodellen, die sich auf die Untersuchung von Veränderungen in relativ großen Zeiträumen konzentriert (Schecker & Parchmann 2006). Eine Ableitung von didaktischen Konsequenzen (Fördermaßnahmen, Instruktionen) ist damit schwierig. Damit stellt sich für von Aufschnaiter und Rogge (2010) auch die Frage, ob das Versprechen, mit Bildungsstandards und Kompetenzmodellen den Unterricht kriteriengeleitet verbessern zu können, überhaupt eingelöst werden kann.

Als Alternative stellen von Aufschnaiter und Rogge (2010) ein Forschungsprogramm zur Analyse von Verläufen der Kompetenzentwicklung vor. Im Fokus dieses Ansatzes stehen Schüler/innengruppen, die Experimente durchführen und sich darüber austauschen. Diese Interaktionen werden videografiert. Die Studien dokumentieren die Auseinandersetzung der Schüler/innen mit physikalischen Konzepten und Phänomenen (Bereiche Elektrostatik, Wärmelehre) über mehrere Unterrichtsstunden, um Verläufe der Kompetenzentwicklung beschreiben zu können. Auf Basis dieser Beobachtungen konnte ein Modell der intraindividuellen Entwicklung von physikalischer Kompetenz in einzelnen Fachdomänen der Physik generalisiert werden. Dieses Modell (von Aufschnaiter & Rogge 2010, S. 103) beschreibt sowohl die konzeptuellen Vorstellungen (Inhalt) als auch die Schüler/innenhandlungen, d.h. wie Lernende mit Experimenten umgehen (Kompetenzdimension Erkenntnisgewinnung):

(1) Exploratives Vorgehen: Ausprobieren, konkrete Situationen beschreiben, Sprechweisen erproben.

(2) Intuitiv regelbasiertes Vorgehen: Vorhersage von Ereignissen, unterschiedliche Situationen oder Phänomene werden verglichen, physikalische Begriffe werden zielgerichtet zur Beschreibung von Situationen benutzt

(3a) Explizit regelbasiertes Vorgehen mit phänomenologischem Bezug: Ereignisse, Situationen werden verallgemeinert; einzelne Fälle oder Situationen werden mit den Verallgemeinerungen beschrieben; Vorhersagen aufgrund der Verallgemeinerung

(3b) Explizit regelbasiertes Vorgehen mit modellhaftem Bezug: Verallgemeinern ohne direkten Erfahrungsbezug; Fälle mit theoretischen Erklärungen begründen; Ereignisse werden auf Basis von theoriehaltigen Hypothesen vorausgesagt

Das Modell kann nun für eine kriteriengeleitete Entwicklung von Lernmaterialien oder Lernumgebungen genutzt werden (z.B. v. Aufschnaiter 2008). Aufgaben können dahingehend analysiert werden, ob sie sich durch intuitives Vorgehen lösen lassen oder ob explizt ein regelbasiertes Vorgehen notwendig ist. Damit kann eine Abfolge von Lernaufgaben entlang der prognostizierten Lernentwicklung geplant werden bzw. Aufgaben können gezielt einzelnen Lernergruppen zugeordnet werden (v. Aufschnaiter & Rogge 2009). Beispielsweise sind viele Demonstrationsexperimente im Physikunterricht so ausgelegt, dass sie nur mit einem regelbasierten Vorgehen (Stufe 3) nachvollzogen werden können. Viele Schüler/innen sind jedoch zu Beginn des Unterrichts noch auf Stufe 1, d.h. nehmen das Experiment sehr intuitiv und konkret wahr und explorieren mögliche Lösungen (raten herum). Schüler/innen auf Stufe 2 versuchen dagegen schon bekannte Fälle auf das neue Experiment zu übertragen.

Im Vergleich zu den KMK-Bildungsstandards legen damit von Aufschnaiter und Rogge (2010) ein echtes Kompetenzentwicklungsmodell vor, das zu einem domänenspezifischen Lehr-Lernmodell ausgebaut werden könnte. Erste Ansätze der Nutzung dieses Modells für die Gestaltung von Unterricht werden ja bereits angedeutet. Ein weiterer Vorteil ist, dass dieses Modell sowohl für den sequenziellen Aufbau von Physikunterricht als auch für die Diagnose von Schülerlernständen instruktiv sein könnte. Ein Problem des Modells liegt allerdings darin, dass nicht zwischen fachlich korrekten bzw. fehlerhaften Konzepten unterschieden wird. Es wird lediglich modelliert, auf welchem Abstraktionsniveau die Denkprozesse ablaufen. D.h. erfahrungsbasierte Fehlvorstellungen (z.B. für einen Stromkreis genügt ein Kabel) können auch auf den Niveaustufen 3 das abstrakte, theoriegeleitete Argumentieren beeinflussen. Für die Arbeit an Fehlvorstellungen sind Aufgaben auf Niveaustufe IIIa geeignet, weil hier an Phänomene, d.h. an erfahrungsbasierte Vorstellungen der Schüler/innen angeknüpft wird, um Verallgemeinerungen und Gesetzmäßigkeiten zu verstehen.

Anwendung des model of hierachical complexity auf Chemieunterricht

Ein weiteres, jedoch auf anderen theoretischen Grundlagen fußendes Lehr-Lernmodell wird derzeit innerhalb der Chemiedidaktik diskutiert. Auch Bernolt, Parchmann und Commons (2009) überlegen, wie ein Brückenschlag zwischen Kompetenzmessung und Kompetenzaufbau im Unterricht aussehen könnte. Hierfür entwickelten sie ein Modell der hierarchischen Komplexität zur Beschreibung fachspezifischer Kompetenz. Basis des Modells ist die kognitionspsychologische Beschreibung von Wissen als propositionale Netzwerke. Sowohl für den Wissenserwerb als auch für die Wissensüberprüfung sehen Bernholt et al. (2009) den Schlüssel in der Analyse von Aufgaben. Zur Analse schwierigkeitsgenerierender Merkmale gibt es verschiedene Ansätze. Einige davon greifen auf den zentralen Begriff der Komplexität zurück. Diese Ansätze (u.a. Neumann et al. 2007; Kauertz 2008) sind anschlussfähig an das Konzept der hierarchischen Komplexität, das vielen kognitiven Entwicklungstheorien zu Grunde liegt. Dieses Konzept ist inhaltsunabhängig und geht davon aus, dass mit der Anzahl der zu kombinierenden Elemente in einer Aufgabe auch die kognitiven Anforderungen, um diese Aufgabe zu lösen, steigen (Commons et al. 1998; Commons & White 2003; vgl. auch Definition von *intrinsic load* in der CLT). Folgende Attribute werden in dieser Aufgabenanalyse berücksichtigt:

(1) Kodierung der Information (coding)

(2) syntaktische und lexikalische Schwierigkeit der Aufgabe

(3) Position relevanter Informationen innerhalb der Aufgabe (position effects)

(4) die Anzahl gleichwertiger Bearbeitungsschritte (horizontal complexity; information load)

(5) hierarchical complexity: nicht-willkürliche Verknüpfung der Lösungsschritte (Commons et al. 1998).

Auch situative Faktoren (Unterstützung) und individuelle Faktoren (Vorwissen) beeinflussen die Aufgabenschwierigkeit, sind jedoch im Rahmen des Modells nicht objektivierbar.

Auf Basis dieser Aufgabenmerkmale wurde ein Stufenmodell entwickelt, das sich ganz grob an den Entwicklungsstufen von Piaget orientiert, jedoch nicht als Entwicklungsmodell verstanden werden sollte: *primary, concrete, abstract, formal, systematic*. Mit jeder Stufe steigt die Anzahl der zu leistenden Verknüpfungen (Quantität) aber auch die Art der kognitiven Reorganisation der mentalen Repräsentationen (Qualität). Jede Stufe baut auf die vorausgehenden Stufe auf. Bei der empirischen Überprüfung des Modells wird zwischen objektiven Anforderungen der Aufgabe und Ausführungen des Lernenden unterschieden.

Bernholt et al. (2009) wenden dieses *model of hierachical complexity* nun auf Aufgaben aus dem Chemieunterricht an (MHC-C). Aufgaben aus einem Inhaltsbereich wurden nach den komplexitätssteigernden Merkmalen geordnet. Dabei entstand eine gestufte Taxonomie von Aufgaben bzw. möglichen Schüler/innenlösungen im Chemieunterricht (Bernholt et al. 2009, S. 231):

(1) Unreflektiertes Erfahrungswissen: Nicht im Unterricht erworbenes Erfahrungswissen, Nennung von Beispielen und Beobachtungen, isolierte Elemente ohne Bezug zu einer Fachsystematik (z.B. Nenne Dinge, die man im Alltag verbrennt.)

(2) Fakten: Nennung isolierter Begriffe und Gesetzmäßigkeiten; es werden keine Erklärungen geliefert oder Zusammenhänge hergestellt (z.B. Nenne die Faktoren, die für eine Verbrennung nötig sind.)

(3) Prozessbeschreibungen: Beschreibung von zeitlichen Verläufen, evtl. unter Berücksichtigung von Modellvorstellungen (z.B. Beschreibe, was mit dem Brennstoff bei einer Verbrennung passiert.)

(4) Lineare Kausalität: Beschreibung von linearen Ursache-Wirkungs-Relationen (z.B. Begründe die Rußbildung bei einer Kerze)

(5) Multivariate Interdependenzen: Zusammenhänge zwischen mehr als zwei Variablen, Analyse der wechselseitigen Überlagerung von Effekten (z.B. Interpretiere das Ausbleiben der Rückreaktion bei einer Verbrennung).

Durch die Konzentration auf die Inhaltsdimension in diese Modell und das Ausblenden weiterer Dimensionen (Tätigkeiten, etc.) entsteht ein sparsames Modell, das für die Planung von Unterricht anschlussfähig ist (Abbildung 13: Originalmodell). In verschiedenen Studien konnten die Autoren zeigen, dass diese apriori Festlegung der Aufgabenschwierigkeit und Niveaustufung auch mit den empirisch ermittelten Schwierigkeitsparamtern übereinstimmen. Damit liegt für den Chemieunterricht ein Stufenmodell vor, das sich zumindest direkt in den Unterricht übersetzen lässt. Ob und wie Kompetenzentwicklung bei einzelnen Schüler/innen damit erklärt und gefördert werden kann, muss jedoch noch empirisch belegt werden.

Man kann sich jedoch an den Beispielaufgaben sehr gut vorstellen, wie eine Nutzung für die Gestaltung von Lehr-Lernprozessen aussehen könnte. Die hierarchisch geordneten Aufgaben können erstens als diagnostisches Instrument genutzt werden. Man könnte die Komplexität des begrifflichen Wissens einzelner Schüler/innen zum Thema Verbrennungsreaktionen anhand von Antworten recht gut abschätzen. Zweitens könnten die hierarchisch geordneten Aufgaben als Grundlage für die sequenzielle Gestaltung des Unterrichts genutzt werden. Sowohl die zeitliche Reihung von Experimenten, Übungsaufgaben oder Erklärungen könnte sich daran orientieren.

4.3.2 Lehr-Lernmodelle für den Mathematikunterricht

Für den Mathematikunterricht gilt im Prinzip die gleiche Problematik wie eingangs für die Naturwissenschaftsdidaktiken beschrieben wurde. Ein zu stark auf Rechenroutinen fixierter Mathematikunterricht führt nicht dazu, dass Schüler/innen mathematische Zusammenhänge auf einem begrifflichen Niveau verstehen und durchdringen können. Auch hier hilft wiederum die Unterscheidung zwischen deklarativem und prozeduralem Wissen weiter. Wenn mit Schüler/innen tage- und wochenlang Additions- und Subtraktionsaufgaben gerechnet werden, lernen sie die sichere und automatisierte Anwendung eines ganz bestimmten Rechenalgorithmus (prozedurales Wissen) in einer ganz bestimmten Situation. Schon die Anwendung der Prozedur in einer neuartigen Situation (z.B. innerhalb einer Sachaufgabe) wird damit nicht geübt. Von wesentlich größerer Bedeutung für das Lernen von Mathematik sind jedoch die strukturellen Zusammenhänge im Zahlenraum bzw. zwischen den Rechenoperationen (Strukturorientierte Aufgaben: z.B. Renkl und Stern 1994) oder das mathematische Modellieren.

Mathematisches Modellieren

Mit den TIMSS-Videostudien aber auch mit der Einführung von Bildungsstandards wurde die Bedeutung des mathematischen Modellierens als zentrale Kompetenz (wieder)entdeckt. Kritisiert wurde eine häufig zu beobachtende Sachaufgabenroutine, die sich wie folgt beschreiben lässt: Schüler/innen suchen in den Sachaufgaben lediglich nach einem Signalwort für die Rechenoperation und den passenden Zahlen. Sehr schnell kommt man zur Rechnung und einem kurzen Lösungssatz. Die Prüfung oder die Diskussion über die Plausibilität der Lösung wird nicht geübt. Komplexere Sachaufgaben werden vermieden, weil Sachaufgaben überwiegend als Anwendungsfall für Rechenroutinen gesehen werden. Diese häufig anzutreffende

Praxis von Sachrechenunterricht führt dazu, dass Schüler/innen Scheitern, wenn sie mathematisches Wissen auf komplexere (Alltags)situationen anwenden sollen (wie z.b. in TIMSS und PISA gefordert). Ein Verständnis für die Problematik von Sachaufgaben und wie man Schüler/innen beim Lösen von Sachaufgaben unterstützen kann, gewinnt man durch die genaue Analyse des Modellierungskreislaufs, den Lernende beim Lösen von Sachaufgaben durchlaufen müssen (z.b. Blum & Leiss 2005; Blum et al. 2007):

– Die Sachsituation verstehen und strukturieren (Bildung eines Realmodells, das nur bestimmte Aspekte der Situation erfasst)
– Mathematisieren (Mathematisches Modell finden); Mathematisch arbeiten (Durch Umformen, Rechnen das mathematische Modell lösen)
– Interpretieren (die Ergebnisse des mathematischen Modells in das Realmodell einfügen); Validieren (Gültigkeit oder Plausibilität der Ergebnisse prüfen)
– Nach (eventuell mehrmaligem) Durchlaufen des Modellierungskreislaufs das Ergebnis darlegen und erklären

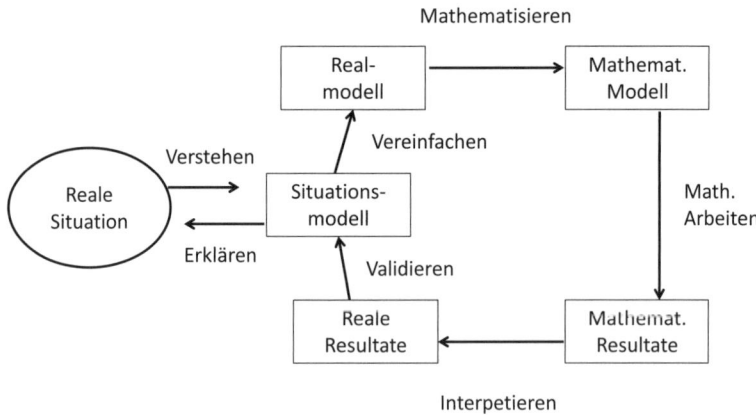

Abb. 13: Mathematischer Modellierungskreislauf nach Blum und Leiss (2005)

Der Modellierungskreislauf stellt allerdings eine idealtypische Vorgehensweise dar. In der Realität werden eventuell Stationen übersprungen oder in anderer Reihenfolge durchlaufen. Die Kenntnis des idealtypischen Modellierungskreislaufs dient der Lehrkraft dennoch als diagnostisches Hilfsmittel, um Schüler/innenfehler erkennen zu können (Boromeo-Ferri 2006; Leiss 2010). Empirische Studien zeigen, dass die folgenden Fehlertypen sehr häufig vorkommen (Radatz & Schipper 1983; Franke & Ruwisch 2010):

- Orientierung an Oberflächenmerkmalen als Ursache von Fehlern: Zahlen, Signalwörter, unterrichtlicher Kontext.
- Fehlerursachen beim Modellieren: Text wird anders interpretiert, zeitliche Abfolge der Ereignisse wird falsch verstanden, konkrete Handlungsvorstellung fehlt.
- Fehler beim Überführen ins mathematische Modell: Konzentration auf syntaktische Merkmale und schrittweise Übersetzung ins mathematische Modell, falsche Reihenfolge der lösungsrelevanten Informationen, Lesefehler, zu modifizierende Angaben werden nicht berücksichtigt (Umrechnungen).
- Fehler beim Umsetzen des math. Modells: Rechenfehler
- Fehler bei der Deutung und Validierung des Rechenergebnisses: Nicht hinterfragte Übernahme von fehlerhaften Rechenergebnissen.

Ebenso ist es möglich, auf Basis des Modellierungskreislaufs intraindividuelle Stufen der Entwicklung von mathematischer Modellierungskompetenz zu generieren. Ludwig und Xu (2010, S. 79) beispielsweise leiteten aus den theoretischen Überlegungen zur Modellierungskompetenz 6 Kompetenzstufen ab und prüften diese in einer empirischen Studie:

„Level 0: The student has not understood the situation and is not able to sketch or write anything concrete about the problem.

Level 1: The student only understands the given real situation, but is not able to structure and simplify the situation or cannot find connections to any mathematical ideas.

Level 2: After investigating the given real situation, the student finds a real model through structuring and simplifying, but does not know how to transfer this into a mathematical problem (the student creates a kind of word problem about the real situation).

Level 3: The student is able to find not only a real model, but also translates it into a proper mathematical problem, but cannot work with it clearly in the mathematical world.

Level 4: The student is able to pick up a mathematical problem from the real situation, work with this mathematical problem in the mathematical world, and have mathematical results.

Level 5: The student is able to experience the mathematical modelling process and validate the solution of a mathematical problem in relation to the given situation."

Schüler/innenlösungen konnten in der Studie von Ludwig und Xu (2010) jeweils einer dieser Stufen zugeordnet werden. Damit gelang es, ein formativ-diagnostisches Instrumentarium zur Lokalisierung von Schüler/innenfehlern beim mathematischen Modellieren zu entwickeln. Ebenso ist denkbar, dass man dieses Stufenmodell für die Gestaltung von Unterrichtseinheiten zum Sachrechnen nutzt. In der

Mathematikdidaktik findet sich nun eine Reihe von einzelnen Vorschlägen bzw. Prinzipien bis hin zu ganzen Lehr-Lernmodellen für diesen Lernbereich. Greefrath (2007) schlägt beispielsweise Sachaufgaben vor, bei denen bereits Rechenoperation und Rechenweg vorgegeben werden. Es wird argumentiert, dass die Schüler/innen zu Beginn des Kompetenzerwerbs nur einen Teil des mathematischen Modellierungskreislaufs konzentriert üben können: das Validieren der mathematischen Lösung bzw. das Rückübersetzen der Rechnung in die Sachsituation. D.h. die Schüler/innen lernen, einen korrekten Lösungssatz zu schreiben bzw. über die Lösung zu sprechen. Erst in weiteren Schritten wird selbst gerechnet bzw. sollen die Schüler/innen selbst das passende Konzept bzw. die passende Rechenformel finden. Diese Vorgehensweise entspricht übrigens sehr gut den Forderungen der *cognitive load theory* (CLT), vor allem dem Prinzip der ausgearbeiteten Lösungsbeispiele.

Einen ähnlichen Ansatz schlagen Zöttl, Ufer und Reiss (2010) vor. Obwohl mathematische Modellierungskompetenz eine äußerst prominente Rolle in den Bildungsstardards spielt, beklagen die Autoren, dass es nur wenig empirisch gesichertes Wissen gibt, wie man Schüler/innen beim Aufbau von Modellierungskompetenz möglichst gut unterstützen kann. Aus diesem Grund wurde eine e-Learning-Umgebung (KOMMA) programmiert und erprobt. Zentrales instruktionales Prinzip dieser Lernumgebung ist ebenfalls der Einsatz von ausgearbeiteten Lösungsbeispielen (*heuristic worked examples*: Reiss & Renkl 2002), um Schüler/innen – ohne sie sofort mit dem Lösen der Aufgaben zu überfordern – effektive Strategien des Lösens von Sachaufgaben zu demonstrieren. *Heuristic worked examples* enthalten nicht nur die Lösungsschritte eines Experten, sondern auch Hinweise auf Strategien und Überlegungen des Experten. In der E-Learning Umgebung können die Schüler/innen die Hinweise auf Wunsch (Klick) anfordern, um sie nicht mit unnötigen Informationen zu überfordern.

Entwicklung flexibler Rechenkompetenzen

Eine weitere wichtige Domäne des Mathematikunterrichts ist der Aufbau und die flexible Nutzung von Grundrechenarten. In den letzten Jahrzehnten gab es auch hier grundlegende Verschiebungen in der Zielsetzung des Rechenunterrichts in der Grundschule: Vom Einschleifen mechanischer Rechenprozeduren zum flexiblen Rechnen und Problemlösen (zusammenfassend: Rathgeb-Schnierer 2010). In Studien konnte gezeigt werden, dass man Schüler/innen anhand komplexer Aufgabenstellungen oder durch das eigenständige Finden von Lösungswegen zum flexiblen Rechnen anleiten kann. Rathgeb-Schnierer (2010) entwickelte auf Grundlage bisheriger Forschungen zum flexiblen Rechnen und sozio-konstruktivistischen Lerntheorien ein Modell der Rechenwegsentwicklung. Kern des Modells ist ein zirkulärer Prozess zwischen internen (gedachten) Rechenwegen und externen Rechenwegen (Rechenwegsdarstellung).

Rathgeb-Schnierer (2010, S. 264) versteht Rechenwegsentwicklung „als Prozess der eigenständigen Generierung und Elaborierung von Vorgehensweisen beim Lösen von Aufgaben." Initiiert wird dieser Prozess durch Kommunikation über Rechenwege und eine anregende Lernumgebung (Aufgabenstellungen). Interne Rechenwege sind aktive Konstruktionsleistungen, die vom Vorwissen der Schüler/innen abhängen. Die externen, artikulierten Rechenwege sind das Erkenntnismittel im Prozess der Rechenwegsentwicklung. Indem sich Schüler/innen mit diesen externen Rechenwegen auseinandersetzen können sie ihre internen Rechenwege weiterentwickeln. Auf Basis empirischer Studien konnte Rathgeb-Schnierer (2010) folgenden Analyse- und Gestaltungsprinzipien für den Rechenunterricht formulieren:

(1) Entscheidend ist der Austausch über Rechenwege im sozialen Kontext des Unterrichts. Artikulierte (externe) Rechenwege zeigen der Lehrkraft bzw. den Mitschüler/innen den aktuellen Stand der internen Konstruktion von Rechenwegen. Gleichzeitig eröffnen artikulierte Rechenwege die Möglichkeit der Weiterarbeit.

(2) Förderliche Bedingungen für die Entwicklung flexibler Rechenwege sind grundlegendes Wissen über Zahlen und Rechenwege, Strategiewissen und eine gute Zahlwahrnehmung.

(3) Die Entwicklung flexibler Rechenstrategien kann sich nur in einem geeigneten Unterrichtskontext vollziehen (verschiedene Rechenwege akzeptieren, Lösungswege diskutieren, etc.).

(4) Standardisierte Rechenwegsnotationen sind ein mögliches Hindernis auf dem Weg zum flexiblen Rechnen. Schüler/innen müssen in die Lage versetzt werden, über Rechenwegsnotationen kritisch zu reflektieren bzw. eigene Notationen zu entwickeln.

Damit liegt wiederum ein domänenspezifisches Lehr-Lernmodell vor, das sowohl für die Individualdiagnostik in diesem Bereich grundlegend ist (z.B. Prüfung der notwendigen Wissensgrundlagen für flexibles Rechnen), als auch die Analyse und Gestaltung von Lehr-Lernprozessen leiten kann.

4.3.3 Lehr-Lernmodelle zum Schriftspracherwerb

Besonders elaboriert und praktisch erprobt sind Lehr-Lernmodelle in der Deutschdidaktik und hier vor allem im Bereich des Schriftspracherwerbs. Lesen und Schreiben können dabei als komplexe, untrennbar miteinander verwobene, kognitive Fähigkeiten verstanden werden. Eine besondere Rolle spielt hier das Zusammenspiel von sensorischen Prozeduren auf unterschiedlichen Ebenen und Sinneskanälen, deklarativem Wissen sowie unterschiedlichen motorischen Prozeduren. Dies ist beispielsweise ein wesentlicher Unterschied zu Lernprozessen in den naturwissenschaftlichen Fächern oder in Sachfächern wie Geschichte, Geografie, etc., in denen begrifflich-konzeptuelles Wissen im Vordergrund steht. Lehr-Lernmodelle des

Schriftspracherwerbs können beispielsweise auf empirisch gut gesichertes Wissen über den Leseprozess oder den Prozess des Schreibenlernens zurückgreifen. Dabei ist es wichtig, verschiedene Ebenen (Element-, Wort-, Satz-, Textebene) aber auch verschiedene Modalitäten des Schriftspracherwerbs (Lesen, Sprechen, Schreiben, Zuhören, etc.) zu differenzieren. An ausgewählten Lehr-Lernmodellen soll dies lediglich skizziert werden.

Lesen

Auf der Wortebene kann beispielsweise das psycholinguistische Zwei-Wege-Modell des Lesens von Coltheart et al. (2001) herangezogen werden, um den Prozess der Decodierung zu erklären. Dabei greift der Leser auf ein inneres Lexikon mit Buchstaben-Laut-Zuordnungen, Graphem-Phonem-Zuordnungen, Bedeutungen und orthographischen Elementen zurück. Das Erlesen (decodieren) von Wörtern kann danach einem direkten oder indirektem Weg folgen. Beim direkten Weg erkennt der Leser ein Wort an den grafischen Merkmalen und kann gleichzeitig sowohl die Wortbedeutung als auch die phonologischen Wortmerkmale zuordnen (wie man das Wort ausspricht). Beim indirekten Weg wird das Wort wird in einzelne Grapheme zerlegt, diesen werden jeweils die Phoneme zugeordnet, bis zur Entschlüsselung (Synthese der Phoneme) des Wortes müssen diese Phoneme im Arbeitsspeicher präsent sein. Dies kann ohne Zuordnung zu einer Wortbedeutung geleistet werden und führt dann zum sinnentleerten Lesen. Die/der Schüler/in liest das Wort laut vor, weiß aber nicht, was es bedeutet.

Ein kompetenter Leser kann jedoch nicht nur gut einzelne Wörter decodieren und ihnen Sinn zuordnen. Beim Lesen spielt auch die Ebene des Textverständnisses eine zentrale Rolle. Auch hierfür gibt es wiederum lernpsychologische Analysemodelle, die Grundlage für Lehr-Lernmodelle des Schriftspracherwerbs sind. Ein prominentes Beispiel ist das von Kintsch und van Dijk (1978) entwickelte Prozessmodell des Textverstehens. Das Modell basiert auf der kognitionspsychologischen Vorstellung, dass Bedeutungen (deklaratives Wissen) in Form von Propositionen (bestehend aus Prädikat und Argumenten) gespeichert sind. Argumente (Milch, Kinder, Spielzeug, etc.) werden durch Prädikate (haben, trinken, etc.) zueinander in Beziehung gesetzt werden. Es entsteht eine hoch vernetzte Struktur von bedeutungshaltigen Aussagen (propositionale Netzwerke). Lesen ist damit die Transformation der im Text enthaltenen Bedeutung in mentale Propositionen. Dabei werden folgende Phasen unterschieden:

(1) Zunächst findet ein relativ unkontrollierter, chaotischer Prozess der Konstruktion einzelner, kleinerer propositionaler Verknüpfungen statt (Wort- und Satzteilebene). Vor allem bei unterschiedlichen Bedeutungen von Wörtern entstehen vom Vorwissen des Lesers abhängige Assoziationen. Kinder denken bei dem Satz „Der Mann sitzt im Gefängnis." eventuell an einen Stuhl in einer Zelle, auf dem ein Mann sitzt.

(2) Beim Integrationsprozess werden nun Widersprüche zwischen den Teilnetzwerken aufgelöst, indem die einzelnen Propositionen so lange verändert werden, bis eine zufriedenstellende Aussagenstruktur entstanden ist (constraint-satisfaction-process).

(3) Danach entsteht ein Situationsmodell des Textes. Dieses Situationsmodell ist immer mit Assoziationen und Wissensbausteinen des Lesers angereichert und kann neben propositionalen (aussagenartigen) auch bildliche Vorstellungen enthalten.

(4) Durch Abstraktion können aus den Mikrostrukturen des Situationsmodells Makrostrukturen entstehen (allgemeine Zusammenhänge, Klassifikationen, etc.). Diese organisieren und strukturieren wiederum den weiteren Textverstehensprozess.

Bereits mit dieser stark reduzierten und vereinfachten Beschreibung des Leseprozesses auf Wort- und Textebene lassen sich einige didaktische Prinzipien des Erstleseunterrichts begründen bzw. lässt sich Leseunterricht in groben Zügen planen. Beispielsweise die Bedeutung der sicheren Automatisierung von Laut-Buchstaben bzw. Graphem-Phonem-Zuordnungen. Vor allem bei längeren und schwierigen Wörtern, die sich nicht aus dem Textzusammenhang erschließen lassen, müssen Schüler/innen sicher und schnell decodieren können. Ein weiteres Prinzip ist die Unterstützung des Lesens auf der Textebene. Ein schlüssiger Text ist die Grundlage für hypothesenprüfendes Lesen. Die Schüler/innen können aufgrund des Kontexts die Bedeutung eines Wortes schneller zuordnen, auch wenn die einzelnen Grapheme noch nicht vollständig erlesen bzw. synthetisiert wurden. Für die Unterrichtsgestaltung würde dies beispielsweise bedeuten, dass Erstlesetexte situiert sein müssen (lebensweltlicher Kontext; in einen Handlungszusammenhang stellen; Bilder zur Veranschaulichung; die Geschichte spielen; etc.).

Auf Basis von Modellen zum Leseprozess wurden in der Deutschdidaktik spezifische Lehr-Lernmodelle entwickelt. Beispielsweise das Stufenmodell des Schriftspracherwerbs von Brügelmann und Brinkmann (1994). Dieses Modell ordnet die sich entwickelnden und von den Kindern selbst entdeckten Weisen des Zugriffs auf die Schriftsprache. Es wird zwischen Zugriffen beim Lesen und Zugriffen beim Schreiben unterschieden. Die Zugriffe der Kinder beim Schreiben werden beispielsweise in fünf große, aufeinander folgende Phasen gegliedert:

(1) Bedeutungshaltigkeit der Schrift: Schrift ist Träger von Information; Schrift ist mehr als Zeichnen oder Malen

(2) Buchstabenbindung der Schrift: Schrift besteht aus festgelegten Zeichen, Form und Reihenfolge der Zeichen spielen eine Rolle und sind nicht beliebig

(3) Lautbezug der Schrift: Die Phonem-Graphem-Korrespondenz wird entdeckt. Beim Schreiben werden Zeichen einem bestimmten Klang zugeordnet. Das Schriftbild ist ein Abbild der gesamt Klangfolge eines Wortes

(4) Orthografische Eigenständigkeit der Schrift: Es gibt Buchstaben oder Buchstabenkombinationen (Grapheme) in Wörtern, sich nicht mit dem Klangbild erklären lassen. Orthografische Regelmäßigkeiten werden erkannt. In dieser Phase werden Rechtschreibregeln übergeneralisiert (z.b. Dehnungs-h nach langem Vokal)

(5) Lexikalische Ordnung der Schrift: Das morphematische Prinzip wird erkannt, d.h. es gibt Worte oder Wortbausteine, die aufgrund ihrer ähnlichen Bedeutung gleich geschrieben werden (Stammwortprinzip; Haus – Häuser).

Auch Günther (1995) unterscheidet in seinem Phasenmodell des Schriftspracherwerbs zunächst einmal zwischen den Modalitäten Rezeption (Lesen) und Produktion (Schreiben). In beiden Modalitäten findet eine miteinander verschränkte, mehrphasige Entwicklung statt. Der Entwicklungsprozess lässt sich entlang der von den Lernenden eingesetzten Strategien beschreiben. Dabei gibt es jeweils eine dominante Strategie. Wenn Schüler/innen mit einer Strategie an ihre Grenzen stoßen, gehen sie in dieser Modalität zur nächsten Phase über. Dies kann den Strategiewechsel in der anderen Modalität anregen. Dieser Übergang kann von der parallelen Nutzung verschiedener Strategien geprägt sein.

Phase 0: Präliterarisch-symbolische Strategie. Ausgangspunkt ist die gegenständliche Manipulation als Voraussetzung für den Entwicklungsprozess in der Modalität Schreiben (Produktion); Symbolische Zeichen; Gegenstände in der Umwelt auf einfache Formen oder Symbole reduzieren; Erkenntnis, dass Schrift etwas anderes ist als Zeichnen.

Phase 1: Logographemische Strategie. Kinder erkennen Logos, charakteristische Schriftzüge (Coca Cola); Unterscheidung zwischen Zeichen, Symbolen und Buchstaben (besondere Symbole); beim Lesen dominieren auffallende Buchstaben; beim Schreiben werden Buchstaben vertauscht, ausgelassen, etc.; es kommt auf dieser Stufe jedoch noch nicht zur Einsicht in die Graphem-Phonem-Korrespondenz.

Phase 2: Alphabetische Strategie. Auf Basis der Einsicht in die Graphem-Phonem-Korrespondenz können Kinder jetzt eigenständig unbekannte Wörter lesen und schreiben. Kinder schreiben auf dieser Stufe so, wie sie hören (Dialekt, Wörter werden aneinander gereiht, Laute werden überhört und auch nicht geschrieben, keine Rechtschreibkonventionen, etc.). Lesen ist in dieser Phase ein mechanischer Prozess; werden die einzelnen Grapheme erlesen, müssen die einzelnen Phoneme zum Gesamtklang eines Wortes zusammengefasst werden; erst dann kann dem erlesenen Wort eine Bedeutung zugeordnet werden; sinnerfassendes Lesen von Sätzen oder Texten ist in der Regel noch nicht möglich.

Phase 3: Orthographische Strategie. Schrift löst sich von der Lautsprache ab. Kinder eignen sich nach und nach die Struktur der Sprache an: Silben, Morpheme; die orthographische Strategie entwickelt sich zunächst beim Lesen (es wird erkannt, dass man Worte nicht so schreibt, wie man sie ausspricht). Kinder mit Rechtschreibdefiziten können die nicht ausgebildete orthographische Strategie beim Lesen kompensieren (Lesen geht dennoch mit der alphabetischen Strategie).

Phase 4: Integrativ-automatisierte Phase. In dieser Phase erwerben die Schüler/innen keine neue Strategie, sondern festigen und automatisieren die bisher erworbenen Strategien. Diese werden flexibel angewendet: Häufige und bekannte Wörter werden ihrer morphematischen Struktur nach sofort erkannt und erlesen; neue, komplizierte Wörter werden mit der alphabetischen Strategie erlesen (z.B. Fremdwörter).

Lese- und Schreiblehrgänge für die ersten Klassen der Grundschule orientieren sich heutzutage in ihrer Struktur und ihrem Aufbau an diesen Modellen des Schriftspracherwerbs. Um die methodischen Eigenheiten und Prinzipien eines bestimmten Leselehrgangs verstehen zu können, muss man das zu Grunde gelegte Lehr-Lernmodell kennen. Um Schreiblernprozesse von Schüler/innen beobachten und interpretieren zu können, muss man die Stufen der Schreibentwicklung verstehen und anwenden können. In der Deutschdidaktik gibt es natürlich unterschiedliche Spielarten und Konzepte in der methodisch-didaktischen Umsetzung. Beispielsweise wird mittlerweile durchaus kontrovers über die Bedeutung der Rechtschreibung diskutiert. Merkl (2012) führt das von Hochschulen und Wirtschaft oft beklagte Rechtschreibdefizit deutscher Schüler/innen auf eine falsche Unterrichtsmethodik in der Grundschule zurück. Er argumentiert, dass eine zu starke Fokussierung auf eine induktive Entwicklung von Rechtschreibregeln (Kinder als Forscher) in Kombination mit der alphabetischen Schreibstrategie (Kinder schreiben mithilfe von Anlauttabellen durch eine Phonem-Graphem-Zuordnung) den Aufbau von Regelwissen erschwert.

4.4 Leistungsdiagnostik in Lehr-Lernprozessen

Unterricht ist nur dann erfolgreich, wenn es immer wieder zu Rückkopplungen zwischen Lernumwelt und Lernenden kommt. Dies lässt sich sowohl mit lernpsychologischen Befunden als auch mit den Ergebnissen der Lehr-Lernforschung begründen. Auch in den Metaanalysen zur Lehr-Lernforschung zeigt sich immer wieder, dass ein Unterricht mit häufigen, an Kriterien orientierten Rückmeldungen zu substanziellen Leistungssteigerungen führen kann. Auch aus lerntheoretischer Sicht kommt Rückmeldeschleifen eine hohe Bedeutung zu. Schüler/innen müssen immer wieder über den Erfolg ihrer Lernanstrengungen aufgeklärt werden, um sie einerseits zu ermutigen und ihnen andererseits Wege für den weiteren Lernprozess aufzeigen zu können. Das klingt sehr einfach und die grundlagenwissenschaftlichen Befunde in puncto Feedback zu Lernprozessen sind auch mehr als eindeutig. Problematisch wird es hingegen, wenn Schüler/innen in einem institutionell verankerten Rahmen wie der Schule Rückmeldungen erhalten. Leistungsmessungen und Feedback sind aufgrund der gesellschaftlichen Selektionsfunktion von Schule sehr stark mit Bewertungen, d.h. Noten und Zensuren, konfundiert. Lehrkräfte stehen damit immer im Spannungsfeld zwischen einer individuellen, konstruktiven Rückmeldung und einer möglichst objektiven, fairen und auf Noten reduzierten Beurteilung.

4.4.1 Assessment for Learning

Unter dem Label *„Assessment for Learning"* wird international bereits seit einigen Jahrzehnten über eine grundlegende Neuausrichtung der Praxis schulischer Leistungsdiagnostik diskutiert. Ein Argumentationsstrang ist, dass sich die schulische Leistungsdiagnostik den Anforderungen einer postmodernen, globalisierten Wissensgesellschaft anpassen muss (z.B. Madaus et al. 1997; Broadfoot 1998). Man findet in den Klassenzimmern immer noch eine Form der Leistungsmessung, die sich seit der Etablierung eines flächendeckenden Schulsystems im 19. Jahrhundert nicht wesentlich verändert hat. Man geht fälschlicherweise immer noch davon aus, dass man Schülerleistungen objektiv messen, in Stufen einteilen und als Grundlage für Selektionsentscheidungen heranziehen kann. Diese Vorstellung und die damit verbundene Praxis der schulischen Leistungsmessung und Notengebung waren für das bürgerliche Zeitalter zu Beginn des 19. Jahrhunderts ein wichtiger Meilenstein. Es war plötzlich möglich, sich durch Leistung zu profilieren und damit der Vorstellung des bisher herrschenden Adels, Positionen im Staat aufgrund der Herkunft zu verteilen, zu widersprechen. Allerdings hat sich die Situation mittlerweile ins Gegenteil verkehrt. Wie PISA zeigt, sind Schulnoten und Bildungsabschlüsse mittlerweile sehr stark von der sozialen Herkunft abhängig und fungieren so als ein Mittel privilegierter Schichten zur Sicherung des eigenen Status.

Damit hängt auch die Frage zusammen, wie Schüler/innen in der Schule auf lebenslange Lernprozesse vorbereitet werden. Broadfoot und Black (2004) konstatieren beispielsweise, dass die politischen und gesellschaftlichen Entwicklungen der letzten Jahrzehnte zu einer immer größeren Bedeutung von Leistungsüberprüfungen in Schulen führten *(assessment society)*. Gerade Globalisierung, ICT-Entwicklungen und das Entstehen einer globalen Wissensgesellschaft führen dazu, dass in immer mehr Bereiche des menschlichen Lebens evaluiert und gemessen wird. Dadurch stellt sich dringend die Frage, wie diese Messungen gestaltet werden müssen, um menschlichen Bedürfnissen und gesellschaftlichen Anforderungen gerecht zu werden. Immer mehr junge Menschen bleiben immer länger in formalen Bildungseinrichtungen und müssen später lebenslang Weiterlernen können. Vor diesem Hintergrund wird die Frage, wie man Leistungsdiagnostik zur Unterstützung von Lernen und nicht nur zur Beurteilung von Lernen nutzen kann, immer drängender.

Auch im Rahmen reformpädagogischer Schul- und Unterrichtsmodelle findet in Deutschland bereits seit fast hundert Jahren eine Diskussion über Alternativen zur Notengebung und einer darauf ausgerichteten Leistungsdiagnostik statt (z.B. Köller 2005; Winter 2006). Alternative Formen der Leistungsmessung und Leistungsbewertung definieren sich vor allem negativ in Abgrenzung zu klassischen Formen. Beispielsweise soll der Prozess der Leistungserbringung mit bewertet werden und traditionelle Leistungsmessungen werden in ihrer starken Produktorientierung kritisiert. Ebenso zielen alternative Methoden der Leistungsmessung auf eine breitere Erfassung unterrichtlicher Zielkriterien (kognitiv, motivational, affektiv) durch die Sammlung und Analyse verschiedenster Schülerarbeitsprodukte.

Die theoretischen Analyse und schulpädagogischen Entwicklungen werden durch die Befunde der Lehr-Lernforschung, speziell der Forschung zu Effekten von Leistungsmessungen gestützt (Fuchs & Fuchs 1986; Crooks 1988; Natriello 1987; Black & Wiliam 1998). Crooks (1988) kommt in seiner Literaturübersicht beispielsweise zu folgender Einschätzung: Die Bewertung von Schülerleistungen hat starke Auswirkungen auf Lernergebnisse und Motivation von Schüler/innen und zwar sowohl positive als auch negative. Es wird vorgeschlagen, dass Leistungsmessungen mit dem Ziel, Schüler/innen ein informatives Lernfeedback zu geben, wesentlich häufiger stattfinden sollten, als summative und bewertende Leistungsmessungen. Die Rückmeldungen sind dann effektiv wenn die Aufmerksamkeit der Schüler/innen auf den eigenen Lernfortschritt gelenkt wird (sozialer Vergleich wird reduziert; internale Kausalattribution und Fähigkeitsselbstkonzept werden gestärkt); wenn die Rückmeldung zeitnah, direkt nach der Aufgabenbearbeitung erfolgt; wenn die Rückmeldung sparsam und genau an den Lernbedürfnissen der Schüler orientiert wird (sparsames Lob, nicht zu viele Hinweise, keine Kritik).

Black und Wiliam (1998a) führten eine breit rezipierte Metaanalyse zu Effekten von *formative classroom assessment* (formative Leistungsmessung) durch. Die durchschnittlichen Effektstärken lagen zwischen 0,4 und 0,7 und damit in einem Bereich, der von nur wenigen unterrichtlichen Interventionen erreicht wird. In den Studien zeigte sich ebenso, dass vor allem leistungsschwächere Schüler/innen von formativen Leistungsmessungen profitieren und gleichzeitig die Leistungswerte aller Schüler gesteigert werden konnten. Zentrale Prinzipien dieser als *formative assessment* bezeichneten Interventionen sind:

– mit Lernenden über Ziele und Erfolgskriterien reden (sharing success criteria with learners),

– anspruchsvolle und vertiefende Fragen stellen und den Schülern Zeit zum antworten lassen (classroom questioning),

– Bewertung nur mit Kommentaren (comment-only marking),

– Bewertung durch Mitschüler und Selbsteinschätzung (peer- and self-assessment),

– Leistungsmessungen bzw. Klassenarbeiten formativ nutzen (formative use of summative assessments).

Leistungsmessung kann dann zur Leistungssteigerung beitragen, wenn es folgenden Merkmalen entspricht (z.b. Black & Wiliam 1998; Harlen & Winter 2004): (1) Wenn Informationen über Lernprozesse und Lernprodukte genutzt werden, um Lernen und Lehren zu optimieren. (2) wenn Lernende Rückmeldungen erhalten, die ihnen sagen wie sie ihre Arbeiten verbessern können und wie sie beim Lernen weitermachen können. (3) wenn sich Lehrkräfte und Schüler/innen über die Ziele von Unterricht und Leistungsmessung einig sind. (4) wenn Schüler/innen an der Messung und Beurteilung ihrer eigenen Leistungen aktiv beteiligt werden. (5) wenn Schüler/innen aktiv in den Lehr-Lernprozess mit einbezogen werden und von den Lehrkräften nicht nur als passive Rezipienten von Wissen behandelt werden.

4.4.2 Feedback und Lernen

Wissen um die Bedeutung von häufigen, positiven Rückmeldungen spielt auch in lehr-lerntheoretischen Ansätzen der Didaktik eine wichtige Rolle. Das wohl einflussreichste Lehr-Lernkonzept, das die Effekte von Feedback zu nutzen sucht, ist die von Bloom (1974) in den 1960er und 70er Jahren entwickelte Idee des mastery learning. Blooms Ausgangspunkt entspricht im Prinzip der heute immer noch diskutierten Heterogenität von Schülerlernvoraussetzungen: Er stellte fest, dass es erhebliche Differenzen in den Lernergebnissen zwischen Lernern gibt, obwohl der Unterricht doch recht homogen ist. Daraus schloss er, dass man dies nur ändern kann, wenn Unterricht an das Vorwissen der Lernenden angepasst wird. Und dies ist nur dann möglich, wenn man das Vorwissen der einzelnen Schüler/innen genau kennt. Erst dann können Schritte zur Schließung der Lücke zwischen aktuellem Wissensstand und Lernziel abgeleitet werden. Zentrale Aktivität bei mastery learning sind häufige Leistungsüberprüfungen mit schülerspezifischem Feedback während einer Unterrichtseinheit. Die Rückmeldungen werden als Grundlage für die Planung individueller Unterstützungsmaßnahmen genutzt. Bloom hatte die Utopie, dass jedem/r Schüler/in mit dieser Methode die Erreichung der wichtigsten Lernziele bis zu einem gewissen Grad möglich sei.

Rückmeldungen haben nicht nur in behavioristischen, sondern auch in kognitiven und konstruktivistischen Lerntheorien eine zentrale Bedeutung für die Erklärung von Wissenszuwachs. Kognitive Lerntheorien sehen in Rückmeldungen nicht nur einen externen Verstärker für ein Verhalten, sondern bedeutungshaltige Informationen, die dem eigenaktiven Lerner einen Rückschluss auf seinen Aufgabenbearbeitungs- bzw. Lernprozess erlauben (z.B. Aebli 1993). Rückmeldungen können selbst wieder Ausgangspunkt neuer Aufgaben oder einer Korrektur der Aufgabenbearbeitung werden. Diese lernpsychologische Tradition steckt hinter der Forderung, dass man aus Fehlern lernen solle. Bei Konzeptwechseltheorien werden Rückmeldungen (z.B. Fehler, bisherige Konzepte führen zu keinen Lösungen) als Anlass für kognitive Umstrukturierungen gesehen (z.B. Posner et al. 1982).

Auch aus einer konstruktivistischen Sicht auf Lernen spielen Rückmeldungen eine wesentliche Rolle (z.B. Dubs 1995; Duit 1995). Konstruktivistische Lerntheorien betonen vor allem die Eigenaktivität des Lernenden, die Bedeutung der Lernumwelt und des sozialen Kontextes für die Eigenkonstruktion von Wissen. Beispielsweise wird angenommen, dass Schüler/innen mathematisches Wissen nur dann später flexibel in Alltagssituationen anwenden können, wenn bereits im Unterricht mit authentischen Problemstellungen gearbeitet wurde (z.b. selbst zur Bank gehen, ein Klassenkonto anlegen, Zinsen berechnen und überprüfen, etc.). In diesen Lernsituationen erhalten Schüler/innen durch die komplexe, authentische Lernumgebung sowohl Input als auch ständige Rückmeldung, wenn die gefundene Problemlösung in der realen Situation tatsächlich erprobt werden muss. Hinzu kommt, dass konstruktivistische Lerntheorien die soziale Konstruktion von Wissen betonen, d.h. Schüler/innen diskutieren Problemstellungen in einer Kleingruppe und erhalten dabei sowohl Input als auch Feedback von Mitschülern (peer feedback). Noch einen Schritt weiter gehen Theorien selbstgesteuerten Lernens, die von einem eigenständigen Lerner dann sprechen, wenn eine Person in der Lage ist, den eigenen Lernprozess zu überwachen und zu korrigieren, wenn jemand also selbst Rückmeldungen einholen und diese auch nutzen kann (z.b. Kiper & Mischke 2008).

4.4.3 Begriffe und Dimensionen der pädagogischen Diagnostik

Allerdings werden nicht in allen Lehr-Lernmodellen die Möglichkeiten einer in den Lehr-Lernprozess integrierten Leistungsdiagnostik ausreichend thematisiert. In diesem Abschnitt sollen deshalb grundlegende Begriffe und Dimensionen der pädagogischen Diagnostik sowie Befunde der Lehr-Lernforschung zur Leistungsdiagnostik genutzt werden, um Diskussionen über schulische Leistungsdiagnostik richtig einordnen zu können. Lehrkräfte sollten insgesamt in der Lage sein, ihr eigenes diagnostisches Handeln in der Schule vor dem Hintergrund des Verständnisses von diagnostischem Handeln in der Pädagogischen Psychologie bewerten zu können. Leutner (2001, S. 521) definiert diagnostisches Handeln in pädagogischen Kontexten folgendermaßen:
– Mit bestimmten Methoden (i.d.R. psychologische Instrumente) sollen
– psychologische Aussagen (über Verhalten, Erleben, Dispositionen, etc.)
– auf individueller Ebene (d.h. nicht über eine Klassen, sondern über einzelne Schüler/innen)
– im Dienste aktueller pädagogischer Entscheidungen gemacht werden (d.h. Diagnosen sind kein Selbstzweck, sondern bereiten Entscheidungen vor).

Diagnostisches Handeln bezieht sich auf eine einzelne Person und dient der besseren Begründung von Maßnahmen zur Förderung dieser Person. Von der Auswahl eines diagnostischen Instrumentes hängt es ab, wie gut die Qualität der diagnostischen Informationen überhaupt sein kann. Das Ziel des diagnostischen Urteilens ist jedoch nicht das Verfahren, sondern die Nutzung der gewonnenen Diagnoseinformation im Dienste aktueller pädagogischer Entscheidungen. Insofern sind Überlegungen zum Anwendungskontext eines diagnostischen Instrumentes erforderlich: Welche Entscheidungen stehen an? Welche Art von diagnostischen Verfahren eignet sich hierzu? Welche Merkmale von Leistungsdiagnosen und Rückmeldungen sollte man beachten, um die Bedeutung schulischer Diagnosepraxis bewerten und gestalten zu können?

4.4.3.1 Funktionen der diagnostischen Information für den Lehr-Lernprozess

Eine weitere Unterscheidung ergibt sich durch die Frage nach der Funktion, nach dem Zweck, zu dem eine interne Disposition diagnostiziert wird. Was möchte man mit der Diagnoseinformation anschließend machen? Nach Leutner 2001 lassen sich diagnostische Strategien bzw. Funktionen pädagogischer Diagnostik einteilen in die beiden Bereiche der

– Selektionsdiagnostik (Schulempfehlung; Berufseignung) und
– Modifikationsdiagnostik (Förderdiagnose)

Bei der Selektionsdiagnostik steht die abschließende Bewertung eines Lehr-Lernprozesse im Vordergrund (summative Evaluation). Das Diagnoseergebnis wird beispielsweise benutzt, um Aussagen über den Lernerfolg eines Schülers/einer Schülerin oder über den Unterrichtserfolg einer Lehrkraft zu treffen. Die Diagnose mündet in eine Beurteilung oder eine Zensur. Geht es dagegen um die Förderung bzw. Modifikation einer internen Disposition, ist das Ziel der Diagnose die Generierung einer Informationsgrundlage für die bestmögliche Förderstrategic (formative Evaluation). Die Diagnose zieht nicht eine Bewertung oder Note nach sich, sondern eine konkrete Empfehlung zur weiteren Förderung eines Schülers/einer Schülerin bzw. zur Modifikation eines Programmes (z.B. Unterricht, Therapie, Maßnahme, etc.). Die pädagogisch-psychologische Diagnostik fokussierte bisher sehr stark auf Selektionsdiagnostik und die Diagnostik von außergewöhnlichen Lernvoraussetzungen (Statusdiagnostik). Bei Langfeldt und Tent (1999) beispielsweise werden die Anwendungsfelder pädagogisch-psychologischer Diagnostik in zwei Bereiche gegliedert: Diagnostik bei Schullaufbahnentscheidungen (Selektionsdiagnostik) und Diagnostik bei individueller Intervention (Förderdiagnostik, jedoch statisch). Im zweiten Bereich stehen relativ klar umschriebene Verhaltensmerkmale, die eine pädagogische oder auch therapeutische Intervention nach sich ziehen könnten, im Vordergrund (z.B. Lernstörungen, Lese-Rechtschreib-Schwierigkeiten, Hochbegabung, etc.). Eine formative Leistungsdiagnostik im Rahmen des täglichen Unterrichts findet sich in dieser Aufstellung nicht.

Insbesondere die Unterscheidung zwischen Selektions- und Modifikationsdiagnostik findet ihr Pendant in der schulpädagogischen Literatur über Leistungsmessung (Horstkemper 2004). In der internationalen Literatur findet man die Begriffe „summative assessment" vs. „formative assessment" (Black & Wiliam 2009). Wichtig für diese Differenzierung ist, dass es sich nicht um prinzipiell verschiedene Typen von Schulleistungstests handelt; vielmehr ist die Verwendung der Testergebnisse von entscheidender Bedeutung. Harlen (2005) beispielsweise betont, dass summative und formative Evaluation nur analytisch unterscheiden werden können, bzw. die Unterscheidung erst nachträglich getroffen werden kann, je nachdem für welche Entscheidung eine diagnostische Informationen genutzt wurde. Wurde ein bestimmtes Programm bewertet (summativ), oder steht die Optimierung eines noch laufenden Programms im Vordergrund (formativ)?

Ziel summativer Leistungsdiagnostik ist die möglichst objektive, relaible und valide Erfassung von Wissen nach einem möglichst abgeschlossenen Lehr-Lernprozess mit dem Ziel der Bewertung einer Gesamtleistung (Noten, Zensuren). Summative Leistungsmessungen machen Sinn, wenn an bestimmten Verzweigungen der Bildungslaufbahn Entscheidungen zu treffen sind (weiterführende Schulart; Berufswahl; Schulabschluss). Damit haben summative Leistungsmessungen eine große Bedeutung für die individuelle Bildungsbiografie und sollten hohen Qualitätsmaßstäben genügen, d.h. die Einhaltung und Sicherung der Testgütekriterien spielt eine ungleich größere Rolle als bei formativen Leistungsdiagnosen.

Da Lehrkräfte die Aufgabe haben, Schüler/innen beim Lernen zu fördern, müsste die Funktion schulischer Leistungsmessungen zunächst immer eine formative sein. Die Modifikation der Schülerkompetenzen sollte primäres Ziel von Leistungsfeststellungen und Rückmeldungen sein. Allerdings hat die Schule auch den gesellschaftlichen Auftrag, Leistungen von Schülern/Schülerinnen vergleichend zu bewerten und mit einfachen Ziffernnoten auszuweisen. Dies bedeutet, dass ab einem bestimmten Zeitpunkt Leistungsmessungen auch eine Selektionsfunktion zukommen muss. Es gibt aber keine Notwendigkeit, diagnostisches Handeln bereits vom ersten Schultag an auf diese Selektionsfunktion auszurichten. Gesellschaftlich relevante Selektionsentscheidungen müssten letztendlich erst gegen Ende der Schulzeit getroffen werden (Eignung für Berufsausbildung oder weiterführendes Lernen). Es wäre ohne Probleme denkbar, dass bis zur 8. Jahrgangsstufe die formative Leistungsdiagnostik im Vordergrund stehen könnte.

4.4.3.2 Passung zwischen Diagnostik und Konstrukt

Ein Diagnoseinstrument muss so aufgebaut sein, dass es das interessierende Konstrukt auch möglichst valide erfassen kann. Werden Persönlichkeitsmerkmale oder Leistungen in Mathematik erfasst? Wird deklaratives Wissen in Biologie oder die Leistung beim Schwimmen gemessen? Für schulische Leistungsdiagnostik sollte man die zu erfassenden Konstrukte zunächst einmal in Hinblick auf ihre Stabilität vs. Veränderbarkeit einschätzen. Sehr stabile interne Dispositionen sind beispielsweise Intelligenz oder Persönlichkeitsfaktoren. Man geht davon aus, dass diese sich allenfalls im Laufe der Kindheit leicht verändern können, beim Erwachsenen jedoch weitgehend stabil bleiben. Leichte Veränderungen wären allenfalls durch größere therapeutische Eingriffe denkbar (z.B. Angsttherapien). Weniger stabile und leicht veränderbare interne Dispositionen sind Wissensbestände, Fähigkeiten oder auch Einstellungen. Ihr Aufbau und ihre Veränderung ist in gewissen Zeithorizonten möglich und dies auch noch bei Erwachsenen (z.B. Fremdsprachenlernen).

Die Messung von sehr stabilen, internen Dispositionen bezeichnet man als Statusdiagnostik (für eine Entscheidung relevante und stabile Dispositionen einer Person erfassen). Geht man davon aus, dass sich die internen Bedingungen innerhalb eines bestimmten Zeitraums verändern können, spricht man von Prozessdiagnostik (Veränderungen erfassen, um Prozesse anpassen zu können). Diese Unterscheidung ist für die Erfassung von Voraussetzungen bzw. Ergebnissen im Rahmen von Lehr-Lernprozessen relevant. Lernergebnisse müssen immer als veränderbar angesehen werden und erfordern deshalb eine Prozessdiagnostik. Bei der Erfassung von Lernvoraussetzungen könnte man unter gewissen Umständen auch von Statusdiagnostik sprechen. Beispielsweise wenn im Zuge einer Überprüfung auf ADHS ein Intelligenztest durchgeführt wird. Prinzipiell müsste diagnostisches Handeln im schulischen Alltag die Veränderbarkeit von internen Dispositionen berücksichtigen und daher prozessbezogen vorgehen.

Ziel von schulischem Lernen ist der Wissenserwerb und der Aufbau grundlegender Fertigkeiten in den zentralen Kulturtechniken (Lesen, Schreiben, Rechnen). Lehrkräfte haben es also mit veränderbaren internen Dispositionen junger Menschen zu tun. Diagnostisches Handeln sollte deshalb primär an den Veränderungen dieser Dispositionen orientiert sein. An Schulen müsste insofern Prozessdiagnostik Vorrang vor Statusdiagnostik haben. Statusdiagnostik hat allenfalls seinen Platz an ganz bestimmten Stationen der schulischen Laufbahn, beispielsweise wenn es um die Frage der Einschulung geht (Einschulungstests geben vor, den Status „Schulfähigkeit" feststellen zu können) oder um Bildungsentscheidungen am Ende der Primarstufe.

Prozessdiagnosen stellen aber besondere Anforderungen an das diagnostische Instrumentarium. Man kann die Veränderbarkeit von Wissen oder Kompetenzen nur prüfen, wenn sich Leistungstests für wiederholte Messungen eignen. Bei einer Blutdruckmessung ist dies kein Problem. Mit einem sehr einfachen Diagnoseverfahren kann man beliebig oft eine Blutdruckmessung wiederholen. Geht das auch mit schulischen Leistungsmessungen? Wie prüft man beispielsweise Entwicklungen in der Rechtschreibleistung einzelner Schüler/-innen? Indem man im Schuljahr 6 unterschiedliche Diktate schreiben lässt und die Fehler als Maß für die Rechtschreibleistung heranzieht? Aus Sicht einer Prozessdiagnostik ist dies fraglich: Sind die Diktate vergleichbar, d.h. enthalten sie jeweils Wörter, die die Anwendung der gleichen Rechtschreibstrategien in etwa einem gleichen Umfang erforderlich machen? Oder was sagen die Noten von vier Klausuren im Biologieunterricht der Oberstufe zu jeweils unterschiedlichen Themen über den Prozess des Kompetenzerwerbs in Biologie bei einem/r einzelnen Schüler/in aus?

Neben der Differenzierung zwischen Prozess- und Statusdiagnostik ist vor allem bei Leistungstests zu fragen, welche Art von Wissen geprüft werden soll. Will man etwas über das deklarative Wissen von Schülern/Schülerinnen in einem bestimmten Inhaltsbereich erfahren (z.b. physikalisches Begriffswissen über die Zusammenhänge zwischen Kraft und Energie), muss die Leistungsdiagnose so gestaltet sein, dass die Lehrkraft tatsächlich auch Einblicke in die internen Vernetzungen bekommt, die ein/e Schüler/in sich angeeignet hat (z.b. durch mündliches Nachfragen, durch Concept Maps oder durch eine Schreibaufgabe, in der die Zusammenhänge zwischen Kraft und Energie an einem Beispiel zu erklären sind). Die Rückmeldung für die Schüler/innen ist dann besonders hilfreich, wenn sie sich auf seine mentalen Repräsentationen der naturwissenschaftlichen Konzepte bezieht, wenn beispielsweise die Lehrkraft einen konkreten Hinweis gibt, dass man bei einer Kraft nicht nur die Größe, sondern auch die Richtung und den Angriffspunkt beachten muss und deshalb die Kraftpfeilrichtung wichtig ist.

Bei prozeduralem Wissen kommt es darauf an, dass ein Lernender einen Handlungsablauf (wie man eine Bohrmaschine bedient), einen Algorithmus (schriftliches Addieren) oder einen motorischen Ablauf (Handstand) möglichst fehlerfrei einübt und bis zur automatischen Beherrschung wiederholt. Formative Leistungsdiagnosen – vor allem beim anfänglichen Lernen – haben hier die Aufgabe, dass Fehler in der Ausführung der Prozedur sofort erkannt und korrigiert werden. Im weiteren Verlauf des Lernens haben sie die Aufgabe, die Beherrschung der Prozedur (beispielsweise die Geschwindigkeit der Ausführung: z.b. Dekodiergeschwindigkeit beim Lesen) zu erfassen und als Übungserfolg zurückzumelden.

Metakognitives Wissen bzw. kognitive Strategien können nicht direkt beobachtet werden (Gagné, Briggs & Wager 1998). Man muss vom Umgang und der Anwendung kognitiver Fertigkeiten auf die Strategien schließen. Eine Methode hierzu ist das laute Denken. Eine wichtige Voraussetzung für den Erwerb von kognitiven Strategien ist Vorwissen im jeweiligen Gegenstandsbereich. Kognitive Strategien können auch aus simplen Regeln bestehen: Unterstreiche, fasse zusammen, etc. Kognitive Strategien werden verbal vermittelt oder in einfacher Form vorgemacht. Lerner entdecken oder erfinden ebenfalls einen großen Teil ihres Repertoires an kognitiven Strategien. Wichtig ist, dass der/die Schüler/in die Möglichkeit erhält, kognitive Strategien anzuwenden, zu erproben und einzuüben.

4.4.3.3 Grad der Beteiligung

Eine weiterer Gesichtspunkt ist der Grad der Beteiligung verschiedener Akteure am Prozess der Diagnose und an der Datennutzung (z.b. Black & Wiliam 1998b;

Winter 2006). In der traditionellen psychologischen Diagnostik gibt es eine klare Trennung zwischen dem Test, der zu testenden Person und dem Testleiter. Vor dem Hintergrund neuer, vor allem konstruktivistischer Lehr-Lerntheorien muss man diese klare Trennung allerdings in Frage stellen. Auch im Rahmen der Feedbackforschung wird der Frage nachgegangen, welche Effekte Rückmeldungen durch *peers* oder Selbstdiagnosen (*self assessment*) haben können. Hintergrund ist der Gedanke, dass Lernende nur dann zunehmend selbständig agieren können, wenn sie sich auch selbst überprüfen können bzw. selbst Strategien zur Kontrolle der eigenen Lernergebnisse entwickeln und diese auch anwenden (vgl. exekutive Funktionen in der Hirnforschung).

Im Rahmen diagnostischen Handelns stellt diese Forderung auch die klassische Form der schulischen Leistungsmessung in Frage. Tests, Klassenarbeiten oder Klausuren haben zum Ziel, anhand extern festgelegter Kriterien und Testaufgaben die Lernerträge nach bestimmten Bildungsabschnitten möglichst fair und vergleichend zu erfassen. Die Lehrkrft konstruiert den Test, legt die Durchführungsbedingungen fest, wertet ihn aus, interpretiert das Ergebnis und zieht mögliche Schlussfolgerungen. Während die Lehrkraft den Test allein verantwortet, sind Schüler/innen (und ihre Eltern) in einer passiven Rolle. Die Rückmeldungen werden in der Regel zur Kenntnis genommen und für weiterführende Ausbildungsabschnitte als Berechtigung genutzt. Dagegen können Rückmeldedaten aus Leistungsmessungen nur dann sinnvoll für die Optimierung nachfolgender Lehr- und Lernprozesse genutzt werden, wenn Lehrkräfte, Schüler/innen und eventuell auch die Eltern in einem möglichst hohen Maße an der Zielsetzung, Planung und Auswertung der Leistungsmessung beteiligt werden. Nur wenn alle Beteiligten die Zusammenhänge zwischen Unterricht, Lernanstrengung, Testergebnis und möglichen Konsequenzen erkennen und auch akzeptieren können, ist eine Leistungsmessung in dem Sinne formativ, als dass sie den nachfolgenden Lehr-Lernprozess umfassend „informieren" kann.

In diesem Zusammenhang sind auch Befunde der Feedbackforschung von Interesse. Dort wurde untersucht, wie effektiv Rückmeldungen von unterschiedlichen „Feedbackagenten" sind. Für den schulischen Zusammenhang lassen sich grob vier mögliche „Feedbackagenten" unterscheiden:

a) Der Lernende selbst führt eine Selbstdiagnose durch und schaut sich selbständig die Rückmeldung an (*self assessment*). Dies wäre das Idealbild des selbstgesteuerten Lernens.

b) Die Lehrkraft führt eine Leistungsdiagnose oder eine systematische Beobachtung durch und informiert den Lernenden über das Ergebnis und mögliche Konsequenzen.

c) Ein/e Mitschüler/in führt die Leistungsdiagnose durch, wertet sie aus und gibt dem Lernenden eine Rückmeldung (*peer assessment*).

d) Der/die Schüler/in bearbeitet ein Lernmaterial oder einen Test am Computer und er erhält eine automatische Rückmeldung (Aufgabe mit Selbstkontrollmöglichkeit, Computerprogramm).

Metaanalysen zu Effekten von Feedback geben Hinweise, dass die letzte Möglichkeit einige Vorteile mit sich bringt. Lernprogramme und Lernmaterialien sind nicht nur für ein sofortiges Feedback gut geeignet, sondern schützen auch leistungsschwächere Schüler/innen vor einer Rückmeldung durch Mitschüler/innen oder Lehrkräfte. Gerade bei leistungsschwächeren Schüler/innen ist die Gefahr groß, dass auch konstruktive Kritik sehr schnell die Aufmerksamkeit auf das eigene Fähigkeitsselbstbild lenkt. Das Problem vieler bisher verfügbarer Lernprogramme und Lernmaterialien mit Selbstkontrolle liegt allerdings an der geringen Komplexität sowohl der Aufgaben als auch der Rückmeldungen. In der Regel werden Programme zum Training einfacher Rechenfertigkeiten oder zum Vokabellernen angeboten. Der PC wird auf diese Weise die Lehrkraft noch lange nicht ersetzen, zumal diese komplexe, aufgabenprozessorientierte Rückmeldungen geben und situativ variieren kann. Problematisch sind Lernmaterialien vor allem dann, wenn es den Schüler/innen leicht möglich ist, das Ergebnis einzusehen. Beispielsweise wenn bestimmte Felder mit Buchstaben ausgemalt werden sollen und Schüler/innen schon an der Form des Ausmalbildes erkennen, was die Lösung ist. Studien zeigen, dass Schüler/innen sehr stark dieser Versuchung unterliegen und dann weniger gute Leistungen erbringen (Bangert-Drowns et al. 1991).

Auch die mittlerweile immer wieder vorgeschlagenen Instrumente zur Selbstdiagnose haben Vor- und Nachteile. Letztendlich kann man das hohe Ziel der Selbständigkeit und des selbstregulierten Lernens nur dann erreichen, wenn Schüler/innen von Anfang an lernen, ihre eigenen Leistungen realistisch einzuschätzen (z.B. Boekaerts & Cascallar 2006). Gerade auch Methoden der Individualisierung (z.B. Wochenplanarbeit) sind nur dann durchführbar, wenn Schüler/innen über ein bestimmtes Maß an Selbstregulation verfügen und ihren Lernfortschritt überwachen und einschätzen können. Allerdings gibt es auch warnende Stimmen und empirische Ergebnisse, die belegen, dass die bisher erprobten Methoden der Individualisierung noch lange nicht zu den erhofften Lernzuwächsen führen (Hattie 2009; Hattie & Jaeger 1998). Wenn sich ein Schüler/innen alleine mit Aufgaben beschäftigt und sich dabei selbst kontrollieren soll, bekommt er nicht notwendigerweise mehr Information über seinen Lernprozess. Eventuell kann er mit Hilfe von Lösungsblättern die Korrektheit seiner Antworten prüfen und diese Aufgaben dann wiederholen. Allerdings stößt die Methode des *self assessment* an ihre Grenzen, wenn Verständnisschwierigkeiten vorliegen oder eine Aufgabenstellung so komplex ist, dass Schüler/innen die Beurteilungskriterien fehlen.

Auch die Idee, dass sich Schüler/innen gegenseitig kontrollieren und bewerten, ist nicht neu und wird beispielsweise in jahrgangsgemischten Klassen schon immer praktiziert. Grundlage von *peer assessment* sind sozial-kognitive Ansätze des Lernens nach Wygotski, in denen man davon ausgeht, dass Lernen in einer Zone der proximalen Entwicklung stattfindet und Gleichaltrige durch ihre Rückmeldungen und Hinweise viel eher die Gedanken und auch Probleme von ihren Mitschüler/innen verstehen und somit auch deren Rückmeldungen effektiv sind. Topping (1998) versteht unter *peer assessment* ein pädagogisches Arrangement, bei dem Schüler/innen die Leistung eines Mitschülers entweder quantitativ durch eine Noten bzw. Punktwerte und/oder qualitativ durch eine schriftliche oder mündliche Rückmeldung bewerten. Ziel von *peer assessment* ist die Stimulation geteilter Verantwortung für Lernerfolge und gemeinsamer Reflexion bzw. Diskussion der Lernergebnisse. Es gibt mittlerweile eine Fülle unterschiedlicher Methoden und Instrumente zu Peer Assessment und auch eine Reihe von empirischen Studien zur Genauigkeit und Effektivität schon Leistungsbewertungen und Leistungsrückmeldungen durch Mitschüler (van den Berg, Admiraal & Pilot 2006; van Zundert, Sluijsmans & van Merrienboer 2010). Wichtige Merkmale von effektivem *peer assessment* sind:

– Timing of feedback: Es sollte nicht parallel zur Lehrerbewertung stattfinden, bzw. Lehrerbewertung sollte bei *peer assessment* unterbleiben.
– *Peer assessment* sollte immer reziprok sein, d.h. jeder Schüler/jede Schülerin in einer Lerngruppe sollte bewerten und zugleich bewertet werden.
– Eine optimale Gruppengröße für *peer assessment* liegt bei drei bis vier Schüler/innen.
– Die Qualität der Rückmeldungen von *peer assessment* kann durch Erfahrung und Training der Schüler/innen verbessert werden.
– Wenn Schüler/innen auf der Grundlage von informativem *peer feedback* ihre Arbeiten bzw. Aufgabenlösungen verbessern, kann dies zu einer Verbesserung der domänenspezifischen Fertigkeiten führen
– Die Einstellungen der Schüler/innen zu *peer assessment* hängen ebenfalls mit Erfahrung und Training zusammen. Je mehr Erfahrung und Übung die Schüler/innen mit Methoden der Partnerkontrolle haben, desto eher schätzen sie diese Form der formativen Leistungsdiagnostik.

4.4.3.4 Zeitpunkt der Rückmeldung

Ein weiterer, nicht zu vernachlässigender Aspekt für die Gestaltung effektiver Leistungsdiagnosen und Leistungsrückmeldungen ist die Frage des Zeitpunktes einer Rückmeldung innerhalb des Lehr-Lernprozesses. Aus lerntheoretischer Sicht wäre zu fragen, wie schnell eine erwünschte neuronale Aktivierung bei einer/m Schüler/in durch einen (in der Regel positiven) emotionalen Zustand bestätigt und damit eher gefestigt werden sollte. Dabei kann man folgende Zeithorizonte unterscheiden:

Bereits innerhalb des neuronalen Aktivierungszyklus kommt es zu positiven Emotionen: z.B. wenn ein/e Schüler/in über eine Knobelaufgabe nachdenkt und bereits das ständige Durchspielen verschiedener Lösungsmöglichkeiten ihm Spaß bereitet, oder beim Lösen eines Kreuzworträtsels allein das Ausfüllen einzelner Felder als Erfolgserlebnis wahrgenommen wird. In diesem Fall erfolgt eine positive Rückmeldung bereits *innerhalb einer Aufgabe* und der/die Schüler/in kann sich selbst positiv verstärken. Gleiches kann auch für prozedurales Wissen gelten. Beispielsweise wenn ein/e Schüler/in im Turnunterricht einen Purzelbaum macht und noch während des Bewegungsablaufs (aufgrund der inneren Wahrnehmung von motorischen Abläufen) selbst erkennt, dass der Purzelbaum diesmal sehr gleichmäßig und harmonisch war. Eine Bestätigung durch die Lehrkraft kann die Verstärkung innerhalb der Aufgabe zwar noch ergänzen, könnte aber auch kontraproduktiv sein, weil damit die Selbstbeobachtung des Schülers/der Schülerin wieder untergraben wird. Ein Schüler/eine Schülerin, der weiß, dass er nach jeder Turnübung einen Kommentar der Lehrkraft zu erwarten hat, verlässt sich weniger auf die eigene Selbstwahrnehmung und -einschätzung.

Nicht immer ist es möglich, dass Schüler/innen bereits während des Nachdenkens, des Tuns oder des Bearbeitens von Aufgaben ein Gefühl für die Korrektheit haben oder entwickeln. Viele Rückmeldungen erfolgen deshalb aus der Umwelt direkt *nach Abschluss* einer Handlung. Beispielsweise wenn ein/e Schüler/in nach dem Zusammenbauen eines Holzhockers dessen Stabilität prüft und erkennt, dass die Holzverbindungen noch locker sind. Während des Zusammenbauens erhielt er dazu noch keine Rückmeldung, erst direkt nach Abschluss der Handlungsabfolge. Der schulische Regelfall ist allerdings, dass Lernende auf bewusst erzeugte Rückmeldungen von außen angewiesen sind. Dies ist vor allem dann wichtig, wenn eine Aufgabe zu keinen eindeutigen emotionalen Zuständen führt (z.B. Schüler/innen während der Bearbeitung lediglich ein diffuses Gefühl haben, dass das schon richtig sei, was sie tun) und die Umwelt keine direkte Rückkopplung zur Verfügung stellt. Auf einen Großteil der schulischen Lern- und Übungsaufgaben, deren Ergebnis zunächst einmal auf dem Papier steht und auf Kontrolle bzw. Korrektur wartet, trifft dies zu. Eine bestätigende oder korrigierende Rückmeldung muss entweder selbst erzeugt werden (aktive Selbstkontrolle) oder wird von einem Akteur aus dem Umwelt (Lernprogramm, Lehrkraft, Mitschüler/in) zur Verfügung gestellt. Dabei kommt es notwendigerweise zu Verzögerungen zwischen neuronaler Aktivierung und emotionalem Zustand. Diese Verzögerung kann von wenigen Sekunden (sofortiges Feedback durch ein Lernprogramm oder eine sehr schnell reagierende Lehrkraft) bis hin zu sehr großen Zeitintervallen (eine Klausur wird erst nach Wochen besprochen) reichen.

In der Lernforschung gibt es mittlerweile recht eindeutige Aussagen zur Frage des optimalen Zeitpunkts von Rückmeldungen. Dabei wird zwischen komplexen und weniger komplexen Lerninhalten unterschieden: Bei weniger komplexen Lerninhalten (z.B. einfache Prozeduren, Rechenalgorithmen oder einfaches Faktenwissen wie Vokabeln) sind sofortige Rückmeldungen von Vorteil (z.B. Kulik & Kulik

1988). Vor allem wenn es um basale Fähigkeiten wie Einmaleins, Vokabelwissen, Rechtschreibstrategien, etc. geht, ist schulisches Lernen folglich auf schnelle Rückmeldungen angewiesen.

Dass Lehrkräfte diese häufigen und schnellen Rückmeldungen oft nicht leisten können, wurde bereits von Skinner deutlich kritisiert. Er monierte, dass die Anzahl der Verstärker in der Schule viel zu niedrig ist. Aus behavioristischer Sicht forderte er, dass nach möglichst vielen Aufgabenlösungen möglichst unmittelbar eine positive Verstärkung erfolgen sollte. Bei vielen Schüler/innen in der Klasse und einer großen Anzahl von Aufgabenstellungen pro Unterrichtsstunde (z.b. in Mathematik, aber auch in sprachlichen Fächern) ist dies von einer Lehrkraft kaum zu leisten. Unterschiedliche Unterstützungssysteme sind denkbar: beispielsweise der Einsatz von Lernprogrammen mit direktem Feedback (z.b. zum Einmaleinstraining am Computer), der Einsatz von Übungsaufgaben mit Selbstkontrollmöglichkeiten (hierzu gibt es viele Freiarbeitsmaterialien) oder auch Techniken der Partnerkontrolle (Peer Assessment).

Bei komplexeren Lerninhalten (z.b. einen Text verfassen, ein Projekt durchführen, etc.) müssen Rückmeldungen notwendigerweise auch komplexer sein und können somit nicht sofort gegeben werden. Im Gegenteil: Es ist eher störend, wenn ein/e Schüler/in beim Schreiben einer Geschichte sofort auf alle sprachlichen, stilistischen und inhaltlichen Fehler aufmerksam gemacht werden würde. Dies wäre demotivierend und würde auch nicht der Vorstellung von Schreiben als komplexem Problemlöseprozess entsprechen. Rückmeldungen sollten dann sukzessive erfolgen und dem/der Schüler/in ermöglichen, sich auf bestimmte Aspekte des Textes in einzelnen Überarbeitungsschritten zu konzentrieren (erst inhaltliche Rückmeldungen, dann stilistisch, zum Schluss Rückmeldungen zur Rechtschreibung).

4.4.3.5 Bezugsnormorientierung und mit der Rückmeldung transportierte Information

Der Zeitpunkt der Rückmeldung sagt noch nichts über den Inhalt, der mit einer Rückmeldung transportiert wird bzw. tatsächlich beim Schüler/bei der Schülerin ankommt, aus. Es wäre zu fragen, welche genauen Informationen der Lernende zum Zeitpunkt der Rückmeldung über seine Leistung bzw. seinen Wissensstand erhält und wie er diese Informationen mit seinen bisherigen Lernanstrengungen in Verbindung bringen kann. In vielen Studien konnte deutlich gezeigt werden, dass die Art und Weise der Rückmeldung zu sehr unterschiedlichen Effekten hinsichtlich Motivation und Lernen führen kann.

Butler (1987, 2005) untersuchte in einer Serie von Studien Zusammenhänge zwischen Lehrerfeedback, motivationaler Orientierung der Schüler/innen, Lernmotivation und Lernleistung. Ausgangspunkt dieser Studien war die „goal orientation theory" (Dweck 1989), die besagt, dass sich Schüler/innen hinsichtlich ihrer Zielorientierung unterscheiden: Aufgabenorientierte Schüler/innen nehmen sich vor, etwas zu lernen, in einem bestimmten Bereich kompetent zu sein. Leistungsorientierte Schüler/innen möchten dagegen mit ihren Leistungen glänzen und besser als andere Schüler/innen sein. Leistungsorientierte Schüler/innen sind deshalb eher daran interessiert, Misserfolge zu vermeiden bzw. Misserfolge auf äußere Umstände zu schieben (Test war zu schwer, es war laut im Klassenzimmer). Aufgabenorientierte Schüler/innen konzentrieren sich stärker auf die eigene Leistung und den Zusammenhang zwischen eigener Anstrengung und Erfolg. Wichtig ist nun, dass Lehrkräfte diese Orientierungen durch entsprechende Zielvorgaben und Rückmeldestrategien beeinflussen können.

Wenn das Lehrerfeedback Hinweise gibt, in welchen Punkten die Leistung eines Schülers/einer Schülerin den Anforderungen einer Aufgabe entsprochen hat bzw. die Leistung mit einer vorausgehenden Leistung eines Schülers/einer Schülerin verglichen wird (kriteriale und individuelle Bezugsnorm), dann wird damit eine Leistungsmotivation, die auf aufgabenorientierten Lernzielen basiert, unterstützt. In der Schule kommt diese Form des Feedbacks jedoch seltener vor als die Nutzung einer sozialen Bezugsnorm. Ein sozial vergleichendes Feedback (Notengebung) unterstützt dagegen eine Lernmotivation auf Basis von leistungsorientierten Zielen. Auch bei der Aufrechterhaltung der Lernmotivation und der abschließenden Bewertung des Lernergebnisses spielt die Passung zwischen Zielorientierung und Lehrerfeedback eine wichtige Rolle. Schüler/innen nehmen eher die Feedbackinformationen wahr, die zu ihren Lernzielen (aufgaben- vs. leistungsorientiert) passen. Solange zielrelevante Rückmeldeinformationen zur Verfügung stehen, wird die Lernmotivation aufrechterhalten.

Kluger und DeNisi (1996) schlagen deshalb ein Modell vor, mit dem sich beschreiben lässt, welche Art von Leistungsrückmeldung eine eher aufgabenorientierte Orientierung befördern kann. Hierzu unterscheiden sie verschiedene Ebenen der Aufmerksamkeitsfokussierung durch Feedback. Aufmerksamkeit kann sich auf selbstbezogene Kognitionen (z.B. Selbstwirksamkeit), auf die gerade zu bearbeitende Aufgabe oder auf Details der Aufgabe richten. Hattie und Timperley (2007) erweitern diese Unterteilung, indem sie zwischen vier Ebenen der Aufmerksamkeitsfokussierung unterscheiden:

(1) Ebene der Aufgabenlösung (*FT: feedback about task performance*)

(2) Ebene der Aufgabenbearbeitungsprozesse (*FP: feedback about the process of understanding how to do a task*)

(3) Ebene der Selbstregulation (*FR: feedback about metacognitive regulation*)

(4) Ebene der selbstbezogenen Kognitionen (*FS: feedback about the self*). Entlang dieser Unterteilung können die Befunde der Feedbackforschung eingeordnet werden.

Ebene der Aufgabenlösung

Rückmeldungen können auf der Ebene der Aufgabenlösung (Produktebene) erfolgen. Das heißt, dass dem Lernenden mitgeteilt wird, ob er eine Aufgabe richtig oder falsch gelöst hat. Hierbei gibt es weitere Unterformen, die vor allem für die Systematisierung von Rückmeldeformaten im Rahmen von EDV-gestützten Lernprogrammen relevant sind (Kulhavy & Stock 1989): *Knowledge of result* (KOR) zeigt an, ob die Lösung richtig oder falsch ist. *Knowledge of correct result* (KCR): Nach der Lernhandlung wird die richtige Lösung angezeigt (Aufgabenebene). Im Modus Answer until correct (AUC) probiert man so lange, bis etwas richtig ist. Dadurch ist jedoch noch kein Wissen um die Begründung der richtigen Antwort verbunden. Metaanalysen (z.b. Bangert-Drowns et al. 1991) zeigen sehr deutlich, dass Feedback auf der Aufgabenebene (z.b. *knowledge of result*) zu den höchsten Effektstärken führt. Allerdings handelt es sich dabei in der Regel um wenig komplexe Aufgaben und zudem ist dieses Feedback nicht auf andere Aufgaben transferierbar. Dieser Feedbacktyp ist zudem umso effektiver, je schneller die Rückmeldung erfolgt.

Ebene der Aufgabenlösungsprozesse

Wenn Rückmeldungen auf Ebene der Aufgabenlösungsprozesse erfolgen, enthält die Rückmeldung Informationen zur Angemessenheit einzelner Denkschritte oder Teilhandlungen. Feedback zum Aufgabenlösungsprozess regt die Schüler/innen an, ihre Lösungswege zu überprüfen, Fehler zu reflektieren und neue Lösungsansätze zu erproben. Diese Art von Feedback führt zu einem vertieften Verständnis. Rückmeldungen zum Aufgabenbearbeitungsprozess sind effektiver, wenn sie zeitverzögert erfolgen.

Diese Form der Rückmeldung liegt beispielsweise vor, wenn eine Mathematiklehrkraft nicht nur die Richtigkeit einer Lösung mit einem Häkchen bestätigt, sondern dem Schüler/der Schülerin entweder mündlich mitteilt, dass die gewählte Rechenvariante beispielsweise sehr günstig war. Oder bei einer falschen Lösung anmerkt, an welcher Stelle im Rechenprozess ein Fehler gemacht wurde. In der Feedbackforschung findet man hier beispielsweise den Begriff *instruction based elaboration*, wenn nach der Lernhandlung der erwartete Lösungsweg angezeigt wird. Oder *extra instructional elaboration*, wenn noch alternative Lösungswege aufgezeigt werden. Von einem „intelligenten Feedback/adaptiver Rückmeldung" wird gesprochen, wenn die Rückmeldung aufgrund einer Fehleranalyse an die individuelle Lernhandlung angepasst wird.

Metakognitive Ebene

Rückmeldungen können die Aufmerksamkeit der Lernenden auch auf eine metakognitive Ebene lenken, z.b. darauf, wie Schüler/innen ihren Lernprozess bezogen auf das Lernziel organisieren, überwachen und adjustieren. Zur Selbstregulation gehören sowohl konkrete Handlungsstrategien als auch Einstellungen und Wahrnehmungsmuster. Können sich die Schüler/innen selbst ein Feedback geben? Sind sie bereit, sich mit Rückmeldungen auseinanderzusetzen? Wie werden Erfolge und Misserfolge attribuiert? Beispielsweise könnte die Lehrkraft einem Schüler/einer Schülerin deutlich machen, dass er/sie viele Fehler nur aus Leichtsinn gemacht hat und durch eine zusätzliche eigene Kontrolle einige davon hätte finden können. Oder ein/e Schüler/in wird gelobt, weil sie/er sich in besonderem Maße angestrengt hat und dies zu einem sehr guten Text führte. Hier würde die Rückmeldung Informationen enthalten, die es dem Schüler/der Schülerin ermöglicht, seinen/ihren Leistungsstand mit seiner/ihrer Motivation oder Anstrengungsbereitschaft in eine kausale Verbindung zu bringen.

Ebene der selbstbezogenen Kognitionen

Sehr oft führen Leistungsrückmeldungen dazu, dass sich Schüler/innen in ihrem eigenen Fähigkeitsselbstbild bestätigt sehen. Dies wäre beispielsweise der Fall, wenn eine Lehrkraft eine/n Schüler/in trösten möchte und eine nicht befriedigende Aufsatzleistung damit begründet, dass der/die Schüler/in beim Schreiben noch nie gut war. Diese ungünstige Attribuierung von Leistungen führt dazu, dass sich Schüler/innen in Zukunft als hilflos erleben und keine Ansatzpunkte zum Weiterlernen finden. Die Feedbackinterventionstheorie besagt, dass bei einer Aufmerksamkeitsverlagerung auf das Selbst, z.b. durch Lob oder eine auf die Person bezogene Kritik, eine geringere Leistungssteigerung zu erwarten ist, weil durch affektive Reaktionen kognitive Ressourcen für die Aufgabenbearbeitung gebunden werden. Die Schüler/innen müssen sich damit beschäftigen, wie sie ihr Selbstbild schützen können (der Test war unverständlich, etc.) und haben den Kopf nicht für die Analyse der eigenen Fehler frei.

Bezugsnormorientierung

Diagnostische Verfahren müssen auch hinsichtlich des Bezugsrahmens, der für die Interpretation und Rückmeldung der diagnostischen Befunde genutzt wird, unterschieden werden. In der Theorie der Bezugsnormorientierung (Heckhausen 1989) werden zunächst einmal zwei grundsätzlich unterschiedliche Orientierungsnormen differenziert:

– Normorientierte Tests basieren auf der sozialen Bezugsnorm: Das Testergebnis wird mit einer Eichstichprobe verglichen. Diese Vorgehensweise ist sinnvoll, wenn das zu messende Merkmal in der Population gleich verteilt ist (z.B. Schuhgröße, Intelligenz, Lesekompetenz aller 15-Jährigen).

– Kriteriumsorientierte Tests vergleichen das Testergebnis mit einem vorher festgesetzten, sachlich begründeten Kriterium. Diese Vergleichsbasis ist sinnvoll, wenn Mindestanforderungen feststehen (z.B. Fahrprüfung) bzw. wenn bekannt ist, in welchen konkret messbaren Stufen sich die Kompetenzentwicklung vollzieht.

Hat man es mit Testreihen bzw. einer Diagnostik über mehrere Zeitpunkte hinweg zu tun, kann zusätzlich noch eine individuelle Bezugsnormorientierung unterschieden werden:

– Bei Tests mit individueller Bezugsnorm werden die Testergebnisse vor dem Hintergrund der bisher gemessenen Merkmalsausprägungen eines Individuums interpretiert. Diese Bezugsnorm ist vor allem dann sinnvoll, wenn man annimmt, dass sich Dispositionen intraindividuell verändern. Oder einfacher ausgedrückt: Wenn man den Lernfortschritt oder die Entwicklung bei einzelnen Personen messen möchte.

Schulisches Lernen orientiert sich an klaren Kriterien und Lernzielvorgaben. In Lehrplänen, Schulbüchern und Handreichungen wird sehr genau beschrieben, welches Wissen und welche Kompetenzen Schüler/innen in einem bestimmten Fach erwerben sollen. Damit muss schulische Leistungsdiagnostik notwendigerweise kriterial angelegt sein. Dies ist letztendlich auch ein zentrales Ergebnis der Feedbackforschung, die betont, dass Leistungsrückmeldungen die Aufmerksamkeit des Lernenden auf die Aufgabenbearbeitungsprozesse lenken sollte. Leistungsrückmeldungen müssen so angelegt sein, dass sowohl Schüler/innen (und Eltern) als auch Lehrkräfte jeweils erkennen können, welche Kompetenzen bzw. welches Wissen bis zu welchem Umfang erworben wurde und an welchen Stellen noch Lücken sind. Besonders bei grundlegenden Kompetenzen wie beispielsweise der Lesekompetenz, der Kompetenz Texte zu verfassen oder den Grundrechenarten müsste überdies eine individuelle Bezugsnorm für die Einordnung von Leistungsrückmeldungen vorliegen. Dies bedeutet, dass in regelmäßigen Abständen diese basalen Kompetenzen getestet und mit den vorausgehenden Leistungen auf individueller Ebene verglichen werden. Nur so sind individuelle Lernzuwächse nachweisbar und nur so kann eine verlässliche Datengrundlage für Fördermaßnahmen entstehen.

4.4.3.6 Standardisierungsgrad diagnostischer Verfahren

In der pädagogischen Psychologie wird viel Wert auf die Einhaltung der Testgütekriterien Objektivität, Reliabilität und Validität gelegt, welche durch ein wissenschaftlich begleitetes Entwicklungsverfahren sichergestellt werden:

– Objektivität bedeutet, dass ein Diagnoseinstrument unabhängig vom Testanwender (z.B. Lehrkraft) immer zu den gleichen Ergebnissen führen sollte.

– Reliabilität bedeutet, dass die Messung zuverlässig sein sollte und messfehlerbedingte Schwankungen ein bestimmtes Maß nicht überschreiten dürfen. Dies ist gegeben, wenn ein Schulleistungstest bei mehrmaligen Wiederholungen zu gleichen Ergebnissen in einem bestimmten, zu akzeptierenden Toleranzbereich führt.

– Validität bedeutet, dass ein Test auch tatsächlich das (latente) Merkmal, die interne Disposition misst, für die er entwickelt wurde. Dabei wird zwischen curricularer Validität und prognostischer Validität unterschieden. Curriculare Validität ist die Übereinstimmung einer Leistungsmessung (bzw. der Aufgaben) mit den Inhalten und Niveaustufen des Lehrplans. Prognostische Validität bezeichnet die Übereinstimmung des Testergebnisses mit dem zukünftigen Lernverlauf (Erfolg im weiteren Unterricht).

Tabelle 7: Funktionen und Formalisierungsgrad diagnostischer Instrumente

	Statusdiagnostik (in der Regel selektionsorientiert)	Prozessdiagnostik (in der Regel förderorientiert)
Formelle Verfahren (Testtheorie, Standardisierung, Gütekriterien)	Schulfähigkeitstests; LRS-Test; Berufswahlverfahren; IQ-Test	Lese-Screening-verfahren; DEMAT (Mathematik)
Informelle Verfahren (nicht standardisiert)	Klassenarbeiten; Notenfindung im Rahmen der Grundschulempfehlung; Abitur	Zwischentests, Vorwissen abfragen, spontane Beobachtungen im Unterricht

Im schulischen Kontext kann nur selten auf standardisierte Diagnoseinstrumente zurückgegriffen werden (Tabelle 7). Es gibt deshalb eine lange Tradition empirischer Studien, die aufzeigen, dass schulische Notengebung nicht den Grundsätzen einer pädagogischen Diagnostik entspricht und vor allem die Testgütekriterien massiv verletzt werden (Ingenkamp 1995; Ingenkamp & Lissmann 2005; Leutner 2001; Sacher 2007):

– Weil Noten mit weitreichenden Bildungsentscheidungen verknüpft sind, sollten sie prognostisch valide sein. In zahlreichen empirischen Studien konnten jedoch Schwächen der selektionsdiagnostischen Verfahren aufgedeckt werden
– Es gibt Unterschiede in der Benotungspraxis zwischen Haupt- und Nebenfächern aufgrund von Milde- und Härtefehlern: Strengere Benotung in den Hauptfächern und Ausnutzung des Benotungsspielraums
– Verschlechterung der Noten im Verlauf der Schuljahre; Zunahme der Notenverteilung
– Vergleiche zwischen Notengebung und externen Schulleistungstests zeigen: Mädchen erhalten bessere Schulnoten; Schulleistungstests bestätigen nur zum Teil diesen Unterschied. Grund: Einfluss sachfremder Kriterien (z.B. Schriftbild, Verhalten) auf die Schulnote
– Höhe der Schulnote und Verteilung der Schulnoten sind abhängig von der Klassenzugehörigkeit; Testergebnisse entsprechen nicht den Schulnoten.

– Allerdings wird die Rangreihe der Schülernoten innerhalb der Klasse durch Rangreihe bei externen Tests in der Regel bestätigt.

Die Verletzung der Testgütekriterien wird vor allem durch eine Reihe von Urteilsfehlern, denen Lehrkräfte bei der Auswertung von Leistungsmessungen unterliegen, erklärt (Leutner 2001; Sacher 2007):
– Ungleichmäßige Ausschöpfung des Beurteilungsspielraums (Mildefehler, Härtefehler, Tendenz zur Mitte, Tendenz zu Extremurteilen)
– Inferenzen im Urteil (Reihungsfehler, logische Fehler, Halo-Effekt)
– Referenzrahmeneffekte (z.b. Einflüsse durch andere Lehrkräfte, institutionelle Einflüsse auf Beurteilungsmaßstab)

Heißt das nun, dass diagnostisches Handeln von Lehrkräften immer unprofessionell ist, weil sie sich nur in seltenen Fällen standardisierter Diagnoseverfahren bedienen können? Diese Frage wird durchaus unterschiedlich beantwortet. Während Wissenschaftlicher mit psychologischem Hintergrund eine Verbesserung der Diagnosegenauigkeit im schulischen Alltag fordern (z.b. Helmke, Hosenfeld & Schrader 2004), wird in der schulpädagogischen Literatur der Prozessbezug und die Förderorientierung von Diagnosen in den Vordergrund gestellt (z.b. Winter 2006). Lehrkräfte müssen innerhalb von Lehr-Lernprozessen Informationen über den Kenntnisstand der Schüler/innen und ihre Verständnisprobleme sammeln können. Hierfür gibt es so gut wie keine standardisierten Diagnoseverfahren, und selbst wenn es diese für sämtliche Lernbereiche geben würde, wäre ihr Einsatz im täglichen Unterricht viel zu aufwändig und nicht praktikabel, weshalb man Diagnostik durch Lehrkräfte gerade als professionelle Berufsaufgabe ansehen kann, die einen flexiblen Einsatz von Verfahrensweisen in vielfältigen Situationen erfordert.
Hinzu kommt, dass nicht standardisierte Diagnoseverfahren nicht notwendigerweise verfälschte Diagnoseinformationen liefern. Schüler/innen während des Unterrichts spontan zu beobachten oder mit Hilfe eines kleinen Tests den aktuellen Wissensstand abzuprüfen, führt in der Regel zu sehr validen Beschreibungen der Schülerleistungen und kann im laufenden Unterricht sofort für Anpassungen genutzt werden. Es gibt bisher nur für sehr wenige Lernbereiche auch standardisierte, formative Leistungsdiagnosen (z.b. Lesegeschwindigkeit). Möchte man seinen Unterricht verstärkt an den Schülerlernvoraussetzungen orientieren und formative Lernverlaufsdiagnosen einsetzen, muss man als Lehrkraft selbst aktiv werden und formative Testverfahren erproben und schrittweise verbessern. Dabei werden nie standardisierte Verfahren im psychometrischen Sinne entstehen. Bei einer formativen Diagnosepraxis ist dies jedoch auch nicht das Ziel. Hierfür kommt es vielmehr auf praxistaugliche und feinkörnige Diagnoseverfahren mit hoher Relevanz für zeitnahe Unterrichts- und Förderentscheidungen an.

5 Kategorien der Analyse und Gestaltung von Lehr-Lernprozessen

Nachdem in den vorangehenden Kapiteln relevante Grundlagen von Lehr-Lernprozessen dargestellt wurden, stellt sich jetzt die Frage, wie man systematisch vorgehen könnte, um Unterricht vor dem Hintergrund dieser Grundlagen zu planen. Diese Frage wird von allgemeindidaktischen Planungsmodellen seit jeher beantwortet. Folgt man der Tradition lehr-lerntheoretischer Didaktikmodelle, fußen Planungsüberlegungen auf einer wertneutralen Analyse der Bedingungen, der zu treffenden Entscheidungen und ihrer Grundlagen. Prototypisch hierfür ist das Berliner Modell (z.B. Heimann, Otto & Schulz 1977). Lehrkräfte bzw. Lehramtsstudierende sollten für eine ausführliche Unterrichtsplanung überlegen, welche Lernziele sie mit welchen Unterrichtsinhalten verfolgen. Welche Unterrichtsmethoden hierfür in Frage kommen könnten und welche Medien zur Verfügung stehen bzw. sich bei den entsprechenden Inhalten anbieten. Die vorliegenden Planungsoptionen sollten dann vor dem Hintergrund der anthropogenen und soziokulturellen Voraussetzungen bewertet werden. Welche Inhalte sind für diese Schülergruppe motivierend? Welche Spezifika des familiären Hintergrunds muss ich bei dieser Thematik beachten? Welche Schüler/innen überfordere ich durch eine bestimmte Methodenwahl? Im Grunde genommen sind dies immer noch die fundamentalen Bedingungs- und Entscheidungsfelder sowohl für die Gestaltung von als auch für die Relfexion über Lehr-Lernprozesse. Allerdings müssten sowohl die Bezeichnungen für die Planungskategorien als auch die theoretischen Bezugspunkte neu justiert werden. Ein Beispiel hierfür sind die Komponenten von Unterricht nach Tulodziecki, Herzig und Blömeke (2004, S. 130, s. Abb. 14). Dieses Planungsmodell kann als lehr-lerntheoretisch bezeichnet werden, weil von den lerntheoretischen Grundlagen aus über die Gestaltung von Lernumgebungen nachgedacht wird. Auf Ebene des Lerners wird zwischen Lernvoraussetzungen, Lernaktivitäten und Lernwirkungen unterschieden. Diesen Facetten des Lernprozesses stehen Facetten des Lehrprozesses gegenüber: Die Zielvorstellungen des Lehrenden korrespondieren mit den Lernvoraussetzungen der Schüler/innen. Die Lehrhandlungen mit den Lernaktivitäten, usw. Als Bindeglied zwischen der Sphäre der Lernenden und der Lernumgebung (Lehrperson) fungieren Inhalte, Medien, Sozialformen, etc. Mit diesem Modell werden Kategorien der Analyse und Gestaltung von Lehr-Lernprozessen markiert. Tulodziecki, Herzig und Blömeke (2004) schlagen dann auch vor, dass sich eine ausführliche Unterrichtsplanung auf diese miteinander verworbenen Strukturmomente beziehen sollte.

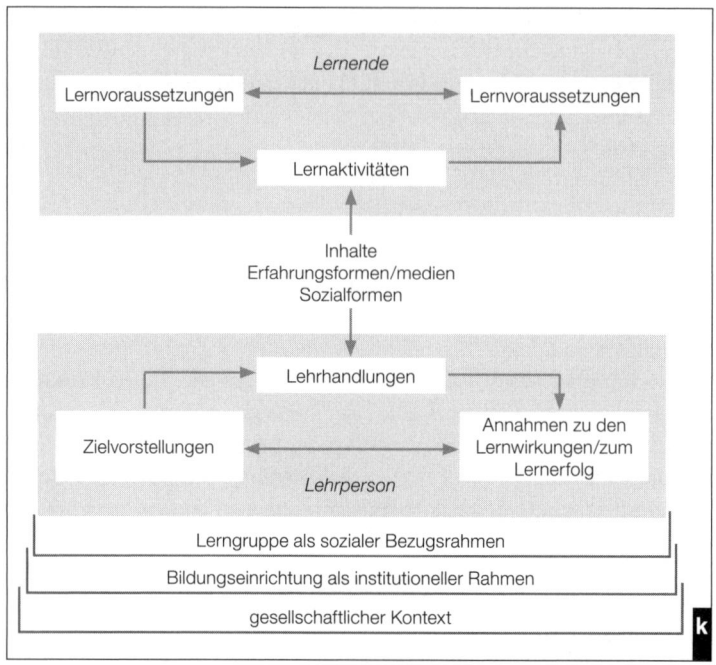

Abb. 14: Strukturmomente des Unterrichts nach Tulodziecki, Herzig und Blömeke (2004, S. 130)

Im Vergleich zum Berliner Modell hat diese Darstellung von Strukturmomenten der Unterrichtsplanung gewisse Vorteile. Beispielsweise wird die Bedeutung der formativen Leistungsdiagnostik implizit sichtbar. Die Annahmen der Lehrperson zu den Lernwirkungen sollten die laufenden Lehrhandlungen beeinflussen, d.h. Unterricht sollte sich jeweils an den erzielten Lernleistungen der Schüler/innen orientieren. Das Modell verdeutlicht dabei, dass die Lehrkräfte sich nur über die jeweils beobachtbaren Lernaktivitäten der Schüler/innen ein Bild über deren Leistungsstand machen können. Ein weiterer Vorteil des Modells ist sein zyklischer Charakter. Lehr-Lernprozesse sind immer kreis- oder spiralförmig. Lernergebnisse einer bestimmten Unterrichtssequenz sind immer die Lernvoraussetzungen der nächsten Sequenz, usw. Zudem ist das Modell offen für unterschiedlich lange Zyklen. Dies könnten einzelne Unterrichtsstunden, Sequenzen aber auch ganze Unterrichtseinheiten sein. Bereits innerhalb einer Unterrichtsstunde sind beispielsweise mehrfach Rückkopplungen denkbar, wenn Lehrkräfte sich über Rückfragen oder Schülerbeobachtungen vergewissern, wie gut die Lernenden Arbeitsaufträge verstanden haben. Formative Zwischentests nach drei oder vier Unterrichtsstunden würden dann längere Rückkopplungszyklen markieren.

Strukturell ähnlich sind die von Straka und Macke (2002) geäußerten Vorstellungen zu einer lehr-lerntheoretischen Analyse und Planung von Unterricht (Abbildung 15). Auch hier wird klar zwischen Lernumgebung und individuellen Lernprozessen differenziert. Ausgangspunkt der Analyse von Lernprozessen auf der Ebene des Individuums ist eine Analyse von Wissen, Motiven, emotionalen Dispositionen, etc. Diese Ausgangsbedingungen des Individuums interagieren mit den Zeichen und Signalen der Lernumgebung (Aufgabenstellungen, Medien, Stimme der/s Lehrer/in). Die Lehrkraft kann dabei lediglich die Lernumgebung gestalten und allenfalls die Lernaktivitäten der Schüler/innen beobachten und kontrollieren. Die Folgen des Lernens liegen wiederum im Verborgenen und können wie die Lernvoraussetzungen als interne Dispositionen analysiert werden. Gerahmt wird der Lehr-Lernprozess von gesellschaftlich festgelegten Bildungs- und Erziehungszielen sowie der sozialen, ökonomischen, kulturellen Umwelt.

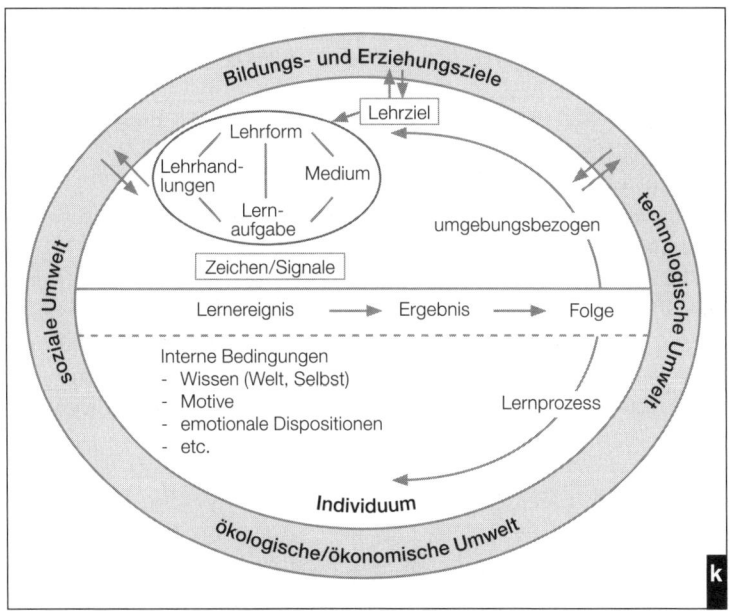

Abb. 15: Modell einer lehr-lerntheoretischen Didaktik von Straka und Macke (2002, S. 219)

Sowohl bei Tulodziecki, Herzig und Blömeke (2004) als auch bei Straka und Macke (2002) sieht man deutlich, dass die klassischen Kategorien der Unterrichtsmethodik (Lernaufgabe, Medien, Sozialformen, Erfahrungsformen, etc.) lediglich die beobachtbare Oberfläche oder im Sinne von Oser und Baeriswyl (2001) die Sichtstruktur von Lehr-Lernprozessen sind. Diesen Modellen nach kann man sich über den Sinn oder Unsinn einzelner Methoden, Sozialformen, Aufgabenstellungen, etc. nur dann verständigen, wenn geklärt wurde, welche Lehrziele gelten und wie diese mit den Lernvoraussetzungen, den zu erwartenden Lernprozessen und schon festgestellten Lernwirkungen zusammenhängen. Damit markieren beide Modelle den Kern lehr-lerntheoretischen Denkens.

In beiden Modellen spielen allerdings fachdidaktische Überlegungen zur Kompetenzentwicklung keine bzw. nur eine marginale Rolle. Straka und Macke (2002) konzentrieren sich in ihren Ausführungen beispielsweise sehr stark auf eine kommunikationstheoretische Ausbuchstabierung des Bezugs zwischen Individuum und Lernumgebung. Tulodziecki, Herzig und Blömeke (2004) stellen neue, motivierende Aufgabentypen in den Mittelpunkt. Eine lehr-lerntheoretische Didaktik müsste allerdings einen Rahmen für die Modellierung von fachdidaktischen Lehr-Lernprozessen liefern und dabei sowohl anschlussfähig für lernpsychologische Befunde als auch die Kompetenzbegrifflichkeiten der Bildungsstandards sein.

Für eine kompetenzorientierte Didaktik gibt es mittlerweile Vorschläge (Lersch 2006, 2007; Leisen 2010 a und b). Dabei muss vorausgeschickt werden, dass der Begriff „Kompetenzorientierung" in den letzten 10 Jahren zunächst einmal nichts anderes als ein bildungsreformerischer „Kampfbegriff" war und durch seine vage Rezeption alle möglichen didaktischen Vorschläge und Prinzipien plötzlich als „kompetenzorientiert" bezeichnet wurden. Nur wenige Allgemeindidaktiker gingen systematisch der Frage nach, was denn nun Kompetenzorientierung für die Unterrichtsplanung genau bedeuten könnte.

Lersch (2006, 2007) fragte sich beispielsweise, welchen Beitrag Kompetenzmodelle für die tägliche Planung von Unterricht leisten könnten. Die Bildungswissenschaftler propagieren ja sehr allgemein, dass Standards und Kompetenzmodelle eine neue Dimension der Professionalisierung von Lehrkräften darstellen. Aber was heißt das konkret? Lersch (2007) entwirft deshalb ein Modell der Didaktik kompetenzfördernden Unterrichts. Die wichtigsten Ideen dieses Modells lassen sich wie folgt zusammenfassen:

– Kompetenzmodelle erlauben in Zukunft eine Diagnose von Lernentwicklungsverläufen.
– Kompetenzen lenken die Aufmerksamkeit auf die Anwendung (Transfer) von Wissen in lebensnahen Situationen (horizontaler Transfer).
– Unterricht muss den Schüler/innen die Möglichkeit geben, ihr Können unter Beweis zu stellen. Dies gilt in besonderer Weise für überfachliches Lernen (Methodenkompetenzen, Sozialkompetenzen). Aber auch der vertikale Lerntransfer (Stichwort kumulatives Lernen) spielt eine wichtige Rolle, Wissen und Kompetenzen bauen aufeinander auf.
– Unterricht muss von den Lernprozessen her konzipiert werden (Idee jeder lehr-lerntheoretischen Didaktik).

Für Lehrkräfte und Lehrerbildung bedeutet ein kompetenzorientierter Unterricht nach Lersch (2007) ein völliges Umdenken. Bisher wurde von der Fachsystematik ausgehend Unterricht zeitlich geplant und strukturiert. Kompetenzorientierung bedeutet dagegen, dass Unterricht vom Lernziel her geplant werden muss (rückwärts) und die Lernvoraussetzungen sowie die Kompetenzentwicklungsschritte der Schüler/innen in den Blick nehmen muss. Für die konkrete Unterrichtsplanung schlägt Lersch (2007) die Entwicklung von Kompetenzerwerbsrastern vor, mit denen die Zusammenhänge zwischen dem Aufbau von Teilkompetenzen (vertikaler Transfer), den Anwendungssituationen (horizontaler Transfer) und dem überfachlichen Wissen (lateraler Transfer) veranschaulichen lassen.

Auch im Bereich der zweiten Ausbildungsphase wurde über die Implikationen der Kompetenzdiskussion spekuliert. Leisen (2010a) entwickelte beispielsweise ein kompetenzorientiertes Lehr-Lernmodell für die Planung von naturwissenschaftlichem Unterricht. Das Modell dient vor allem für die Ausbildung von Referendar/innen in den Studienseminaren und soll den Blick der Lehrenden auf das Wechselspiel zwischen Lehren und Lernen lenken. Leisen (2010a) kritisiert, dass die gängigen didaktischen Modelle zu sehr auf den Prozess des Lehrens fokussieren. Lehrkräfte sollten allerdings bei der Planung und Reflexion von Unterricht zwischen den Lernprozessen der Schüler/innen und den Lehrprozessen unterscheiden können. Sowohl den Schüler/innen als auch den Lehrenden werden in diesem Modell klare Rollen zugewiesen: Schüler/innen lernen, Lehrkräfte steuern, moderieren und fördern diese Lernprozesse. Kern des Modells ist eine phasenortierte Darstellung des idealtypischen Lernprozesses. Ausgehend von bestimmten Kompetenzen (Lernvoraussetzungen) gestaltet sich der Lernprozess in allgemeinen Schritten:

(1) Im Kontext ankommen und Problemstellung entdecken: Ausgangspunkt von Lernen sind Phänomene, Erfahrungen; im naturwissenschaftlichen Lernen gerade auch erwartungswidrige Phänomen, die bisherige Konzepte ins Wanken bringen.

(2) Vorstellung entwickeln: Zusammen mit den anderen Schüler/innen und der Lehrkraft werden individuelle Vorstellungen zu einem Phänomen/Gegenstand/Begriff vorgestellt und diskutiert.

(3) Lernmaterial bearbeiten, Lernprodukt erstellen und Informationen auswerten: Die Lernenden erhalten in dieser Phase Input von der Lehrkraft bzw. der Lernumgebung. Durch die Auseinandersetzung mit dem Lernmaterial werden die eigenen Vorstellungen erweitert.

(4) Lernprodukt diskutieren: Die neuen Vorstellungen (als Produkt der dritten Phase) werden in diesem Schritt mit anderen Schüler/innen bzw. der Lehrkraft diskutiert, reflektiert, abgeglichen.

(5) Lernzugewinn definieren: Die Schüler/innen ermitteln ihren eigenen Lernzuwachs, indem sie ihre Vorstellungen, Erkenntnisse, Fähigkeiten mit denen in Schritt 2 vergleichen.

(6) Vernetzen und transferieren: Das erworbene Wissen soll nun in anderen Kontexten zur Anwendung kommen (Dekontextualisierung), um es breiter zu verankern bzw. mit anderen Wissensgebieten zu vernetzen. Das Resultat dieses Prozesses ist idealerweise ein Kompetenzzuwachs.

Leisen (2010a) möchte diese Stufenfolge jedoch nicht als linearen Prozess verstanden wissen. Er spricht von einem „fraktalen, selbstähnlichen Prozess" (Leisen 2010, S. 3). Je nach Lernziel bzw. Lernvoraussetzungen der Schüler/innen können die einzelnen Phasen auf unterschiedlichen Ebenen wiederholt durchlaufen werden. Dieser Lernprozess wird durch die Lernumgebung unterstützt. Hierbei unterscheidet Leisen (2010) zwischen personaler Steuerung und materialer Steuerung. Aspekte der materialen Steuerung sind Lernaufgaben, Lernmaterialien, Medien, etc. die von der Lehrkraft vorbereitet und im Unterricht zur Verfügung gestellt werden. Gute Aufgabenstellungen sind der Kern eines Lehr-Lernprozesses (Leisen 2010b). Sie enthalten sowohl Arbeitsaufträge als auch Lernmaterialien und Methoden. Gerade Lernaufgaben sind dabei eher offen zu konzipieren, d.h. sie ermöglichen individuelle Lernwege und Lernen aus Fehlern. Lernaufgaben sollten produktorientiert sein, d.h. zu einer auswertbaren Leistung führen. Aspekte der personalen Steuerung sind direkte Lehrerverhaltensweisen: Moderation des Lernprozesses (Klassenführung, Gesprächsführung), Erklärungen, Diagnose und Rückmeldungen (kontinuierliche Überwachung des Lernprozesses der Schüler/innen; Metareflexion), etc.

Die Modelle von Lersch (2007) und Leisen (2010a) greifen die Idee einer langfristigen Kompetenzentwicklung im Unterricht sehr gut auf und machen die Implikationen für die Schulpraxis deutlich. Unterrichten muss mehr und mehr als ein langfristiges Unterfangen verstanden werden. Lehrkräfte sollten sich von der Vorstellung, dass sie einzelne Inhalte und Themen additiv aneinanderreihen und jeweils abhaken können, verabschieden. In beiden Modellen findet man allerdings keine expliziten Anschlussstellen für fachdidaktische Lehr-Lernmodelle und lernpsychologische Unterscheidungen in Hinblick auf Wissensarten und Lernformen.

In diesem Kapitel werden insgesamt fünf lehr-lerntheoretische Planungskategorien vorgeschlagen (Abbildung 16). Diese Planungskategorien sollen als Weiterentwicklung bzw. Modifikation der oben skizzierten lehr-lerntheoretischen Didaktikmodelle verstanden werden. Es wird der Versuch unternommen, bestimmte Defizite bisherige Planungsmodelle auszugleichen (z.B. fachdidaktischer Anschluss, Kompetenzorientierung, formative Leistungsdiagnostik). Allerdings werden mit Sicherheit neue blinde Flecken entstehen. Ein Anspruch auf Vollständigkeit wäre unrealisitisch und wird auch nicht erhoben. Andererseits sollte gewährleistet sein, dass Lehramtsstudierende alle zentralen und relevanten Planungsüberlegungen erfassen, wenn sie eine ausführliche Unterrichtsplanung entlang dieser fünf Kategorien dokumentieren:

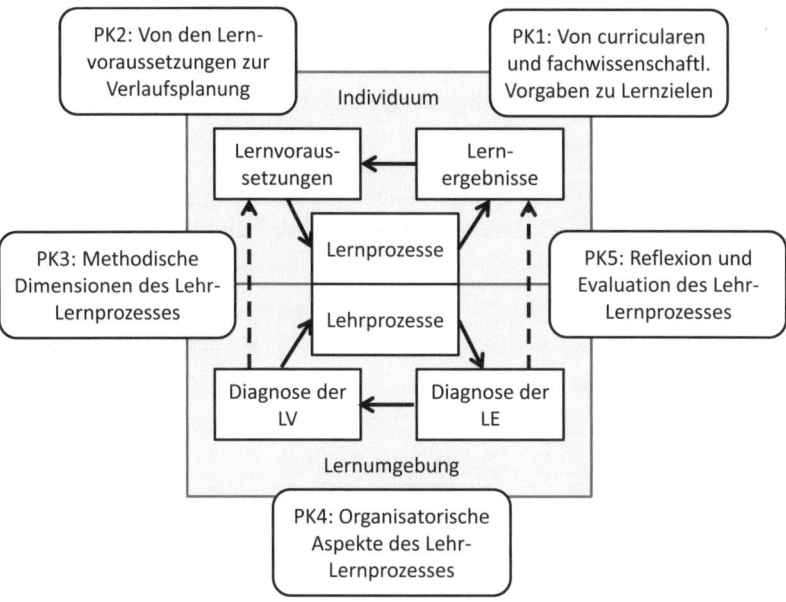

Abb. 16: Kategorien grundlegender Überlegungen zur Planung und Analyse von Lehr-Lernprozessen

(1) Von den curricularen und fachwissenschaftlichen Vorgaben zu Lernzielen

(2) Von den Lernvoraussetzungen zur Verlaufsplanung

(3) Methodische Dimensionen des Lehr-Lernprozesses

(4) Organisatorische Aspekte des Lehr-Lernprozesses

(5) Reflexion und Evaluation des Lehr-Lernprozesses

Wie schon mehrfach angedeutet, soll hier kein Planungsmodell für einzelne Unterrichtsstunden entworfen werden. Die Beschäftigung mit lerntheoretischen Grundlagen zeigt, dass Unterricht von langfristig angelegten Lehr-Lernprozessen bzw. Kompetenzentwicklungsprozessen aus zu denken ist. Die für Unterrichtsplanung relevanten Zeiträume variieren von Lernziel zu Lernziel und von Individuum zu Individuum. Von der Erarbeitung eines Gedichts bis zum auswendigen Vortragen vergehen vielleicht drei Tage oder drei Wochen. Lesen lernt man nicht in drei Wochen. Manche benötigen die gesamte Grundschulzeit dazu. Wie man mit Zirkel und Lineal eine Senkrechte konstruiert kann man normal begabten Schüler/innen in 30 Minuten zeigen und erklären. Vielleicht benötigt man zusätzlich noch drei oder vier Übungseinheiten in den Tagen danach. Mit Sicherheit gibt es aber kein Lernziel, das sich bei einer Gruppe von Schüler/innen ganz exakt innerhalb von 45 Minuten erreichen lässt. Von der klassischen Planung einzelner Unterrichtsstunden sollte man deshalb Abschied nehmen. Die hier vorgestellten Planungskategorien sind ein Versuch, dies zu tun.

Analog zum Gedanken der Interdependenz der Entscheidungsfelder im Berliner Modell verstehen sich die Planungskategorien als nicht zeitlich zu durchlaufende Schrittfolge. Es werden lediglich wichtige Überlegungen in fünf Bereiche zusammengefasst. Womit man beginnt und endet bleibt der/m einzelnen Lehrer/in überlassen. Lediglich für die schriftliche Dokumentation einer ausführlichen Unterrichtsplanung können die Überlegungen in der hier aufgeführten Reihenfolge zu Papier gebracht werden.

5.1 Von den curricularen und fachwissenschaftliche Vorgaben zu Lernzielen

Eine erste Kategorie von Überlegungen zur Planung, Analyse und Reflexion von Lehr-Lernprozessen umfasst in einem sehr allgemeinen Sinne die gesellschaftlich-kulturellen Vorgaben schulischen Lehrens und Lernens, die zu konkreten Lernzielen kleingearbeitet werden müssen (Abbildung 17). Was soll gelernt werden? Welche allgemeinen und spezifischen Bildungsziele werden mit einer Lehr-Lernsequenz verfolgt? Welches kulturelle Wissen bzw. welche fachwissenschaftlichen Inhalte bilden den Rahmen für Unterricht? Welche Lernziele lassen sich daraus ableiten und wie ist deren kognitives Anspruchsniveau zu bewerten?

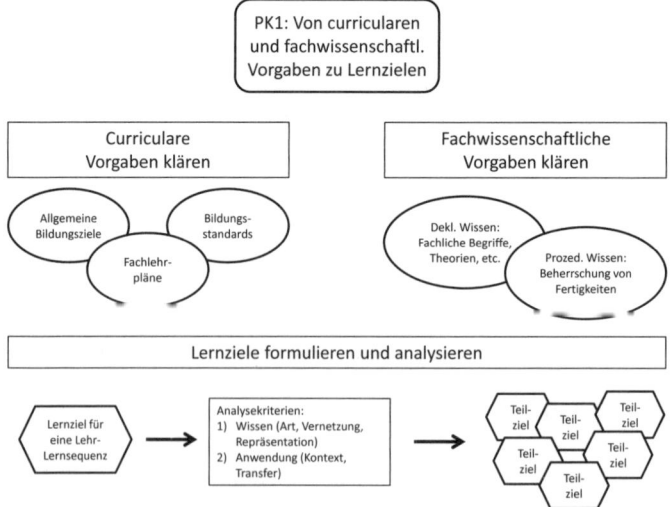

Abb. 17: Schematische Darstellung der Arbeitsschritte in Planungskategorie 1

Curriculare und fachwissenschaftliche Vorgaben hängen eng miteinander zusammen und werden deshalb auch in einer Planungskategorie reflektiert. Lehrpläne und Bildungsstandards sind das Ergebnis eines gesellschaftlichen „Ringens" um die Inhalte, die das öffentliche Schulwesen tradieren, d.h. an die nachfolgenden Generationen weitergeben soll. Lehrpläne oder Bildungsstandards betrachten Unterrichtsinhalte dabei durch die Linse gesellschaftlicher Relevanz. Aufgrund von Selektionsentscheidungen bei der Entwicklung von Lehrplänen entstehen aus fachwissenschaftlicher Sicht jedoch blinde Flecken. Die fachwissenschaftliche Analyse der Lerninhalte bietet die Sichtweise(n) der jeweiligen Bezugswissenschaften. Aber auch diese Sichtweise ist für sich genommen defizitär. Nicht alles wissenschaftlich Interessante ist auch für den Unterricht relevant. Allein ein gründliches Studium sowohl der curricularen als auch der fachwissenschaftlichen Vorgaben ermöglicht eine klare Einschätzung von Struktur und Relevanz der Unterrichtsgegenstände. Eine genaue Kenntnis der fachwissenschaftlichen und curricularen Vorgaben mündet in die Formulierung von Lernzielen für den zu planenden Lehr-Lernprozess. Es werden einfache und lernpsychologisch fundierte Dimensionen zur Analyse dieser Lernziele vorgeschlagen. Für die weiteren Planungsschritte muss geklärt werden, welche kognitiven Anforderungen die curricularen und fachwissenschaftlichen Vorgaben mit sich bringen.

5.1.1 Curriculare Vorgaben klären

Schulische Lehr-Lernprozesse finden immer in einem öffentlichen Raum statt, d.h. Lehrkräfte sollten sich darüber im Klaren sein, dass sie mit ihrem Tun allgemeine, in den Verfassungen und Schulgesetzen der Länder festgelegte Bildungsziele verfolgen sollen. So heißt es beispielsweise in Artikel 131 der bayerischen Verfassung:

„(1) Die Schulen sollen nicht nur Wissen und Können vermitteln, sondern auch Herz und Charakter bilden.

(2) Oberste Bildungsziele sind Ehrfurcht vor Gott, Achtung vor religiöser Überzeugung und vor der Würde des Menschen, Selbstbeherrschung, Verantwortungsgefühl und Verantwortungsfreudigkeit, Hilfsbereitschaft und Aufgeschlossenheit für alles Wahre, Gute und Schöne und Verantwortungsbewusstsein für Natur und Umwelt.

(3) Die Schüler sind im Geiste der Demokratie, in der Liebe zur bayerischen Heimat und zum deutschen Volk und im Sinne der Völkerversöhnung zu erziehen."

Ähnliche Formulierungen wird man in den Schulgesetzen und Verfassungen der anderen Bundesländer finden. Vielleicht mehr oder weniger pathetisch, mit mehr oder weniger starkem Bezug zu Heimt, Gott, Volk, etc. Aber auch die Präambeln oder Einleitungen von Lehrplänen, Bildungsstandards oder Bildungsplänen bieten reichhaltige Beispiele für die bewusste Auseinandersetzung mit den allgemeinen Bildungszielen einzelner Unterrichtsfächer. So heißt es beispielsweise im Vorwort zu den Bildungsstandards des Faches Mathematik für die Realschule in Baden-Württemberg (2004, S. 60):

„Die Intention mathematischer Standards ist es, Schülerinnen und Schüler zu befähigen, mathematische Kompetenzen zu benutzen, um in einer sich verändernden Welt Probleme lösen zu können. Es geht um die Verwendung von Mathematik in einem breiten Spektrum unterschiedlicher Situationen."

Was haben diese schön aber altertümlich klingenden, abstrakten Formulierungen allgemeiner Bildungsziele mit der konkreten Planung von Lehr-Lernprozessen zu tun? Wer sich an den allgemeinen Bildungszielen der öffentlichen Schule orientiert, kann sich von manch sklavischer Norm auf unterer Ebene emanzipieren. Soll man auf eine thematische und im Lehrplan verankerte Unterrichtseinheit verzichten, wenn ein Teil der Schüler/innen das bisher erarbeitete noch nicht verstanden hat? Ja klar, auch auf die Gefahr hin, dass Schulleiter/in, Kolleg/innen oder Eltern kritisch nachfragen, warum dieses Thema nicht behandelt wurde. Soll man die Notengebung für sehr leistungsschwache Schüler/innen aussetzen, auch wenn man dabei Verordnungen umgeht? Ja klar, man muss sogar. Wenn Lehrkräfte den Eindruck gewinnen, dass eine bestimmte schulische Praxis, administrative Regularien oder eine Vorgabe in den Lehrplänen nicht mit den Bildungs- und Erziehungszielen der Verfassung übereinstimmen, sind sie zum Widerspruch verpflichtet.

Vielleicht bleibt im hektischen Alltag eines Schulpraktikums oder des Vorbereitungsdienstes keine Zeit für derartige Erörterungen. Der Zeitdruck ist womöglich viel zu hoch. Aber zumindest könnte bei einer ausführlichen Unterrichtsplanung ein Blick auf allgemeine Bildungsziele nicht schaden. Vielleicht sieht man dann den ganzen Planungs- und Vorbereitungsstress etwas gelassener. Gerade in einer von Kompetenzorientierung und unterrichtsmethodischer Vielfalt geprägten Zeit könnte man an dieser Stelle auch die gute alte „Didaktische Analyse" nach Wolfgang Klafki (1958) zwischenschalten. Das genaue Durchdenken der gesellschaftlichen und persönlichen Relevanz von Themen wurde von Klafki als das Fundament von Unterrichtsplanung und Unterrichten angesehen. Nur wenn Lehrkräfte auch wissen warum sie etwas unterrichten, können sie mit aller Kraft für diese Thematik eintreten.

Beispiel: Evolutionäre Anpassung von Vögeln

Anhaltspunkte für die Bedeutung von Bildungsinhalten lassen sich allerdings auch direkt den Lehrplänen entnehmen. Die folgenden Zitate aus dem Fachprofil „Physik/Chemie/Biologie" des bayerischen Lehrplans für Hauptschulen (Stand 2011, S. 47) vermitteln einen Eindruck, wie man sich den Bildungsgehalt der Thematik „Anpassung bei Vögeln" vorstellen könnte:

„– Schüler sollen naturwissenschaftliches Grundwissen erwerben

– Achtung vor der belebten und unbelebten Natur
– Lebensbedeutsamkeit der Beispiele und Phänomene soll Neugier und Freude wecken
– Erschließen der Thematik über die originale Begegnung
– Alltagsvorstellungen werden zu naturwissenschaftlichen Begriffen und Vorstellungen erweitert
– Einübung fachgemäßer Arbeitsweisen
– Üben, Wiederholen und Anwenden des Wissens
– Experimenten kommt für die Erklärung naturwissenschaftlicher Sachverhalte eine große Bedeutung zu"

Im engeren Sinne geben die Fachlehrpläne der Bundesländer das Curriculum an Schulen vor. Diese sind teilweise schon kompetenzorientiert formuliert. Zumindest werden für alle Fächer allgemeine Erziehungs- und Bildungsziele beschrieben. Danach findet allerdings eine Zuteilung von Inhalten und Themen zu einzelnen Jahrgangsstufen oder Bildungsabschnitten (3./4. Klasse, 5./6. Klasse) statt. Das Thema „evolutionäre Anpassung von Vögeln" könnte an Hauptschulen in Bayern beispielsweise in den Unterrichtseinheiten „Bewegung – Fortbewegung" (Physik/Chemie/Biologie, Klasse 5) oder „Luft – Lebensgrundlage und Lebensraum" (Physik/Chemie/Biologie, Klasse 7) verortet werden. Eine Weiterführung der Thematik wäre in Jahrgangsstufe 10 der Mittelschule im Thema „10.4 Entwicklung der Lebewesen" denkbar.

Ein Unterrichtsthema sollte nicht nur im länderspezifischen Lehrplan, sondern in den Kernfächern auch in den KMK-Bildungsstandards verortet werden können. Im Abschnitt „Kompetenzbegriff und Bildungsstandards" wurde der Aufbau der nationalen Bildungsstandards bereits ausführlich vorgestellt und kritisch analysiert. Im Vergleich zu den Lehr- und Bildungsplänen der Länder werden Kompetenzziele für komplette Bildungsabschnitte formuliert (Primarstufe, Sekundarstufe). Zudem werden die Fachcurricula von allgemeinen Fachkompetenzen aus gedacht. Am Beispiel der Unterrichtseinheit „evolutionäre Anpassung bei Vögeln" soll der Versuch unternommen werden, die curricularen Vorgaben der KMK-Bildungsstandards für diese Thematik zu skizzieren:

In den Bildungsstandards für den Mittleren Schulabschluss in Biologie (KMK 2004) wird das biologische Fachwissen entlang der Basiskonzepte System, Struktur, Funktion und Entwicklung beschrieben. Diese Basiskonzepte bilden auch den thematischen Rahmen für den Begriff der evolutionären Anpassung. Beim Basiskonzept Struktur und Funktion heißt es u.a. (Seite 9): „Angepasstheit von Organismen an ihre Umwelt ist Ergebnis der evolutionären Entwicklung von Struktur und Funktion." Das Basiskonzept Entwicklung wird u.a. wie folgt beschrieben: „Zelle und Organismus zeigen eine artspezifische individuelle Entwicklung. Auch die Ökosysteme und die Biosphäre verändern sich in der Zeit. Die Entwicklung von

Ökosystemen verändert die Biosphäre. Genetische Anlagen und Umwelteinflüsse bedingen den Verlauf der artspezifischen Individualentwicklung. Mutation und Selektion gehören zu den Ursachen der innerartlichen und stammesgeschichtlichen Entwicklung."

Etwas konkreter werden die Lernziele in den Standards für den Kompetenzbereich Fachwissen beschrieben (KMK 2004, Standards Biologie für MSA, S. 13/14):

„Die Schülerinnen und Schüler ...

... beschreiben die strukturelle und funktionelle Organisation im Ökosystem,

... beschreiben und erklären die Angepasstheit ausgewählter Organismen an die Umwelt."

Oder im Bereich F 3 Entwicklung

„Die Schülerinnen und Schüler ...

... beschreiben und erklären Verlauf und Ursachen der Evolution an ausgewählten Lebewesen

... erklären die Variabilität von Lebewesen

Man findet allerdings auch in den anderen Kompetenzbereichen Begründungen für eine Unterrichtseinheit zur evolutionären Anpassung bei Vögeln. Bei den Standards für den Kompetenzbereich Erkenntnisgewinnung findet man folgende Formulierungen:

„Die Schülerinnen und Schüler ...

... beschreiben und vergleichen Anatomie und Morphologie von Organismen,

... analysieren die stammesgeschichtliche Verwandtschaft bzw. ökologisch bedingte Ähnlichkeit bei Organismen durch kriteriengeleitetes Vergleichen,

... ermitteln mithilfe geeigneter Bestimmungsliteratur im Ökosystem häufig vorkommende Arten, (...)"

Beispiel für Lehrplanvorgaben und Bildungsstandards: Texte schreiben

Ein weiteres Beispiel für die curriculare Verortung von Lehr-Lernprozessen ist das Lernziel „Texte schreiben können". Die Bildungsstandards im Fach Deutsch für den Hauptschulabschluss (Jahrgangsstufe 9; Beschluss der Kultusministerkonferenz vom 15.10.2004) umreißen den Kompetenzbereich Schreiben recht genau (S. 11 ff):

„– über Schreibfertigkeiten verfügen: Texte in gut lesbarer handschriftlicher Form und in einem der Situation entsprechenden Tempo schreiben, Texte dem Zweck entsprechend und adressatengerecht gestalten, sinnvoll aufbauen und strukturieren: z.B. Blattaufteilung, Rand, Absätze, Textverarbeitungsprogramme und ihre Möglichkeiten nutzen: z.B. Formatierung, Präsentation, Formulare ausfüllen.

- richtig schreiben: Grundregeln der Rechtschreibung und Zeichensetzung kennen und anwenden, häufig vorkommende Wörter – auch wichtige Fachbegriffe und Fremdwörter – richtig schreiben, individuelle Fehlerschwerpunkte erkennen und Fehler durch Anwendung von Rechtschreibstrategien vermeiden: z.b. Ableiten, Wortverwandtschaften suchen, grammatisches Wissen nutzen.
- einen Schreibprozess eigenverantwortlich gestalten
- Texte planen und entwerfen, den Schreibauftrag verstehen, einen Schreibplan entwickeln, Informationsquellen nutzen: z.b. Bibliotheken, Nachschlagewerke, Zeitungen, Internet, Stoffsammlung erstellen, Informationen ordnen: z.b. Mindmap.
- Texte schreiben: gedanklich geordnet schreiben, formalisierte lineare Texte/ nichtlineare Texte verfassen: z.b. sachlicher Brief, Lebenslauf, Bewerbungsschreiben, Ausfüllen von Formularen, Schaubild, Diagramm, Tabelle; grundlegende Schreibfunktionen umsetzen: erzählen, berichten, informieren, beschreiben, appellieren, argumentieren; produktive Schreibformen nutzen: z.b. umschreiben, weiterschreiben, ausgestalten, (…)
- Texte überarbeiten: eigene und fremde Texte hinsichtlich Aufbau, Inhalt und Formulierungen revidieren, Verfahren zur Überprüfung der sprachlichen Richtigkeit kennen und nutzen.
- Methoden und Arbeitstechniken: Notizen machen, Stichpunkte sammeln und ordnen, Arbeitsschritte festlegen, Texte formal gestalten/überarbeiten: z.b. Blattaufteilung, Rand, Absätze, Schriftbild, Texte optisch gestalten, unterschiedliche Informationsquellen nutzen, mit Textverarbeitungs- und Mailprogrammen umgehen, Schreibkonferenzen durchführen, Wörterbücher und Nachschlagewerke nutzen, (…)"

Eine Unterrichtseinheit zur Förderung von Schreibprozessen lässt sich in diesen einzelnen Kompetenzfacetten der Bildungsstandards recht genau verorten. Die Formulierungen der Bildungsstandards haben den Vorteil, dass sich relativ konkrete Lernziele direkt ableiten lassen und auch Bewertungskriterien für gelungene Schreibprozesse bzw. Schreibprodukte durch die kompetenzorientierte Darstellung bereits geliefert werden. Ein Blick in den bayerischer Lehrplan für Hauptschulen (Deutsch Fachprofil, Abschnitt Texte verfassen, S. 35) zeigt überdies, dass curriculare Vorgaben teilweise schon auf die Gestaltung des Lehr-Lernprozesses hin ausgelegt sind:
„Im Unterschied zum mündlichen Sprachhandeln liegt dem Verschriftungsprozess stets ein bewusster Arbeitsablauf zugrunde: einer stofflichen Auseinandersetzung mit der Thematik folgt das Vorplanen des Textes in Hinblick auf den möglichen Leser, dessen Erwartungen und sprachlichen Fähigkeiten und auf die eigene Intention. Sodann gestalten die Schüler unter Einbezug der erarbeiteten oder schon beherrschten sprachlichen Mittel den Text, den sie anschließend unter der Fra-

gestellung der Wirkung auf den Leser überarbeiten. Dies soll auch vermehrt in Schreibkonferenzen geschehen, fördern doch diese gemeinsamen Besprechungen die Motivation, aber auch die Gedankenvielfalt und damit die Qualität der Texte. Gerade aus der Rückmeldung erfahren die Schüler, dass Schreiben für sie sinnvoll und bereichernd sein kann. Das gilt ebenso für den Bereich des kreativen Umgangs mit Texten und des kreativen Schreibens. Weitere Schreibformen wie Lebenslauf und Bewerbung stellen einen wichtigen Bezug zur kommenden Berufswelt dar." Dieses Lehrplanzitat umfasst bereits ein rudimentäres Lehr-Lernmodell für den Schreibunterricht. Wichtige schreibdidaktische Methoden wie Schreibkonferenzen oder Textüberarbeitungen werden angedeutet und können als Bezugspunkte für Überlegungen in den Planungskategorien zwei und drei genutzt werden.

5.1.2 Fachwissenschaftliche Vorgaben klären

Die Bedeutung einer Beschäftigung mit den fachwissenschaftlichen Vorgaben für eine Lehr-Lernplanung kann man gar nicht hoch genug einschätzen. In der Didaktik aber auch in der Bildungspolitik gab und gibt es immer wieder eine Diskussion über die fachwissenschaftlichen Kompetenzen von Lehrkräften. Können bzw. sollen Lehrkräfte auch fachfremd unterrichten? Müssen alle Lehrkräfte ein vertieftes Fachstudium absolvieren, um kompetent unterrichten zu können? Sind nicht die stark fachwissenschaftlich orientierten Lehrkräfte die schlechteren Pädagogen, weil sie eher an den Inhalten als an den Lernprozessen der Schüler/innen interessiert sind? Welche Bedeutung soll man der Sachanalyse in einem ausführlichen Unterrichtsentwurf beimessen?
Internationale Vergleichsstudien zur Lehrer/innenbildung bzw. zur Kompetenz von Lehrkräften deuten darauf hin, dass das Fachwissen von Lehrkräften nicht gut genug sein kann (z.B. Blömeke 2010). Lehrkräfte benötigen eine klare und wissenschaftlich vertiefte Vorstellung von den zu unterrichtenden Gegenständen, Fähigkeiten und Kompetenzen. Freilich kann man auch guten Unterricht machen, wenn man den Schüler/innen lediglich „drei Seiten im Schulbuch voraus ist". Dies ist an vielen Schulen mit Klassenlehrerprinzip und fachfremdem Unterricht die tägliche Realität und erfahrene Lehrkräfte können auch mit einem minimalen Wissensvorsprung ihre Schüler/innen motivieren und zum Lernen anregen. Anfänger/innen ist davor aber dringend abzuraten. Schüler/innen haben ein ganz feines Gespür für Unsicherheiten. Praktikant/innen und Referendar/innen haben ohnehin noch keine absolut sicheren Routinen im Umgang mit der Klasse oder beim Arrangieren von Unterrichtsmethoden und Medien. Deshalb sollte wenigstens das eigene Fachwissen absolut sicher sitzen.
Lehrer/innen sollten dabei nicht nur den direkt zu unterrichtenden Lerngegenstand fachwissenschaftlich beherrschen bzw. durchdringen. Es ist von großem Vorteil, wenn das eigene Fachwissen noch weit über das Schulwissen hinausreicht. Zum ei-

nen wird man immer wieder Schüler/innen antreffen, die mit dem eng umgrenzten Schulbuch- bzw. Lehrplanwissen nicht zufrieden sind und weiterführende Fragen stellen. Gerade diese Situationen sind für den ganzen Lehr-Lernprozess sehr bereichernd. Schade, wenn man da passen müsste oder zumindest nicht andeuten kann, wie man sich in dieser Sache weiter schlau machen könnte. Zum anderen spüren auch weniger strebsame Schüler/innen, wenn eine Lehrkraft vom eigenen Fach begeistert ist, ja dieses Fach geradezu lebt.

Die beste fachwissenschaftliche Vorbereitung auf die eigene Unterrichtstätigkeit ist natürlich ein vertieftes Fachstudium, lebenslanges Lernen oder sogar eine eigene, wenn auch nur eng begrenzte Forschungstätigkeit. Eine Geschichtelehrerin, die lokalhistorische Studien betreibt, wird davon auch bei der Vorbereitung einer Unterrichtseinheit zu den Griechen sehr profitieren. Sei es auch nur darin, dass man die Grundlagen des wissenschaftlichen Arbeitens in seiner Disziplin auch aus der eigenen Forschungspraxis kennt.

Steht man allerdings erst am Beginn des Fachstudiums und soll bereits unterrichten, muss man sich schnell einen fachlichen Überblick verschaffen können. Handbücher, Studienbücher oder Lexika ermöglichen schnelle Ein- und Überblicke. Bei ausführlichen Unterrichtsplanungen sollte man nicht vergessen, die exzerpierten Quellen zu notieren. Bei der Aufarbeitung der fachwissenschaftlichen Grundlagen müssen Lehramtsstudierende – analog zu Hausarbeiten – natürlich ihre wissenschaftliche Arbeitsweise unter Beweis stellen können. Je nach Thematik kann es sinnvoll sein, Internetquellen als ergänzende Information zu nutzen. Basiert die Sachanalyse allerdings nur auf Wikipedia-Einträgen, zeigt die/der Studierende, dass sie/er die relevante Fachliteratur entweder nicht kennt oder nicht damit arbeiten kann. Generell gilt, dass die Seriosität von Internetquellen nur dann eingeschätzt werden kann, wenn man bereits über ein gewisses Basiswissen zu einem Thema verfügt. Gerade zu Beginn des Lehramtsstudiums sollte deshalb erst einmal eine intensive Auseinandersetzung mit der wissenschaftlichen Fachliteratur stattfinden. Wie umfänglich der fachwissenschaftliche Stand zu einem Unterrichtsthema in einer ausführlichen Unterrichtsplanung dargestellt werden sollte, lässt sich nicht pauschal beantworten. Im Zweifel können die Mentor/innen oder Hochschulbetreuer/innen hier genaue Auskunft geben. Ein guter Indikator ist jedoch, ob es in der Sachanalyse gelingt, die engere Thematik in den weiteren fachwissenschaftlichen Gesamtzusammenhang einzuordnen. Dabei könnten beispielsweise auch grafische Darstellungen genutzt werden, um die fachwissenschaftlichen Grundlagen darzustellen (z.B. Concept-Maps).

Beispiel:
Verwitterung am Beispiel der Entstehung von Sandwüsten

Als fachwissenschaftliche Grundlage sollte vor allem der Begriff *Verwitterung* in der physischen Geographie verstanden werden. Verwitterung wird dort als Prozess der

Zerstörung von Gesteinen und Mineralen durch exogene Kräfte verstanden. Dabei werden unterschiedliche Formen der Verwitterung unterschieden:

– Physikalische (mechanische) Verwitterung: Gestein wird durch mechanische Prozesse zerkleinert oder aufgelockert; die chemische Zusammensetzung des Gesteins wird nicht verändert.

– Chemisch: Auflösung, Neubildung, etc. der Mineralien eines Gesteins durch chemische Reaktionen mit Luft, Wasser, etc.; die Produkte der chemischen Verwitterung bilden den Regolith (Lockermaterialdecke)

– Biologisch: z.B. Zersetzung von Gesteinen durch Moose oder Flechten

In der Regel wirken die verschiedenen Formen der Verwitterung zusammen. Verwitterungsprozesse können unterschiedlich intensiv ablaufen.

Verwitterung führt zu Landschaftsveränderungen (Verwitterung als wichtiger Begriff in der Geomorphologie)

Verwitterung ist der grundlegende Prozess für die Bodenbildung (Verwitterung als wichtiger Begriff in der Bodengeographie)

Hauptformen der physikalischen Verwitterung sind: Temperaturverwitterung bzw. Frostverwitterung; Salzverwitterung; Druckentlastung; Sprengwirkung von Pflanzenwurzeln. Am häufigsten kommt es zu physikalischen Verwitterungsprozessen. Diese lassen sich durch Ausdehnung bzw. Schrumpfung der Gesteinsoberflächen in Folge von Erwärmung und Abkühlung erklären. Die Temperaturverwitterung hängt von der Häufigkeit und Intensität der Temperaturschwankungen sowie von den Niederschlägen ab.

Verwendete Literatur:

Ahnert, F. (1996): Einführung in die Geomorphologie. Stuttgart.

Zepp, H. (2002): Grundriss Allgemeine Geographie: Geomorphologie. Paderborn, München, Wien, Zürich.

Lernportal zur Einführung in die Physische Geographie der Freien Universität Berlin (http://www.geo.fu-berlin.de/fb/e-learning/pg-net/themenbereiche/bodengeographie/verwitterung/index.html)

Unbedingt sollten in einem ausführlichen Unterrichtsentwurf die fachwissenschaftlichen Quellen, die genutzt wurden, aufgeführt werden. Es wäre unseriös, wenn man sich ausschließlich auf Internetquellen (Wikipedia, etc.) beruft. Lehramtsstudierende sollten ihre fachwissenschaftliche Expertise auch dadurch ausweisen, dass sie wichtige Lehrbücher kennen und zitieren. Es spricht nichts dagegen, ergänzend Internetquellen heranzuziehen. Allerdings kann man die Seriosität der Informationen in Internetquellen nur mit einem gewissen Grundwissen in der Fachdisziplin einschätzen

Bei der Sachanalyse spielt die Art des im Unterricht zu vermittelnden Wissens natürlich eine wesentliche Rolle. Die beiden Beispiele bezogen sich überwiegend auf deklaratives Wissen (naturwissenschaftliche Konzepte, Faktenwissen in Geschichte, etc.). Die Sachanalyse umfasst dann das fachwissenschaftliche (deklarative) Wissen zur Thematik. Etwas anders verhält es sich bei den sog. „instrumentellen Fertigkeiten", d.h. bei überwiegend prozeduralen Lernzielen. Wenn man im Rahmen eines Lese-Lehrgangs einen Buchstaben einführen soll, macht es natürlich keinen Sinn, sich in der Sachanalyse über die Geschichte des Alphabets zu äußern. In diesen Fällen sollte die Sachanalyse eine Analyse des Prozesses bzw. der Prozedur sein. Was heißt Lesen? Welche Teilprozesse spielen beim Lesen eine Rolle? D.h. der fachwissenschaftliche Referenzpunkt wäre in diesem Fall die Psycholinguistik bzw. die angewandte Linguistik.

Das Thema „Eine Inhaltszusammenfassung schreiben" wäre ein Beispiel für die klare Trennung von deklarativen und prozeduralen Aspekten des Fachwissens. Wenn man eine Lehr-Lernsequenz zum Schreiben von Inhaltsangaben plant, sollte man sich bei der Aufarbeitung der fachwissenschaftlichen Grundlagen nicht nur mit den textsortenspezifischen Merkmalen einer Inhaltsangabe beschäftigen (Überschrift, Kernsatz, knappe, sachliche Sätze, etc.). Dieses Wissen um den Aufbau einer Inhaltsangabe ist sozusagen die deklarative Wissenskomponente der Kompetenz „eine Inhaltszusammenfassung schreiben können". Ebenso bedeutsam ist die prozedurale Komponente der Kompetenz. Wie schreiben Experten Texte? Wie gehe ich als Lehrer/in vor, um eine Inhaltsangabe zu schreiben? Welche Prozesse laufen beim Schreiben von Texten oft im Verborgenen ab? Um dies zu klären, könnte man auf Analysen zur Struktur des Schreibprozesses zurückgreifen. Ludwig (1983) beschreibt folgende Facetten eines gelungenen Schreibprozesses:

– Motivationale Basis
– Langzeitgedächtnis: Weltwissen, sprachliches Wissen, Wissen über Schreibpläne, Fähigkeiten (motorische Fertigkeiten)
– Vorbereitungshandlungen und situative Bedingungen (Anlass, Leser, Ort, Zeit, etc.)
– Schreibprozess: (a) Konzeptionelle Prozesse (Zielsetzung, gedankliche Konzeption, Bildung eines Schreibplanes), (b) Innersprachliche Prozesse (Textbildung, Satzbildung, Konventionen berücksichtigen), (c) Motorische Prozesse, (d) redigierende Aktivitäten (Lesen, Korrigieren, Redigieren, Neu fassen)
– Der Schreibprozess interagiert mit dem entstehenden Text

In neueren didaktischen Ansätzen wird von Schreibkompetenz gesprochen. Beispielsweise bei Fix (2008, S. 33): „Schreibkompetenz wird verstanden als die Fähigkeit, pragmatisches Wissen, inhaltliches (Welt- und bereichsspezifisches) Wissen, Textstrukturwissen und Sprachwissen in einem Schreibprozess so anzuwenden, dass das Produkt den Anforderungen einer (selbst- oder fremdbestimmten) Schreibfunktion (z.B. Anleiten, Erklären, Unterhalten...) gerecht wird. Dazu gehört die Integration von folgenden Teilkompetenzen:

- Zielsetzungskompetenz (Setzen eines konkreten Schreibziels aufgrund der Analyse der Schreibfunktion und -situation; Wissen über die Angemessenheit des Geschriebenen für die Leser)
- Inhaltliche Kompetenz (Vorwissen aktivieren, neues Wissen rezipieren, Semantik)
- Strukturierungskompetenz (eine sinnvolle, kohärente Textstruktur finden, ein Textmuster realisieren)
- Formulierungskompetenz (operationales Sprachwissen, bis hin zur motorischen Umsetzung; Syntax, Lexik, Morphologie, Orthografie)
- Revisionskompetenz (Problemdiagnosefähigkeit, Überarbeitungsverfahren)."

Man sieht, dass eine Analyse der prozeduralen Aspekte der Thematik „eine Inhaltsangabe verfassen" die Komplexität wesentlich erhöht. Dabei wird allerdings erst einmal deutlich, welche Anforderungen an die Schüler/innen gestellt werden. Würde man die Thematik auf die deklarativen Facetten des textsortenspezifischen Wissens reduzieren, bekommt man einen falschen Eindruck von dem, was die Schüler/innen letztendlich leisten müssen.

5.1.3 Lernziele formulieren und analysieren

Versteht man den fachlichen Hintergrund und kennt die curricularen Grundlagen, lassen sich die längerfristigen Ziele einer Unterrichtseinheit oder Lehr-Lernsequenz formulieren. Längerfristig soll heißen, dass man zunächst den gesamten Lernprozess antizipieren sollte. Im Rechenunterricht der dritten Klasse ist ein längerfristiges Lernziel das geschickte Addieren und Subtrahieren im 1000er-Raum. Dieses Lernziel kann man weder in einer Stunde, noch einer Woche abhaken. Es prägt den Mathematikunterricht über Monate. Gleiches gilt für das Schreiben von Texten (verschiedenen Textsorten) im Deutschunterricht der Sekundarstufe I. Textsortenunabhängige Schreibkompetenzen sind dort Lernziel über mehrere Schuljahre hinweg. Auch bei der Planung kürzerer Lehr-Lernsequenzen (z.B. Übung des Schreibens von Inhaltszusammenfassungen innerhalb einer dreiwöchigen Lehr-Lernsequenz) sollte dieses übergreifende, längerfristige Lernziel präsent sein.

Im Sinne einer lehr-lerntheoretischen Didaktik müssen Lernziele in Hinblick auf ihre Bedeutung für Lern- und Wissenserwerbsprozesse analysiert werden. D.h. es sollte überlegt werden, welche Art von Wissen aufgebaut werden soll. Hierzu wird auf die im lernpsychologischen Grundlagenkapitel eingeführten Grundbegriffe der Analyse von Wissen zurückgegriffen: Wissensart (deklaratives und prozedurales Wissen), Grad der Vernetzung (welche Wissenseinheiten hängen miteinander zusammen bzw. bauen aufeinander auf?), Repräsentationsmodi (psychomotorisch, bildlich, sprachlich, phonologisch, etc.). Ebenfalls soll überlegt werden, welche Anwendungsbedingungen in den curricularen Vorgaben gesetzt werden. Daraus lässt sich schließen, wie hoch die Anforderungen an die Transferierbarkeit des Wissens sind.

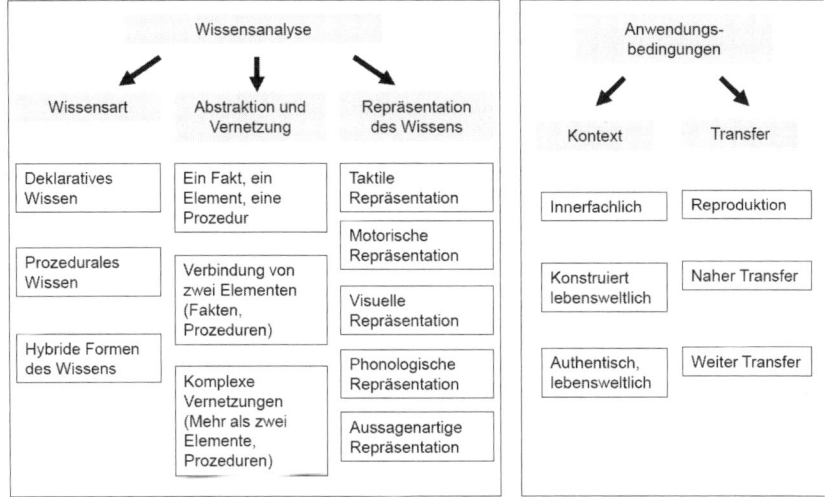

Abb. 18: Facetten einer wissenspsychologisch fundierten und kompetenzorientierten Lernzielanalyse

(1) Unterscheidung zwischen deklarativem und prozeduralem Wissen
Bei prozeduralem Wissen geht es um die Automatisierung von motorischen Prozeduren (Bewegungsabläufe, Wörter aussprechen, Akkorde greifen, etc.). Prozedurales Wissen entzieht sich oft der bewussten Reflexion. Schüler/innen können nicht erklären, wie sie den Stift halten, sie können es aber vormachen. Gleiches gilt für automatisierte Prozeduren wie Schuhe binden, Autofahren oder Turnübungen.
Bei der Formulierung von Lernzielen sollte gefragt werden, welche Fertigkeiten, Teilfertigkeiten bis zu welchem Grad beherrscht werden sollen (Performanz). Beispiel Schreibkompetenz: Wie wird das Ziel Schreibkompetenz im Lehrplan bzw. in den Bildungsstandards insgesamt beschrieben? Welche übergreifenden Lernziele werden formuliert?
Bei deklarativem Wissen geht es um den Aufbau interner Repräsentationen der Umwelt in Form komplexer Netzwerke. Es wird angenommen, dass Wissen über Phänomene, Gegenstände, Personen, Theorien, etc. in Form miteinander verknüpfter Einzelaussagen oder Bilder in unserem Gehirn gespeichert ist (z.B. Die Donau ist der längste Fluss Europas; sie fließt ins Schwarze Meer; andere Flüsse fließen in die Nord- und Ostsee; es gibt eine Europäische Wasserscheide; etc.). Eine vernetzte mentale Struktur mit Verbindungen zwischen diesen Begriffen sowie die Verknüpfung mit Vorstellungsbildern erlauben die Formulierung all dieser Sätze.
Bei der Formulierung von Lernzielen sollte gefragt werden, welches deklarative Wissen (Begriffe, Zusammenhänge, etc.) im Laufe einer Lehr-Lernsequenz von den

Schüler/innen erworben werden soll? Beispielsweise: Was lernen die Schüler im Bereich der Geomorphologie? Was sollen sie über Verwitterung wissen? Selten können die in der Schule zu erlernenden Kompetenzen direkt einer Wissensart zugeordnet werden. In der Regel handelt es sich um hybride Formen des Wissens. Die jeweils untergeordneten Wissenseinheiten können jedoch oft klar den beiden Wissensarten zugeordnet werden und unterliegen deren spezifischen Bedingungen:

Beispielsweise können Rechenalgorithmen nicht ausschließlich als prozedurales Wissen begriffen werden. Sie erfordern zunächst eine gewisse Denk- und Einordnungsleistung: Welcher Rechenschritt folgt als nächstes; der Rechenschritt an sich (z.B. zwei Zahlen addieren) kann dann als prozedurales Wissen verstanden werden, weil er automatisiert abläuft.

– Wissen mit ausschließlich prozeduralen Facetten (Aebli: Handlungsschemata): Schuhe binden, Radfahren oder unbewusste Kategorisierungen (giftige Farbe, Finger weg); Reflexe, wenn nicht mal bewusst kontrollierbar; schematisch lösbare Rechenaufgaben.
– Lernziele, bei denen Wissen mit prozeduralen und deklarativen Facetten zum Einsatz kommt: Dezimalsystem (Regeln)
– Wissen mit fast ausschließlich deklarativen Facetten: Antike (Konzepte, Begriffe, Klassifikationen, Faktenwissen, etc.)

(2) Grad der Abstraktion und Vernetzung des Wissens

Ebenfalls ist zu berücksichtigen, dass sowohl deklaratives Wissen als auch prozedurales Wissen in unterschiedlicher Komplexität bzw. Abstraktion das Ziel von Unterricht sein kann. Wissen entsteht durch zunehmende Abstraktion (Verdichten, Kompression) von Sinneseindrücken oder durch Verknüpfen von Wissenselementen und Abspeichern unter einem Oberbegriff (dekl. Wissen) oder einer generalisierten Prozedur (proz. Wissen). Die abstrakteren Wissenselemente sind allgemeiner (auf eine größere Zahl von Reizen anwendbar), flexibler, benötigen weniger Kapazität im Arbeitsspeicher; jedoch geht mit zunehmender Abstraktion mehr Detailinformation verloren. Auch beim prozeduralen Wissen geht man von einer hierarchischen Struktur aus (übergeordnete Prozedur, Subprozedur); Steuerung durch generalisierte motorische Programme, die somit eine abstraktere Form von prozeduralem Wissen darstellen

Das Nachzeichnen eines einzelnen Buchstabens ist eine weniger komplexe Prozedur als das Aneinanderreihen vieler einzelner Buchstaben in Wörtern und Sätzen. Gleiches gilt für Begriffswissen (deklaratives Wissen). In der Naturwissenschaft beginnt man zunächst mit einfachen, gut zu veranschaulichenden Begriffen wie Kraft oder Stoffe. Nach und nach werden die verwendeten Begriffe komplexer, sie hängen mehr und mehr mit anderen Fachbegriffen zusammen. Die Analyse des Abstraktionsgrades von Lernzielen ist relevant, um herauszufinden, welche Teilfacetten einer

Kompetenz automatisiert ablaufen und welche bewussten Entscheidungen getroffen werden müssen und welche Wissenselemente dafür notwendig sind. Auf einer sehr abstrakten bzw. komplexen Ebene hat man es mit metakognitivem Wissen zu tun. Metakognitives Wissen ist bereichsübergreifend. Es handelt sich um Strategien des Lernens oder Wissen über das eigene Lernverhalten. In der modernen Hirnforschung wird von exekutiven Funktionen gesprochen. Andere Autoren sprechen von kogntiven Strategien. Kognitive Strategien sind nach Gagné, Briggs und Wager (1988) mentale Kontrollprozesse, mit denen Lerner ihre Aufmerksamkeit, ihr Lernen, ihr Erinnern und ihr Denken modifizieren können. Typen von kognitiven Strategien nach Weinstein & Mayer (1986) sind Wiederholungsstrategien (Die Art und Weise, wie mit zu lernender Information umgegangen wird), Elaborationsstrategien (Verknüpfen von zu lernendem Material mit bereits vorhandenem Wissen), Organisationsstrategien (Lernmaterial sinnvoll ordnen, organisieren, zusammenfassen, sortieren), Monitoringstrategien (sich selbst Ziele setzen, den Lernprozess überwachen und gegebenenfalls korrigieren) und affektive Strategien (Aufmerksamkeit fokussieren und erhalten, Angst kontrollieren und Zeit managen). Problemlösestrategien: Zum Erlernen von Problemlösestrategien gibt es verschiedene Modelle. Gestritten wird vor allem darüber, ob und inwiefern kognitive Strategien direkt unterrichtet werden können. Bei Experten-Novizen-Vergleichen wurde herausgefunden, dass Experten keine besseren kognitiven Strategien anwenden als Novizen. Sie unterscheiden sich vielmehr im Umfang und in der Organisiertheit ihrer Wissensbasis.

(3) Modalitäten der Repräsentation des Wissens
Man unterscheidet grob zwischen motorischer, visueller, phonologischer und symbolischer (Schrift, math. Symbole) und semantischer (propositionale Netzwerke) Enkodierung von Wissen. Für die Lernzielanalyse bietet sich folgende Unterscheidung an:
– Diskrimination konkreter Sinneseindrücke: Schemata für das Erkennen von Farben, Formen, Klängen, Phonemen, Mengenvorstellungen
– Motorische/haptische Repräsentation (Bewegungsabläufe im Sport)
– Visuelle/bildliche Repräsentation: Schemata für das Erkennen von Bildern, Grafiken, etc.
– Sprachlich/phonologische Repräsentation: Wie man Wörter ausspricht; Phonem-Graphem-Zuordnung; phonologische Bewusstheit
– Aussagenartige Repräsentation: Abstrakte Schemata: Gerechtigkeit (komplexe Begriffe); abstrakt bedeutet, dass man ein Objekt auf wenige Merkmale reduziert, von vielen weiteren Eindrücken oder Merkmalen abstrahiert
Für die Planung des Lehr-Lernprozesses ist es hilfreich, wenn man ungefähr abschätzen kann, in welchen Repräsentationsmodi das Wissen am Ende zur Verfügung stehen sollte. Dies gilt sowohl für deklaratives als auch prozedurales Wissen.

Beispielsweise kann Faktenwissen wesentlich besser gespeichert werden, wenn es mit episodischem Wissen verknüpft wird (Geschichten, Erlebnisse). So könnte man begründen, dass es Ziel einer Unterrichtseinheit zum Zweiten Weltkrieg ist, dass die Schüler/innen Erlebnisberichte von Zeitzeugen kennen und diese mit wesentlichen weltpolitischen Entwicklungen dieser Zeit verbinden können.

(4) Anwendungsbedingungen des Wissens: Lebensweltlicher Kontext und Transfer
Es könnte zudem Sinn machen, die möglichen Anwendungen des zu erwerbenden Wissens bei der Lernzielanalyse in Betracht zu ziehen. Im Europäischen Referenzrahmen für Sprachen wird beispielsweise gefragt, in welchen Situationen (Beruf, Freizeit, etc.) Sprachkompetenz zur Anwendung kommen kann. Auch für andere Lernbereiche und Fächer kann gefragt werden, in welcher Situation bzw. in welchen Kontexten soll Wissen später genutzt werden und wie simuliert man bereits im Unterricht diese Anwendung? Eine grobe Einordnung des Kontextes, die später bei der Aufgabenanalyse noch ausdifferenziert wird, könnte folgendermaßen aussehen:
– Der Unterricht zielt auf die rein innerfachliche Nutzung des zu erwerbenden Wissens (z.B. ein Rechenverfahren durchführen können; eine physikalische Theorie verstehen; die Entstehungsbedingungen eines klassischen Drama kennen)
– Der Unterricht zielt auf die Anwendung des Wissens in einem quasi-lebensweltlichen Kontext (z.B. konstruierte Sachaufgaben in Mathematik; konstruierte Anwendungsbezüge für naturwissenschaftliche Phänomene; konstruierte Schreibanlässe im Deutsch- oder Englischunterricht)
– Der Unterricht zielt auf die Anwendung des Wissens in einem realen, lebensweltlichen Kontext (z.B. einen Leserbrief zu einem tatsächlichen Problem in der Gemeinde verfassen; eine Schülerzeitung herstellen; eine Solaranlage für das Schuldach planen; etc.)

Neben dem Kontext kann auch nach der Transferweite gefragt werden. Soll das erlernte Wissen am Ende des Lehr-Lernprozesses lediglich reproduziert werden können? Sollten die Schüler/innen beispielsweise nach einer Unterrichtseinheit zur evolutionären Anpassung von Vögeln in der Lage sein, genau dieses Wissen wiederzugeben? Oder erwartet man einen Transfer? Sollten die Schüler/innen beispielsweise in der Lage sein, die Idee der evolutionären Anpassung bei Vögeln auf Anpassungsmerkmale anderer Tiere zu übertragen? In der Bloom'schen Lernzieltaxonomie ist „Anwendung" bzw. „Transfer" eine Stufe innerhalb der ansteigenden kognitiven Komplexitätshierarchie von Lernzielen. Hier wird Transfer als eigenständige Dimension behandelt. Die Komplexität des Wissens wurde ja bereits vorab geklärt. Damit kann die Weite des von den Schüler/innen geforderten Transfers wesentlich genauer bestimmt werden. Folgende Stufung könnte hierfür hilfreich sein:

- Reproduktion: Wissen soll später genau so wie es gelernt wurde wieder abgerufen werden können; Beispielsweise einzelne Fakten (Flüsse in Europe) oder genau festgelegte Prozeduren, die keine spezifischen Unterscheidungen hinsichtlich der Anwendungsbedingungen erforderlich machen (Turnübungen).
- Naher Transfer: Das Wissen wird in ähnlichen Situationen, die sich nur hinsichtlich bestimmter, abgrenzbarer Aspekte von der Erwerbssituation unterscheiden, zur Anwendung kommen. Beispiele hierfür sind ein Großteil der mathematischen Rechenalgorithmen, Textaufgaben, grammatikalische Aufgaben, etc.
- Weiter Transfer: Die Anwendungssituation und die Erwerbssituation sind verschieden und das Wissen muss in Kombination mit anderen Wissenselementen angewendet werden (z.B. ein Rechenverfahren im 100er-Raum auf das Rechnen im 1000er-Raum anwenden; den Energieerhaltungssatz von der Mechanik auf die Wärmelehre übertragen).
- Die Extremform von weitem Transfer könnte das kreative Problemlösen sein. Die Schüler/innen müssen eine unbekannte Problematik eigenständig lösen und dabei auf unterschiedliche Wissensquellen zurückgreifen und diese eigenständig kombinieren (vgl. Anchored Instruction).

Im schulischen Alltag werden in der Regel die beiden ersten Stufen realisiert. Gerade beim Aufbau grundlegender Fachkompetenzen kann man von den Schüler/innen auch keinen weiten Transfer verlangen.

Beispiel: Eine Inhaltszusammenfassung schreiben können

Vor dem Hintergrund der fachwissenschaftlichen Analyse von Schreibprozessen lässt sich das Lernziel, einen Text zu verfassen, folgendermaßen analysieren beschreiben:
- Analyse der Art und des Abstraktionsgrades des zu erwerbenden Wissens: Die Schüler/innen müssen ein abstraktes Handlungsschema „Texte schreiben" aufbauen (abstraktes, generalisiertes prozedurales Wissen): Planen (Brainstorming, Stichwortsammlung), erste Fassung erstellen, Entwurf überarbeiten, etc. bis hin zur Kontrolle. Dieses Handlungsschema leitet jeden Textproduktionsprozess. Es handelt sich jedoch nicht um eine automatisierte Prozedur, weil an verschiedenen Stellen bewusste Entscheidungen getroffen werden müssen (z.B. wann ist der Text inhaltlich passend und kann ins Reine geschrieben werden?). Weitere Ziel des Lehr-Lernprozesses lassen sich auf Satz- und Wortebene lokalisieren: Sätze grammatikalisch korrekt aufbauen können; automatische Anwendung von orthographischem Regelwissen (z.B. Am Satzanfang großschreiben). Ebenso sind motivationale Aspekte der Textproduktion relevant: Die Schüler/innen sollen eine produktive Schreibhaltung erwerben: Ausdauer, Textproduktion als langwieriger Prozess, Annahme von Kritik, etc.

– Relevante Repräsentationsformen: Das Schreiben von Texten erfordert die Bildung eines mentalen Modells des zu verfassenden Inhalts. Bei Geschichten zunächst eine lineare Auflistung bzw. Abfolge von Episoden; bei Sachtexten muss eine mentale Landkarte der Thematik entstehen. Die Bildung mentaler Modelle zu Texten kann durch grafische Darstellungen (z.b. Mindmaps) unterstützt werden. Schüler/innen müssen ebenfalls lernen, sich in den Adressaten des Textes hineinversetzen zu können. Beim Überarbeiten des Textes sollten sie einen Perspektivwechsel vollziehen können, d.h. den Text aus der Perspektive eines möglichen Lesers mental repräsentieren können. Dies erfordert sowohl deklaratives Wissen über den möglichen Leser als auch episodisches Wissen (Erinnerungen an ähnliche Lesesituationen, wann war ich Adressat eines vergleichbaren Textes?).

– Aspekte der Transferierbarkeit des Wissens: Ein erstes Etappenziel wäre, die Handlungsprozedur „einen Text schreiben" an einfachen Schreibanlässen und kurzen Texten zu üben. In einem weiteren Schritt könnte angestrebt werden, die Handlungsprozedur auf weitere Schreibanlässe zu übertragen (Briefe, Einladungen, Fortsetzungsgeschichten, etc.). Damit sollen nach und nach allgemein transferierbare Schreibstrategien auf Wort-, Satz- und Textebene angebahnt werden.

Beispiel: Mathematisches Modellieren (Sachaufgaben) in der Grundschule

Auch bei diesem Beispiel wäre hauptsächlich zu fragen, wie diese Kompetenz bei einem Experten aussieht? Hierzu kann auf die oben bereits diskutierten Kompetenzmodelle zum mathematischen Modellieren zurückgegriffen werden. Mathematisches Modellieren lässt sich beschreiben als Fähigkeit, in realen Problemsituationen eine Mathematisierung und damit eine potenzielle mathematische Lösung des Problems zu erkennen und in ein math. Modell überführen zu können. Mathematisches Modellieren ist nach den KMK-Bildungsstandards eine von fünf allgemeinen mathematischen Kompetenzen und kann bzw. soll in allen Leitideen (math. Inhaltsbereichen) sowie in allen Jahrgangsstufen erlernt bzw. geübt werden

(1) Analyse der Art des zu erwerbenden Wissens: Eine Wissens- bzw. Kompetenzanalyse des mathematischen Modellierens führt zum Modellierungskreislauf, der aus folgenden Komponenten besteht: Deklaratives Wissen zur jeweiligen Sachsituation; mathematische Konzepte für die Mathematisierung der Sachsituation; Algorithmen und Rechenfertigkeiten zur innermathematischen Bearbeitung; Textverständnis und sprachliche Fähigkeiten; Nutzung von bildlichen Darstellungen zur Reduktion der Sachsituation und zur Überführung in ein mathematisches Modell.

(2) Je nach Jahrgangsstufe und sonstigen Themen im Mathematikunterricht werden Lernziele für eine Lehr-Lernsequenz zum mathematischen Modellieren unterschiedlich komplex bzw. vernetzt ausfallen. Beispielsweise könnten in der Primarstufe bereichts recht komplexe Modellierungsprozesse anvisiert werden:

- Sachsituationen mit folgenden mathematischen Konzepten modellieren können: Addition, Subtraktion, Multiplikation und Division im Zahlenraum bis 1000. Oder in der Sekundarstufe I: Prozentrechnen, Bruchrechnen.
- Die mathematische Modellierung sollte bis zu drei Konzepte bzw. Rechenschritte umfassen können
- Es sollten Sachsituationen mit Größenangaben modelliert werden können. Dabei müssen die Schüler/innen grundlegende Fertigkeiten bei der Umrechnung von Größenangaben beherrschen

(3) Das mathematische Modellieren ist geradezu ein prototypisches Beispiel für Wissen, das auf die Verknüpfung verschiedener Repräsentationsformen angewiesen ist. Gerade komplexere Sachaufgaben können kaum ohne ein mentales Modell zur Sachsituation oder grafische Darstellungen der Sachsituation gelöst werden. Die Schüler/innen müssen in der Lage sein, sprachliche Aussagen (propositionale Repräsentation) in grafische Darstellungen (visuell: z.B. Situationsskizze) und symbolische Darstellungen (mathematisches Modell) überführen zu können.

(4) Das Lernziel „mathematische Modellierungskompetenz erwerben" stellt ebenfalls hohe Anforderungen an die Transferierbarkeit von Wissen. Rechenoperationen oder mathematische Konzepte wie Brüche oder proportionale Zusammenhänge müssen auf Sachsituationen übertragen werden können. Ein sehr weiter Transfer wird dann gefordert, wenn Schüler/innen Sachaufgaben lösen sollen, die eine Anwendung von nicht unmittelbar vorher gelernten Rechenalgorithmen erforderlich machen. Wenn beispielsweise unklar ist, ob hier Grundrechenarten, Bruchrechnen, Zinsrechnen oder Dreisätze zur Lösung der Sachaufgabe herangezogen werden sollen.

Beispiel Verwitterung
Am Beispiel „Verwitterung" führt eine Analyse des deklarativen Wissens zu folgenden Lernzielformulierungen:
- Schüler/innen können auf einer abstrakteren Ebene verschiedene Verwitterungsformen benennen und differenzieren: physikalisch, chemisch, biologisch
- - Schüler/innen kennen auf einer relativ konkreten Ebene (geringes Abstraktionsniveau; visuelle Repräsentation) verschiedene Beispiele für Verwitterungserscheinungen in der Geologie: z.B. Temperaturschwankungen in der Wüste führen zu physikalischen Verwitterungsprozessen und zur Bildung von Sandwüsten.
- Um physikalische Verwitterungsprozesse verstehen zu können, können die Schüler/innen auf physikalische Zusammenhänge zurückgreifen: z.B. Regel, dass sich durch Erwärmung Stoffe ausdehnen und bei Abkühlung zusammenziehen (Abstraktion von wiederkehrenden Prozessen); Regel, dass man von Mikroprozessen auf Makroprozesse schließen kann (Vom Stein zum Sandkorn; von der Felswüste zur Sandwüste); Faktenwissen über Temperaturschwankungen in der Wüste (tagsüber bis zu 50 Grad, nachts unter dem Gefrierpunkt)

5.2 Von den Lernvoraussetzungen zur Verlaufsplanung

Wenn man ungefähr abschätzen kann, was die Schüler/innen in einer Lehr-Lernsequenz laut Lehrplan lernen sollen, welches Fachwissen ich als Lehrkraft im Hintergrund parat haben sollte und wie hoch das kognitive Anforderungspotenzial des zu erwerbenden Wissens ungefähr sein könnte, erfolgt die Konfrontation mit der Realität. In einer Planungskategorie 2 soll der Weg von den Lernvoraussetzungen zur Verlaufsplanung skizziert werden (Abbildung 19). Welche Schüler/innen sitzen in meiner Klasse? Wie weit ist die Klasse bzw. sind einzelne Schüler/innen in Hinblick auf die oben skizzierten Lernziele bereits fortgeschritten? Von welchen Lernvoraussetzungen muss ich ausgehen? Welche Lücke klafft ungefähr zwischen den Lernvoraussetzungen und meinen Lernzielen? Falls Kompetenzentwicklungsmodelle zur Verfügung stehen: Auf welcher Stufe der Wissens- bzw. Kompetenzentwicklung befinden sich die Schüler/innen? Auf welcher Stufe sollten sie am Ende des Lehr-Lernprozesses stehen?

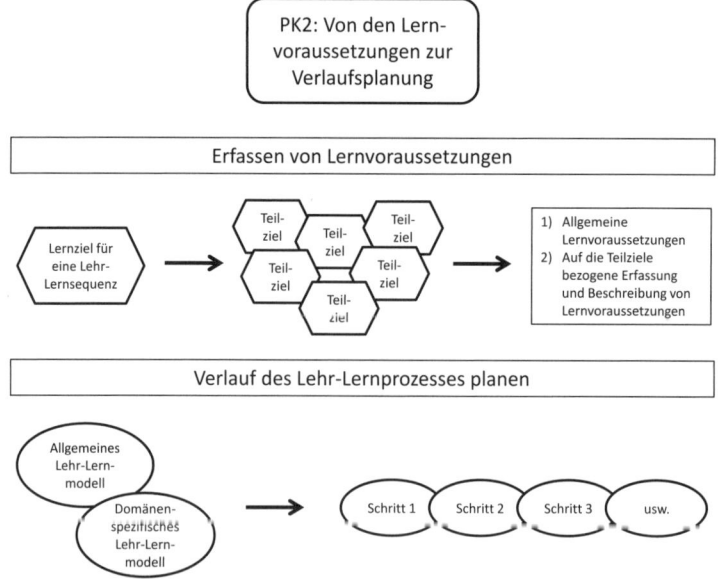

Abb. 19: Elemente der Planungskategorie 2: Von den Lernvoraussetzungen zur Verlaufsplanung

Um diese Fragen beantworten zu können, benötigen Lehrkräfte zunächst eine grobe Vorstellung davon, was Schüler/innen können bzw. leisten müssen, um ein Lernziel zu erreichen. Diese Analysearbeit wurde in der vorangehenden Planungskategorie geleistet (Art, Komplexität, Repräsentation des zu erwerbenden Wissens). Darüber hinaus muss nach allgemeinen Lernvoraussetzungen gefragt werden (Arbeitsstrategien, Sozialverhalten, etc.). Für die Erfassung von Lernvoraussetzungen sollen Instrumente, Verfahren und Informationsquellen vorgeschlagen und diskutiert werden. Erst dann ist eine Planung des Lehr-Lernverlaufs möglich. Erst wenn man Start- und Zielpunkt ungefähr umreißen kann und die Entwicklungsschritte dazwischen kennt, lassen sich die einzelnen Phasen und Schritte des Lehr-Lernprozesses skizzieren. Dies gilt dann gleichermaßen für die Forderung nach einer stärkeren Individualisierung von Lehr-Lernprozessen. Die formative Diagnostik des aktuellen Lernstands einzelner Schüler/innen oder Schülergruppen ist Voraussetzung für eine differenzierte Unterrichtsplanung oder individuell abgestimmte Fördermaßnahmen.

5.2.1 Erfassen von Lernvoraussetzungen

Zunächst einmal bietet es sich an, die Lernvoraussetzungen einer Schulklasse sehr breit angelegt zu beschreiben. Man könnte beispielsweise mit schulartspezifischen oder jahrgangsspezifischen Eigenheiten beginnen (Altersstruktur, Lern- und Sozialverhalten, Klassenzusammensetzung, ...). Ebenso ist eine Beschreibung der instrumentellen und fächerübergreifenden Kompetenzen in der Klasse von Bedeutung. Wie gut können die Schüler/innen lesen und schreiben? Gibt es Schüler/innen, deren Muttersprache nicht Deutsch ist? Von welchem kognitiven Entwicklungsstand kann man ausgehen? Diese Frage ist vor allem für den Mathematikunterricht relevant. Nach kognitiven Entwicklungstheorien (z.B. Piaget) kann man beispielsweise davon ausgehen, dass erst im Alter von 13/14 Jahren formale mathematische Operationen möglich sind. Vor dieser Zeit wird im Mathematikunterricht der konkreten Anschauung und der Entwicklung von Operationen aus konkreten Handlungen große Bedeutung zukommen.

Unerlässlich ist die Darstellung des relevanten Vorwissens der Schüler/innen für eine Lehr-Lernsequenz. Dabei können folgende Fragen leitend sein:

- Auf welches deklarative und/oder prozedurale Vorwissen wird aufgebaut? Was wurde bisher in dieser Klasse bezüglich der Lernziele unterrichtet (kurze Darstellung der Inhalte des bisherigen Lehr-Lernprozesses)?
- Was berichtet Ihnen die Praktikumslehrkraft, die/der vorangehende Kolleg/in über die bisherigen Schülerleistungen in diesem Lernbereich? Welche Beobachtungen konnten Sie bisher in der Klasse machen?
- Gibt es einzelne Schüler/innen mit besonderen Stärken oder Schwächen in diesem Lernbereich? Wie wurde bisher auf diese Schüler/innen reagiert? Wurde in diesem Lernbereich bisher eine Niveaudifferenzierung praktiziert?
- Was weiß ich über weitere, speziell auf die Lehr-Lernsequenz bezogene Lernvoraussetzungen: Lernstrategien, Arbeitsverhalten, Motivation, Sozialverhalten, Regeln und Rituale in der Klasse, konkrete Arbeitstechniken in Bezug auf Medien und Arbeitsmaterialien (Hefte, Ordner, Klassenbücherei, etc.), kulturelles Umfeld, Elternhaus, etc.

Um die Lernvoraussetzungen der Schüler/innen einschätzen zu können, bietet sich eine systematische Vorgehensweise an. Der Blick ins Schulbuch auf die bisher erarbeiteten Themen kann irreführend sein. Für eine Vorwissensdiagnostik kann direkt an die Analyse der Lernziele aus dem vorangehenden Abschnitt angeknüpft werden. Diese Lernzielanalyse sollte klären, welche Art von Wissen zu erwerben ist. Eher deklaratives oder eher prozedurales Wissen? Ebenso wurde nach Komplexität und Repräsentationsmodi des zu erwerbenden Wissens gefragt. Diese Einschätzungen können nun für eine Diagnose der Lernvoraussetzungen herangezogen werden. Zu Beginn des Lehr-Lernprozesses müssten „diagnostische Situationen" geschaffen werden, die es der Lehrkraft erlauben, das Vorwissen der Schüler/innen in Hinblick auf das Lernziel abzuschätzen. Dies können Tests sein. Ebenso ist denkbar, dass Schüler/innen beim Bearbeiten von Aufgaben beobachtet werden. Grundsätzlich müssten sich diese diagnostischen Situationen am zu prüfenden Wissen orientieren. Folgende Grundsätze sind zu beachten:

Diagnostische Situationen bzw. Aufgaben hängen von der Wissensart ab
Deklaratives Wissen wird in der Regel dadurch diagnostiziert, dass vertieftes Verständnis abgeprüft wird. Man müsste beispielsweise die Schüler/innen auffordern, einen Begriff (z.B. Verwitterung, Anpassung) zu erklären oder zu notieren, was sie bereits darüber Wissen. Einblicke in die Lernvoraussetzungen könnten beim deklarativen Wissen allerdings auch grafische Methoden bieten. Beispielsweise könnte eine Concept-Map gezeichnet werden (entspricht den propositionalen Verknüpfungen des deklarativen Wissens) oder die Lernenden werden aufgefordert ihre Vorstellungen zu zeichnen (z.B. Wie stellst du dir Gott vor? Wie stellst du dir den Blutkreislauf vor?).
Vorwissen beim Erwerb von prozeduralem Wissen muss auf andere Art und Weise erfasst werden. Vorwissen beim Schriftspracherwerb ist beispielsweise die phonologische Bewusstheit. Wie gut können Schüler/innen einzelne Laute voneinander unterscheiden? Diese Fähigkeit kann nur über einen Test erfasst werden. Gleiches gilt für die Schulung motorischer Fähigkeiten. Im Schwimmunterricht sollen die Schüler/innen beispielsweise das Rückenschwimmen lernen. Um die Lernvoraussetzungen abzuschätzen würde man die Schüler/innen beim Vorschwimmen beobachten und Stichworte zu einzelnen Bewegungsabläufen notieren.
Ein gutes Beispiel ist auch die Erfassung der Lesegeschwindigkeit (Decodiergeschwindigkeit) als wichtige Lernvoraussetzung für den Leseunterricht. Leseunterricht ist in den Klassen 3 und 4 der Grundschule und zu Beginn der Sekundarstufe vorwiegend auf die Textebene fokussiert. Die Schüler/innen lesen Texte, diskutieren die Inhalte, beantworten Fragen zu Texten oder analysieren die Form und Struktur des Textes oder der sprachlichen Mittel. Aber eine basale Voraussetzung für die Erfassung des Inhalts ist das korrekte und vor allem auch zügige Erlesen der einzelnen Wortbestandteile und Wörter. Schüler/innen unterscheiden sich diesbe-

züglich sehr stark voneinander. Ein Leseunterricht, bei dem die unterschiedlichen Lesegeschwindigkeiten nicht wahrgenommen werden, über- bzw. unterfordert die Schüler/innen.

Für die Erfassung der Decodiergeschwindigkeit gibt es eine Reihe standardisierter Testverfahren, wie beispielsweise die Würzburger-Leise-Lese-Probe (WLLP) von Küspert und Schneider (1998). Die einzelnen Testitems bestehen jeweils aus einem geschriebenen Wort und vier Bildalternativen, von denen eine das geschriebene Wort darstellt. Der Schüler muss das Wort erlesen und das richtige Bild markieren. Die Distraktoren sind dabei dem zu erlesenden Zielwort phonologisch ähnlich (Haus, Maus, ...). Eine weitere Möglichkeit zur Erfassung der Lesegeschwindigkeit ist die Lernfortschrittsdiagnostik Lesen (LDL) von Walter (2010). Hier bekommen Schüler Texte ähnlicher Schwierigkeit zum lauten Lesen vorgelegt. Gezählt werden die in einer Minute richtig erlesenen Wörter. Auch die LDL ist so angelegt, dass sie mehrmals wiederholt werden kann (vgl. nächster Abschnitt zur Dokumentation von Lernfortschritten). Beide Diagnoseverfahren berücksichtigen die Tatsache, dass bei der Erfassung von prozeduralem Wissen die Zeit eine wichtige Komponente spielt. Eine Prozedur wird nicht nur gut beherrscht, wenn sie korrekt, sondern auch in einer bestimmten Zeitspanne ausgeführt werden kann.

Grad der Vernetzung und Abstraktion des zu prüfenden Wissens

Auch der Grad der Vernetzung von Wissen spielt bei der Abschätzung der Lernvoraussetzungen eine Rolle. Je weniger abstrakt bzw. weniger vernetzt das zu prüfende Wissen, desto eher kann man direkt von der Aufgabenlösung auf das Wissen schließen und desto weniger spielen Lösungsprozesse eine Rolle (einfache Regeln, Fakten, Einmaleins). Je abstrakter und vernetzter das zu prüfende Wissen, desto mehr muss die Aufgabe Freiheitsgrade bei der Beantwortung lassen und desto eher kommt es auch auf die Beobachtung oder Rekonstruktion des Lösungsprozesses an (z.B. Text lesen, Brief schreiben, Sachsituation mathematisch modellieren, schriftliche Addition als komplexere Regel). Um die Schülerlösungen und den Lösungsprozess bewerten zu können, ist allerdings auch eine Vorstellung von der Komplexität des Wissens nötig bzw. sollten sich die Bewertungskriterien an den einzelnen Wissenseinheiten orientieren.

Ein Beispiel für wenig vernetztes Wissen wären Vokabeln in Englisch. In den meisten Fällen handelt es sich um Faktenwissen, d.h. einzelne Zuordnung von Wissenselementen. Wenn das Lernziel lautet, dass die Schüler/innen innerhalb der nächsten drei Monate eine bestimmte Anzahl thematisch sortierter Vokabeln lernen sollen, wäre eine sehr einfach Abschätzung der Lernvoraussetzungen möglich. Man würde eine Lernkartei anlegen und die Schüler/innen jeweils bitten, die bereits gekonnten Vokabeln extra zu sortieren.

Ist das Lernziel ein komplex vernetztes Wissen, gelingt die Abschätzung des Vorwissens nicht so einfach. Ein Beispiel wäre das geschickte Rechnen im Bereich der

Grundrechenarten. Hier sind vielfältige, miteinander hoch vernetzte Rechenprozeduren und Heuristiken denkbar. Um die Rechenstrategien der Schüler/innen abzuprüfen, müsste man ihnen verschieden schwierige Aufgaben vorlegen und sie beim Lösen dieser Aufgaben beobachten bzw. sie bitten, die im Kopf vollzogenen Schritte zu notieren. Das ist sehr aufwändig und man würde mit diesem Verfahren mit Sicherheit nicht alle gekonnten Rechenstrategien erfassen. Zumindest würde dieses Verfahren einen ungefähren Einblick liefern, wie flexibel Schüler/innen mit einzelnen Aufgabenstellungen im Bereich des Kopfrechnens umgehen.

Eine Diagnostik des Vorwissens sollte Repräsentationsformen beachten

Auch die Art und Weise, wie das Vorwissen im Gedächtnis repräsentiert wird, d.h. in welchen Modalitäten es abgespeichert ist, könnte für einige Lernbereiche von Interesse sein. Beim Bruchrechnen spielt beispielsweise die Verknüpfung von bildlicher Vorstellung eines Bruches und symbolischer Darstellung eine wichtige Rolle. Dies könnte man vor einer Unterrichtseinheit zum Bruchrechnen in der Sekundarstufe I prüfen. Man kann beispielsweise davon ausgehen, dass Schüler/innen aus der Grundschule oder aus ihrem Alltag bereits sehr viele Brüche kennen. Allerdings ist unklar, wie gut diese symbolischen Bruchdarstellungen mit konkreten Vorstellungen oder bildlichen Darstellungen verknüpft sind. Was bedeutete 3/4? Welche konkreten Beispiele und Bilder verbindet ein/e Schüler/in damit. Bei Lernenden, die Brüche noch gar nicht mit konkreten Bildern oder Mengenvorstellungen verbinde können, müsste der Unterricht anders ansetzen. Andere Schüler/innen würden sich vermutlich eher langweilen, wenn man mit ihnen erst einmal aufwändig erarbeitet, dass man sich 1/12 als ein Stück Kuchen vorstellen kann, wenn der Kuchen in 12 Teile geteilt wird.

Beispiel für die Vorwissensdiagnostik

Geschicktes Addieren und Subtrahieren im Zahlenraum bis 1000

Die Aufarbeitung der Lernvoraussetzungen für eine Lehr-Lernsequenz zum „geschickten Addieren und Subtrahieren im Zahlenraum bis 1000" könnte sich auf mathematikdidaktische Studien zu Rechenstrategien bzw. eigene Beobachtungen zum geschickten Rechnen stützen. Es bietet sich beispielsweise an, zunächst einmal zu überlegen, wie man selbst eine Aufgabe (z.B. 154 + 695 = ___) geschickt lösen würde.

– Bei der Addition können die Summanden vertauscht werden; 695 + 154 ist einfacher zu rechnen (deklaratives Regelwissen: Kommutativgesetz)

– 695 ist kurz vor 700; 5 darunter (deklaratives Wissen, das vor allem durch den Zahlenstrahl mental repräsentiert wird)

– 154 ist etwas über 150 (ebenfalls deklaratives, durch den Zahlenstrahl mental repräsentiertes Wissen)

– 700 + 150 ist leicht zu rechnen und anschließend müssen die Reste 4 und 5 ergänzt werden: Planung der Rechenschritte und Abschätzung, ob man das noch im Kopf rechnen kann (Entscheidung wird vor dem Hintergrund zahlreicher Erfahrungen mit ähnlichen Aufgaben getroffen, also einer Basis von deklarativem Beispielwissen)

– 700 + 150 entspricht 70 + 15; 70 + 10 entspricht 7 + 1 (auswendig gelerntes Faktenwissen)

– Zu den 850 müssen jetzt die 4 bzw. die 5 addiert bzw. abgezogen werden; hier besteht oft die Gefahr der Vertauschung, weil diese Rest im KZG zwischengespeichert werden müssen: 4 addieren; 5 subtrahieren. Das kann man entweder nacheinander tun oder erkennen, dass man 1 subtrahieren muss

– 850 – 1 = 849 (deklaratives, durch den Zahlenstrahl repräsentiertes Wissen: 49 ist eins unter 50)

Diese Einzelschritte müssen von einer übergreifenden Handlungsprozedur gesteuert werden, die vermutlich stark unbewusst abläuft. Allerdings kann man durch das Nachdenken über geschickte Rechenstrategien diese unbewusst ablaufende Prozedur an bestimmten Stellen stoppen und eine bewusste Reflexion dazwischenschalten. Vor allem zu Beginn, wenn es darum geht, die Rechenschritte entlang einer möglichen Rechenstrategie zu planen. Ebenfalls vergessen viele Schüler/innen die Prüfung des Ergebnisses, entweder durch nochmaliges Rechnen, Rechnen über eine andere Strategie oder eine Plausibilitätsprüfung (kann das Ergebnis ungefähr stimmen). Auch hier kann man durch deklaratives Wissen über Strategien die Handlungsprozedur durch bewusste Entscheidungen optimieren.

Damit lassen sich folgende Lernvoraussetzungen für den Erwerb von Rechenstrategien beschreiben: Schüler/innen benötigen eine umfangreiche Grundlage an deklarativem Wissen (Zahlenkenntnis); am besten vielfach mental repräsentiert (Grundaufgaben Addition bis 10 und Einmaleinsaufgaben; Nachbaraufgaben, Zahlenstrahl, Hundertertafel, etc.). Dieses Wissen muss gut sitzen, es muss automatisiert sein (auswendig lernen) bevor unterschiedliche Rechenstrategien erprobt werden. Als formative Vorwissensdiagnostik bietet es sich an, Schüler/innen unterschiedliche Aufgaben vorzulegen und sie diese laut vorrechnen zu lassen. Wenden sie immer den gleichen Rechenweg an? Variieren sie den Rechenweg? Wählen sie jeweils einen geschickten Rechenweg und können sie das auch noch begründen? Auf Basis dieser Einschätzungen lässt sich der weitere Lehr-Lernprozess genauer planen. Beginnt man den Unterricht mit einer derart detaillierten Diagnose der Lernvoraussetzungen, liegt auch eine nach Schülergruppen differenzierte Vorgehensweise auf der Hand.

Texte schreiben

Man könnte zur Erfassung des Vorwissens auch Aufgaben aus standardisierten Tests nutzen. Beispielsweise eignen sich viele Vergleichsarbeitsaufgaben hierfür, obwohl sie für die abschließende Prüfung der Kompetenzerreichung entwickelt wurden. Der Vorteil von vielen VERA-Tests ist beispielsweise, dass sie die Kriterien zur Bewertung von Kompetenzen sehr ausführlich und detailliert beschreiben. Die Aufgabenstellungen sind zudem gute Diagnoseaufgaben. Am Beispiel der Schreibkompetenz soll dies verdeutlicht werden. Deutschlehrkräfte (sowohl in der Grundschule als auch zu Beginn der Sekundarstufe I) könnten ihre Vorwissensanalyse an den Aspekten der Schreibkompetenz, die in den VERA-Begleitmaterialien aufgelistet werden, orientieren. Es werden folgende Teilfertigkeiten differenziert (Begleitmaterial zu VERA 3, Deutsch, 2009):

– Planen (Schreibabsicht klären, gestalterische Ideen Sammeln, Wortfelder, etc.)
– Texte schreiben (verständlich formulieren, deutliche Handschrift, Text übersichtlich gestalten, PC nutzen)
– Richtig schreiben (Übungswörter richtig schreiben; orthografische Strategien, morphematische Strategien, Zeichensetzung, Rechtschreibhilfen wie Wörterbuch oder Computer verwenden)
– Texte überarbeiten (Wörter korrigieren, sprachliche Gestaltung optimieren, Wirkung des Textes prüfen)

Als Schreibanlass kann dann die Aufgabe im Test herangezogen werden: Die Schüler/innen sollen eine Einladung zu einem Piraten fest schreiben. Für höhere Jahrgangsstufen kann dieser Schreibanlass entsprechend variiert werden. Die Einschätzung der Schülerlernvoraussetzungen kann nun entlang der ebenfalls in den Begleitmaterialien aufgeführten Kriterien für erfolgreiche Schreibprozesse vorgenommen werden:

(1) Planung und Überwachung des Schreibprozesses:
– Wurde zuerst eine Skizze, Mind-Map, etc. erstellt und dann die Reinschrift?
– Wurden Wortfelder notiert
– Wurden Beispiele für diese Textsorte vorher angeschaut und analysiert?
– Fand eine gesonderte Rechtschreibprüfung statt

(2) Textsortenspezifische Bewertung
– Sind bezogen auf die Textsorte und den Arbeitsauftrag alle wichtigen Informationen enthalten?
– Verständlichkeit der Argumentation
– Findet ein durchgängiger Adressatenbezug statt (Anrede, konsistente Schreibperspektive)?
– Wie kohärent ist die inhaltliche Struktur?
– Kohärenz von Form und Inhalt (Einsatz von Gestaltungselementen wie Grafiken, Aufzählungen)

– Lexikalische Ausgestaltung der Textsorte (Ausschmückende und zum Inhalt passende Formulierungen, Verwendung verschiedener Wörter aus einer Wortfamilie)

(3) Allgemeine Bewertungskriterien:
– Zeiten (durchgängige Anwendung einer Zeitform)
– Satzbau (Konsistenz und Kohärenz der Sätze)
– Rechtschreibung (Anzahl der richtig geschriebenen Wörter; Anzahl der falsch geschriebenen Wörter; Fehlerschwerpunkte)
– Konjugationen und Deklinationen
– Schriftbild

Man mag sich vielleicht fragen: Warum dieser Aufwand noch bevor man mit dem eigentlichen Unterrichten anfängt? Die Antwort gibt die Forschung zu *formative assessment*. Eine derart detaillierte Analyse der Lernvoraussetzungen sorgt für eine Klärung der Lernziele und eine transparente Darlegung der Erfolgskriterien. Sowohl Lernziele als auch Erfolgskriterien sollten nicht nur der Lehrkraft sondern auch den Schüler/innen sehr klar sein. Sie leiten und strukturieren letztendlich den gesamten Lehr-Lernprozess. Weiter könnte eingewendet werden, dass man die Schüler/innen mit einer Prüfung des Vorwissens frustriert, weil man ja noch gar nicht davon ausgehen kann, dass etwas gelernt wurde. Diese Einschätzung ist völlig realitätsfern. In der Regel wissen oder können Schüler/innen vor jedem Unterricht etwas, das sie jetzt erst lernen sollen. Das Schreiben von Texten wird von der ersten Klasse an geübt und kann in jeder Jahrgangsstufe weiter verfeinert werden. Mit einer Erfassung von Lernvoraussetzungen nimmt man als Lehrkraft das wahr, was Schüler/innen schon können und worauf sie zu Recht auch stolz sein dürfen. Was die Schüler/innen noch nicht können, wird dann als Lernziel des folgenden Unterrichts bezeichnet und bildet die weitere Grundlage für die formative Überprüfung des Lehr-Lernprozesses (vgl. Planungskategorie 5).

Mathematisches Modellieren (Sachaufgaben) in der Grundschule
Auch beim mathematischen Modellieren muss man vermutlich in jeder Schulklasse von ganz unterschiedlichen Lernständen ausgehen. Mit einem einfachen Test könnte geprüft werden, wie gut die Schüler/innen bereits Sachaufgaben lösen können. Hierzu müssten relevante schwierigkeitssteigernde Merkmale von Sachaufgaben systematisch variiert werden. Auf dieser Basis lassen sich Sachaufgaben grob nach Schwierigkeitsgrad sortieren:
– Anzahl math. Konzepte bzw. Rechenoperationen
– Anzahl Umstellungen eines Konzeptes
– Aufwand Rechenoperationen pro Konzept (z.B. halbschriftlich oder schriftlich)
– Umrechnung von Maßeinheiten
– Menge irrelevanter Informationen

Nun müsste man diese Aspekte schwierigkeitsgenerierender Merkmale von Sachaufgaben nur noch mit einem mathematischen Unterrichtsinhalt, der von den Schüler/innen gut beherrscht wird, kombinieren. Um die mathematische Modellierungskompetenz zu Beginn der Sekundarstufe I zu prüfen, könnte man hierzu beispielsweise auf die Grundrechenarten im Zahlenraum bis 1000 zurückgreifen. Damit können unterschiedlich schwierige Sachaufgaben konstruiert und grob nach Niveaustufen geordnet werden.

Niveaustufe 1: Ein Schritt bzw. ein math. Konzept, keine Größenumrechnungen. Beispielaufgaben:
– Tom hat Geburtstag. Er bekommt 4 Packungen mit Dino-Tauschkarten geschenkt. In jeder Packung sind 8 Karten. Wie viele Tauschkarten hat er insgesamt?
– Wir sind mit einem Bus nach Spanien gefahren. Im Bus waren 12 Kinder und 36 Erwachsene. Wie viele Personen waren im Bus?
– Ich war im Zeltlager. In der 1. Woche waren wir 48 Kinder, in der 2. Woche waren wir noch 23 Kinder. Wie viele Kinder sind nach der 1. Woche heimgefahren?

Niveaustufe 2: Zwei Schritte bzw. math. Konzepte; evtl. Größenangaben. Beispielaufgaben:
– Tom kauft sich vier Packungen mit Dino-Tauschkarten. In jeder Packung sind 8 Karten. Die Hälfte der Karten schenkt er seiner Schwester, weil ihm die Dinos darauf nicht gefallen. Wie viele Tauschkarten hat er noch?
– Wir sind mit einer Sesselbahn auf einen Berg gefahren. Meine Eltern mussten je 8 € bezahlen. Ich die Hälfte. Wie viel mussten wir insgesamt bezahlen?
– Tom kauft sich vier Packungen mit Dino-Tauschkarten. In jeder Packung sind 8 Karten. Die Hälfte der Karten schenkt er seiner Schwester, weil ihm die Dinos darauf nicht gefallen. Wie viele Tauschkarten hat er noch?

Niveaustufe 3: Drei und mehr Schritte bzw. math. Konzepte; Umrechnung von Größenangaben. Beispielaufgaben:
– Bei unserer Radtour sind wir am 1. Tag 4 h gefahren, am 2. Tag doppelt so lang und am 3. Tag von 9 Uhr bis 13 Uhr. Wie viele Stunden sind wir insgesamt gefahren?
– Susi ist 1 m 26 cm groß. Ihre Freundin Tanja ist 4 cm kleiner als sie. Sarah ist 6 cm größer als Tanja. Welches ist das größte, welches das kleinste Mädchen? Wie groß sind Tanja und Sarah?
– Meine Mutter trägt gerne Schuhe mit Absätzen. Mit den höchsten Absätzen wird sie 7 cm größer. Dann ist sie gleich groß wie mein Vater. Ohne Absätze ist sie 42 cm größer als ich. Ich bin mit 1 m 30 cm der Kleinste in unserer Familie. Mein Bruder ist 20 cm größer als ich. Wie groß ist meine Vater?

– Tom bekommt 5 Euro Taschengeld im Monat. Seine ältere Schwester Lisa bekommt 10 Euro im Monat. Das findet Tom immer ungerecht. Diesmal möchte er sich von seinem Taschengeld Sammelkarten kaufen. In einer Packung sind 8 Karten und eine Packung kostet 2 Euro. Er möchte mindestens 40 Karten haben. Wie viele Monate muss er sein Taschengeld dafür sparen?

Die eigentlichen Rechenoperationen dürften den Schüler/innen keine Probleme bereiten. Vielmehr steigt die Schwierigkeit aufgrund der Komplexität der Sachsituation und der zu berücksichtigenden Größen. Damit wird man natürlich keinen psychometrisch korrekten Test konstruieren können. Allerdings eignet sich eine Auswahl von Aufgaben für eine formative Diagnostik der Lernvoraussetzungen.

5.2.2 Verlauf des Lehr-Lernprozesses planen

Auf Basis der Lernzielanalyse und der Beschreibung von Lernvoraussetzungen und Vorwissen können Schritte für die Gestaltung des Lehr-Lernprozesses geplant werden. Hierbei sollte immer folgende Regel beherzigt werden: Wenn fachdidaktische Lehr-Lernmodelle für eine bestimmte Lerndomäne vorliegen, muss immer auf diese zurückgegriffen werden. Beispiele hierfür wurden ja bereits im Abschnitt 4.3. dargestellt und diskutiert. Leseübungsstunden müssen in den Verlauf eines Modells zum Aufbau von Lesekompetenz eingebettet werden. Eine Lehr-Lernsequenz zum Anpassungsbegriff muss einem naturwissenschaftsdidaktischen Lehr-Lernmodell zum Begriffserwerb folgen. Ein Kurs zum Rückenschwimmen hat einen speziellen Aufbau, dem sportdidaktische Vorstellungen zu Grunde liegen. Diese fachdidaktischen bzw. domänenspezifischen Lehr-Lernmodelle sind zuallererst maßgebend. Eine allgemeindidaktische Einführung in die Unterrichtsplanung kann aber nicht einmal ansatzweise die fachdidaktischen Lehr-Lernmodelle aufarbeiten. Zweitens könnte es Lerninhalte geben, für die keine domänenspezifischen Lehr-Lernmodelle von den Fachdidaktiken vorgelegt werden (bzw. dem Lehramtsstudierenden noch nicht bekannt sind). In diesen Fällen eignet sich ein Rückgriff auf allgemeindidaktische Lehr-Lernmodelle. Die Kenntnis allgemeindidaktischer Lehr-Lernmodelle hat aber noch weitere Vorteile. Fachdidaktische Vorgaben zur Gestaltung von Lehr-Lernprozessen lassen sich mit allgemeindidaktischen Vorgaben vergleichen. So entsteht die Basis für eine kritische, eigenständige Auseinandersetzung mit Gestaltungsprinzipien. Ein Beispiel hierfür sind Unterrichtsprinzipien, die sich aus der allgemeinen cognitive load theory ableiten lassen. Ist es sinnvoll, eine Lehr-Lernsequenz mit einer komplexen Problemlöseaufgabe zu beginnen, um die Schüler/innen zum Nachdenken anzuregen? Oder werden Schüler/innen damit eher überfordert? Um derartige Fragen der Verlaufsplanung beantworten zu können, ist die Kenntnis von domänenspezifischen aber auch allgemeindidaktischen Lehr-Lernmodellen von großem Vorteil.

In der allgemeinen Didaktik wurden Anstrengungen unternommen, die große Fülle an sowohl domänenspezifischen als auch allgemeindidaktischen Lehr-Lernmodellen zu sortieren und zu systematisieren. Bereits in Kapitel 4 wurde die Einteilung allgemeindidaktischer Verlaufsformen entlang der Lernziele „Handlungsabläufe aufbauen", „Operationen aufbauen", „Konzepte aufbauen" von Aebli in seiner psychologischen Didaktik vorgestellt. Auch Terhart (1995) fasste Verlaufsmodelle zusammen und beschreibt fünf grundlegende Lehrmethoden als Bedingungen für Lernprozesse: Darstellender Unterricht (aufnehmendes Lernen), problemorientierter Unterricht (entdeckendes Lernen), Gruppe als Methode (kooperatives Lernen), Methoden der Moralerziehung (moralisches Lernen) sowie handlungsorientierter Unterricht (integratives Lernen). Glöckel (1996) beschrieb 12 methodische Grundstrukturen, die jeweils von einem bestimmten Lernziel bzw. Lerninhalt ausgehen und allgemeindidaktische und/oder domänenspezifische Lehr-Lernmodell in einem einfachen, generellen Stufenmodell zusammenfassen. Etwas breiter werden die Basismodelle von Oser und Baeriswyl (2001; Oser et al. 1997) in der allgemeinen Didaktik rezipiert (Kiper 2004). Diese Ordnungsstrukturen können für den Einstieg in die Unterrichtsplanung genutzt werden. Sie sind vor allem dann hilfreich, wenn die fachdidaktischen Studien noch nicht soweit gediehen sind, dass Lehramtsstudierende auf ein ausreichend vernetztes Wissen zu domänenspezifischen Lehr-Lernmodellen zurückgreifen können.

Am Beispiel der Basismodelle nach Oser und Baeriswyl (2001) soll dies erläutert werden. Auf Grundlage eines sehr umfangreichen, allgemeindidaktischen Literaturüberblicks entwickelten die Autoren eine Systematik von insgesamt 12 Basismodellen. Ein Basismodell besteht dabei immer aus einem allgemeinen Lernziel (z.B. Konzepte aufbauen), einer Darstellung der lerntheoretischen Grundlagen (wie versteht man in der Lernpsychologie den Konzepterwerb?) und einer Zusammenfassung von Schrittfolgen, die in der Literatur sehr häufig für den Erwerb eben jenes Wissens vorgeschlagen werden. Für den Aufbau von Konzepten schlagen Oser und Baeriswyl (2001, S. 1054) folgenden Verlauf des Lehr-Lernprozesses vor:

„1. Direct or indirect stimulation of the awareness of what the learner already knows regarding the new concept

2. Introduction of and the working through of a prototype as a valid example of the new concept

3. Analysis of essential categories and principles that define the new concept (positive and negative distinctions)

4. Active dealing with the new concept (application, synthesis, and analysis)

5. Application of the new concept in different contexts (incorporation of different but similar concepts into a more complex knowledge system)"

In dieser Verlaufsfolge kann man beispielsweise die Prinzipien des Konzepterwerbs bei Aebli oder lernpsychologische Vorstellungen zum Aufbau von konzeptuellem Wissen erkennen. Ebenso können naturwissenschaftsdidaktische Lehr-Lernmodelle zum Konzepterwerb an diese allgemeindidaktische Verlaufsform anknüpfen. Zur Strukturierung einer Lehr-Lernsequenz mit dem Lernziel "Zusammenhänge zwischen Kraft, Energie, Arbeit verstehen" könnte auf das Basismodell "Konzepte aufbauen" zurückgegriffen werden. Zunächst werden im Physikunterricht die alltagssprachlichen Präkonzepte zu den Begriffen artikuliert. Danach findet eine erste Einführung in die Begrifflichkeiten anhand prototypischer Beispiele statt (konkrete Beispiele für physikalische Kräfte anhand von Experimenten und Anschauungsmaterial). In einem weiteren Schritt erfolgt die Analyse und Definition der diskriminierenden Merkmale (inwiefern unterscheidet sich der Begriff "Energie" von ähnlichen Begriffen wie "Kraft", "Arbeit"? Beschreibung konkreter Phänomene mit den drei Begriffen). Wenn die Begriffsunterschiede geklärt sind, werden die Schüler/innen zum aktiven Umgang mit den neuen Konzepten angeregt (z.B. Beschreibung von Bewegungsabläufen). Eine letzte Phase des Unterrichts hätte die Anwendung der neuen Konzepte in weiteren Kontexten zum Ziel (z.B. Umwandlung von Lageenergie in Bewegungsenergie).

Das Basismodell zum Problemlösen (problem solving) integriert Aspekte unterschiedlicher Lehr-Lerntheorien und Verlaufsmodelle zum Entdeckungslernen, problemlösenden oder zur Anwendung wissenschaftlichen Arbeitens in Sachfächern (Oser & Baeriswyl 2001, S. 1053 ff):

„1. Students perceive and understand the problem (problem presentation, the discovery of a problem, reformulation of the problem task).

2. Students develop hypotheses about possible ways to find a solution (heuristics, strategies).

3. Students test the hypotheses (gather indicators, gather data, search for direct or indirect solutions, test by trial and error).

4. Students evaluate and apply the solutions found (eventually redesigning element 2); they relate the solution to a broader understanding of learning."

Das Basismodell *learning routines* kann Hinweise zur Planung von Lehr-Lernverläufen bei Lernzielen mit überwiegend prozeduralem Wissenserwerb geben (z.B „Inhaltszusammenfassung schreiben können" oder „Schriftlich addieren"). Das zu erwerbende Wissen besteht aus einer komplexen Handlungsprozedur, die sich wiederum in Teilprozeduren aufgliedern lässt. Für den schrittweisen Erwerb der komplexen Prozedur schlagen Oser und Baeriswyl (2001, S. 1056) folgende Schrittfolge vor:

„1. Try out (a) a chain of actions, (b) a chain of text, or (c) an application of a set of rules.

2. Develop of an inner representation of that action chain, text, or rules application through

– advance organized deconstruction of the whole
– anticipated determination of limits of each part
– understanding of the rules for the connections of each part
– definition of each component

3. Realize parts (a), (b) or (c) with controlled feedback.

4. Evaluate repetitive realizations of (a), (b) or (c).

5. Repeat parts (a), (b), or (c) until automatization occurs."

Man kann erkennen, dass lernpsychologische Grundlagen in das Basismodell mit eingearbeitet wurden. Beispielsweise die Notwendigkeit, den anfänglichen Erwerb von prozeduralem Wissen genau zu kontrollieren, um notwendige Korrekturen vornehmen zu können. Gerade bei Handlungsabläufen oder mentalen Operationen können falsch erlernte Teilprozeduren nur sehr schwer nachträglich korrigiert werden. Bei komplexen Prozessen wie dem schriftlichen Rechnen oder der Textproduktion fallen defizitäre Teilprozeduren oft gar nicht auf. Erst durch eine aufwändige Diagnostik erkennt man beispielsweise, dass Schüler/innen bestimmte Schritte beim schriftlichen Addieren fehlerhaft durchführen.

Auch beim Lernziel „Inhaltszusammenfassung schreiben" könnte man auf das Basismodell zum Aufbau von Handlungsroutinen zurückgreifen. Es werden Teilprozeduren des Schreibens einer Inhaltsangabe geklärt und geübt. Danach werden Modelle und Vorgaben für die übergreifende Prozedur bereitgestellt (Lehrer/in zeigt, wie man eine Inhaltsangabe schreibt). Dabei werden Beispiele für gelungene Inhaltsangaben analysiert. Danach startet man im Unterricht mit ersten eigenständigen Versuchen. Eventuell werden erst einmal kürzere Texte zusammengefasst. Die Schüler/innen erhalten dabei sofortige Rückmeldungen. Abschließend wird das Verfassen einer Inhaltsangabe immer wieder geübt. Letztendlich ist die Automatisierung der einzelnen Teilschritte des Schreibprozesses das Ziel.

Oser und Baeriswyl (2001, S. 1058) fokussieren nicht nur kognitive Lernziele, sondern stellen auch Basismodell für emotionale und soziale Lernziele zur Verfügung. Beispielsweise das Basismodell zum Lernen von Werten:

„1. Values are taken into consideration through exercises of value clarification (e.g., Where was a situation in which I hurt someone intentionally? What are my most important values? What are the values in such texts?).

2. Options for value changes are developed in such a way that each important value is questioned with respect to toler ance, reversibility, and universality (e.g., What would hap- pen if I had much more time? How can I change my value hierarchy? What are the real opponents of my own values? Have I more spiritual or materialistic values?).

3. Value changes are experienced and evaluated (How important are „new" values to me? Why do I stick to my own values without questioning them?); new values are merged with old ones (value comparison, value justification).
4. New value systems are applied to stories, narratives in films, life events, etc."

Sollten keine domänenspezifischen Lehr-Lernmodelle vorliegen, könnte dieses Basismodell im Religionsunterricht aber auch bei einer Vielzahl von Themen im Deutsch- oder Sozialkundeunterricht Anwendung finden und den Verlauf des Lehr-Lernprozesses vorstrukturieren.

Eine recht überschaubare, aber praktikabel nutzbare Systematik von allgemeindidaktischen Lehr-Lernmodellen liefert Borich (2004). Er differenziert zwischen direkter und indirekter Instruktion. Analog zu Oser und Baeriswyl (2001) orientiert sich diese Einteilung an zwei grundlegend unterschiedlichen Typen von Lernzielen.

– Typ 1: Fakten, Regeln, Handlungssequenzen (geringere Komplexität; Lernziele in den unteren Bereichen der psychomotorischen, affektiven und kognitiven Lernzieldimensionen)

– Typ 2: Konzepte, Begriffsstrukturen, Muster, Abstraktionen (höhere Komplexität)

Lernziele vom Typ 1 lassen sich effektiv durch die Verlaufsform der direkten Instruktion erreichen: Zielorientiertes, lehrergelenktes Arbeiten; Handlung, Regel, Wissen, etc. wird gleich zu Beginn des Unterrichts klar und deutlich eingeführt, erläutert, vorgemacht; Schüler/innen erhalten sofort Übungsmöglichkeiten, sollen allerdings keine Fehler machen, deshalb gleich Korrektur. Verlaufsform der direkten Instruktion:

1. Tägliche Überprüfung der Hausaufgaben und Übungsaufgaben; Wiederholungen bei Lücken und Fehlern

2. Neue Lerninhalte präsentieren und strukturieren: Ziele des Unterrichts und zu erlernende Inhalte werden vorgestellt und genau definiert; Lerninhalte in kleinen Schritten aber zügig nacheinander präsentieren (vormachen, vorlesen, zeigen, etc.); wo immer nötig zusätzliche Erklärungen geben; mit bereits erlernten Fähigkeiten verknüpfen (d.h. beim Präsentieren neuer Inhalte oder neuer Techniken die bereits erlernten Inhalte bzw. Techniken anwenden, üben, überprüfen)

3. Gelenkte Übungen: Häufige Fragen und kontrollierte Übungen (Lehrkraft sieht genau was Schüler/innen machen); Lehrkraft gibt häufige Hinweise und Hilfestellungen, korrigiert wenn nötig; Lehrkraft überwacht Lernfortschritte aller Schüler/innen und gibt jedem/jeder Schüler/in Rückmeldungen; Übungen werden so lange forgesetzt, bis Schüler/innen größtenteils den neuen Inhalt sicher reproduzieren bzw. die neue Fertigkeit sicher ausführen können

4. Rückmeldungen und Korrekturhinweise: Wenn nötig wird die Instruktion (Punkt 2) noch einmal wiederholt; Schülerfehler geben Hinweise auf weiterführende Übungen oder weiterführende Erklärungen; eventuell die Lerninhalte noch einmal in kleineren Schritten erklären, vormachen

5. Unabhängige Schülerübungen: Ziel der zweiten Übungsphase ist Automatisierung; Schüler/innen arbeiten jetzt längere Zeit selbständig an Aufgaben; Formen der Selbstkontrolle und gegenseitigen Kontrolle (self assessment and peer assessment); Aufgaben sollten am Ende dieser Phase zu 95% korrekt gelöst werden

6. Wöchentliche oder monatliche Wiederholung der Fertigkeiten bzw. des Wissens: Wiederholung im Rahmen der Einführung neuer Inhalte; Kurztests; Anwendungsaufgaben etc. Wenn nötig, Inhalte bzw. Fertigkeiten noch einmal erklären bzw. vormachen

Für Lernziele vom Typ 2 schlägt Borich (2004) die Verlaufsform der indirekten Instruktion vor. Lernende haben in einer Fachdomäne bereits grundlegendes Wissen erworben (Techniken, Fertigkeiten, deklaratives Wissen) und es können komplexere Lernziele in Angriff genommen werden (z.b. naturwissenschaftliche Begrifflichkeiten; Texte interpretieren; historische Zusammenhänge). Hierfür eignet sich eine Verlaufsform, bei der die Lehrerlenkung gering ist und Schüler/innen stärker zu eigenständigem Denken und Problemlösen angeregt werden. Schritte bzw. Phasen der indirekten Instruktion sind:

1. Organisation des Inhalts durch z.b. Advance organizers: Einzelne Begriffe, Probleme, Fragestellungen, etc. können in einer übergeordneten Wissensstruktur lokalisiert werden; Lernprozesse können auf problematische, noch nicht geklärte Bereiche fokussiert werden; Schüler/innen erhalten einen Eindruck vom Ganzen; setzen sich mit der komplexen Struktur auseinander, auch wenn noch nicht alles verstanden wird

2. Begriffsaufbau und Arbeit mit Begriffen (conceptual movement) durch Induktion und Deduktion. Induktion: Durch ausgewählte Ereignisse, Beispiele, etc. werden allgemeine Begriffe und Muster gebildet. Deduktion: Ausgehend von Prinzipien und abstrakten Theorien werden Hypothesen aufgestellt und geprüft.

3. Konzepte werden gefestigt durch Beispiele und Gegenbeispiele: Kritische Merkmale für einen Begriff durch Beispiele und Gegenbeispiele einführen; Menge der Beispiele graduell ausdehnen; Nicht-kritische Attribute einführen

4. Fragen stellen: Fragen zum Prozess der Begriffsbildung bzw. zum Entdeckungszusammenhang; Widersprüche konstruieren; Fragen, mit denen vertieftes Verständnis geprüft wird; Fragen, die zunehmend zur selbständigen Auseinandersetzung anregen

5. Ideen und Erfahrungen der Schüler/innen nutzen: Eigene Beispiele finden; Parallelen zu anderen Wissensgebieten suchen

6. Schülerselbstkontrolle: Die Angemessenheit der eigenen Antworten einschätzen; falsche oder nicht angemessene Antworten analysieren; Hinweise geben wo der Fehler liegen könnte

7. Diskussion: Gemeinsam nach Alternativen Lösungen suchen; Lösungen bewerten; Vorhersagen machen; Verallgemeinerungen entdecken; Einschränkungen diskutieren

Auch hier kann man einige Parallelen zum Basismodell „Konzepte erwerben" von Oser und Baeriswyl sowie zur Beschreibung des Konzepterwerbs bei Aebli erkennen. Auch die Verlaufsform der indirekten Instruktion nach Borich geht davon aus, dass konzeptuelles Wissen nur dann erworben werden kann, wenn die Schüler/innen die Begriffe anhand von vielen Beispielen und neuen Anwendungskontexten durcharbeiten und voneinander abgrenzen können.

5.2.3 Individualisierte Lehr-Lernverläufe planen

Wenn man eine ungefähre Vorstellung davon hat, wie der Lehr-Lernprozess verlaufen soll und man zu Beginn einer Lehr-Lernsequenz die Lernvoraussetzungen der Schüler/innen tatsächlich genauer erfasst, zwingt dies fast schon automatisch zu einer Individualisierung bzw. Differenzierung der Lehr-Lernprozessplanung. Im Extremfall könnte sich an die Erhebung der Lernvoraussetzungen eine individualisierte Planung von Lehr-Lernprozessen für einzelne Schüler/innen anschließen. Dies wäre in kleineren Fördergruppen teilweise auch realisierbar. Den Schüler/innen müssten je nach Lernvoraussetzungen individualisierte Förderpläne erstellt werden, d.h. sie würden auf unterschiedlichen Stufen beginnen. In regulären Schulklassen ist ein individualisierter Zuschnitt des Unterrichts weder zeitlich realisierbar noch unbedingt notwendig. In einer Schulklasse mit durchschnittlich verteilten Lernvoraussetzungen und Begabungen genügt in der Regel eine grobe Einteilung in zwei oder drei Leistungsgruppen. An geeigneten Stellen im Lehr-Lernverlauf könnte man für diese Leistungsgruppen differenzierte Lernangebote planen.

Wenn ein Teil der Schüler/innen bereits verschiedene Rechenstrategien im 1000er Raum kennt, können diese mit Anwendungsaufgaben konfrontiert werden. Ziel ist dann die Automatisierung und Flexibilisierung der Strategien. Ein anderer Teil der Schüler/innen kennt jedoch nur einen Additionsalgorithmus im Zahlenraum bis 1000. Hier müssten zunächst weitere Rechenstrategien eingeführt werden, bevor es zu Anwendungsaufgaben kommen kann. Zumindest lassen sich verschiedene Szenarien der Individualisierung von Unterricht simulieren. Man könnte aufgrund von Kompetenzentwicklungsmodellen und Lernvoraussetzungen einzelner Schüler/innengruppen beispielsweise zwei oder drei unterschiedliche Lehr-Lernszenarien entwickeln.

Auch am Beispiel des Lernziels „Texte schreiben können", lässt sich eine individualisierte bzw. differenzierte Planung von Lehr-Lernverläufen veranschaulichen. In jeder Klasse wird die Schreibkompetenz der einzelnen Schüler/innen mit Sicherheit stark variieren. Diese Varianz könnte man zunächst einmal diagnostizieren. Die Schüler/innen verfassen einen Text zu einem bestimmten Schreibanlass (eine Geburtstagseinladung; einen Leserbrief schreiben, etc.). Sowohl der Schreibprozess als auch das Produkt werden genau analysiert. Grundlage dieser Analyse ist (wie oben skizziert) ein genaues Verständnis der Teilkompetenzen und Wissen über einen prototypischen Verlauf der Schreibentwicklung bzw. der Entwicklung von Textproduktionskompetenz. Ein entsprechendes Kompetenzentwicklngsmodell wären beispielsweise die fünf Stadien der Schreibentwicklung nach Bereiter (1980) sowie Bereiter und Scardamalia (1987):

– Stufe 1: Assoziatives Schreiben (what-next-Strategie); Reihung von dann …, dann …; Ordnung des Textes nach der im Gedächtnis vorhandenen assoziativen Struktur (knowledge telling). Der Schüler reflektiert lediglich den Schreibprozess (was er gerade inhaltlich schreibt).
– Stufe 2: Beachtung von Schreibkonventionen (performative writing). Der Schüler reflektiert auf dieser Stufe das Schreibprodukt.
– Stufe 3: Den Leser einbeziehen (communicative writing). Dem Schüler gelingt es, alle drei Reflexionsebenen (Prozess, Produkt und Leser) zu integrieren
– Stufe 4: Integration der vorangehenden Stufen (unified writing); Entwicklung eines individuellen Schreibstils; Überprüfung des eigenen Schreibprodukts als Leser des eigenen Textes (writing-reading feedback loop)
– Stufe 5: Schreiben als Mittel zum Erkenntnisgewinn (epistemic writing)

Auf welcher Stufe der Schreibentwicklung befinden sich nun einzelne Schüler/innengruppen? Dies ist mit Sicherheit nicht einfach und immer exakt zu beantworten. Allerdings könnte eine aufmerksame Beobachtung der Schüler/innen beim Schreibprozess als auch die Analyse der Schreibprodukte gewisse Anhaltspunkte für den aktuellen Stand der Schreibentwicklung liefern. Die Stufen 1 und 2 lassen sich vermutlich recht gut auseinanderhalten. Auf Stufe 2 sollte es beispielsweise auch möglich sein, mit den Schüler/innen über ihre genutzten Schreibkonventionen zu reden, diese zu reflektieren.
Diese Analyse könnte nun in einen an den Lernvoraussetzungen orientierten Lehr-Lernprozess münden. Erkennt man, dass eine Gruppe von Schüler/innen immer noch assoziatives Schreiben praktiziert (was durchaus auch noch in der Sekundarstufe denkbar wäre), müsste der Schreibunterricht für diese Gruppe zunächst einmal auf basale Schreibkonventionen abzielen (Überschrift; in Sätze gliedern; Text logisch gliedern). Bei fortgeschrittenen Schüler/innen könnte dagegen mehr der kommunikative Aspekt des Schreibens in den Mittelpunkt gerückt werden. Man würde mit diesen Schüler/innen gezielt üben, wie man den Leser in einem Text anspricht.

5.3 Methodische Dimensionen des Lehr-Lernprozesses

Lehr-Lernmodelle geben das zeitliche Gerüst, die Phasenfolge oder allgemeine Prinzipien für die Gestaltung von Lehr-Lernprozessen vor. Dieses Gerüst muss jedoch mit konkreten Aktionen gefüllt werden. In der Terminologie von Oser und Baeriswyl (2001) folgt nach der Festlegung eines Basismodells die Planung konkreter Sichtstrukturen des Unterrichts, d.h. methodischer Aspekte des Unterrichts. Domänenspezifische Lehr-Lernmodelle sind jedoch unterschiedlich konkret in Hinblick auf die methodische Gestaltung des Unterrichts. Bei einem Leselehrgang wurde von Schulbuchautoren und Fachdidaktikern die Lehr-Lerntheorie bis auf die konkrete Aufgabenebene heruntergebrochen. Man kann mit dem Schulbuch, dem Lehrerhandbuch und den Begleitmaterialien praktisch sofort mit dem Unterrichten beginnen (wenn man die Grundidee verstanden hat). Ähnliches gilt für den Mathematikunterricht.

Was ist jedoch zu tun, wenn es diese konkret ausgearbeiteten Lehr-Lernsequenzen nicht gibt? Wenn es konkurrierende Modelle (z.B. Schulbücher) gibt? Wenn die eigenen Überzeugungen oder Beobachtungen im Unterricht nicht zu den ausgearbeiteten Materialien passen? In diesen Fällen müssen Lehrkräfte in der Lage sein, selbst die methodischen Aspekte einer Lehr-Lernsequenzen zu gestalten. Zunächst einmal wäre deshalb zu fragen, welche methodischen Kategorien bzw. Beschreibungsstrukturen für eine lehr-lerntheoretische Betrachtung von Unterricht überhaupt anschlussfähig sind? Exemplarisch sollen Klassiker der Systematisierung von Unterrichtsmethoden dahingehend untersucht werden. Bereits im Berliner Modell wird der Versuch unternommen, die Vielzahl an methodischen Begrifflichkeiten und Konzeptionen neutral zu sichten und systematisch zu ordnen. Heimann, Otto und Schulz (1965/1977) unterscheiden dabei folgende methodische Dimensionen:
– Methodenkonzeptionen / Methodische Modelle (methodische Großformen, welche die Arbeit des Unterrichts langfristig strukturieren; ganzheitliche, analytische, synthetische oder exemplarische Verfahren, sowie facheigene Einzelmethoden)
– Artikulationsschemata (Stufen oder Phasen)
– Sozialformen und Raumorganisation (Gruppen- und Einzelunterricht; Formen des Klassenunterrichts)
– Aktionsformen des Lehrens und Lernens / Lehr- und Lernweisen (Lehrervortrag, Schülerreferat, Gespräch und Experiment)
– Urteilsformen / Unterrichtsprinzipien (zentrale didaktische Tendenzen von Arbeitsweisen im Unterricht: Anschaulichkeit, Selbsttätigkeit, Kindgemäßheit, Lebensnähe)

Als Methodenkonzeptionen oder methodische Modelle werden langfristig angelegte und fachdidaktisch begründbare zeitliche und inhaltliche Strukturierungen von Unterricht verstanden. In der heutigen Terminologie würde man hier von der Struktur des Kompetenzerwerbs über längere Sicht sprechen (z.b. Leselehrgänge, Projektunterricht). Diese Methodischen Großformen sind alle auf ein bestimmtes Ziel ausgerichtet und geben eine langfristig angelegt Stufung vor. Verwunderlich ist, dass dann noch einmal Artikulationsschemata davon abgegrenzt werden. Auch diese sind auf ein Lernziel bezogen und geben Stufungen in zeitlicher Hinsicht vor und müssen fachdidaktisch begründet sein. Ist hier ein anderer Zeithorizont gemeint (evtl. auf Einzelstunden bezogen)? Gleiches gilt für die Kategorie Urteilformen/Unterrichtsprinzipien. Bestimmte Methodenkonzeptionen interagieren sehr stark mit Unterrichtsprinzipien (Projektunterricht und Selbsttätigkeit). Die drei Kategorien Methodenkonzeptionen, Artikulationsschemata und Unterrichtsprinzipien sind damit weder trennscharf noch ist klar (weder im Berliner Modell; noch in der Literatur überhaupt) wie diese aufeinander zu beziehen sind.

Relativ eindeutig sind die drei Kategorien „Aktionsformen des Lehrens und Lernens", „Sozialformen" und „Raumorganisation". Alle drei Kategorien sind Facetten der Sichtstruktur von Unterricht. In einer naturwissenschaftlichen Lehr-Lernsequenz, die auf das vertiefte Verständnis eines biologischen Begriffes zielt, sieht man beispielsweise bestimmte Aktionensformen wie „Ein Experiment selbständig durchführen"; „Einen Text lesen"; etc. Diese Aktionsformen finden in einer bestimmten Sozialform statt: Einzelarbeit, Partnerarbeit, gemeinsam mit der ganzen Klasse. Davon hängt dann wiederum die Raumorganisation ab (Gruppentische, zur Tafel ausgerichtete Zweiertische, etc.). Zusammenfassend könnte man sagen, dass die methodischen Kategorien „Methodenkonzeption" und „Artikulation" auf den Begriff des Basismodells zurückgeführt werden können (zeitliche, auf ein Lernziel bezogene Sequenzierung von Lehr-Lernprozessen) und die Kategorien „Aktionsform", „Sozialform" und „Raumorganisation" Aspekte der Sichtstruktur sind, d.h. direkt von den einzelnen Sequenzen des Basismodells abgeleitet werden müssen (Eine Partnerarbeit macht nur dann Sinn, wenn damit die Lernenden in diesem Moment ihres Wissenserwerbs auch unterstützt werden können).

Auch an weiteren Klassikern aus der schulpädagogischen Methodenliteratur lässt sich diese Reduktion auf die Begriffe Basismodell und Sichtstruktur durchexerzieren. Martial und Bennack (1996) beispielsweise unterscheiden zwischen Aktionsformen des Lehrens und Lernakten der Schüler/innen. Oder die sehr differenziert und umfassende Kategorisierung von Unterrichtsmethoden bzw. methodisch-didaktischen Elementen nach Glöckel (1996):

– Elementen des Unterrichtsgeschehens (auch Medien)
– Formen des Unterrichts
– Die Unterrichtseinheit
– Der Lehrplan
– Der Lehrgang
– Unterrichtsgrundsätze

Peterßen (1999) entzieht sich der Systematisierungsproblematik sehr elegant und sortiert einfach alle gängigen Unterrichtsmethoden in einem Methodenlexikon von A wie Abteilungsunterricht bis Z wie Zukunftswerkstatt. Es gibt Einträge, die ganz klar auf der Ebene von Lehr-Lernmodellen liegen (Artikulation, Cognitive Apprenticeship, Projektlernen, etc.). Andere Einträge wiederum beschreiben Sozialformen (Gruppenunterricht, Einzelarbeit, Abteilungsunterricht, etc.). Dann gibt es weitere Einträge auf der mikromethodischen Ebene: Lernkartei, Pantomime, Sortieraufgabe, Memory, etc.

Für praktizierende Lehrkräfte sind solche Methodensammlungen zunächst einmal sehr beliebte Fundgruben. Sie bergen jedoch die Gefahr des methodischen Aktionismus. Die Didaktik produziert immer wieder neue „unterrichtsmethodische Modetrends". In den 1980er und 90er Jahren wurden beispielsweise offene Unterrichtsformen (Freiarbeit, Lernzirkel) geradezu gebetsmühlenartig angepriesen und Lehrmittelverlage überschwemmten Schulen mit entsprechenden Materialien und Angeboten. Kaum wurde diskutiert, für welche Wissenserwerbsprozesse bzw. bei welchen Lernvoraussetzungen offene Unterrichtsformen geeignet sind und für welche nicht. Man weiß heute beispielsweise, dass Schüler/innen von offenen, individualisierten Lernformen nur dann profitieren, wenn sie bereits fortgeschrittenes Wissen in einem Gebiet besitzen und über ein Mindestmaß an Selbsregulationskompetenz verfügen. Seit Anfang 2000er Jahre erleben wir einen „Kompetenzorientierungs-Hype". Schüler/innen werden mit Anwendungsaufgaben überschwemmt; sollen ihre Selbst- und Sozialkompetenz in Projekten entwickeln, jagen von einer Präsentation zur nächsten, von einem Praktikum zum nächsten. Auch hier wird viel zu wenig gefragt, wann im Wissenserwerbsprozess die Einübung von Grundlagen erforderlich ist und wann Lernende zur Festigung bzw. Erweiterung des Wissens mit Anwendungssituationen konfrontiert werden sollten.

Lehrer/innen sollten diese methodischen Modeerscheinungen klar durchschauen und Unterrichtsmethoden zielgerichtet einsetzen können. Eine Hauptproblematik sowohl der didaktischen Literatur als auch der Unterrichtspraxis selbst besteht darin, dass man Unterricht sehr häufig nur über die Oberfläche, die Sichtstruktur oder die Unterrichtsmethodik wahrnimmt. Man sieht, dass die Schüler/innen in Gruppen arbeiten oder in Einzelarbeit einen Text lesen. Ein Praktikant erzählt, dass er die Gruppenpuzzle-Methode mit Erfolg angewendet hat. Ein Referendar plant einen Lernzirkel. Diese Herangehensweise über die Sichtstruktur ist dann problematisch, wenn den Beteiligten nicht klar ist, warum an dieser Stelle eine Gruppenarbeit geeignet ist, warum hier besser in Einzelarbeit ein Text gelesen werden sollte, was die Vorteile eines Lernzirkels für dieses Lernziel bzw. diese Thematik sein könnten.

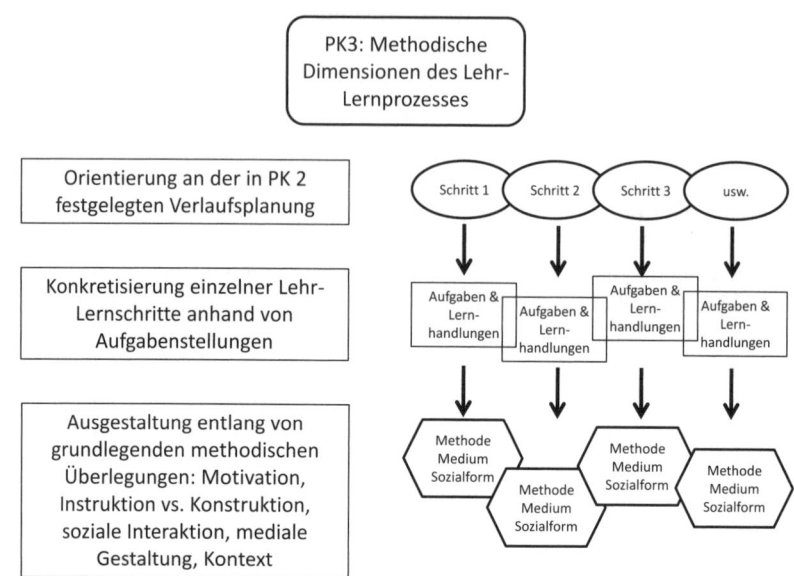

Abb. 20: Planungskategorie 3: Methodische Dimension der Gestaltung von Lehr-Lernprozessen

Eine lehr-lerntheoretische Perspektive hilft, den Blick dafür zu schärfen (Abbildung 20). In der vorangehenden Planungskategorie 2 wurden ausgehend vom Verlauf des Wissenserwerbs Verlaufsformen bzw. Basismodelle des Unterrichts entworfen. Möchte man Schüler/innen das Schreiben von Texten beibringen, muss man von bestimmten Stufen der Schreibentwicklung ausgehen. Dieses Kompetenzentwicklungsmodell ist die Basis für eine sequenzielle Strukturierung von Unterricht (vgl. Abschnitt 5.2). Beispielsweise schreiben viele Grundschüler/innen zunächst sehr assoziativ, an ihren Gedanken orientiert. Sie sollen lernen, diese kreativen Assoziationen in einer Skizze oder Mind-Map auszuleben und dann die Ideen für den Text sortieren. Erst dann soll eine erste Version des Textes entstehen, die noch einmal überarbeitet wird. Jetzt steht das Lernziel (bzw. die zu erwerbende Kompetenz fest). Gleichzeitig lässt sich aus diesen Überlegungen eine Sequenzplanung ableiten:

Phase 1: Zunächst an einem unstrukturierten Text aufzeigen, dass ein loses Aneinanderreihen von Gedanken für den Leser unverständlich ist

Phase 2 umspannt die Übung von Teilkompetenzen: Eine Mindmap, Ideensammlung, etc. zu einem Thema anlegen; auf Basis eine Mindmap eine Textstruktur entwerfen; sofortige Rückmeldung und Korrektur durch Lehrkraft

Phase 3: Den gesamten Prozess an Beispielen erproben (z.B. Bericht vom Wochenende; Sachbeschreibung)

Phase 4: Kontrolle durch Mitschüler/innen oder Lehrkraft; Überarbeitung des Textes

Dies wäre ein Beispiel für die in Planungskategorie 2 festgelegte Verlaufsplanung. Bis hierher muss man schon ein sehr fundiertes fachdidaktisches Wissen einbringen und vor allem die Frage der Unterrichtsmethode komplett ausblenden. Diese Verlaufsplanung ist deswegen so klar und eindeutig, weil sie die unterrichtsmethodische Umsetzung überhaupt noch nicht andeutet oder vorwegnimmt. Nun ist aber die für dieses Teilkapitel entscheidende Frage, wie man entscheidet, welche Aufgaben, Sozialformen, Aktionsformen, etc. jeweils gewählt werden sollen? Um diese Frage beantworten zu können, muss man einen Zwischenschritt einbauen. Zunächst einmal müssen die einzelnen Schritte in der Lehr-Lernsequenz inhaltlich konkretisiert werden, d.h. es müssen konkrete Aufgabenstellungen entworfen werden. Aufgaben sind die Operationalisierung der einzelnen Lehr-Lernschritte in der Verlaufsplanung:
– Es muss ein „Schülertext" ausgewählt oder von der Lehrerin/vom Lehrer geschrieben werden, der sich in Phase 1 als gute Veranschaulichung eignet.
– Für Phase 2 müssen konkrete Übungen entworfen werden. Beispielsweise ein Schreibanlass für einen Brief (Du möchtest deine Freundin in den Sommerferien zu einem gemeinsamen Ausflug einladen. Was könntest du ihr schreiben? Skizziere deine Gedanken in einer Mind-Map!)
usw.

Eine Lehr-Lernsequenz ist erst vollständig, wenn an ihr konkrete Aufgabenstellungen wie an einer Perlenkette aufgefädelt wurden. Eventuell werden diese Aufgabenstellungen im Unterricht nicht alle linear durchlaufen. Es wird Schleifen, Wiederholungen oder Auslassungen geben. Aber unabhängig davon muss feststehen, welche Lehr-Lernschritte mit welchen konkreten Aufgabenstellungen gemeistert werden könnten. Nur wenn sowohl über die Lehr-Lernschritte als auch über die Aufgabenstellungen Klarheit herrscht, kann sinnvollerweise über Unterrichtsmethoden nachgedacht werden. Hierfür werden nicht einzelne Unterrichtsmethoden, sondern Dimensionen zur Analyse der methodischen Gestaltung von Lehr-Lernprozessen (speziell Aufgabenfolgen) vorgeschlagen. Dabei wird gefragt, welche äußeren Gestaltungsmerkmale der Lehr/Lernsituation bzw. der Aufgabenstellungen zu beachten sind, um den Lernprozess der Schüler/innen an dieser Stelle ihres Wissenserwerbs, unter diesen Lernvoraussetzungen, mit dieser konkreten Aufgabenstellung zu unterstützen? Die Beschreibung von Dimensionen der methodischen Gestaltung eröffnet überdies die Möglichkeit, lernpsychologische Befunde und lehr-lerntheoretische Überlegungen mit einfließen zu lassen.

5.3.1 Motivation und selbstreguliertes Lernen

Eine erste methodische Gestaltungsfrage wäre, wie man die Aufmerksamkeit der Schüler/innen auf den Unterrichtsgegenstand lenkt und sie zum dauerhaften Lernen motiviert. Neurowissenschaftliche Befunde zeigen deutlich, dass wir eingehenden Informationen nur dann Aufmerksamkeit schenken, wenn sie von der Bewertungsinstanz (emotionale Zentren) des Gehirns als neu und relevant eingestuft werden. Bekanntes und Relevantes führt zur Aktivierung von bereits angelegten Netzwerken. Nicht relevantes Wissen (z.B. Rituale) wird ausgeblendet oder schnell wieder vergessen. Zu ähnlichen Aussagen kommen psychologische Motivationstheorien (vgl. Kapitel 2). Daraus können folgende Ideen für die methodische Gestaltung einzelner Phasen des Lehr-Lernprozesses abgeleitet werden:

– Mit Widersprüchlichem, offenen Fragen, etwas Ungewohntem den Unterricht beginnen. In einem motivierenden Unterricht befriedigt die Lehrkraft das Bedürfnis der Schüler/innen nach Neugierde und nach Widerspruchsfreiheit. Präsentationen und Aufgaben sollen durch ihren Neuigkeitswert oder auch durch widersprüchliche Informationen das Interesse der Schüler/innen wecken. Anschließend muss die Lehrkraft allerdings immer eine Klärung und Integration der Fragestellung in das bisherige Wissen und Können leisten.
– Optimale Passung zwischen Aufgabenschwierigkeit und Können als flow-Bedingung; hohe Erwartungen, herausfordernde Aufgaben und Kompetenzerleben
– Die Fantasie der Schüler/innen nutzen; Wissen in Geschichten einbinden; spielerische Elemente nutzen
– Witze brechen mit gewohnten Denkmustern und erregen damit Erheiterung und Aufmerksamkeit
– Den Nutzen des Lernens aufzeigen

Ebenso weisen die Lernpsychologie, die Neuroforschung und auch die Lehr-Lernforschung immer wieder darauf hin, dass Schüler/innen nur dann erfolgreich lernen können, wenn sie über Strategien der Selbststeuerung verfügen. Bei der methodischen Gestaltung des Lehr-Lernprozesses sollte deshalb gefragt werden, an welchen Stellen Lern- und Arbeitsstrategien gefördert werden können. Wann bietet es sich an, über den Lernprozess zu reden und damit das metakognitive Wissen der Lernenden zu erweitern? Das bedeutet konkret:

– Bei den Schüler/innen eine Lernorientierung aufbauen (Lernziele explizieren, an Vorwissen anknüpfen, Bedeutung der Lernziele deutlich machen)
– Realistisch hohe Leistungserwartungen kommunizieren
– Immer wieder eine Metaperspektive einnehmen: z.B. bei einzelnen Lernaktivitäten auf die bedeutsamen Ziele hinweisen; Überblick zu den wichtigsten Schritten und Zielen geben

- Vortests sensibilisieren die Schüler/innen für die wichtigsten Ziele des Unterrichts; vorausgreifende Fragen stimulieren das Nachdenken über das Thema
- Fachspezifische Lern- und Arbeitstechniken einführen und regelmäßig nutzen
- Lehrer/in verbalisiert eigene Denk- und Lernstrategien bei der Bearbeitung einer Aufgabe
- Reflexion über die Vorgehensweise der Schüler/innen bei der Aufgabenbesprechung
- Welche metakognitiven Strategien sind hilfreich? (Exekutive Funktionen; Monitoring, Lernstrategien)
- Welche Art von Feedback ist hilfreich? (Selbstkontrolle, peer assessment)

Sowohl lernpsychologische Befunde als auch die Lehr-Lernforschung zeigen, dass häufige, positive Verstärkungen und häufiges, konstruktives Feedback in jeden Lehr-Lernprozess integriert werden müssen. Lehrkräfte müssen sich fragen, an welchen Stellen im Lehr-Lernprozess die Lernergebnisse genau kontrolliert werden müssen? Wie gibt man den Lernenden eine informative Rückmeldung? Wie kann man sicherstellen, dass Schüler/innen vor allem zu Beginn des Wissenserwerbs häufig eine positive Rückmeldung erfahren?
Ein einfaches, jedoch probates Mittel hierfür sind Aufgaben mit Selbstkontrollmöglichkeiten. Hierfür gibt es mittlerweile eine große Fülle von Lernmaterialien und digitale Lernmedien. Diese funktionieren jedoch nur bei einfachem Faktenwissen oder einfachem prozeduralem Wissen (Rechenalgorithmen). Bei komplexeren Lernzielen sind genaues Hinsehen und Besprechen von Schülerprodukten unverzichtbar. Lehrkräfte müssen sich verschiedene Rechenstrategien genau erklären lassen, gute Ideen verstärken, auf fehlerhafte Überlegungen hinweisen und andere Rechenwege vorschlagen bzw. einfordern. Lernmedien und Lernmaterialien können auch in diesem Punkt die Lehrkraft nicht annähernd ersetzen.

5.3.2 Balance zwischen Instruktion und Konstruktion

Alle Lehr-Lernprozesse sind ein stetiger Balanceakt zwischen Instruktion und Konstruktion. Lehrkräfte müssen zu jedem Zeitpunkt im Unterricht entscheiden, wie viel Offenheit sie zulassen und wie stark sie in den Lernprozess der Schüler/innen durch Instruktion eingreifen. In der didaktischen und lehr-lerntheoretischen Diskussion spielt diese Frage seit jeher eine Rolle, wird jedoch in ganz unterschiedlichen Diskursen erörtert. Beispielsweise die reformpädagogische Diskussion über die Öffnung des Unterrichts, die Erprobung und teilweise auch Überhöhung konstruktivistischer Didaktikmodelle oder die Betonung der Effektivität von *direct instruction* als stark lehrergelenkter Unterrichtsmethode in den 1970er Jahren. Ich bin der festen Überzeugung, dass all diese oft ideologisch aufgeladenen Diskussionen nicht der Realität in deutschen Klassenzimmern entsprechen. Es macht keinen

Sinn und ist auch nicht realistisch zu behaupten, dass Unterricht überwiegend von einem monotonen und lehrerzentrierten Frontalunterricht geprägt wird und dieser für mangelnde Schülerleistungen verantwortlich ist. Ebenso wird das Potenzial von offenen Unterrichtsformen von einzelnen Protagonisten stark überhöht.

Vernünftig wäre, bei der Planung von Lehr-Lernprozessen jeweils in Abhängigkeit der Schülerlernvoraussetzungen, der Lernziele und der organisatorischen Rahmenbedingungen das richtige Verhältnis von Instruktion und Konstruktion zu bestimmen. Dabei können Lehr-Lernmodelle, lernpsychologisches Hintergrundwissen aber auch eine genaue Lernzielanalyse helfen. Letztendlich lässt sich die Frage, wie stark ich in den Lernprozess der Schüler/innen eingreife und wie viele Freiräume ich ihnen gebe nicht komplett am Planungstisch beantworten. Im Unterricht werden Lehrkräfte sehr oft situativ entscheiden müssen, ob sie eine Aufgabe noch einmal erklären, eine Gruppenarbeit unterbrechen, um die Regeln noch einmal zu verdeutlichen oder die Freiarbeit unterbrechen, um eine Unklarheit im lehrergelenkten Unterricht zu beseitigen.

Nachfolgend soll eine Reihe von Leitlinien oder Anregungen zusammengestellt werden. In welchen Situationen bzw. bei welchen Lehr-Lernprozessen bietet sich eine stärkere Lehrerlenkung an und in welchen Fällen sollten die instruktionalen Vorgaben überwiegen? In welchen Situationen und bei welchen Lehr-Lernprozessen wäre eine Öffnung des Unterrichts oder eine stärkere Betonung der Eigenkonstruktionen von Schüler/innen sinnvoll?

Aus der Sicht der Lehr-Lernforschung gibt es zunächst einmal ein ganz klares Plädoyer für einen gut strukturierten Unterricht. Im Abschnitt „Befunde der Lehr-Lernforschung" wurden bereits wichtige Aspekte eines klar strukturierten Unterrichts herausgearbeitet:

- Sinnvolle Verknüpfung oder Sequenzierung der Wissensinhalte entlang zentraler und für die Schüler/innen relevanter Ideen (roter Faden einer Unterrichtssequenz)
- Neue Informationen werden von Lehrer/innen klar, begeistert und zusammenhängend dargestellt
- Verknüpfung mit dem Vorwissen der Schüler/innen
- Schrittweises, dem Verständnis der Schüler/innen angepasstes Vorgehen (an das Vorwissen angepasstes Interaktionstempo; Lehrer/in stellt Rückfragen an die Schüler/in, um sich über deren Verständnis zu vergewissern; Zeit zum Nachdenken einräumen)
- Wichtiges noch einmal zusammenfassen (z.B. grafische Darstellungen der Wissensorganisation nutzen)
- Wissen anwenden, in neuen Situationen wieder aufgreifen
- etc.

Ein gut strukturierter Unterricht kann durch eine starke Lehrerlenkung einfacher geplant und durchgeführt werden als durch eine Zurücknahme der Lehrerlenkung. Dies gilt vor allem für Novizen im Unterrichtsgeschäft und Lehrkräfte, die mit stark schülergelenkten Unterrichtsmethoden wenig Erfahrung haben. Auch offene Lehr- und Lernformen können sehr gut strukturiert sein. Allerdings erfordert dies hohes Organisationstalent und ein kontinuierliches Einüben in offene Lern- und Arbeitsformen. Ein Werkstattunterricht mit einem frei wählbaren Angebot an Aufgabenstellungen und Lernaktivitäten sollte deshalb so strukturiert sein, dass die Lernenden beispielsweise Aufgaben mit unterschiedlichen Schwierigkeitsgraden klar erkennen können oder die inhaltlichen Zusammenhänge zwischen einzelnen Aufgabenstellungen durch die Vorgabe von Wochenplänen vorstrukturiert werden. Damit wird die Schülerlenkung natürlich wieder eingeschränkt.

Ob man einen eher lehrergelenkten oder einen eher schülergelenkten Unterricht planen soll, lässt sich auch aufgrund von lernpsychologischen Überlegungen entscheiden. Eine kritische Frage wäre, wie hoch ist die kognitive Auslastung der Schüler/innen durch einen Unterrichtsgegenstand. Die *cognitive load theory* (Kapitel 2) besagt, dass sich Schüler/innen bei anspruchsvollen Aufgaben auf die wesentlichen Aspekte der Anforderung konzentrieren müssen (*intrinsic load*). Bei eher schülergelenkten Lernsituationen wird allerdings zwingenderweise *extraneous load* erhöht. Die Lernenden müssen sich zunächst einmal mit der Selbstorganisation ihres Arbeitsprozesses beschäftigen: Wann mache ich was? Mit wem? An welchem Ort? Welche Lernmaterialien benötige ich? Mit welcher Aufgabe soll ich beginnen? Damit wäre eine stärkere Strukturierung und Reduktion von *extraneous load* durch Lehrerlenkung hilfreich, um die interne Auseinandersetzung mit anspruchsvollen Aufgaben nicht unnötig zu belasten.

Es könnte auch gefragt werden: An welcher Stelle im Lehr-Lernprozess befinden sich die Lernenden? Die Expertiseforschung und die Forschung zu Aufgaben mit Lösungsbeispielen zeigten, dass Lernende zu Beginn des Wissenserwerbs ohne die Strukturierung und die Anleitung des Experten nicht auskommen. Das anfängliche Lernen mit ausgearbeiteten Lösungsbeispielen (hohe Instruktion) ist effektiver als das Bearbeiten von offenen Problemstellungen (hoher Anteil an Eigenkonstruktion). Vorteile von Lösungsbeispielen sind, dass den Schüler/innen der Einstieg in die Aufgabenbearbeitung erleichtert wird und instruktionale Missverständnisse (z.B. Aufgabe nicht verstanden) ausgeräumt werden können. Die Schüler/innen müssen sich weniger Gedanken über die Art und Weise der Notation machen und können sich verstärkt der eigentlichen Aufgabenstellung zuwenden. Lösungsbeispiele sind vor allem für schwächere Schüler/innen eine wertvolle Hilfe. An einem Lösungsbeispiel kann noch einmal die zwar im Unterricht besprochene, jedoch schnell verdrängte Vorgehensweise nachvollzogen werden.

Es gibt unterschiedliche Möglichkeiten, Lösungsbeispiele in Aufgabenstellungen bzw. Erklärungen zu integrieren:

- **Variante 1:** Ein oder mehrere Lösungselemente aus der gesamten Lösungsmenge werden angegeben, um der/m Schüler/in eine grobe Orientierung zu geben. Beispielsweise sollen Schüler/innen aus einem Text alle Adjektive suchen, unterstreichen und herausschreiben. Um Schüler/innen noch einmal daran zu erinnern, was Adjektive sind und in welcher Form sie zu notieren sind, werden die ersten drei Adjektive im Text markiert und unten aufgelistet: „Schreibe die Adjektive aus dem Text in dein Heft: grün, kalt, schnell, …"

- **Variante 2:** Eine Aufgabe wird komplett gelöst. Die nachfolgenden Aufgaben können auf ähnliche Art und Weise bearbeitet werden. Diese Form des ausgearbeiteten Lösungsbeispiels findet man häufig in Mathematikbüchern:

Rechne zuerst bis zum nächsten Zehner.

a) $34 + 8 = 42$ b) $12 + 9 =$ c) $27 + 5 =$ d) $42 + 13 =$

$34 + 6 = 40$

$40 + 2 = 42$

Auch hier verdeutlicht das Lösungsbeispiel noch einmal, welche Rechenstrategie zur Anwendung kommen soll und vor allem wie diese zu notieren ist. Gerade die Notation von Rechenstrategien ist für Schüler/innen häufig irritierender als die Rechenstrategie selbst. Diese Form des komplett ausgearbeiteten Lösungsbeispiels eignet sich auch für komplexere Aufgabenstellungen und andere Fächer. Eine Unterrichtseinheit zum Thema „Erörterung" in Deutsch könnte beispielsweise mit einem komplett ausgearbeiteten Lösungsbeispiel, d.h. einer vorbildlichen Erörtung, die am besten noch die Lehrkraft selbst geschrieben hat, beginnen. An diesem Beispiel könnten wichtige Merkmale einer Erörterung besprochen werden. Beim Schreiben einer ersten eigenen Erörterung könnte das Lösungsbeispiel eine wertvolle Orientierung sein.

- **Variante 3:** Erst durch das Lösungsbeispiel wird letztendlich klar, was zu tun ist. Der Instruktionsteil ist unvollständig und wird erst durch das Lösungsbeispiel ergänzt. Den Schüler/innen wird beispielsweise ein Text vorgelegt. Danach folgt eine Aufgabenstellung mit einer kurzen Instruktion und einem Lösungsbeispiel: „Bilde Paare: surren – surrt, schwimmen – …". Der Aufgabentext kann auf diese Art und Weise sehr kurz gehalten werden. Dies ist vor allem für Grundschüler/innen aber auch Sekundarschüler/innen mit Leseschwierigkeiten eine gewisse Erleichterung.

- **Variante 4:** Abnehmende Lösungsbeispiele: Zunächst wird eine Aufgabe komplett gelöst vorgestellt. Die nächste Aufgabe wird nur noch zu einem gewissen Teil gelöst. Die/der Schüler/in muss den Rest ergänzen. Beispiel:

Rechne zuerst bis zum nächsten Zehner.

a) 34 + 8 =   b) 12 + 9 =   c) 27 + 5 =   d) 42 + 13 =

---------------   ----------------   ----------------

34 + 6 = 40   12 + 8 = 20   27 + 3 = ...

40 + 2 = 42   20 + ...

Diese Variante kann bei Aufgabenstellungen mit komplexen Prozeduren bzw. Rechenalgorithmen genutzt werden. Die Lernenden haben somit die Möglichkeit, einen Schritt nach dem anderen zu üben. Erst ganz zum Schluss müssen sie die komplette Rechenprozedur in der richtigen Reihenfolge ausführen.

In der Expertiseforschung bzw. der kognitiven Lernforschung werden weitere Formen der instruktionalen Unterstützung für den anfänglichen Wissenserwerb vorgeschlagen:

– Nähe der Aufgabenstellung zu vorausgehenden Instruktionen (Lehrererklärungen, Wiederholungen, etc.)
– Prozessorientierte Lernhilfen: Auf Problemlösestrategien und Lernstrategien hinweisen, Hilfsmaterialien: Nachschlagewerke, Taschenrechner, Computer, ...; Tutorensysteme, Unterstützung durch andere Schüler, Lernpartnerschaften, ...; Eine ähnliche Aufgabe beispielhaft lösen (modellieren); Die Aufgabeninstruktion präzisieren; motivationale Unterstützung: Ermutigung / Desillusionierung
– Produktorientierte Lernhilfen: Aufmerksamkeit der Lernenden auf relevante Informationen lenken; notwendige Vorkenntnisse wiederholen; Teillösungen vorgeben; Teillösungen der Schüler korrigieren und kommentieren

Die Frage Balance zwischen Instruktion und Konstruktion kann aber auch in Abhängigkeit des Lernziels und damit des Lehr-Lernmodells beantwortet werden. Prozedurales Wissen muss zunächst sehr genau modelliert werden. Wenn Schüler/innen einen ganz bestimmten Rechenalgorithmus lernen sollen, muss diese vorgerechnet und unter Aufsicht des Lehrers/der Lehrerin eingeübt werden. Gleiches gilt für das Verfassen einer Inhaltsangabe. Hier sind bestimmte Vorgaben wichtig, die am besten durch frühzeitiges Präsentieren von Wissen den Lernenden vermittelt werden können.

Entdeckendes Lernen zu Beginn des Wissenserwerbs bietet sich dagegen eher bei komplexeren Handlungsroutinen oder konzeptuellem Wissen an (vgl. direct instruction nach Borich 2004, Kapitel 5.2). Wenn man Schüler/innen für Strategien des geschickten Rechnens sensibilisieren möchte, wäre eine Phase des entdeckenden und experimentierenden Lernens zunächst sinnvoll. Man könnte Schüler/innen ermuntern, verschiedene Rechenwege einfach mal zu erproben und anschließend zu bewerten. Auch ein Einstieg in eine Unterrichtseinheit zu mechanischen Grund-begriffen könnte Elemente entdeckenden Lernens nutzen (Wo kommen im Alltag Kräfte und Energie vor? Wie lassen sich diese beschreiben? etc.). Dieser Phase folgt dann aber eine lehrergelenkte Phase des Konzepterwerbs, in der die neuen Grund-begriffe definiert und anhand von Beispielen gefestigt werden.

Offenheit von Aufgabenstellungen

Offenheit muss sich auf der didaktischen Mikroebene auswirken, sonst ist es eine verkappte Lehrerlenkung (Lipowsky 2002). Beispiele für eine Pseudo-Öffnung von Unterricht findet man häufig bei der Wochenplanarbeit. Man gibt den Schüler/innen Mathematikaufgaben, die sie in einer Woche erledigen sollen. Öffnung be-deutet in diesem Fall zunächst einmal eine zeitliche Variabilität in Bezug auf die Bearbeitung der Aufgaben. Das ist in vielen Fällen aber auch alles. Die Aufgaben an sich unterscheiden sich nicht von denen, die auch in einem stark lehrergesteuer-ten Unterricht in Einzelarbeit bearbeitet werden müssen. Wenn man sich für eine stärkere Betonung der Selbststeuerung und Eigenkonstruktionsprozesse entschei-det, sollte man vorrangig über die Offenheit von Aufgabenstellungen nachdenken und erst in einem zweiten Schritt über Formen der organisatorischen Öffnung von Unterricht.

Für eine Analyse der Offenheit von Lernaufgaben kann auf allgemein- und fachdi-daktische Beschreibungsstrukturen zurückgegriffen werden. In der Testpsychologie wird beispielsweise zwischen geschlossenen, halboffenen und offenen Items unter-schieden (z. B. Rütter 1973). Geschlossene (*multiple choice* oder *single choice*) und halboffene Aufgabenformate haben genau eine richtige Lösung. Bei halboffenen Aufgabenformaten ist die Lösung jedoch nicht sichtbar und muss vom Lernenden selbst produziert werden. Offene Aufgabenformate haben einen bestimmten Lö-sungsraum mit mehreren richtigen Lösungen. Auch die Unterscheidung zwischen konvergenten und divergenten Aufgaben beschreibt die Offenheit bzw. Geschlos-senheit des Lösungsraums. Allerdings wird durch diese Aufgabendimensionen nicht die Offenheit der Aufgabenstellung selbst thematisiert, sondern nur die Offenheit des Lösungsraums.

Um diesem Problem zu begegnen, bietet sich eine Analyse der Offenheit bzw. Ge-schlossenheit einer Aufgabe vor dem Hintergrund der aus der Problemlösepsycho logie bekannten Beschreibung eines Problems durch Anfangszustand, Transforma-tion und Zielzustand, an (z. B. Neubrand 2002; Greefrath 2004). Aufgaben lassen sich dahingehend einordnen, ob Anfangs- und Zielzustand sowie die dazwischen liegende Transformation jeweils eindeutig oder offen sind. D. h. nicht nur der Ziel- sondern auch der Anfangszustand kann mehr oder weniger offen bzw. ge-schlossen sein. Gibt es in der Aufgabe einen eindeutigen Arbeitsauftrag oder muss die Schülerin bzw. der Schüler selbst eine Fragestellung formulieren? Neubrand (2002) kombiniert damit acht verschiedene Aufgabenarten, je nachdem ob Ausgangszustand, Bearbeitung bzw. Zielzustand entweder vorgegeben oder gesucht sind. Grundaufgaben sind der einfachste Fall und der Normalfall im Unterricht: Ausgangszustand und Bearbeitung sind vorgegeben, der Zielzustand wird gesucht. Typische Sachaufgaben sind Bestimmungsaufgaben: Ausgangszustand ist gegeben, jedoch muss der Weg bereits gesucht werden. Bei Beweisaufgaben sind Ziel und Ausgangspunkt gegeben und der Weg muss gesucht bzw. begründet werden. Bei Umkehraufgaben ist der Ausgangszustand gesucht und Ziel bzw. Ziel und Weg sind vorgegeben. Wenn nichts vorgegeben ist, handelt es sich um Problemsituationen. Keine einzige Aufgabe der TIMSS-Videostudie konnte jedoch als Problemsituation klassifiziert werden.

Diese sehr differenzierte Klassifikation scheint uns für die allgemeindidaktische Analyse zu wenig robust. Aus diesem Grund schlagen Maier et al. (2010) eine einfache Kategorisierung der Offenheit von Lernaufgaben vor. Dabei wird lediglich unterschieden, ob der Anfangszustand des zu lösenden Problems klar definiert ist oder nicht. Nimmt man die Unterscheidung zwischen konvergenten Aufgaben (eine Lösung) und divergenten Aufgaben (mehrere Lösungen) hinzu, ergeben sich durch logische Kombination drei Stufen der Offenheit:

– Definierte und konvergente Aufgaben haben einen eindeutigen Arbeitsauftrag bzw. eine klar identifizierbare Fragestellung. Eine Lösung bzw. eine Lösungsmenge ist gesucht bzw. richtig. Wobei die richtige Lösung nicht unbedingt sichtbar sein muss (nur bei Aufgaben mit Mehrfachwahlantworten).
Beispiele:
– Nenne vier Gründe für den Ausbruch der französischen Revolution
– Berechne den Mehrwertsteueranteil bei einer Jacke, die 99 Euro gekostet hat.
– Dekliniere folgende Verben in simple past: to go, to eat, to buy

Definierte und konvergente Aufgaben können auf einfache Weise auch in geschlossene Aufgabenformate verwandelt werden (Single-Choice bzw. Multiple-Choice-Aufgaben). Dabei wird eine Liste mit der richtigen und weiteren falschen, jedoch plausibel klingenden Antwortalternativen angehängt. Je plausibler die Falschantworten klingen bzw. je eher sie gewisse Fehlvorstellungen von Schüler/innen repräsentieren (z.B. Mehrwertsteueranteil der Jacke errechnet sich so: 99 Euro mal 19%), desto schwieriger sind die Aufgaben.

– Definierte und divergente Aufgaben haben einen eindeutigen Arbeitsauftrag bzw. eine klar identifizierbare Fragestellung. Allerdings sind mehrere Lösungen (bzw. Lösungswege) denkbar bzw. gesucht. In der Regel werden die Lernenden auf diesen Umstand hingewiesen (als Teil des eindeutigen Arbeitsauftrags).
Beispiele:
– Deutsch, Texte schreiben: Eine Geschichte fortsetzen, eine Geschichte zu vorgegebenen Bildern schreiben, etc. Divergent ist hier vor allem der Inhalt des Textes. Dieser kann von Schüler/in zu Schüler/in stark variieren. Kreativität ist

gefragt. Allerdings sind andere Anforderung beim Schreiben eines Schülertextes (z.b. Grammatik, Rechtschreibung, Stil) keineswegs divergente Aufgabenstellungen. Für diese Aufgabe in der Aufgabe (ein Wort korrekt schreiben) gibt es eindeutige Lösungen.

– Mathematikaufgaben mit mehreren möglichen Rechenwegen: "Eine große Pizza kostet 7 Euro, eine kleine 5 Euro. Du hast eine Party mit 10 Besuchern und möchtest Pizza ausgeben. Allerdings hast du nur 60 Euro zur Verfügung. Wie viele große Pizzen kannst du maximal kaufen, sodass dein Geld reicht und jeder eine Pizza erhält?" Diese Aufgabenstellung lässt sich tabellarisch, durch eine Skizze oder auch algebraisch lösen.

– Schlecht definierte und divergente Aufgaben geben der Schülerin bzw. dem Schüler Informationen über ein Problem bzw. eine Situation. Allerdings wird keine klare Frage gestellt oder kein Arbeitsauftrag gegeben. Die Situation impliziert unterschiedliche Fragestellungen. Die Problemsituation an sich ist die "Handlungsaufforderung". Damit sind auch automatisch mehrere Lösungen (bzw. Lösungswege) denkbar bzw. richtig.

– Sehr prominente Beispiele sind die Aufgabenstellungen aus den sog. "Jaspers Series" der Cognition and Technology Group at Vanderbilt University

– In der jüngsten Diskussion über eine Öffnung der Aufgabenkultur im mathematisch-naturwissenschaftlichen Unterricht findet man häufig offene Aufgaben, die im Grunde genommen gut definiert und konvergent sind. Beispielsweise wird ein Plakat mit Schwimmbad-Eintrittspreisen abgebildet. Unten steht die Aufforderung: Finde Aufgaben und rechne! Es sieht also zunächst so aus als ob keine konkrete Aufgabe gestellt wird. Allerdings ist die Menge sinnvoller Rechenaufgaben oft begrenzt bzw. wird durch die Phantasie der Schüler/innen (bzw. deren Vorstellung, was der Mathelehrer sehen möchte), stark eingeschränkt.

5.3.3 Soziale Interaktion und Kommunikation

Die Gestaltung der sozialen Dimension des Lehr-Lernprozesses wird häufig auf die Frage nach der Sitzordnung reduziert (Sitzkreis, Partnertische, etc.). Aus Sicht einer lern-lehrtheoretischen Didaktik ist allerdings zu fragen, welche Formen der sozialen Interaktion könnten den Lernprozess der einzelnen Schüler/innen jeweils gut unterstützen? Bei welchen Lernzielen, Wissenserwerbsprozessen bzw. unter welchen Lernvoraussetzungen ist soziales Lernen überhaupt sinnvoll?

Wenn es darum geht, eine konkrete Handlungsabfolge (Turnübung) oder eine kognitive Prozedur (Rechenalgorithmus) einzuüben und zu automatisieren ist schlichtweg Einzelarbeit angesagt. Auch die Kontrolle und Rückmeldung sollte hier nicht an Schüler/innen delegiert werden (im Sinne eines *peer feedbacks*). Dies ist in solchen Fällen Sache der Lehrkraft. Anders könnte es aussehen, wenn Schüler/innen kreative Ideen für die Lösung eines mathematischen Problems entwickeln sollen. Hier könnte die soziale Interaktion in der Klein- oder Partnergruppe unter Umständen sehr anregend sein. Allerdings ist das keine Gesetzmäßigkeit. Es gibt mit Sicherheit in jeder Klasse Schüler/innen, die ihre kreativen Ideen in der Einzelarbeit besser entfalten können.

Der Einsatz von Formen des kooperativen Lernens kann sehr lohnend sein (vgl. Befunde der Lehr-Lernforschung in Kapitel 3), sollte aber vor dem Hintergrund der Lernvoraussetzungen und Lernziele gut überlegt werden. Slavin (1993) fasste wesentliche Befunde zum kooperativen Lernen zu insgesamt 6 Analyseperspektiven zusammen. Diese Perspektiven bieten sich an, um über die Sinnhaftigkeit und den Nutzen von Gruppen- oder Partnerarbeit in einer konkreten Lehr-Lernsequenz nachzudenken:

(1) Motivationale Perspektive: Gruppenarbeit macht immer dann Sinn, wenn kooperative Anreizstrukturen vorhanden sind. Dies bedeutet, dass die Schüler/innen eigene Ziele nur zusammen mit der Gruppe erreichen können. Slavin spricht hier von Gruppenkontingenz. Die Belohnung hängt vom Verhalten der anderen Schüler/innen ab. Anreize sind jedoch nur erfolgreich, wenn die Gruppenbelohnung auf individuellen Lernergebnissen aller Mitglieder beruht.

(2) Soziale Kohäsion: Die Lernumgebung bzw. Aufgabenstellung muss Interdependenzen zwischen den Gruppenmitgliedern erzeugen. Die Aufgabenstellung muss so angelegt sein, dass die Schüler/innen sich gegenseitig helfen können, ja sich gegenseitig unterstützen müssen. Ebenso zeigen Studien, dass effektive Gruppenarbeit nur dann funktioniert, wernn die Rollen innerhalb der Gruppe verteilt bzw. geklärt sind (z.B. Gruppenpuzzle).

(3) Kognitive Entwicklungsperspektive: Gruppenarbeit lässt sich unter Rückgriff auf kognitive Entwicklungstheorien begründen (Zone der proximalen Entwicklung nach Vygotski). Schüler/innen profitieren dann von kooperativem Lernen, wenn durch die Zusammenarbeit mit fähigeren Altersgenossen Lernschritte möglich sind. Ein weiteres Argument nach Slavin ist die Überwindung der egozentrischen Perspektive (Piaget) durch die Interaktion mit Gleichaltrigen. Gerade bei komplexeren oder auch kontrovers zu diskutierenden Unterrichtsthemen können Schüler/innen in einer Gruppenarbeit die Perspektive anderer übernehmen und bewerten.

(4) Gruppenarbeit ermöglicht eine kognitive Elaboration, d.h. ist dann angebracht, wenn Schüler/innen bereits erworbene Konzepte weiter vertiefen und ausbauen sollen (z.B. weitere Beispiele für die Anpassung von Tieren erarbeiten und darstellen). Methoden, um kognitive Elaborationen zu fördern sind nach Slavin beispielsweise auch Schreibkonferenzen im Aufsatzunterricht. Durch das gemeinsame Besprechen und Bearbeiten von Texten erweitern sich die Möglichkeiten der Textanalyse und Textbearbeitung.

(5) Übungsperspektive: Gruppenarbeiten können zur Übung und Festigung von Wissen genutzt werden. Hierbei spielt auch der motivationale Aspekt eine wichtige Rolle. Fertigkeiten einüben und Informationsspeicherung in Partnerarbeit ist unter Umständen motivierender als in Einzelarbeit.

(6) Schließlich spielt auch die Organisationsperspektive eine Rolle für die Beurteilung der Effektivität von Gruppenunterricht: Schüler/innen übernehmen im kooperativen Lernen Verantwortung für ihr Lernen und die Gruppeninteraktion. Damit kann sich die Lehrkraft auf einzelne Schüler/innen oder Gruppen konzentrieren.

Eine Auswahl dieser Überlegungen sollte leitend sein, wenn der Einsatz von Methoden des kooperativen Lernens begründet wird. An dieser Stelle wird auf einzelne Methoden des Gruppenunterrichts oder der Partnerarbeit nicht weiter eingegangen. Hierfür steht eine Fülle an spezifischer Literatur zur Verfügung (z.B. Methodenlexikon von Peterßen 1999).

5.3.4 Medien sowie Informations- und Kommunikationstechnik

Die Aspekte Medien sowie Informations- und Kommunikationstechnik interagieren in der unterrichtsmethodischen Diskussion zwar sehr oft, beschreiben jedoch zwei analytisch zu trennende Aspekte des Lehr-Lernprozesses. Medien sind Träger der Kommunikation zwischen Lernenden und Lernumgebung bzw. auch Träger des Denkprozesses selbst, d.h. der innerpsychischen Kommunikation des Lernenden. Das gängigste Medium im Unterricht ist die gesprochene Sprache. Gedanken werden zu hörbaren Wörtern und Sätzen transformiert, über die Schwallwellen an das Ohr des Empfängers getragen und dort im Gehirn wieder decodiert, d.h. zu bedeutungshaltigen Gedanken transformiert. Ein weiteres Medium ist Schrift, d.h. schriftlich fixierte Sprache. Filme, Bilder, Grafiken, Formeln, etc. sind weitere Medien des schulischen Lernens. Diese Medien sind nun auf unterschiedliche Techniken der Übertragung bzw. Speicherung angewiesen. Am einfachsten ist dies bei der gesprochenen Sprache. Hier reicht die Luft zwischen zwei Interaktionspartnern aus. Schrift kann auf Papier, auf einer Tafel oder auch in digitaler Form übertragen werden. Bilder können in einem Schulbuch, am Tageslichtprojektor, am Laptop oder mit dem Smartphone betrachtet werden. Medien und Informationstechnik interagieren, weil sich bestimmte Informationstechniken für manche Medien in besonderem Maße eignen, z.B. kann man dynamische Geometrie nur am Computer realisieren. Oder Schüler/innen können die Skizze eines Textentwurfs immer noch am schnellsten mit Bleistift auf Papier bringen.

Medien als Träger verschiedener Repräsentationsformen von Wissen

Die grundlegende Frage für die Auswahl der richtigen Medien lautet: Welche medialen Darstellungsformen sind für einen bestimmten Wissensbereich am günstigsten? Aebli (2003) beispielsweise thematisiert in seiner psychologischen Didaktik fünf Medien, in denen gelernt wird: Erzählen und Referieren, Vorzeigen und Nachmachen, Anschauen und Beobachten, Lesen, Texte verfassen. Oder anders strukturiert: Mündliche Sprache, schriftliche Sprache, Bilder, Handlungen. Für jedes Medium arbeitet er die lernspychologischen Grundlagen auf und leitet didaktische Konsequenzen ab. Für die Gestaltung von Aufgaben in Lehr-Lernprozessen ist jedoch auch die Verknüpfung verschiedener Medien von Interesse. Im Sportunterricht wird man eine bestimmte Bodenturnübung zunächst einmal als Lehrkraft vorführen (oder vorführen lassen). Das Medium wäre hier die direkte Beobachtung einer real ausgeführten Handlung. Man könnte diese Vorführung allerdings durch eine schematische Darstellung des Bewegungsablaufs in Form von Grafiken ergänzen. Gleichzeitig werden sowohl die reale Vorführung als auch die grafische Darstellung des Bewegungsablaufs von der Lehrkraft kommentiert. D.h. es wird eine intelligente Kombination verschiedener Medien gewählt, um bei den Schüler/innen ein bestimmtes Wissen aufzubauen.

Für die Auswahl bzw. Kombination von Medien gibt es keine allgemeingültigen Regeln oder Vorgaben. Hilfreich ist allein die genaue Ziel- bzw. Wissensanalyse. Welche Modalitäten der Gedächtnisrepräsentation spielen bei welchen Kompetenzen bzw. Begriffen welche Rolle? Der Begriff „Verwitterung" lässt sich mit Sicherheit nur dann gut im Gedächtnis verankern, wenn verschiedenste Verwitterungsbeispiele konkret mit Bildern, kleinen Filmanimationen oder Grafiken veranschaulicht wurden. Rechenstrategien lassen sich dann besser verankern und abrufen, wenn sie mit Pfeildarstellungen am Zahlenstrahl grafisch symbolisiert werden.

Ein weiterer Aspekt der Auswahl bzw. Bewertung von Medien ist deren Abstraktheit. Hierfür würde sich die aus der Mediendidaktik stammende Abstraktionspyramide eignen. Abstrakt ist ein Medium dann, wenn es von der Realität sehr viel abstrahiert, d.h. weglässt. Sehr abstrakte Medien sind Sprache oder mathematische Symbole. Medien auf einem mittleren Abstraktionsniveau sind Grafiken, Zeichnungen, etc. Danach folgen Medien, die bereits sehr viel der konkreten Realität abbilden: Bilder, Fotos oder Filme. Am Fuß der Pyramide befinden sich konkrete Handlungen (Theater, Vorzeigen) oder Objekte (wenig abstrakt), die im Unterricht ebenfalls als Medien verstanden werden sollten. Wie lässt sich diese Einteilung für die Auswahl und Bewertung von Medien nutzen? Mit Sicherheit wäre ein Unterricht, der über einen langen Zeitraum nur abstrakte Medien nutzt problematisch. Die Verankerung von Schülervorstellungen in konkreten Beispielen, Bildern, etc. gelingt hier vermutlich nicht. Andererseits sollte Unterricht auch eine gewisse mediale Abstraktionshöhe erreichen. Wenn man in den Wald geht, um dort Tiere und

Pflanzen zu erkunden (sehr reale, konkrete mediale Interaktion mit dem Lerngegenstand), muss man bereits während der Exkursion und im folgenden Unterricht über diese realen Erfahrungen sprechen, über sie schreiben, sie in Form von Bildern und Grafiken abstrahieren.

Unterschiedliche Kodierungen bzw. Repräsentationen von Wissen können auch auf unterschiedliche Weise zur Lösung von Problemen bzw. Aufgaben beitragen. Vor allem die Transformation von Wissen von einer Repräsentationsform in eine andere (Bruner's intermodaler Transfer) gilt als wichtige Voraussetzung für die Bearbeitung komplexer Problemstellungen und generell als Anreiz für die kognitive Entwicklung. Die Folge dieser Transferleistungen sind multiple Wissensrepräsentationen, die zu einer größeren Behaltensleistung und einer flexibleren Anwendung von Wissen führen. Andererseits wird die Komplexität von Aufgaben enorm gesteigert, wenn Wissen in einer nicht üblichen Form dargestellt wird und darüber hinaus in eine neue Repräsentationsformen transformiert werden soll. Beispiele hierfür sind mathematische Gleichungen, die durch eine grafische Darstellung gelöst werden können.

Eine nicht zu vernachlässigende Frage bei der Auswahl und Analyse von Medien ist die der Reizüberflutung. Medien dürfen die kognitiven Prozesse beim Wissenserwerb nicht unnötig belasten (vgl. *cognitive load theory*). Rechenwege können beispielsweise symbolisch (Zahlen und Rechensymbole) aber auch grafisch (Hundertertafel, Zahlenstrahl) bzw. in Mischformen dargestellt werden. Ebenfalls können Rechenwege verbalisiert werden, d.h. sprachlich repräsentiert werden. Die immer wieder vorgetragene Idee, beim Lernen möglichst viele Sinneskanäle zu nutzen ist dabei weder lernpsychologisch fundiert, noch unterrichtspraktisch sinnvoll. Es kommt darauf an, einen für die/den Schüler/in und den Lerninhalt adäquaten Sinneskanal zu nutzen. Wenn man Schüler/innen erst einmal einen Rechenalgorithmus erklären muss, kann die grafische Darstellung anhand des Zahlenstrahls sehr nützlich sein (z.B. bei +29 erst einmal 30 addieren und dann einen Schritt zurückgehen). Wenn Schüler/innen diese einzelnen Rechenstrategien schon beherrschen und es eher auf die flexible Anwendung ankommt, können umständliche grafische Darstellungen verschiedener Strategien eher irritierend sein. Hier wäre eine Nutzung von symbolischen Darstellungen effektiver.

Maier et al. (2010) schlagen vor diesem Hintergrund eine Analyse der Repräsentationsformen in Lernaufgaben vor. Dabei werden drei Kategorien differenziert:

– Aufgaben mit einer Repräsentationsform: Aufgabeninformation und die für die Aufgabenlösung erforderlichen Wissenseinheiten basieren auf einer Repräsentationsform. Beispielsweise ist ein schriftlich vorgelegter Text nach bestimmten Aspekten zu bearbeiten (z.B. eine Zusammenfassung schreiben). Der Aufgabeninput (Text), die Bearbeitungsschritte und die Lösung der Aufgabe bleiben immer in der gleichen Repräsentationsform (verbal-schriftlich).

- Integration verschiedener Repräsentationsformen: Die Aufgabe gibt Wissen in verschiedenen Repräsentationsformen vor, die vom Lernenden für die Lösung zu integrieren sind. Beispielsweise wenn man nicht nur einen Text vorliegen hat, sondern den Schüler/innen zusätzlich noch Grafiken oder Schaubilder zu einem bestimmten Sachverhalt vorgibt. Die Aufgabenstellung wäre wieder, eine Inhaltszusammenfassung zu schreiben. Die Schüler/innen müssen dann verschiedene Informationsquellen integrieren, d.h. zusammenführen.
- Transformation des Wissens: Eine Transformation von Repräsentationsformen liegt vor, wenn Lernende das erlente oder das in einer Aufgabe präsentierte Wissen in eine bisher unbekannte Darstellungsform umwandeln müssen. Beispielsweise wird die Schülerin bzw. der Schüler aufgefordert, eine Handlung, die er entweder selbst beobachtet oder ausgeführt hat, schriftlich zu dokumentieren (z. B. ein Kochrezept schreiben, einen Vorgang beschreiben). Oder es soll ein algebraischer Term geometrisch dargestellt werden.

Auf Basis dieser Unterscheidung wäre nun zu überlegen, welche mentalen Kodierungen bei dem zu erwerbenden Wissen von Bedeutung sind. Entsprechend könnten Aufgabenstellungen mit einer Repräsentationsform, integrativen Repräsentationsformen oder Transformationen von Repräsentationsformen gestaltet werden. Mit dieser Abstufung lässt sich auch die Schwierigkeit bzw. das kognitive Anspruchsniveau von Aufgabenstellungen innerhalb des Lehr-Lernverlaufs variieren. Die Transformation von Darstellungsformen des Wissens erfordert eine sichere Beherrschung des Grundwissens, während die Arbeit innerhalb einer Repräsentationsform eher zu Beginn des Lernprozesses angebracht ist. Durch die Konzentration auf eine Darstellungsform werden die Schüler/innen nicht überfordert und können sich auf den Wissensaufbau konzentrieren. Andererseits trägt die Verknüpfung unterschiedlicher Wissensenkodierungen wesentlich zur Flexibilisierung und dauerhaften Enkodierung von Gedächtnisinhalten bei (vgl. Intermodaler Transfer bei Jerome Bruner sowie Durcharbeiten von Begriffen bei Aebli).

Informations- und Kommunikaitonstechnik

Lange Zeit waren technische Aspekte der Kommunikation bzw. der Übermittlung von Information in der Schule eine einfache Sache. Es gab die Stimme des Lehrers/ der Lehrerin, Tafel und Kreide, einfache Schulbücher mit Text und Bildern sowie Modelle und Karten. Mit den diversen informations- und kommunikationstechnischen Entwicklungen seit den 1960er Jahren wurde das Angebot größer, verlockender und oft auch unüberschaubarer. Filmprojektoren und Audiogeräte hielten Einzug in den Unterricht, ermöglichten allerdings zunächst einmal nur das konsumieren von Medien. Nach und nach wurden auch die Aufnahmegeräte massen- und damit schultauglich, sodass Schüler/innen eigene Filme drehen oder Audiokassetten bespielen konnten. Mit dem Siegeszug des PC entstand eine technische

Plattform für diverse Lernmedien und völlig neue Interaktions- und Kommunikationsformen (Lernspiele, Lernprogramme, etc.). Mit der massenhaften Verbreitung von Internetanschlüssen und den immer handlicheren PCs (Stichwort Tablet-PCs, Smartphones) steht mittlerweile eine Informations- und Kommunikationstechnik für schulische Lehr-Lernprozesse zur Verfügung, deren Möglichkeiten erst nach und nach ausgelotet werden.

Die informations- und kommunikationstechnischen Gestaltungsmöglichkeiten von Lehr-Lernprozessen sind an vielen Schulen noch nicht einmal ansatzweise angekommen. Vielleicht auch teilweise aus gutem Grund. Auch hier gilt, dass der Einsatz von Informations- und Kommunikationstechnik vom Lernziel und den geplanten Lehr-Lernprozessen abhängen sollte. Beim Fremdsprachenlernen ist das häufige Hören von *native speakern* ein wichtiger methodischer Baustein. Mittlerweile stehen entsprechend geeignete Tondokumente in einer großen Fülle zur Verfügung (Internet, CDs, Radio, etc.) und können auf unterschiedlichen Endgeräten den Schüler/innen zur Verfügung gestellt werden (Lernplattform, mobiles Abspielgerät für den Unterricht, iPod, etc.). Biologieunterricht lebt von der orignalen Begegnung. Diese ist oft zeitaufwändig oder nicht realisierbar. Ein adäquater Ersatz sind Bilder und Filme, die mittlerweile über Beamer, Whiteboard oder Tablet-PCs komfortabel in den Unterricht eingebaut werden können. Welche Geräte und welcher mediale Kanal jeweils genutzt werden, hängt von den zur Verfügung stehenden Medien, deren Einbettung in den Unterricht und selbstverständlich den räumlichen und technischen Rahmenbedingungen an einer Schule ab. Kann man problemlos auf einen Beamer zurückgreifen? Stehen Whiteboards parat? Haben die Schüler/innen eventuell schon einen Klassensatz Tablet-PCs zur Verfügung?

Die Zukunft gehört hier mit Sicherheit dem E-learning. Allerdings müssen deutsche Schulen in dieser Hinsicht noch einen gewaltigen Entwicklungsschritt nach vorne machen. Selbst Jahrzehnte nach der massenhaften Verbreitung von PCs im Arbeitsleben oder in Wohn- und Kinderzimmern sieht die Realität an Schulen oft so aus, dass allenfalls ein PC-Pool in einem separaten Raum zur Verfügung steht und nur durch aufwändige Absprachen genutzt werden kann. Neue Formen des Lernens via Internet lassen sich damit kaum praktikabel realisieren. Schon etwas einfacher ist die Nutzung von elektronischen Medien, wenn in einem Klassenraum zumindest einzelne PCs zur Verfügung stehen. Eine optimale Nutzung von elektronischen Informations- und Kommunikationstechniken im Unterricht ist jedoch erst dann möglich, wenn jede/r Schüler/in ein eigenes Endgerät mit entsprechenden Möglichkeiten und individuellen Einstellungen zur Verfügung hat. Einige Schulen bzw. Bundesländern haben hier eine Vorreiterrolle übernommen und Laptopklassen eingerichtet. Mittlerweile geht der Trend weiter zur Ausstattung von Klassen mit Tablet-PCs (z.B. Bergmann 2011). Auch auf Lehrerseite wird aufgerüstet. Die Tafel soll in Zukunft durch Whiteboards ersetzt werden und Beamer werden fest installiert, um auch Schüler/innen die Möglichkeit zu geben, direkt über ihr Endgerät Inhalte der Klasse zu präsentieren.

Die technischen Innovationen im Bereich Informations- und Kommunikationstechnik treffen auf ein Jahrhunderte altes Schulsystem, das vielleicht auch zu Recht
zunächst einmal träge und skeptisch reagiert. Der Einsatz neuer Techniken muss
deshalb gut überlegt und begründet werden. Eine Herausforderung ist beispielsweise die sinnvolle Verknüpfung von Präsenzlehre mit elektronischen Lernangeboten über Lernplattformen oder das Internet. Man spricht in diesen Fällen von *blended learning*. Man wird sich auch hier Aufgabe für Aufgabe die Frage stellen, welche
Inhalte bzw. Aufgabenstellungen können in einem elektronischen Format von den
Schüler/innen bearbeitet werden und wo muss eine real exisitierende Person etwas
erklären, abfragen oder erzählen? Ein weiterer Vorteil ist die Ortsunabhängigkeit
elektronischer Geräte. Die Schüler/innen können Aufgabenstellungen im Internet
auch von zuhause aus bearbeiten oder setzen sich mit ihrem Tablet-PC in die Schul-
bibliothek, um dort Aufgabenstellungen in einer Lernplattform zu lösen. Auch hier
stellen sich für Lehrkräfte neue Fragen der methodischen Organisation von Lehr-
Lernprozessen: Was müssen wir zusammen in einem Klassenzimmer besprechen
und erläutern? Wo können die Schüler/innen individuell und auch ortsungebun-
den Aufgaben am PC bearbeiten?
Die Auswahl von elektronischen Geräten bzw. Lernformaten für Unterricht sollte
sich wie bei der medialen Gestaltung auch am zu vermittelnden Wissen bzw. den
zu Grunde liegenden Lernprozessen orientieren. Elektronische Informations- und
Kommunikationstechnologien können Lehr-Lernprozesse auf sehr unterschiedliche Weise unterstützen:

1) Es gibt Software bzw. elektronische Medien, die einen behavioristisch orientierten
Lehr-Lernprozess unterstützen können. Ein Beispiel hierfür ist Lernsoftware zum
Training von einfachen Fertigkeiten und Faktenwissen (z.B. Rechentrainings für
die Grundschule, Vokabellernprogramme im Internet, etc.). Diese Lernprogramme
ermöglichen eine sofortige Kontrolle der Lösungen und geben den Schüler/innen
eine direkte falsch/richtig-Rückmeldung. In Lernplattformen wie moodle sind
Aufgaben zur Überprüfung von Faktenwissen oder einfachen Rechenfertigkeiten
bzw. grammatikalischen Fertigkeiten sehr einfach zu programmieren (Single- oder
Multiple-Choice Aufgaben, Lückentextaufgaben, Rechenaufgaben, Zuordnungsaufgaben, etc.).

2) Auch aus einer kognitivistischen Perspektive bieten sich viele elektronische Medien und Techniken an, um Begriffswissen bzw. komplex vernetztes Weltwissen
aufzubauen. Bereits Single- oder Multiple-Choice Aufgaben können so konstruiert werden, dass anspruchsvolles konzeptuelles Wissen abgefragt wird. Die Lernplattform moodle ermöglicht zudem die Programmierung von adaptiven Rückmeldungen. D.h. man kann den Schüler/innen beim Anklicken einer fehlerhaften
Antwortalternative eine gezielte Rückmeldung geben, die sich mit der entsprechenden Fehlvorstellung beschäftigt. Aber auch Filme, Animationen, grafische Darstellungen, etc. aus dem Internet eignen sich zum Aufbau von begrifflichem Wissen.

Stelmes, Linckel und Meinel (2010) erprobten beispielsweise den Umgang mit youtube-Videos im Unterricht. Eine wertvolle Fundgrube gerade für den naturwissenschaftlichen Unterricht sind die zum Teil hervorragend aufbereiteten Wissenssendungen im Kinderfernsehen. Kröckel et al. (2010) berichten von einem Projekt, das diese Wissenssendungen für den schulischen Unterricht zugänglich macht.

3) Die neuesten didaktischen Entwicklungen im Internet propagieren die Unterstützung eines konstruktivistisch orientierten Lernens. Lehrkräfte sollten hier jedoch genau hinsehen und kritisch zwischen praktikablen Lernangeboten und messianischen Versprechungen unterscheiden. Web 2.0-Techniken wird beispielsweise ein hohes Potenzial zur Unterstützung von selbstgesteuertem Lernen zugesprochen. Man erprobt Wikis oder Blogs als Plattformen für internetgestützte Gruppenarbeiten und zur Veröffentlichung von Projektergebnissen. Lernplattformen wie moodle sind einem konstruktivistisch orientierten Unterricht verpflichtet und bieten eine Integration unterschiedlicher Aufgaben- und Lernformate (Petko 2010; Höbarth 2010; Ifenthaler & Seel 2010 a und b).

Ein Beispiel hierfür sind Webquests, die auf der Idee von *anchored instruction* (vgl. 4.2.2) basieren. Webquests sind komplexe Aufgabenstellungen im Internet, um das selbstgesteuerte Lernen zu unterstützen. Die Lernenden erhalten eine Einführung in die Thematik mittels Text, Bildern oder Videosequenzen (VideoClipQuests: Blessing & Schmid 2009). Es folgen ein konkreter Arbeitsauftrag und eine Materialsammlung mit Links und sonstigen Quellen. Webquests bieten darüber hinaus oft prozessbegleitende Handlungshilfen und eine Anregung zur Reflexion des eigenen Lernprozesses bzw. Möglichkeiten zur Präsentation der Ergebnisse. Mittlerweile liegen Webquests für unterschiedlichste Lernziele vor (z.B. Förderung der Sprachhandlungskompetenz durch Webquests bei Scherf 2010; für den Unterricht in Geschichte: Wagner & König 2007)

Diese einfache Klassifikation und diese wenigen Beispiele sollen verdeutlichen, dass der Einsatz von elektronischen Informations- und Kommunikationstechnologien im Unterricht unglaublich wertvoll aber auch vollkommen deplatziert sein kann. Die Entscheidung darüber sollte nicht von oberflächlichen Überlegungen (Habe gerade ein interessantes Lernspiel im Internet gefunden; möchte mal die PCs im Klassenzimmer nutzen) abhängig gemacht werden. Entscheidend ist die Frage, mit welchen technischen Möglichkeiten und Medien kann ich den Wissenserwerb denn überhaupt gut unterstützen?

5.3.5 Kontext von Lehr-Lernprozessen

Die Forderung nach einer stärkeren Verzahnung von schulischen Inhalten und Lebenswelt gibt es praktisch seit sich die Schule als Institution des Lernens außerhalb der Lebenswelt (Arbeits- und Familienwelt) durchgesetzt hat. Als Höhepunkt einer

Kritik an der Lebensferne schulischen Lernens kann die Zeit der Reformpädagogik gelten. Seither wurde die Forderung nach mehr Lebensnähe und Authentizität schulischen Lernens in unterschiedlichen Traditions- und Theoriezusammenhängen immer wieder formuliert (z. B. situiertes Lernen). Der Lebensweltbezug ist damit auch eine ureigene Kategorie allgemeindidaktischen Denken, wie z. B. die Gegenwarts- und Zukunftsbedeutung bei Klafki (1958) oder als Qualitätskriterium für Aufgaben bei Blömeke et al. (2006). Auch im Rahmen der aktuellen Diskussion über Bildungsstandards und kompetenzorientierter Leistungsmessung spielt der Lebensweltbezug von Aufgaben eine wichtige Rolle. Beispielsweise ist Lebensweltbezug ein zentrales Gestaltungsprinzip bei PISA-Aufgaben. Man argumentiert, dass Kompetenzen nur in realitätsnahen Anwendungskontexten prüfbar sind. Im Gegenzug wird angenommen, dass Aufgaben mit realem oder zumindest konstruiertem Anwendungsbezug den Erwerb von Kompetenzen fördern können.

An bestimmten Stellen des Lehr-Lernprozesses kann es äußerst hilfreich und motivierend sein, konkrete Beispiele und lebensweltliches Wissen einzubauen. Beispielsweise beim Aufbau von begrifflichem Wissen durch konkrete Positiv- und Negativbeispiele zum physikalischen Energiebegriff, bei der Unterfütterung von konzeptuellem Wissen durch episodisches Wissen (Geschichten über physikalische Phänomene). Tulodziecki et al. (2004) schlagen eine Klassifikation von lernprozessanregenden Aufgaben vor:

– komplexe Probleme (Lösungswege oder Handlungsmöglichkeiten erarbeiten)
– komplexe Entscheidungsfälle (Kriterien berücksichtigen Handlungsalternativen beurteilen, Entscheidungen treffen)
– komplexe Gestaltungsaufgaben (Gestaltung eines Produktes oder einer Situation unter Berücksichtigung bestimmter Rahmenbedingungen)
– komplexe Beurteilungen (Problemlösungen, Entscheidungen oder Gestaltungsergebnisse werden unter Anwendung verschiedener Bewertungskriterien beurteilt)

Die Beispiele bei Tulodziecki et al. (2004) lassen sich allesamt in der Sekundarstufe verorten und beziehen sich auf Fächer wie Sozialkunde, Politik, etc. D.h. es stehen Lernziele mit überwiegend deklarativem, abstraktem und hoch vernetztem Wissen im Mittelpunkt.

Beim Erwerb von prozeduralem Wissen ist es dagegen eher ratsam, zunächst einmal auf eine lebensweltliche Situierung zu verzichten. Schüler/innen lernen Lösungsstrategien zu Textaufgaben zunächst einmal an ganz simplen, der Lebenswelt völlig entkleideten Textaufgaben. Alles andere würde zu Überforderung führen. Gleiches gilt für die Einübung grammatikalischer Regeln. Erst wenn die grundlegenden Prozeduren einigermaßen automatisiert sind, können sie in anderen Kontexten, d.h. auch lebensweltlichen Kontexten zur Anwendung kommen. Dann machen auch komplexe, lebensweltlich orientierte Textaufgaben (wie man sie z.B. bei PISA hat) Sinn. Kaiser und Schwarz (2010) konnten zeigen, dass man zumindest in der Oberstufe authentische (und damit auch sehr komplexe) Sachaufgaben auch zum Training des mathematischen Modellierens einsetzen kann. Gleichzeitig kann damit auf das motivationale Bedürfnis der Schüler/innen, den Nutzen von Mathematik zu verstehen, eingegangen werden.

Für die Beurteilung von Lernaufgaben in Hinblick auf ihre lebensweltliche Situierung kann man wiederum auf eine Reihe von Klassifikationen zurückgreifen. Neubrand (2002) schätzt mit der Analyse des Aufgabenkontextes den Grad der erforderlichen Vernetzung einer Mathematikaufgabe ein und unterscheidet zwischen allgemeinem und situativem Kontext. Der allgemeine Kontext kann außer- oder innermathematische Vernetzungen erforderlich machen, während der situative Kontext vorgibt, welche Art von Zusammenhang in der Aufgabe mit dem Kontext herzustellen ist. Von Interesse für die Entwicklung einer allgemeindidaktischen Aufgabenanalyse ist der situative Kontext. Neubrand unterscheidet zwischen *„real world"*, „scheinbar *real world"* und *„measurement"*.

Eine auf alle Fächer anwendbare Klassifikation des Lebensweltbezugs von Aufgaben findet sich bei Maier et al. (2010). Die Autoren definieren Lebensweltbezug ebenfalls als Relation zwischen domänenspezifischem Fachwissen und Erfahrungs- und Lebenswelt des Jugendlichen. Damit kommen sie insgesamt zu vier unterschiedlichen Ausprägungen dieser Relation:

– Aufgaben ohne Lebensweltbezug: In der Aufgabenstellung wird keine Verknüpfung zwischen Fachwissen und Erfahrungswelt der Schülerinnen und Schüler vorgegeben oder gefordert.

– Aufgaben mit konstruiertem Lebensweltbezug: In der Aufgabenstellung wird eine Verknüpfung zwischen Fachwissen und einer stark konstruierten Lebenswelt (entspricht eher nicht den Erfahrungen; Analogien zur eigenen Erfahrung kaum erkennbar) vorgegeben oder gefordert. Der Lebensweltbezug wirkt „aufgesetzt", „an den Haaren herbeigezogen" oder hat nur die Aufgabe, den Umgang mit Fachwissen einzukleiden oder zu rechtfertigen. Ein klassisches Beispiel hierfür sind eingekleidete Sachaufgaben in Mathematik.

– Aufgaben mit konstruiertem, aber authentisch wirkendem Lebensweltbezug: Der Lebensweltbezug ist zwar konstruiert, macht im Zusammenhang der Aufgabe aber Sinn und wirkt damit zumindest authentisch. Die Aufgabenstellung reflektiert den Erfahrungshorizont, beispielsweise werden sinnvolle Anwendungen von Fachwissen im Alltag oder im Berufsleben in die Aufgabe eingebunden.

– Bei Aufgaben mit realem Lebensweltbezug geht die Differenz zwischen Aufgabe und Lebenswelt bzw. Schule und eigener Erfahrungswelt gegen Null. Die Schülerinnen und Schüler beschäftigen sich mit einer Problemstellung, die tatsächlich auch gelöst werden muss (nicht nur fiktive Übung, Hausaufgabe oder Testaufgabe). Typische Beispiele wären die Vorbereitung einer Klassenfahrt, das Führen eines Klassenkontos oder die Vorbereitung von Bewerbungsschreiben.

Die einzelnen Phasen bzw. Aufgabenstellungen einer Lehr-Lernprozessplanung können anhand dieser Klassifikation in Hinblick auf ihren Lebensweltbezug eingeordnet werden. Daraufhin sollte diskutiert werden, inwiefern sich eine lebensweltliche Situierung anbietet oder eher darauf verzichtet werden sollte.

5.4 Organisatorische Aspekte des Lehr-Lernprozesses

Die drei vorangehenden Planungskategorien umfassten Überlegungen zur Gestaltung von Lehr-Lernprozessen ohne dabei auf die organisatorischen Rahmenbedingungen im Kontext Schule zu achten. Es wurde bisher einfach so getan als würden die Schüler/innen den Planungsentwürfen der Lehrkraft automatisch folgen. Dem ist natürlich nicht so. Mit der vierten Planungskategorie erfolgt die zweite Konfrontation mit der Realität (erste Konfrontation wäre die Erfassung der Lernvoraussetzungen). Eine gut durchdachte Lehr-Lernplanung kann nur umgesetzt werden, wenn die organisatorischen Rahmenbedingungen in de Planung Berücksigtigung finden (Räume, Medien, Unterrichtszeiten, etc.), wenn eine praktikable und über

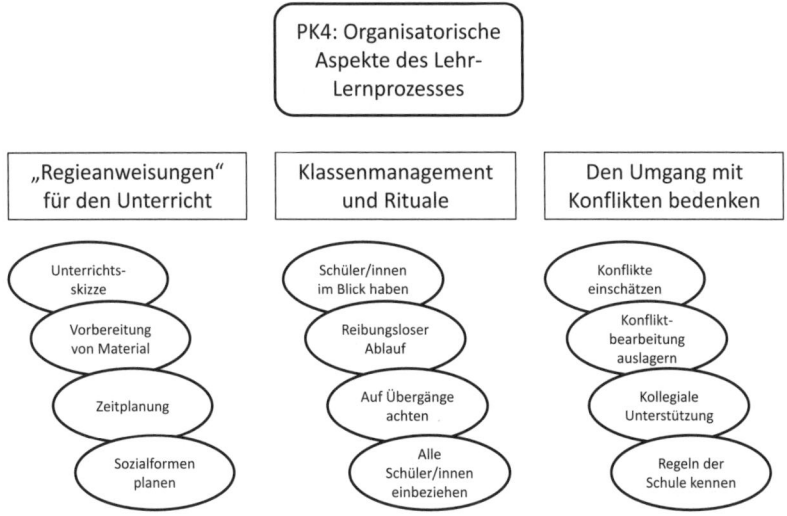

Abb. 21: Planungskategorie 4 zu organisatorischen Aspekten des Lehr-Lernprozesses

sichtliche Regieanweisung für die einzelnen Schritte und Phasen des Lehr-Lernprozesses vorliegt (Stundenskizze o.ä.) und wenn man auf den Umgang mit sehr vielen unterschiedlich gestimmten Schüler/innen mental und strategisch vorbereitet ist (Klassenmanagement). Dazu gehört auch die grundlegende Auseinandersetzung mit Unterrichtsstörungen und Schüler/innenkonflikten. Wie bewerte ich einzelne Konflikte und Störungen? Wie werde ich emotional und spontan reagieren? Was bedeutet dies für die Situation in der Klasse? Welcher Umgang mit Konflikten ist wie effektiv?

5.4.1 Darstellung der Lehr-Lernprozessplanung

Vor allem Anfänger/innen benötigen eine übersichtliche Darstellung ihrer Planungsüberlegungen bis hinunter zu organisatorischen Details, um in der Hektik einer Unterrichtsstunde nicht den Überblick zu verlieren. Oft wechseln Klassen die Räume und es bleibt nur wenig Zeit für die Vorbereitung einer Unterrichtsstunde. Aber auch eine über Stunden und Wochen angelegte Lehr-Lernsequenz muss in einer knappen und übersichtlichen Form dargestellt werden können. Eine bewährte Form ist die tabellarische Stundenskizze, die hier als tabellarische Darstellung der Lehr-Lernprozessplanung bezeichnet werden soll, um der Fokussierung auf 45-minütige Lernintervalle entgegenzuwirken.

Eine tabellarische Darstellung der Lehr-Lernprozessplanung sollte die wesentlichen Aspekte der in den Kategorien 1 bis 3 getroffenen Planungsentscheidungen enthalten und übersichtlich entlang einer Zeitleiste ordnen: Das Lernziel der Lehr-Lernsequenz, das gewählte Verlaufsschema und die Lehr-Lernhandlungen/Aufgabenstellungen mit methodischen Gestaltungselementen. Die Unterrichtsskizze ersetzt nicht die vorangehenden Überlegungen, sondern ist lediglich ein Hilfsmittel, eine Art „Regieanweisung" fürs Unterrichten. Zudem gibt sie der betreuenden Lehrkraft oder anderen hospitierenden Studierenden einen schnellen Überblick über die Lehr-Lernplanung.

Für eine Unterrichtsskizze sind verschiedenste Darstellungsformen denkbar. Eine gute Unterrichtsskizze sollte sowohl die grundlegenden didaktischen Überlegungen stichwortartig enthalten als auch in Hinblick auf die Handlungen der Schüler/innen und der Lehrperson konkret genug sein. Folgende Aufteilung der Spalten reflektiert am ehesten den lehr-lerntheoretischen Charakter der Planungskategorien:

– In der Spalte „Lehrhandlungen/Lernumgebung" sollten Sie Impulse, Aufgabenstellungen, etc. kurz skizzieren (zur eigenen Sicherheit z.B. Impulse, Aufforderungen oder Fragen der Lehrkraft wörtlich notieren)

– In der Spalte „Erwartete Lernhandlungen" sollte zum Ausdruck kommen, was die Schüler/innen konkret lernen bzw. arbeiten sollen. Diese Spalte zeigt auf, wie sehr die Schüler/innen aktiviert werden.

– In der Spalte „Didaktischer Kommentar" skizzieren Sie kurz die Funktion dieser Phase in Bezug auf das gewählte Artikulationsschema (z.B. Schüler/innen ein Problem stellen; selbständig Lösungen erkunden lassen; gefundene Lösungen gemeinsam diskutieren; etc.).

– Die rechte Spalte steht für organisatorische Kommentare zur Verfügung: Welche Materialien oder Medien müssen wann und wo bereitgestellt werden? Welche Sozialform bzw. Sitzordnung sollen die Schüler/innen in welcher Phase des Unterrichts einnehmen?

Die Abbildung 22 zeigt, wie eine reale Unterrichtsstunde entsprechend tabellarisch dargestellt werden kann (Videografierte Unterrichtsstunde in Geographie, Realschule, Klasse 7 aus der Reihe Video 2000 des Medienzentrums der Pädagogischen Hochschule Heidelberg). Würde man den Ablauf lediglich als Text notieren, sähe dies so aus:
– Begrüßung
– Unterrichtsgespräch: Vorwissen über die Wüste; Schüler erläutern Temperatur und Niederschlagsdiagramme eines Wüstenortes
– Information: Lehrerin präsentiert die drei Wüstenformen (Sand-, Stein- und Felswüste) mit Bildern und schreibt wichtige Begriffe und Eigenschaften an die Tafel; am Schluss dieser Phase werden die Wüstennamen wiederholt
– Ein Arbeitsblatt mit einem Lückentext zu den drei Wüstenformen wird in Einzelarbeit ausgefüllt; Besprechung des Arbeitsblattes
– Lehrerin macht den Schülern ein Experiment im Sitzhalbkreis vor; Schüler protokollieren mit: Steine werden stark erhitzt und anschließend in kaltes Wasser geworfen. Es entstehen kleine sandartige Absplitterungen.
– Unterrichtsgespräch: Was hat dieses Experiment mit der Realität zu tun? Schüler entdecken, dass die kalte Nacht in der Wüste auf die heißen Steine gleich wirkt wie das kalte Wasser. Lehrerin lässt die Schüler Schilder mit den einzelnen Phasen dieses Prozesses ordnen
– Lehrerin erinnert an den bereits bekannten Begriff „Verwitterung" und erläutert den Verwitterungsprozess in der Wüste (von Steinen zu Sand) noch einmal anhand eines Leporellos
– Gruppenarbeitsaufgabe: Mit einem kurzen (englischen) Text den Verwitterungsprozess in der Wüste beschreiben. Jede Gruppe darf zum Schluss ihren Text vorlesen.

Eine weitere Möglichkeit der tabellarischen Darstellung von Lehr-Lernprozessen wurde von Hahn und Wiedenmann (Seminarschulrätinnen am Staatlichen Seminar für Didaktik und Weiterbildung in Schwäbisch Gmünd) in Anlehnung an das Modell kompetenzorientierter Unterrichtsplanung von Leisen (2010a) entwickelt (Tabelle 8). In der Kopfzeile sind Lernziele und „Hauptanliegen" der Unterrichtsstunde bzw. Sequenz zu formulieren. Das „Hauptanliegen" stellt eine Art übergreifendes Lernziel bzw. übergreifende Kompetenz dar. Ebenfalls können zum Hauptanliegen inhaltliche Schwerpunkte, an denen gearbeitet wird, aufgeführt werden. Das Planungsraster für Unterrichtsskizzen übernimmt in den Zeilen die 6 Stufen

Name: Schule: Klasse: 7   Fach: Geografie   Datum:

Thema: Verwitterung, Wüstenformen   Lernziel:

Situation Zeit	Lehrhandlungen / Lernumgebung	Erwartete Lernhandlungen / Lernprozesse	Didaktischer Kommentar	Material, Medien, Sozialform
Vorwissen aktualisieren	- Begriffswiederholung zum Thema "Wüste" (hot desert) - Regenhäufigkeitsdiagramme und Temperaturdiagramme erläutern lassen	- jeweils ein Schüler erläutert ein Diagramm	Vorwissen für den Begriff der "Verwitterung in der Wüste" wird indirekt wiederholt, stimuliert (4b-1)	Diagramme, Bilder Klassenunterricht
Konzept einführen	- L. präsentiert Bilder der drei Wüstenformen (erg, seria, hamada) - gleichzeitig an der Tafel die Verteilung der drei Wüstenformen grafisch darstellen - Steine zeigen - "What are the names of the three different desert forms?"	- beschreiben die Bilder - Schüler wiederholen die Begriffe	Teilkonzept "Wüstenformen" als Klassifikation wird eingeführt (4b-2); Unterscheidungsmerkmale zwischen den Wüstenformen (4b-3)	Bilder, Folien, Steine, Tafel, Kreide Klassenunterricht
Aktiver Umgang mit Konzept	- L. erläutert das Arbeitsblatt mit dem Lückentext - Besprechung des Lückentextes	- "group leaders" holen die Arbeitsblätter für ihren Tisch ab - füllen die Lücken aus	Aktiver Umgang mit dem Konzept, allerdings nur Reproduktion (4b-4)	Arbeitsblätter Einzelarbeit
Problemstellung, Hypothesen formulieren, Testen	- bereitet Experiment vor - beschreibt das Experiment: Steine erhitzen und dann in kaltes Wasser legen - "What do you think will happen?" - Lehrerin legt heiße Steine ins Wasser und geht anschließend mit der Wasserschale herum	- Schüler bilden Sitzhalbkreis mit Heft und Bleistift - protokollieren mit und fertigen eine Skizze des Versuchs an - Schüler formulieren Hypothesen - Schüler beobachten genau und sehen kleine Sandkörner am Boden	Problemstellung: Was passiert mit dem erhitzten Stein im kalten Wasser? (3-1) Schüler formulieren Hypothesen (3-2) Lehrerin testet selbst (3-3)	Steine, Gasbrenner, Glasschale, ... Klassenunterricht im Sitzhalbkreis
Anwendung der Lösung	- "What has this to do with reality?" - Impuls zur Klärung des Phänomens: Schilder mit Symbolen für Tag, Nacht, Temperaturanstieg und Temperaturabfall	- Schüler äußern verschiedene Ideen, wie man das Experiment mit natürlichen Prozessen vergleichen kann - Schüler bringen die Schilder in eine Reihenfolge - Schüler sprechen mit Hilfe der Schilder über den im Experiment dargestellten Vorgang	Anwendung der Problemlösung in einem anderen Kontext (3-4)	Schilder, Weinflaschen Klassenunterricht im Sitzkreis
Konzept anwenden	- Begriffserweiterung: "weathering in the hot desert" Leporello als Impuls	- Schüler beschreiben die Verwitterung in der Wüste mithilfe des Leporellos	Verknüpfung mit bisherigen Konzepten "Wüstenformen" und "Verwitterung im Regenwald" (3-4 und 4b-5)	Leporello Klassenunterricht
Konzept anwenden	- Arbeitsauftrag für die Gruppenarbeit: "How does weathering work in the hot desert?" Schüler sollen gemeinsam einen kurzen Text verfassen, der das Gelernte zusammenfasst. - Hilfestellungen: Wörterbücher, Arbeitsblatt mit wichtigen Begriffen, Leporello, Lehrerin - korrigiert und kommentiert die Texte	- diskutieren einzelne Formulierungen - schreiben den Text auf - jeweils ein Schüler jeder Gruppe liest den Text vor	Reformulierung der gesamten Zusammenhänge zwischen Wüstenformen und Verwitterung (4b-5)	Arbeitsblatt mit dem Arbeitsauftrag, Wörterbücher, Hefte, ... Gruppenarbeit

Abb. 22: Tabellarische Darstellung einer Lehr-Lernprozessplanung

eines kompetenzorientierten Lernprozesses von Leisen (2010a). In den Spalten wird zwischen Lernprozess, Lehrprozess und Gestaltung der Lernumgebung unterschieden. Die ganz linke Spalte dient als Zeitleiste. Lehramtsstudierende bzw. Lehramtsanwärter/innen sollen sich zunächst Gedanken über den Lernprozess und die Lernaktivitäten der Schüler/innen machen (Spalte 2). Danach erfolgt die Abstimmung des Lehrprozesses auf diesen Lernprozess (Spalte 4). Abschließend werden methodische Überlegungen zur Gestaltung der Lernumgebung bzw. organisatorische Aspekte der Unterrichtsdurchführung in der mittleren Spalte 3 notiert (Gestaltung der Begegnung zwischen Lerner und Lehrer, material und personal; Sozialform, Medien, Gestaltungselemente).

Tabelle 8: Vereinfachte Darstellung der Planungshilfe für Unterrichtsskizzen von Hahn und Wiedenmann nach Leisen (2010a)

Fach, Klasse: Thema der Unterrichtssequenz:	Hauptanliegen: Inhaltlicher Schwerpunkt	Lernziele:	
Zeit	**Lernprozess**	**Lernumgebung**	**Lehrprozess**
	1. Im Lernkontext ankommen; Problemstellungen entdecken	Aufgaben, Medien, Sozialformen, Gestaltungselemente, etc.	1. Einstieg präsentieren
	2. Vorstellungen entwickeln	Aufgaben, Medien, Sozialformen, Gestaltungselemente, etc.	2a. Einstiegsproblem fokussieren 2b. Aufmerksamkeit polarisieren
	3a. Lernprodukt erstellen 3b. Informationen auswerten	Aufgaben, Medien, Sozialformen, Gestaltungselemente, etc.	3. Aufgabenstellungen anbieten
	4. Lernprodukte vorstellen, festhalten, diskutieren	Aufgaben, Medien, Sozialformen, Gestaltungselemente, etc.	4. Lernprodukte auswerten
	5a. Lernzugewinn definieren 5b. Kompetenzzuwachs in neuen Aufgabenstellungen erproben	Aufgaben, Medien, Sozialformen, Gestaltungselemente, etc.	5a. Lernbewusstheit fördern 5b. eventuell neue Kontexte anbieten
	6. Sicher werden und üben	Aufgaben, Medien, Sozialformen, Gestaltungselemente, etc.	6. Ausblick auf weitere Unterrichtsstunden

Auch diese Planungsskizze differenziert zwischen antizipierten Lernprozessen bzw. Lernhandlungen der Schüler/innen und Lehraktivitäten bzw. Handlungen der Lehrperson. Damit werden Lehrkräfte zum Nachdenken über die Phasen des Lernprozesses von Schüler/innen angeregt. Damit soll vermieden werden, dass Unterricht entlang eines wenig didaktisch reflektieren Schematismus (z.b. Einleitung, Erarbeitung, Ergebnissicherung, Schluss) strukturiert werden. Ebenso zwingt die Unterrichtsskizze die Lehrerantwärter/innen dazu, die eigenen Tätigkeiten in einer Spalte klar und deutlich auszuweisen (Lehrerverhalten, Impulse, Anweisungen, etc.). Aufgaben und organisatorische Aspekte der Lernumgebung (Materialien, Medien, Sozialformen) werden in der mittleren Spalte gesondert dargestellt. Durch die Formulierung eines „Hauptanliegens" einer Unterrichtssequenz wird die Planung immer wieder auf das zentrale, stundenübergreifende Lernziel gelenkt.

5.4.2 Klassenmanagement

Lehrkräfte müssen in einem von der Gesellschaft konstruierten Setting individuelle Lernprozesse von Schüler/innen unterstützen. Dieses Setting ist maßgeblich dadurch gekennzeichnet, dass man die Lernenden nicht einzeln sondern immer in quasi-homogenen Gruppen zusammenfasst. D.h. die institutionellen Rahmenbedingungen von Lehr-Lernprozessen in Schulen sind historisch und gesellschaftlich bedingt und stellen Lehrkräfte neben den individuellen Lern- und Erziehungsprozessen vor die zusätzliche Herausforderung eine ganze Schülergruppe „managen" zu müssen. Klassenmanagement ist gerade in den ersten Praktika und vor allem im ersten eigenverantwortlichen Unterricht in der zweiten Phase der Lehrerausbildung eine große Herausforderung. Unsicherheiten im Umgang mit Schüler/innen können den alltäglichen Unterricht stark beeinträchtigen. Zudem haben die Studien zum effektiven Unterricht gezeigt, dass die echte Unterrichtszeit sowie das ordnungsgemäße Arbeiten in einer Schulklasse wesentliche Faktoren für hohe Lernzuwächse sind.

Die wichtigste Botschaft der Forschungen zum Klassenmanagement ist, dass man Klassenführung nicht mit einer simplen Vorstellung von Disziplin gleichsetzen darf (Kounin 1976; Evertson & Neal 2006; Osher et al. 2010). Zu dieser Fehlvorstellung werden Praktikanten oder Junglehrer/innen verführt, wenn sie Unterricht von erfahrenen Lehrkräften beobachten. Auf den ersten Blick sieht man, dass eine ganze Klasse auf die Lehrkraft „hört": bei Anweisungen ruhig lauscht, Arbeitsaufträge rasch ausführt, kaum Konflikte auftreten, etc. Man attestiert dann der Lehrkraft Autorität und spricht Disziplin in dieser Klasse. Dies ist allerdings eine oberflächliche Betrachtung und führt zu der falschen Vorstellung, dass man als Junglehrer/in nun auch diese Autorität irgendwie erreichen muss und dann in den eigenen Stunden Disziplin herrscht. D.h. man koppelt das Verhalten der Schüler/innen sehr eng an bestimmte Persönlichkeitseigenschaften der Lehrkraft wie „Autorität", „Ausstrahlung", etc.

Dies ist ein gefährlicher Irrtum, weil die meisten Lehrkräfte ihre „Autorität" hart erarbeitet haben. Diesen Lehrkräften gelingt es, durch eine Vielzahl von Strategien, Verhaltensweisen und Details in der Lernumgebung die Schüler/innen zum Lernen zu motivieren. Die äußerlich zu beobachtende Disziplin ist damit auch die Folge von Lernmotivation. Genau hier beginnt der auf die Studien von Kounin zurückzuführende ökologische Ansatz zum Klassenmanagement (Kounin & Gump 1974; Kounin 1976; Doyle 2006). Kounin fragte sich, wie eine Lehrkraft die Lernumgebung und die Aktivitäten im Klassenzimmer so strukturieren kann, dass sich die Schüler/innen entsprechend ihrer Rolle diszipliniert verhalten und durch kooperative Mitarbeit vom Unterricht profitieren? Dabei verschränkt er die didaktische Perspektive mit der disziplinarischen Perspektive auf Unterricht. Disziplin wird als das Produkt von sinnvollem Lehrerverhalten und anregendem Unterricht verstanden.

In seinen empirischen Arbeiten analysierte Kounin (1976) videografierte Unterrichtsstunden und beschrieb dabei das Lehrerverhalten in Klassen mit wenig Störungen und einem reibungslosen Unterrichtsablauf. Er fasste seine Beobachtungen zu Merkmalen eines effizienten „classroom management" zusammen:

(1) *Withitness* (Allgegenwärtigkeit): Schüler/innen haben das Gefühl, dass die Lehrkraft alles im Blick hat, allgegenwärtig ist, Andeutungen, kleinere Störfälle, etc. nicht übersieht und frühzeitig auf problematische Schüleraktivitäten reagiert. Es ist nicht relevant, dass die Lehrkraft wirklich alles weiß, sondern, dass die Schüler/innen diesen Eindruck haben.

(2) *Overlapping* (Überlappung) ist die Fähigkeit zu einem gewissen Multitasking. Die Lehrkräfte in gut geführten Klassen reagierten auf Schülerstörungen beispielsweise so, dass sie dabei auch noch die anderen Schüler/innen mit im Blick hatten. Ermahnungen oder kleinere Disziplinarmaßnahmen wurden zügig und ohne großes Aufsehen durchgeführt, sodass der normale Unterricht relativ ungestört weitergehen konnte. Lange Unterbrechungen des Unterrichts aufgrund von disziplinarischen Maßnahmen sind für Schüler/innen oft eine zusätzliche Motivation, den Unterricht zu stören.

(3) *Momentum* (Zügigkeit, Schwung einer Unterrichtsstunde): Die Lehrkraft vermeidet unnötige Unterbrechungen. Der Unterricht ist so geplant, dass kein Leerlauf entsteht. Medien und Materialien liegen parat. Wenn es beispielsweise aufgrund fehlender oder ausfallender Medien zu einer Störung des geplanten Unterrichtsverlaufs kommt, kann die Lehrkraft dies gekonnt meistern, hält sich nicht allzu lange mit dem Problem auf, findet schnell eine Alternative, etc.

(4) *Managing transitions* (Übergänge organisieren): Die Lehrekraft kann die Übergänge von einer Unterrichtsphase zur anderen oder von einem Medium oder einer Sozialform zur anderen so gestalten, dass kein großer Leerlauf entsteht. Es gibt knappe aber deutliche Überleitungen zwischen den einzelnen Phasen. Hierfür kommen auch Rituale oder Signale zum Einsatz.

(5) *Smoothness* (Geschmeidigkeit): Der Unterricht hat einen roten Faden, es gibt keine sachlogischen Brüche. Die Lehrkraft lässt sich nicht durch irrelevante Fragen ablenken, es gibt keine langatmigen Exkurse, etc.

(6) *Group focus* (Gruppenaktivierung): Die Lehrkraft sorgt dafür, dass alle Schüler/innen zu jeder Zeit beschäftigt sind; auch wenn sich die Lehrkraft um eine/n Schüler/in kümmert, müssen die anderen Schüler/innen wissen, was sie tun sollen. Fragen werden so gestellt, dass sich alle Schüler/innen angesprochen fühlen, auch wenn nur ein/e Schüler/in antworten kann.

(7) *Avoiding mock participation* (Vermeidung vorgetäuschter Teilnahme): Scheinaufmerksamkeit und vorgespieltes Interesse (school survival skills: Kopfnicken, ins Buch starren) von Schüler/innen wird nicht geduldet. Lehrkräfte mit effektivem Klassenmanagement erkennen dieses Verhalten und sprechen die Schüler/innen darauf gezielt an.

Für die Vorbereitung aber auch für die abschließende Reflexion von Lehr-Lernprozessen könnte aufgeführt werden, mit welchen Impulsen, Ritualen, Aufgabenstellungen oder methodischen Arrangements diese Variablen des Klassenmanagements realisiert werden können. Hierfür gibt es auch standardisierte Beobachtungsbögen, beispielsweise der Linzer Diagnosebogen für Klassenführung (LDK) aus der Arbeitsgruppe um Johannes Mayr (Mayr, Eder & Fartacek 1991; Mayr 2002; Mayr 2006). Der LDK wurde analog zu Kounin's Klassenmanagementstrategien auf empirischer Basis entwickelt. Ausgangspunkt waren 100 österreichische Lehrkräfte, die von der Schulverwaltung als „hoch effizient" in Hinblick auf Lernerfolg der Schüler und Klassenführung eingeschätzt wurden. Diese Lehrkräfte wurden in ihrem Unterricht beobachtet und befragt. Es ergaben sich Muster effizienter Klassenführung, die einen hohen Übereinstimmungsgrad mit bereits bekannten Qualitätsmerkmalen von Unterricht sowie den bereits dargestellten Kounin-Variablen aufweisen:
– Unterrichtsgestaltung: Bedeutsame Lernziele, strukturierter Unterricht, klare Arbeitsanweisungen, Verlässlichkeit, Fachkompetenz (vgl. Unterrichtsqualitätskriterium klar strukturierter Unterricht bei Helmke)
– Beziehungsförderung: Wertschätzung, Verstehen, Authentizität, Humor, Kommunikation, Schülermitbestimmung, Gemeinschaftsförderung (vgl. Gordon: Lehrer-Schüler-Konferenz)
– Verhaltenskontrolle: Verhaltenserwartungen, Beschäftigung der Schüler, Kontrolle der Lernarbeit, Allgegenwärtigkeit, Verstärkung erwünschten Verhaltens, rasches Eingreifen bei Störung, Bestrafung unerwünschten Verhaltens (vgl. Kounin-Studien).

Diese Strategien effizienter Klassenführung bilden die Grundlage für den Linzer Diagnosebogen für Klassenführung. Die Schüler/innen schätzen das Verhalten der Lehrkräfte in den drei Bereichen Unterricht, Beziehungsförderung und Verhaltenskontrolle anhand kurzer Items auf einer fünfstufigen Skala ein. Die Ergebnisse der vorwiegend in der Sekundarstufe II durchgeführten Schülerbefragungen zeigen, dass das Verhalten der als besonders erfolgreich eingeschätzten Lehrpersonen innerhalb einer bestimmten Bandbreite optimaler Klassenführung liegt (Mayr 2002). D.h. Lehrkräfte müssen nicht in jedem Bereich Höchstwerte erzielen. Es gibt allerdings Verhaltensbereiche, die sich nicht durch andere Bereiche kompensieren lassen. Sie müssen nicht in höchster Ausprägung realisiert werden, sollten aber ein bestimmtes Mindestmaß erreichen. Innerhalb dieser Bandbreite lassen sich dann unterschiedliche Strategien der Klassenführung identifizieren. Eine Strategie wäre beispielsweise, besonders viel Wert legt auf Beziehungsförderung innerhalb einer Klasse zu legen. Dann müssen die Werte innerhalb der beiden anderen Bereiche Unterricht und Verhaltenskontrolle nicht unbedingt Höchstwerte erreichen. Eine andere Gruppe von hoch eingeschätzten Lehrkräften legt dagegen größten Wert auf die fachlich kompetente Gestaltung von strukturiertem Unterricht. Diese Gruppe lehnt eine beziehungsförderliche Kommunikation zwar nicht ab, hat auf dieser Skala allerdings geringere Ausprägungen. Hinzu kommt, dass jede dieser Strategien auch mit gewissen Nebenwirkungen verbunden ist und sehr stark mit persönlichen Präferenzen sowie den jeweiligen Rahmenbedingungen zusammenhängt.

Der LDK könnte nun genutzt werden, um das eigene Klassenführungsprofil sowohl vor als auch nach dem Schulpraktikum von den Schüler/innen bewerten zu lassen. Das erfordert natürlich Mut und einen professionellen Umgang mit Kritik an der eigenen Person bzw. dem eigenen Unterrichtsstil. Der Nutzen für die Durchführung weiterer Unterrichtseinheiten könnte aber ungleich höher sein als die psychischen Kosten eines kritischen Feedbacks. Zudem hat der Ansatz von Mayr und Kollegen etwas Tröstliches: Nicht einmal erfahrene Lehrkräfte müssen in allen drei Bereichen der Klassenführung perfekt sein. Es genügt oft schon, einen Bereich zu beherrschen. Der LDK könnte jedoch wertvolle Hinweise geben, wo noch Verbesserungspotenzial beim eigenen Klassenmanagement vorhanden ist.

5.4.3 Unterrichtsstörungen und Schüler/innenkonflikte

Lehramtsstudierende im Praktikum und Lehreranwärter/innen sollten auf den Umgang mit Unterrichtsstörungen und Schüler/innenkonflikten vorbereitet sein. Bereits in einem mehrwöchigen Schulpraktikum bietet es sich an, die Konfliktpräventionsstrategien bzw. Konfliktlösestrategien einzelner Lehrkräfte bzw. der gesamten Schule zu erkunden. Welche Regeln gelten? Wie muss ich einzelne Störungen und Konflikte einschätzen? Welche Sanktionen sind wann angemessen? In welchen Fällen informiere ich die/den Klassenlehrer/in, die Schulleitung oder die Eltern? An vielen Schulen gibt es mittlerweile institutionalisierte Mediatoren- oder Streitschlichterprogramme. Ein Beispiel ist die Schulmediation bzw. die Ausbildung von Streitschlichtern (Maar 2010; Maar & Markert 2010). Ziel von Schulmediation ist die Bearbeitung von Konflikten in der Verantwortung von Schülern. Das Mediationsmodell trägt wesentlich zur Verantwortungsübernahme und Entwicklung von sozialen Schlüsselqualifikationen bei. Ausgangspunkt des Programms sind ganz alltägliche Streitsituationen im Unterrichtsalltag. Die Schüler/innen sollen lernen, dass vor allem die Art und Weise, wie man Konflikte löst, von entscheidender Bedeutung ist. Die Grundannahmen von Streitschlichterprogrammen sind ein positives Menschenbild (es gibt keine Gewinner-Verlierer Situationen oder Verlierer-Verlierer-Situationen) und ein positiver Konfliktbegriff (Konflikte als Chancen zur Weiterentwicklung verstehen). Ziel ist die Ausbildung von Schülern zu Streitschlichtern bzw. Mediatoren. Schüler/innen lernen in diesen Programmen beispielsweise, wie man eine Streitschlichtung durchführen kann:

– **Einleitung:** Begrüßen, Ziele verdeutlichen, Schlichtungsprozess erklären, Gesprächsregeln erläutern

– **Klärungen:** Berichten (Die Konfliktparteien tragen nacheinander ihre Sicht des Konflikts und der augenblicklichen Situation vor); Zusammenfassen; Nachfragen; Befindlichkeit ausdrücken; Anteile am Konflikt artikulieren

– **Lösungen:** Lösungsmöglichkeiten überlegen; Lösungsmöglichkeiten aufschreiben; Lösungen auswählen; Lösungen vereinbaren

– **Vereinbarungen:** Vereinbarungen aufschreiben; Vereinbarung unterschreiben

Wissen über die Streitschlichterkompetenz von Schüler/innen kann für die Organisation einer Klasse sehr wertvoll sein. Ein weiteres System, mit dem sich Lehrkräfte auf den Umgang mit Konflikten vorbereiten, wurde von Georg E. Becker (2006) vorgelegt. Becker vertritt die These, dass Lehrkräfte ihr Handeln in Konfliktsituationen an die Relevanz eines Konfliktes anpassen müssen und eine kollegial abgesprochene Reaktion auf schwerwiegende Konflikte effektiver ist als Einzelmaßnahmen. Becker schlägt in Abhängigkeit von der Relevanz eines Konfliktes eine Handlungsmatrix vor, die in Extremfällen zunächst zu einer differenzierten Analyse der Konfliktstruktur und einer systematischen Planung von Reaktionen führt:

(1) Konflikt auffassen. Mit W-Fragen die Konfliktstruktur erfassen und schriftlich festhalten. Ziel ist es, Tatsachen von Vermutungen zu unterscheiden.

(2) Relevanz des Konfliktes einschätzen. Relevanz ist durch den Grad der emotionalen Betroffenheit der am Konflikt beteiligten Personen gekennzeichnet. Relevanz eines Konflikts nach Becker (2006, S. 69):

– Scheinkonflikte führen zu einer momentanen, emotionalen Betroffenheit und hinterlassen keine Beeinträchtigungen (Stufe 0)

– Randkonflikte führen zu einer kurzzeitigen geringen emotionalen Betroffenheit und zu geringen Beeinträchtigungen (Stufen 1, 2, 3)

– Zentralkonflikte führen zu einer langfristigen starken emotionalen Betroffenheit und zu erheblichen Beeinträchtigungen (Stufen 4, 5, 6)

– Extremkonflikte führen zu einer andauernden, sehr starken emotionalen Betroffenheit und hinterlassen sehr starke Beeinträchtigungen, die nicht korrigierbar sind (Stufe 7)

Die Diskussion der Konfliktrelevanz mit Kollegen dient der zusätzlichen Klärung der eigenen Sichtweise. Sieht man ein Problem, das andere nicht nachvollziehen können? Unterschätzt man selbst eine Situation? Ebenso unterscheiden sich die Konfliktbewertungen in Abhängigkeit des Alters (Grundschüler vs. Hauptschüler auf dem Pausenhof) und in Abhängigkeit der eigenen Normen und Werte (selber Raucher oder Nichtraucher). Empirische Studien weisen zudem darauf hin, dass die überwiegende Mehrheit der Konflikte im Unterricht als Randkonflikte zu klassifizieren ist. D.h. die „kleinen Widerwärtigkeiten" des Schulalltags zehren an den Nerven der Lehrer/innen.

(3) Weitere Analyseschritte wählen und Methode festlegen. Differenzierte Vorgehensweise je nach Relevanz des Konflikts. Bei Scheinkonflikten mit lachen, bei Randkonflikten selbst Strategien entwickeln und prüfen, bei Zentralkonflikten mit anderen Lehrkräften zusammenarbeiten und gemeinsam die Situation analysieren und Handlungsschritte festlegen. Bei Extremkonflikten außerschulische Hilfe anfordern.

(4) Ursachenanalyse: In der Regel liegen schwerwiegenden Konflikten mehrere Ursachen zu Grunde

(5) Informationen einholen: Vor allem bei Zentral- und Extremkonflikten von Bedeutung, um die Situation eines Schülers und die Hintergründe von Konflikten besser verstehen zu können.

(6) Perspektive wechseln: Perspektive des Problemschülers und der Mitschüler einnehmen. Ziel des Perspektivenwechsels ist der Aufbau von Vertrauen und Empathie; Herausfinden, wie Interventionen wohl bei dem betroffenen Schüler ankommen

(7) Zielsetzungen abklären: Können die Schüler den Konflikt selbst klären? Muss eingegriffen werden? Können Streitschlichter den Konflikt klären? Welche Personen müssen an der Konfliktlösung beteiligt werden? Welches Ziel will man letztendlich mit der Konfliktlösung erreichen?

(8) Handlungsmöglichkeiten in einer Brainstormingphase sammeln (kreative Phase), dann kritisch prüfen und Handlungsfolgen festlegen, die sich auf die Relevanz des Konflikts beziehen und je nach Konflikt ein Vorgehen vorgeben (Beispiel: Zuspätkommen bei Berufsfachschülern)

(9) Handeln: Hier kann es durchaus zu einer flexiblen und im Einzelfall begründeten Abweichung von Handlungsplan kommen

(10) Feedback verschaffen: Alle an der Konfliktlösung beteiligten Personen vereinbaren diesen Termin und nehmen ihn auch wahr. Die Effektivität des bisherigen

Vorgehens wird kritisch geprüft und man entscheidet, an welcher Stelle man eventuell neu ansetzen muss.

Diese Handlungsmatrix wirkt zunächst sehr schematisch und es stellt sich die Frage, ob man im hektischen Schulalltag überhaupt die Zeit findet, all die Schritte auch auszuführen. Eine schematische Anwendung der Handlungsmatrix ist dabei mit Sicherheit nicht intendiert. Vielmehr kann man an diesen zehn Handlungsschritten verdeutlichen, dass Konfliktbearbeitung in der Schule nicht nebenher zu leisten ist, sondern Zeit und kollegiale Absprachen voraussetzt. Zudem wird deutlich, dass Lehrkräfte bei der Konfliktbearbeitung auf Techniken und Routinen zurückgreifen können bzw. diese Techniken und Routinen erlernbar sind. Drittens wird aufgezeigt, wie eine kollegiale Verständigung über die Konfliktrelevanz stattfinden kann. Eine gemeinsame Relevanzeinschätzung im Kollegium kann einen wesentlichen Beitrag leisten, um das Einzelkämpfertum von Lehrkräften zu überwinden. Wenn in einer Schule klar definiert wird, bei welchen Konflikten Kollegen, Eltern, die Schulleitung oder die Schulsozialarbeiter einzuschalten sind, können Lehrkräfte wesentlich professioneller mit Unterrichtsstörungen umgehen. Sie können Schülern klar kommunizieren was toleriert wird und wann welche Konsequenzen folgen. Bei größeren Konflikten ist die Vorgehensweise klar und die Last, den Konflikt alleine lösen oder austragen zu müssen, sinkt erheblich.

5.5 Reflexion und Evaluation des Lehr-Lernprozesses

Eine abschließende Kategorie von Planungsüberlegungen sollte sich bereits während einer Unterrichtseinheit mit der Überprüfung der Effektivität des Lehr-Lernprozesses beschäftigen (Abbildung 23). Häufig steht die Reflexion über die organisatorische und methodische Planung und Durchführung von Unterricht im Vordergrund. Schüler/innen, Mentor/innen, Kommiliton/innen können in diese Reflexion über entsprechende Evaluationsbögen mit einbezogen werden. Eine Reflexion bzw. Evaluation von Unterricht darf jedoch nicht bei der Begutachtung von Sichtstrukturen stehen bleiben. Vorrangig sollten deshalb die Lernprozesse und Lernergebnisse der Schüler/innen evaluiert werden. Wer hat was wie schnell gelernt? Bei welchen Schüler/innen sind noch welche Lücken? Wo wurde etwas falsch verstanden? Von besonderer Relevanz für die weitere Gestaltung von längerfristig geplanten Lehr-Lernprozessen sind formative Lernverlaufsdiagnosen.

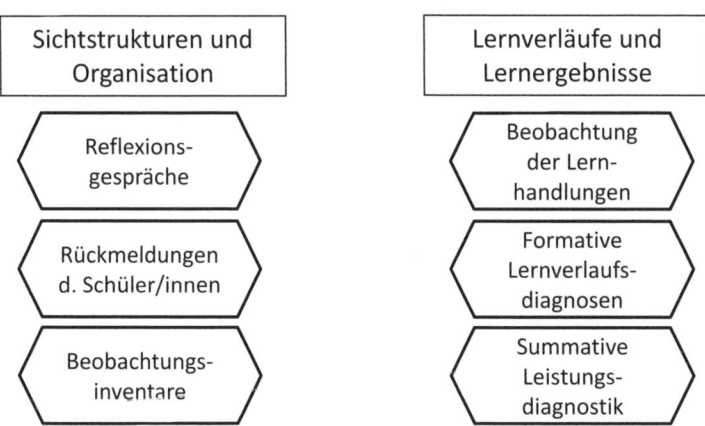

Abb. 23: Planungskategorie 5 zur Reflexion und Evaluation des Unterrichts

5.5.1 Formative Lernverlaufsdiagnostik

Die Bewertung von Lernleistungen ist ein institutionell verankerter Teil des Unterrichts und wirkt sich sehr stark auf Lehr-Lernprozesse aus. In Abschnitt 4.4. wurde bereits ausführlich dargelegt, dass eine verstärkt formative Gestaltung und Nutzung von Leistungsmessungen sowohl zu fachlichen Leistungssteigerungen führen kann als auch die Fähigkeit zum selbstregulierten Lernen unterstützt. Für die Gestaltung und Evaluation von Lehr-Lernprozessen bedeutet dies, dass auch Leistungsmessungen als Teil des Lehr-Lernprozesses verstanden werden sollten.

Von Bedeutung ist hier die Unterscheidung zwischen formativer und summativer Leistungsdiagnostik (vgl. 4.4.1). Summative Leistungsdiagnostik würde bedeuten, dass man sich bei der Planung einer Lehr-Lernsequenz über die abschließende Messung und Beurteilung der zu erzielenden Schülerleistungen Gedanken macht (*assessment of learning*). Dies entspricht der täglichen Arbeitsroutine von Lehrkräften. Sie müssen Noten vergeben und diese sind auf Basis von möglichst curricular validen Leistungsüberprüfungen zu erstellen. Sowohl bei der Erstellung von Leistungstests als auch bei der Bewertung durch Noten sind viele Dinge zu beachten. In den Schulpraktika des Lehramtsstudiums sollte jedoch nicht die Notengebung im Vordergrund stehen. Aus diesem Grund sei an dieser Stelle lediglich auf Literatur zum Thema summative Leistungsdiagnostik und Notengebung verwiesen: z.b. Jürgens (1992), Valtin (2002) oder Sacher (2007).

Formative Leistungsdiagnostik folgt einem anderen Zweck. Ziel der Messung und Bewertung von Schülerleistungen ist die Adaption des nachfolgenden Lehr-Lernprozesses (Maier 2010). Leistungsdiagnostik wird damit zu einem integralen Bestandteil des Unterrichtens (*assessment for learning*). Dies wird deutlich, wenn man sich die in der Literatur häufig beschriebenen Prinzipien und Schritte formativer Leistungsdiagnostik ansieht (z.b. Sadler 1989; Ramaprasad 1983; Perrenoud 1998; Wiliam & Leahy 2007; Black & Wiliam 2009):

– Lernziele und Bewertungskriterien klären und mit Schülern besprechen (*clarifying and sharing learning intentions and criteria for success*)
– Interaktionen und Aufgabenstellungen, mit denen das Verständnis der Schüler sichtbar gemacht werden kann (*engineering effective classroom discussions and other learning tasks that elicit evidence of student understanding*)
– Informative Rückmeldungen geben, die Schüler/innen weiterführende Lernwege aufzeigen (*providing feedback that moves learners forward*)
– Schüler/innen schätzen ihren Lernfortschritt gegenseitig ein und unterstützen sich (*activating students as instructional resources for one another*)
– Selbstregulationsfähigkeiten der Schüler/innen unterstützen bzw. aufbauen (*activating students as the owners of their own learning*)

Unterrichtsplanungen sollten deshalb die Verfahrensschritte formativer Leistungsdiagnostik sowohl bei der Beschreibung von Lernvoraussetzungen als auch bei der abschließenden Reflexion über die Zielerreichung antizipieren. Mehr noch: Im Rahmen eines kompetenzorientierten Unterrichts gehen formative Leistungsdiagnostik und Unterrichtsplanung ineinander auf. Unterrichtsplanung bezieht sich dann nicht mehr auf einzelne Stunden oder Themen, sondern auf den gesamten Zeitraum des Erwerbs grundlegender Kompetenzen. Formative Leistungsdiagnostik ist dann die evaluative Seite des zu planenden Lehr-Lernprozesses:

Auf die Bedeutung der Klärung von Lernzielen wurde in Abschnitt 5.1.3 bereits hingewiesen. Hier wäre noch zu ergänzen, dass die genaue Beschreibung von Lernzielen bzw. den zu erwerbenden Kompetenzen und ihren Teilfacetten nicht nur das Betriebsgeheimnis der Lehrerin/des Lehrers bleiben sollte. Formative Leistungsdiagnostik ist dann erfolgreich, wenn man die Lernziele auch den Schüler/innen offenlegt und signalisiert, dass spätere Arbeitsprodukte an diesen und jenen Bewertungskriterien gemessen werden (z.B. Kriterien für die Bewertung von Schüler/innentexten).

Formative Leistungsdiagnostik geht weiter mit der Erfassung von Lernvoraussetzungen. Bereits vor dem Einstieg in den Lehr-Lernprozess sollten formativ-diagnostische Verfahren und Instrumente zum Einsatz kommen. Dies können Testverfahren oder Beobachtungsbögen sein, die auch im weiteren Lehr-Lernprozess eine Rolle spielen werden. Ebenso denkbar sind Aufgabenstellungen mit diagnostischem Potenzial, die es der Lehrkraft erlauben, die vorhandenen Konzepte oder Denk- und Arbeitsweisen der Schüler/innen besser zu verstehen.

Auch Informative Rückmeldungen spielen im Lehr-Lernprozess immer eine wichtige Rolle. Dabei können unterschiedliche Zeitzyklen unterschieden werden (Wiliam & Leahy 2007):

– Formative Leistungsdiagnostik im Aufgabenbearbeitungsprozess oder innerhalb von Teilschritten einer Lehr-Lernsequenz (*short-cycle feedback loop*): Die Schüler/in erhält während oder direkt nach der Bearbeitung einer Übungs- oder Lernaufgabe eine Rückmeldung über die Korrektheit der Aufgabenlösung bzw. weitere Hinweise zur Aufgabenbearbeitung (vgl. 5.3). Die Rückmeldung bezieht sich in diesen Fällen auf eine spezielle Aufgabenstellung und hat innerhalb der Aufgabenbearbeitung eine steuernde Wirkung: z.B. Teilschritte korrigieren.

– Formative Leistungsdiagnostik innerhalb von Lehr-Lernprozess (*medium-cycle feedback loop*): Die Schüler/in bearbeitet direkt vor oder während einer Lehr-Lernsequenz eine Aufgabenstellung mit diagnostischem Potenzial oder einen formativen Test (z.B. auch Lehrerfragen). Die Rürckmeldungen werden genutzt, um das weitere Lernen und Arbeiten innerhalb dieser Lehr-Lernsequenz zu steuern. Formative Diagnose und Rückmeldungen beziehen sich auf das Lernziel der Lehr-Lernsequenz. Beispiele hierfür sind curriculumbasierte Leistungsmessungen (Yeh 2006; Strathmann & Klauer 2010; Frohbieter, Stecher, Greenwald & Schwartz 2011). Diese in den USA bereits verbreiteten, oft computergestützten Diagnosesysteme werden von kommerziellen Anbietern entwickelt und ermöglichen häufige, formative Leistungsmessungen in Mathematik und Lesen in Form von Multiple-Choice-Aufgaben. Ziel ist die Verbesserung der Lesekompetenz und der mathematischen Problemlösekompetenz und die Testaufgaben sind auf den täglichen Unterricht abgestimmt.

– Formative Leistungsdiagnostik zum langfristigen Wissenserwerb bzw. Kompetenzaufbau (*long-cycle feedback loop*): Schüler/in bearbeitet wiederkehrende Minitests zu grundlegenden Wissenseinheiten (Faktenwissen, Prozeduren, Konzepte) innerhalb eines Unterrichtsfachs (z.B. Einmaleins, Vokabeln, math. Modellieren, Prozentrechnung). Die Rückmeldungen bilden den individuellen Lernverlauf über mehrere Schuljahre ab und haben eine steuernde Wirkung auf langfristige Fördermaßnahmen. Die Vergleichsarbeiten in den Jahrgangsstufen 3 und 8 könnten beispielsweise auch als formative Leistungsdiagnosen zum langfristigen Kompetenzerwerb verstanden werden. Mit VERA 3 prüft man beispielsweise die in den vorangehenden Schuljahren erworbene Lesekompetenz. Rückmeldungen sollten instruktiv sein für die Gestaltung des weiteren Leselernprozesses. VERA 8 prüft die Lernentwicklung in der Sekundarstufe I in Mathematik, Deutsch und der ersten Fremdsprache. Rückmeldungen sollten für die Adaption des weiteren

Unterrichts genutzt werden. Weitere Verfahren der langfristigen Dokumentation von Lernverläufen werden in der Literatur zu alternativer Leistungsmessung diskutiert, z.b. die Erfassung von Lernprodukten und Lernprozessen in Portfolios oder Lerntagebüchern (Heske 1999; Gläser-Zikuda & Hascher 2007).

Beispiele für formative Lernverlaufsdiagnosen im Deutschunterricht

Ein Beispiel für das Lernziel „flüssig lesen können", ist die Lernfortschrittsdiagnostik Lesen (LDL) von Walter (2010). Das Verfahren kann zur systematischen, formativen Evaluation von Lesefördermaßnahmen eingesetzt werden. Normwerte liegen für die Klassen 1 bis 9 vor (Altersklassen 10-11, 12-13, 14-15 für den Förderbereich). Grundlage der LDL sind insgesamt 28 Lesetexte, die inhaltlich aufeinander aufbauen. Die Gesamtbearbeitungsdauer für einen LDL-Test beträgt eine Minute plus eine Minute Auswertung. Mit Hilfe eines Auswertungsbogens kann die Anzahl der richtig erlesenen Wörter in einer Minute festgestellt und in ein Lernverlaufsdiagramm eingetragen werden. Mithilfe des Lernverlaufsdiagramms können Maßnahmen zur Leseförderung systematisch kontrolliert werden.

Die LDL ist damit ein typisches Beispiel für eine formative Lernverlaufsdiagnostik. Der Test fokussiert auf ein ganz konkretes, jedoch relevantes Lernziel (flüssiges Lesen). Es handelt sich um ein Lernziel, das man nicht in wenigen Wochen erreicht, sondern das über einen längeren Zeitraum zu üben und damit auch regelmäßig zu prüfen ist. Die LDL ist so aufgebaut, dass man individuelle Lernverläufe beschreiben kann, d.h. die einzelnen Tests sind vergleichbar schwierig. Über die vorliegenden Normwerte haben Schüler/innen und Lehrkräfte zumindest ein grobes Außenkriterium, welche Lesegeschwindigkeit altersspezifisch angemessen ist. Sowohl die Durchführung als auch die Auswertung bzw. Dokumentation der Ergebnisse nehmen relativ wenig Zeit in Anspruch, so dass die LDL sehr praktikabel erscheint. Bei der LDL wäre es sogar denkbar, dass die Schüler diesen Test in Partnerarbeit durchführen, auswerten und dokumentieren können. Damit liegt eine formative Leistungsdiagnostik vor, die sich leicht in den laufenden Leseunterricht integrieren lässt.

Ein weiteres, sehr einfach zu realisierendes Beispiel ist die Diagnose und Dokumentation der Entwicklung von Rechtschreibstrategien. Auch für diesen Bereich des Deutschunterrichts gibt es bereits eine Reihe kommerzieller Diagnoseinstrumente. Beispielsweise die Hamburger Schreibprobe (HSP) für die Erfassung orthographischer Kompetenz in der Primar- und Sekundarstufe I (Mey 2005). Grundlegende Idee dieses Diagnoseverfahrens ist die Unterscheidung verschiedener Gruppen von Rechtschreibstrategien bei Schülern:

– Alphabetische Strategie: lautorientiertes Schreiben
– Orthographische Strategie: regelorientiertes Schreiben
– Morphematische Strategie: Orientierung an Wortstrukturen (z.B. Wortstämme)

– Wortübergreifende Strategie: Orientierung an weiteren Sprachaspekten (Wortart, Semantik, Satzgrammatik …)

Das Diagnoseverfahren ist so aufgebaut (mittlerweile auch online verfügbar), dass Schüler/innen Wörter zu Bildern schreiben müssen und die Schreibungen sehr genau analysiert und auf die vier grundlegenden Rechtschreibstrategien zurückgeführt werden. Lehrkräfte erhalten eine Rückmeldung, auf welcher Stufe der Rechtschreibung sich die einzelnen Schüler vorwiegend befinden. Ziel des Rechtschreibunterrichts ist, dass Schüler/innen von der alphabetischen Strategie wegkommen und zunehmend orthographische, morphematische und wortübergreifende Rechtschreibstrategien anwenden.

Die Hamburger Schreibprobe ist mittlerweile für alle Jahrgangsstufen von 1 bis 9 verfügbar und ermöglicht somit eine Lernverlaufsdiagnostik über einen sehr langen Zeitraum. Die Rückmeldungen der HSP sind dabei sowohl individuell als auch kriterial. Individuell, weil für jede/n Schüler/in ein Profil seiner Schreibstrategien dargestellt und mit vorangehenden Testdurchführungen verglichen werden kann. Kriterial sind die Rückmeldungen, weil der Test darüber Auskunft gibt, auf welchem Rechtschreibniveau sich einzelne Schüler/innen (oder auch die ganze Klasse) befinden. Damit entstehen vielfältige Anknüpfungspunkte für die weitere Förderung der Rechtschreibkompetenz und zwar sowohl auf Unterrichtsebene als auch auf Ebene der Einzelförderung.

Allein die Tatsache, dass dieser Text gekauft werden muss bzw. dass die Durchführung am PC nicht in allen Schulen oder Klassenzimmern möglich ist, könnte Lehrkräfte vom Einsatz abhalten. Aber selbst in diesen Fällen wäre es denkbar, selbst eine sehr einfache, jedoch wirksame Form der formativen Lernverlaufsdiagnostik zur Erfassung von Rechtschreibkompetenz zu entwickeln. Beispielsweise findet man in der deutschdidaktischen Literatur aber auch in Handreichungen zu Schulbüchern Listen mit den wichtigsten Rechtschreibstrategien. Mit einer Auswahl wichtiger Strategien lassen sich sog. Fehlerraster zur Analyse von Schülertexten generieren (z.B. Ossner 2006). Jedes gute Sprachbuch bereitet diese Rechtschreibstrategien auch als einfache Regeln für die Schüler/innen auf.

Eine formative Lernverlaufsdiagnostik könnte nun so aussehen, dass mit den Schüler/innen einer dritten Grundschulklasse die 10 wichtigsten Rechtschreibregeln bzw. -strategien besprochen und mit Beispielen erläutert werden. Danach werden in regelmäßigen Abständen Schülertexte herangezogen und gemeinsam sowohl die Fehler als auch die korrekten Schreibungen analysiert und den einzelnen Rechtschreibstrategien zugeordnet. Dies kann sowohl im Rahmen eines Aufsatzes passieren oder auch bei zahlreichen Texten, die als Hausaufgabe verfasst werden müssen. Damit entsteht über Wochen und Monate ein individuelles Profil der eigenen Rechtschreibkompetenz, das sowohl der Lehrkraft als auch der Schülerin/ dem Schüler (und Eltern) sehr deutlich aufzeigt, an welchen Strategien noch zu arbeiten ist.

Es gibt noch einen weiteren Vorteil dieser in den alltäglichen Schreibunterricht eingebetteten Rechtschreibdiagnose. Im Vergleich zu den standardisierten Tests werden alltägliche Schreibprodukte für die Diagnose genutzt. Dies ist deswegen von Bedeutung, weil prozedurales Wissen nur in konkreten Anwendungssituationen geprüft werden kann. In einer Testsituation ist es sehr wahrscheinlich, dass sich die Schüler/innen explizit auf Rechtschreibregeln besinnen und bei der Schreibung einzelner Wörter diese dann bewusst anwenden. Dies entspricht jedoch nicht der normalen Schreibsituation. Beim Schreiben eines eigenen Textes müssen Schüler/innen auf viele inhaltliche Details achten (Wurden in der Einleitung alle Personen vorgestellt? Verwende ich spannende Adjektive? etc.). Nur vollständig automatisierte Rechtschreibprozeduren kommen dieser Anforderungssituation tatsächlich zum Einsatz. D.h. man kann nur dann sagen, dass ein Lernender die Rechtschreibregel „Am Satzanfang schreibt man groß" auch beherrscht, wenn er sie in eigenen Texten anwenden kann. Um dies zu prüfen sind formative, in den Unterricht eingebettete Rechtschreibdiagnosen bestens geeignet.

Beispiele für formative Lernverlaufsdiagnosen im Mathematikunterricht

Strathmann und Klauer (2010) stützten sich auf die in den USA entwickelte Idee des curriculumbasierten Testens, um eine Lernverlaufsdiagnostik für Rechenprozeduren in der Primarstufe zu entwickeln. Dieses Verfahren lässt sich jedoch sehr gut auf weitere mathematische Grundfertigkeiten in der Sekundarstufe I übertragen. Strathmann und Klauer (2010) entwickelten ihre formativen Lernverlaufsdiagnosen nach folgenden Konstruktionsprinzipien:

– Der einzelne Test darf nicht lange dauern
– Es müssen ungefähr gleich schwere Paralleltests entwickelt werden
– Die Tests müssen die Beherrschung einer für den Unterricht relevante Prozedur (z.B. Addition/Subtraktion im Hunderterraum) valide prüfen
– Die Kompetenz bzw. das Lernziel wird durch eine Menge von Aufgaben operationalisiert, zu deren Lösung eben diese Kompetenz notwendig ist. Diese Aufgabenmenge muss eindeutig sein.
– Die einzelnen Tests müssen aus zufällig gezogenen Aufgaben bestehen, damit sie die Grundgesamtheit der Aufgaben abbilden. Bei verschiedenen Teilkompetenzen entsteht eine stratifizierte Grundgesamtheit und folgerichtig muss dann auch eine stratifizierte Stichprobe für die einzelnen Tests gezogen werden (z.B. Addition/Subtraktion im Hunderterraum: mit und ohne Zehnerübergang; einstellige, zweistellige Zahlen; etc.)

Strathmann und Klauer (2010) haben dieses Verfahren einer formativen, curriculumbasierten Lernverlaufsdiagnostik für verschiedene Grundrechenfertigkeiten (Mündliche Subtraktion, Addition, Schriftliche Subtraktion, Addition, Multiplikation, Division, Rechnen mit Größen) erprobt. Die Stichprobe bestand aus 190 Grundschulkindern (Klassen 2-4, auch Sonderschule). Über ein ganzes Schuljahr hinweg wurden im Abstand von zwei Wochen formative Leistungsmessungen durchgeführt. Die einzelnen Tests (z.B. zur Addition/Subtraktion im Hunderterraum) bestanden aus wenigen, nach Schwierigkeit gestuften Aufgaben. Lediglich die Zahlenwerte wurden variiert, um gleich schwierige Paralleltests zu erhalten. Die Ergebnisse jeder Testrunde wurden von den Lehrkräften zusammen mit den Schüler/innen in den PC eingegeben. Dabei entstanden nach und nach individuelle Lernverlaufskurven, die sowohl von den Schüler/innen als auch von den Lehrer/innen eingesehen werden konnten.

Wie man dieses Verfahren von Strathmann und Klauer (2010) auf weitere mathematische Grundfertigkeiten übertragen kann, zeigen Maier, Hofmann und Zeitler (2012). Beispielsweise kann man die Programmierfunktion von EXCEL-Tabellen nutzen, um für mathematische Rechenfertigkeiten beliebig viele Paralleltestversionen zu entwickeln und einfach auszuwerten. Beispielsweise kann man prototypische Aufgaben zur Umrechnung von Größen in die EXCEL-Tabelle eingeben (z.B. Umrechnung von Flächenmaßen) und durch die Variable „Zufallsbereich" zufällige Zahlenwerte innerhalb eines festgelegten Bereiches erzeugen. In einem zweiten Tabellenblatt können gleich die richtigen Lösungen für die Aufgaben automatisch berechnet werden. Damit entsteht bei jeder Neuzuweisung von Variablenwerten ein Mini-Test mit Lösungsblatt. Diese können in regelmäßigen Abständen zur Kontrolle bzw. Übung eingesetzt und sehr leicht von den Schüler/innen selbst aber auch von der Lehrkraft kontrolliert werden. Die Ergebnisse führen analog zum Verfahren von Strathmann und Klauer (2010) zu einer aussagekräftigen Lernverlaufskurve über das Schuljahr hinweg. Der Aufwand für diese Art Lernverlaufsdiagnostik ist erstens überschaubar und zweitens können die Tests als reguläre Übungs- und Wiederholungseinheiten im Unterricht betrachtet werden.

Unterstützung formativer Lernverlaufsdiagnosen durch Lernplattformen

Lernplattformen wie moodle werden in den nächsten Jahren mehr und mehr in der Schule Einzug halten und bieten hervorragende technische Möglichkeiten zur Realisierung von Lernverlaufsdiagnosen. Bereits bei den jetzigen moodle-Versionen stehen eine Reihe von unterschiedlichen Testaufgabenformaten zur Verfügung:
– Multiple-Choice bzw. Single-Choice-Aufgaben
– Lückentexte (cloze-Aufgaben)
– Ergänzungsantworten
– Zuordnungsaufgaben
– Ja/Nein Aufgaben
– Automatische Generierung von Zufallszahlen für Rechenaufgaben
– etc.

Der Vorteil von moodle ist, dass ein Test so programmiert werden kann, dass ihn die Schüler/innen zu bestimmten Zeitpunkten wiederholen müssen. Damit kann eine klar strukturierte, formative Lernverlaufsdiagnostik geplant werden. Ebenso übernimmt das Softwareprogramm die Auswertung der Tests sowie die Darstellung der Lernverläufe sowohl für die einzelnen Schüler/innen als auch für die gesamte Lerngruppe. Eine weitere Option ist die Gestaltung der Rückmeldungen. Beispielsweise können die Testaufgaben so programmiert werden, dass die Schüler/innen bei falschen Antworten einen Korrekturhinweis erhalten sowie die Möglichkeit, erneut zu antworten. Damit können Facetten der formativen Diagnostik innerhalb von Aufgaben (*short-cycle feedback loop*) und Facetten der langfristigen Lernverlaufsdiagnostik (*medium- bzw. long-cycle feedback loop*) verknüpft werden. Selbstverständlich wird die mangelnde technische Ausstattung für viele Schulen ein Hauptgrund sein, diese technischen Innovationen nicht zu nutzen. Allerdings könnte man die Bearbeitung formativer moodle-Lernverlaufsdiagnosen auch als Hausaufgabe aufgeben, vorausgesetzt, dass alle Schüler/innen zuhause auf das Internet zugreifen können. In der Sekundarstufe sollte dies heutzutage möglich sein.

5.5.2 Reflexion der Unterrichtsdurchführung

Ein zweiter Aspekt der Nachbereitung von Lehr-Lernprozessen ist die Reflexion der Unterrichtsdurchführung. Es soll von Reflexion gesprochen werden, weil das eigene Nachdenken über den durchgeführten Unterricht dabei im Vordergrund stehen sollte. Evaluation der Unterrichtsdurchführung würde dagegen bedeuten, dass die Bewertung durch außenstehende dominiert (z.B. bei Unterrichtsbesuchen, kollegialen Unterrichtshospitationen oder im Rahmen der Schulinspektion). Gerade für diese Evaluationssituationen wurden zahlreiche Instrumente entwickelt, die auch für die Reflexion des eigenen Unterrichts herangezogen werden können. Aber auch in den Schulpraktika des Lehramtsstudiums sollte bereits die eigene Wahrnehmung und Reflexion der Unterrichtsdurchführung mit der Perspektive von außenstehenden abgeglichen werden. Wie bewertet die Pratkikumslehrkraft meinen Unterricht? Was sagen die Kommilitoninnen? Diskrepanzen in der Wahrnehmung können dabei Anlass für eine fruchtbare Diskussion über Unterricht sein.

Instrumente für die Prozessevaluation von Unterricht

Während Unterricht traditionell vor dem Hintergrund eigener Erfahrung beurteilt wurde (z.B. im Rahmen von Schulratsbesuchen), gibt es in den letzten 20 Jahren verstärkt die Bestrebung, objektivere Kriterien für die Beurteilung von Unterrichtsqualität festzulegen. Vor allem die Literatur über Unterrichtsqualität (Kapitel 3) hat zur Entwicklung von Beurteilungsinstrumenten und Unterrichtsbeobachtungsbögen wertvolle Impulse geliefert. Mittlerweile gibt es zahlreiche Beurteilungskontexte und sehr unterschiedliche Unterrichtsbeurteilungsinstrumente, die auf Grundlage der oben dargestellten Forschungslage entwickelt wurden:

– z.b. für Schülerfragebögen als Teil der Selbstevaluation einer Lehrkraft oder einer Schule
– als Vorlage für Selbstevaluationsinstrumente, die von Landesinstituten oder sonstigen Projektträgern (z.b. SEIS von der Bertelsmann-Stiftung) den Schulen zur Verfügung gestellt werden
– Für Beobachtungsbögen, die im Rahmen der externen Schulevaluation eingesetzt werden
– In Forschungszusammenhängen, wenn beispielsweise videografierte Unterrichtsstunden hinsichtlich ihrer Qualität oder ihres kognitiven Anregungspotenzials untersucht werden sollen
– Unterrichtsentwicklung durch Feedback aus verschiedenen Perspektiven im Projekt EMU – Evidenzbasierte Methoden der Unterrichtsdiagnostik
– Verschiedene Instrumente zur Evaluation von Unterrichtsprozessen im Rahmen der externen Evaluation können auch für die kollegiale Unterrichtsentwicklung genutzt werden (ISB-Materialien)

Ein Beispiel für die letzten beiden Funktionen ist das Projekt EMU der Kultusministerkonferenz (www.unterrichtsdiagnostik.de). Ziel dieses Projektes ist es, Lehrerkollegien zur Reflexion über Unterricht anzuregen, um darüber Verbesserungen anzustoßen. Das Gespräch über den eigenen Unterricht soll dabei durch den Abgleich verschiedener Perspektiven auf eine Unterrichtsstunde in Gang kommen. Lehrkräfte führen als gleichberechtigte Kollegen gegenseitige Unterrichtshospitationen durch und füllen entsprechende Einschätzungsbögen aus. Diese werden durch Schülerfragebogen und Fragen zur Selbsteinschätzung ergänzt. Die Einschätzungsbögen fokussieren Kerndimensionen der Unterrichtsqualität: Klassenführung, lernförderliches Klima und Motivierung, Klarheit und Strukturiertheit, Aktivierung und Bilanz (Lernziele erreicht?). Mit weiteren Fragebögen können Zusatzbereiche abgedeckt werden: Lehrersprache, fachliche/fachdidaktische Qualität, Kompetenzorientierung/Orientierung an den Bildungsstandards, Beobachtungsaufträge, Umgang mit Vielfalt und Individualisierung.
Bei Studienanfängern und Praktikanten sollte sich die Reflexion über Unterricht auf zentrale Qualitätskriterien für effektive Lehr-Lernprozesse stützen (vgl. Kapitel 3). Diese Qualitätskriterien lenken die Aufmerksamkeit sowohl bei der Vorbereitung von Unterricht als auch bei Nachbesprechungen auf das Wesentliche. Lehramtsstudierende sollten dabei schnell ein Selbstbewertungsraster ihres eigenen Unterrichts entwickeln, das auf zentrale Aspekte fokussiert und davor schützt, aufgrund von Kleinigkeiten eigene Unterrichtsversuche allzu selbstkritisch zu sehen. Ein Beobachtungsbogen, der sich auf die oben ausgewählten Merkmale effektiver Lehr-Lernprozesse konzentriert, findet sich im Anhang. Es werden dabei lediglich

fünf zentrale Qualitätskriterien von Unterricht mit jeweils drei einfachen Items abgefragt:
- Unterrichtsklarheit
- Klassenmanagement
- Diagnostische Kompetenz
- Lernklima
- Fördern des selbständigen Lernens

Dieser Beobachtungsbogen kann sowohl zur Selbst- als auch zur Fremdreflexion der Unterrichtsdurchführung eingesetzt werden. Das abgebildete Formblatt wird beispielsweise von der Praktikumslehrkraft ausgefüllt und mit der/dem Studierenden anschließend besprochen. Die Studierenden können daraufhin eine eigene Einschätzung der Unterrichtsdurchführung entlang der Kriterien vornehmen und in ihrer Praktikumsdokumentation schriftlich festhalten. Der Beobachtungsbogen könnte auch in dazu genutzt werden, um während des Hospitierens die Aufmerksamkeit der Praktikant/innen für wesentliche Aspekte des Lehr-Lernprozesses zu schärfen.

Abschließend soll noch einmal betont werden, dass sich eine Reflexion bzw. Evaluation des Unterrichts nicht im Ausfüllen von Beobachtungsbögen oder Listen erschöpfen darf. Von entscheidender Bedeutung ist und bleibt das Gespräch mit der Ausbildungslehrkraft und den Kommilitoninnen und Kommilitonen. Die hier vorgestellten Instrumente können als Anregung für die kollegiale Diskussion dienen. Sie können auch dazu beitragen, dass sich die Rückmeldungen der Ausbildungslehrkräfte auf die wesentlichen Aspekte von Lehr-Lernprozessen konzentrieren und nicht Marginalien das Gespräch bestimmen. Ebenso sollte eine schriftliche Aufarbeitung dieser Rückmeldungen innerhalb einer Praktikumsdokumentation oder eines Portfolios erfolgen. Nur so können auch Lehramtsstudierende ihren professionellen Lernverlauf nachvollziehen.

6 Literatur

Aebli, H. (1993). Grundlagen des Lehrens: Eine allgemeine Didaktik auf psychologischer Grundlage. Stuttgart: Klett-Cotta.

Aebli, H. (2003). Zwölf Grundformen des Lehrens: Eine allgemeine Didaktik auf psychologischer Grundlage. Stuttgart: Klett-Cotta.

Alferink, L.A. & Farmer-Dougan, V. (2010). Brain-(Not) Based Education: Dangers of Misunderstanding and Misapplication of Neuroscience Research. Exceptionality, 18/1, 42-52.

Anderson, J.R. (1989). Kognitive Psychologie: Eine Einführung. Heidelberg: Spektrum.

Anderson, L.W. & Krathwohl, D.R. (2001). A Taxonomy for Learning, Teaching and Assessing: A Revision of Bloom's Taxonomy of Educational Objectives. New York: Addison Wesley Longman.

Baumert, J.; Lehmann, R.; Lehrke, M.; Schmitz, B.; Clausen, M.; Hosenfeld, I.; Köller, O. & Neubrand, J. (1997). TIMSS Mathematisch-naturwissenschaftlicher Unterricht im internationalen Vergleich. Deskriptive Befunde. Opladen: Leske + Budrich.

Baumert, J. & Kunter, M. (2006). Stichwort: Professionelle Kompetenz von Lehrkräften. Zeitschrift für Erziehungswissenschaft, 9/4, 469-520.

Baumgart, F.; Lange, U. & Wigger, L. (Hrsg.) (2005). Theorien des Unterrichts. Erläuterungen, Texte, Arbeitsaufgaben. Bad Heilbrunn: Klinkhardt.

Becker, G.E. (2006). Lehrer lösen Konflikte: Handlungshilfen für den Schulalltag. Weinheim: Beltz.

Becker, N. (2006). Von der Hirnforschung lernen? Ansichten über die pädagogische Relevanz neurowissenschaftlicher Erkenntnisse. In: Scheunpflug, A. (Hrsg.), Biowissenschaft und Erziehungswissenschaft (S. 177-200). Wiesbaden: VS Verlag.

Becker, N. (2009). Kann die Schule von der Hirnforschung lernen? Journal für LehrerInnenbildung, 9/4, 50-54.

Bergmann, M. (2011). Die digitale "Schiefertafel". Wie das iPad den Unterricht verändern kann. In: LA-Multimedia, 8/1, 23-25.

Bernholt, S.; Parchmann, I. & Commons, M.L. (2009). Kompetenzmodellierung zwischen Forschung und Unterrichtspraxis. Zeitschrift für Didaktik der Naturwissenschaften, 15, 219-245.

Biggs, J. (1995). Assessing for learning: Some dimensions underlying new approaches to educational assessment. The Alberta Journal of Educational Research, 41/1, 1-17.

Biggs, J. & Collis, K. (1982). Evaluating the quality of learning: the SOLO Taxonomy. New York: Academic Press.

Blankertz, H. (1969). Theorien und Modelle der Didaktik. München.

Blessing, A.M. & Schmid, C. (2009). Eine flexible Methode für Unterricht und E-Learning. LA-Multimedia, 6/4, 8-10.

Blömeke, S. (Hrsg.) (2010). TEDS-M 2008. Professionelle Kompetenz und Lerngelegenheiten angehender Mathematiklehrkräfte für die Sekundarstufe I im internationalen Vergleich. Münster u.a.: Waxmann.

Bloom, B.S. (1974). An introduction to mastery learning theory. In J. H. Block (Ed.), Schools, society and mastery learning. New York: Holt, Rinehart & Winston.

Bloom, B.S.; Engelhart, M.D.; Frust, E.J.; Hill, W.H. & Krathwohl, D.R. (1956). Taxonomy of educational objectives: Handbook I: Cognitive domain. New York: McKay.

Blum, W. & Leiss, D. (2005). Modellieren im Unterricht mit der „Tanken"-Aufgabe. Mathematik Lehren, 128, 18–21.

Blum, W.; Drüke-Noe, C.; Leiß, D.; Wiegand, B. & Jordan, A. (2005). Zur Rolle von Bildungsstandards für die Qualitätsentwicklung im Mathematikunterricht. Zentralblatt für Didaktik der Mathematik (ZDM), 37/4, 267-274.

Bohl, T. (2004). Empirische Unterrichtsforschung und Allgemeine Didaktik. Ein prekäres Spannungsverhältnis und Folgerungen aus der PISA-Studie. In: Die Deutsche Schule 96/4, 414-425.

Borich, G.D. (2003). Effective teaching methods. 5th Edition, Macmillan Publishing Company: New York.

Bransford, J.D.; Sherwood, R.D.; Hasselbring, T.S.; Kinzer, C.K. & Williams, S.M. (1990). Anchored instruction. Why we need it and how technology can help. In: Nix, D. & Spiro, R. (Hrsg.), Cognition, education, and multimedia. Exploring ideas in high technology (S.115-141). Hillsdale: Lawrence Erlbaum.

Bremerich-Vos, A. (2008). Benjamin S. Bloom (und andere) revisited. In: Bremerich-Vos, A.; Granzer, D. & Köller, O. (Hrsg.), Lernstandsbestimmung im Fach Deutsch. Gute Aufgaben für den Unterricht (S. 29-49). Weinheim: Beltz.

Bromme, R. & Haag, L. (2004). Forschung zur Lehrerpersönlichkeit. In: Helsper, W. & Böhme, J. (Hrsg.), Handbuch der Schulforschung (S. 777-793), Wiesbaden: Verlag für Sozialwissenschaften.

Brophy, J. & Good, T.L. (1986). Teacher behavior and student achievement. In: M.C. Wittrock. (Ed.). Handbook of research on teaching (3rd edition, p. 328-375). New York: Macmillan Publishing Company.

Brophy, J. (1999). Teaching, Educational Practices Series, n° 1, 1999, International Bureau of Education (UNESCO).

Brophy, J. & Evertson, C. (1976). Learning from teaching: A Developmental perspective. Boston: Allyn and Bacon.

Cognition and Technology Group at Vanderbilt (1992). The Jasper Series as an Example of Anchored Instruction: Theory, Program Description, and Assessment Data. In: Educational Psychologist 27, 291-315.

Coleman, J.; Campbell, E.Q.; Hobson, C.J.; McPartland, J.; Mood, A.M.; Weinfield, F.D. & York, R.L. (Eds.) (1966). Equality of Educational Opportunity. Washington, D.C.: U.S. Government Printing Office.

Collins, A.; Brown, J. S. & Holum, A. (1991). Cognitive apprenticeship: Making thinking visible. American Educator, 6-46. (http://www.21learn.org/arch/articles/brown_seely.html)

Comenius, J.A. (1657/1993). Didacta magna – Große Didaktik. Herausgegeben von Andreas Flitner (8., überarb. Aufl.). Stuttgart: Klett-Cotta.

Csikszentmihalyi, M. & McCormack, J. (1986). The Influence of Teachers. In: Phi Delta Kappa, February 1986, 415-419.

Csikszentmihalyi, M. & Schiefele, U. (1993). Die Qualität des Erlebens und der Prozeß des Lernens. In: Zeitschrift für Pädagogik, 39/2, 207-221.

Csikszentmihalyi, M. (1975). Beyond boredom and anxiety. San Francisco: Jossey-Bass.

Csikszentmihalyi, M. (1992). Flow - Das Geheimnis des Glücks. Stuttgart: Klett-Cotta.

Cube, F. von (1980). Die kybernetisch-informationstheoretische Didaktik. In: Westermanns pädagogische Beiträge, 32/3, 120-124.

Darling-Hammond, L. (2000). Teacher Quality and Student Achievement. A Review of State Policy Evidence. In: Education Policy Analysis Archives, available at http://epaa.asu.edu/epaa/v8n1/ [2007-03-02].

De Smedt, B.; Ansari, D.; Grabner, R.H.; Hannula, M.M.; Schneider, M. & Verschaffel, L. (2010). Cognitive neuroscience meets mathematics education. In: Educational Research Review, 5/1, 97-105.

DeCharms, R. (1968). Personal causation. New York: Academic Press.

Deci, E.L.; Ryan, R.M. (1993). Die Selbstbestimmungstheorie der Motivation und ihre Bedeutung für die Pädagogik. In: Zeitschrift für Pädagogik, 39/2., 223-237.

Dewey, J. (1915/1993). Das Denken in der Erziehung. In: Ders.: Demokratie und Erziehung. Eine Einleitung in die philosophische Pädagogik (S. 203-218). Weinheim: Beltz.

Doyle, W. (1992). Curriculum and Pedagogy. In: Jackson, P.W. (Ed.), Handbook of Research on Curriculum (S. 486-516). New York: Macmillan Publishing Company.

Doyle, W. (2006). Ecological approaches to classroom management. In: Evertson, C. & Weinstein, C. (Eds.), Handbook of classroom management: Research, practice, and contemporary issues (S. 97–125). New York: Lawrence Erlbaum.

Dubs, R. (1978). Aspekte des Lehrerverhaltens. Aarau: Sauerländer.

Dubs, R. (1995). Konstruktivismus: Einige Überlegungen aus der Sicht der Unterrichtsgestaltung. In: Zeitschrift für Pädagogik, 41, 889-904.

Duit, R. (1995). Zur Rolle der konstruktivistischen Sichtweise in der naturwissenschaftsdidaktischen Lehr- und Lernforschung. In: Zeitschrift für Pädagogik, 41, 905-923.

Edelmann, W. (2000). Lernpsychologie. Weinheim: Psychologie-Verlags Union.

Einsiedler, W. (1997). Unterrichtsqualität und Leistungsentwicklung: Literaturüberblick. In: Weinert, F.E. & Helmke, A. (Hrsg.), Entwicklung im Grundschulalter (S. 225-240). Weinheim: Beltz.

Evertson, C.M. & Neal, K.W. (2006). Looking into learning-centered classrooms: Implications for classroom management. National Education Association: Best practices working paper.

Flanders, N.A. (1970). Analyzing Teacher Behavior. Reading, MA: Addison-Wesley.

Fraser, B.J.; Walberg, H.J.; Welch, W.W. & Hattie, J.A. (1987). Syntheses of educational productivity research. International Journal of Educational Research, 11, 145-252.

Frohbieter, G.; Greenwald, E.; Stecher, B. & Schwartz, H. (2011). Knowing and doing: What teachers learn from formative assessment and how they use information (CRESST-Report 802). Los Angeles, CA: University of California, National Center for Research on Evaluation, Standards, and Student Testing (CRESST).

Fuson, K.C. (1992). Research into whole number addition and subtraction. In: Grouws, D.A. (Ed.), Handbook of research on mathematics teaching and learning (pp. 243–275). New York: Macmillan.

Gagné, R.M. (1969). Bedingungen des menschlichen Lernens. Hannover.

Gagné, R.M.; Briggs, L.J. & Wager, W.W. (1988). Principles of instructional design. New York: Holt, Rinehart and Winston.

Gläser-Zikuda, M. & Hascher, T. (2007). Zum Potenzial von Lerntagebuch und Portfolio. In: Gläser-Zikuda, M. & Hascher, T. (Hrsg.), Lernprozesse dokumentieren, reflektieren und beurteilen. Lerntagebuch und Portfolio in Bildungsforschung und Bildungspraxis (S. 9-21). Bad Heilbrunn: Klinkhardt.

Glöckel, H. (1996). Vom Unterricht: Lehrbuch der allgemeinen Didaktik. 4. Auflage. Bad Heilbrunn: Klinkhardt.

Gobet, F. (2005). Chunking models of expertise: Implications for education. Applied Cognitive Psychology, 19, 183-204.

Goswami, U. (2004). Neuroscience and education. British Journal of Educational Psychology, 74, 1–14.

Grewe, P. (2010). Hirnforschung und Unterricht - Grenzen und Möglichkeiten. Schulmanagement, 5/2010, 21-23.

Halbheer, U. & Reusser, K. (2008). Outputsteuerung, Accountability, Educational Governance - Einführung in Geschichte, Begrifflichkeiten und Funktionen von Bildungsstandards. Beiträge zur Lehrerbildung, 26/3, 253-266.

Hallitzky, M. & Seibert, N. (2007). Didaktische Konzepte und Modelle. In: Apel, H.J. & Sacher, W. (Hrsg.), Studienbuch Schulpädagogik (S. 211-240). Bad Heilbrunn: Klinkhardt.

Hartig, J. & Klieme, E. (2006). Kompetenz und Kompetenzdiagnostik. In K. Schweizer (Hrsg.), Leistung und Leistungsdiagnostik (S. 127-143). Berlin: Springer.

Hattie, J. A. (1987). Identifying the salient facets of a model of student learning: A synthesis of metaanalyses. In: International Journal of Educational Research, 11, 187–212.

Hattie, J. A. (1992). Towards a model of schooling: A synthesis of meta-analyses. In: Australian Journal of Education, 36, 5–13.

Hattie, J. (2009). Visible learning. A synthesis of over 800 meta-analyses relating to achievement. London & New York: Routledge, Taylor & Francis Group.

Heimann, P.; Otto, G. & Schulz, W. (1977). Unterricht. Analyse und Planung, 9. Auflage, Hannover.

Helmke, A. & Weinert, F.E. (1997). Bedingungsfaktoren schulischer Leistung. In: Weinert, F.E. (Hrsg.), Enzyklopädie der Psychologie (Themenbereich D, Serie I, Band 3: Psychologie des Unterrichts und der Schule, S. 71-176). Göttingen: Hogrefe.

Helmke, A. (2003). Unterrichtsqualität: erfassen - bewerten - verbessern. Seelze: Kallmeyer.

Helmke, A. (2006). Was wissen wir über guten Unterricht? In: Pädagogik, 2/2006, 42-45.

Helmke, A. (2007). Lernprozesse anregen und steuern. Was wissen wir über Klarheit und Strukturiertheit? In: Pädagogik, 59/6, 44-47.

Helmke, A.; Piskol, K.; Pikowsky, B. & Wagner, W. (2009). Schüler als Experten von Unterricht. Unterrichtsqualität aus Schülerperspektive. In: Lernende Schule, 46-47, 98-105.

Helmke, A.; Schneider, W. & Weinert, F.E. (1986). Quality of instruction and classroom learning outcomes: The German contribution to the IEA classroom environment study. In: Teaching and Teacher Education, 2/1, 1–18.

Helmke, A. & Renkl, A. (1993). Unaufmerksamkeit in Grundschulklassen: Problem der Klasse oder des Lehrers? In: Zeitschrift für Entwicklungspsychologie und pädagogische Psychologie, 25/3, 185-205.

Herbart, J.F. (1806/1965). Allgemeine Pädagogik, aus dem Zweck der Erziehung abgeleitet (S. 9-155). In: Ders.: Pädagogische Schriften, Bd.2, hrsg. von Walter Asmus. Düsseldorf-München.

Herbart, J.F. (1811/2006) Häusliche Erziehung. In: Fischer, Ralph (Hrsg.): Homeschooling - Tradition und Perspektive (S. 87-88). Würzburg: Ergon-Verlag.

Hericks, U. & Spörlein, E. (2001). Entwicklungsaufgaben in Fachunterricht und Lehrerbildung – Eine Auseinandersetzung mit einem Zentralbegriff der Bildungsgangdidaktik. In: Hericks, U.; Keuffer, J.; Kräft, H. & Kunze, I. (Hrsg.), Bildungsgangdidaktik (S. 33-50). Opladen: Leske und Budrich.

Heske, H. (1999). Lerntagebücher im Mathematikunterricht. Ein Baustein zum selbstreflexiven Lernen und zur Teamentwicklung. In: Pädagogik 51/6, 8-11.

Höbarth, U. (2010). Konstruktivistisches Lernen mit Moodle. Praktische Einsatzmöglichkeiten in Bildungsinstitutionen. Boizenburg: Hülsbusch.

Holmes, K. (2005). Analysis of Asynchronous Online Discussion using the SOLO Taxonomy. Australian Journal of Educational & Developmental Psychology, 5/2005, 117 127.

Holzbrecher, A. (1999). Subjektorientierte Didaktik. Lernen als Suchprozess und Arbeit an Widerständen. In: Holtappels, H.G. & Horstkemper, M. (Hrsg.), Neue Wege in der Didaktik (S. 141-168). Weinheim: Juventa.

Humboldt, W.v. (1809/1999). Der Königsberger und der Litauische Schulplan. Klassische Pädagogische Texte. In: PÄD-Forum: unterrichten erziehen. 27/5. 399-401

Ifenthaler, D. & Seel, N.M. (2010a). Online-Lernen im Unterricht. Didaktische Möglichkeiten der Nutzung neuer Medien. Schulmagazin 5 bis 10, 78/12, 11-14.

Ifenthaler, D. & Seel, N.M. (2010b). Online-Lernen in der Schule. Die neue Form des E-Learnings. Schulmagazin 5 bis 10, 78/12, 7-10.

Jatzwauk, P. (2007). Aufgaben im Biologieunterricht - eine Analyse der Merkmale und des didaktischmethodischen Einsatzes von Aufgaben im Biologieunterricht. Berlin: Logos.

Jencks, C.S.; Smith, S.M.; Ackland, H.; Bane, M.J.; Cohen, D.; Gintis, H.; Heyns, B. & Mickelson, S. (1972). Inequality: A Reassessment of Family and Schooling in America. New York: Basic Books.

Jürgens, E. (1992). Leistung und Beurteilung in der Schule. Eine Einführung in Leistungs- und Bewertungsfragen aus pädagogischer Sicht. Sankt Augustin: Akademia Verlag.

Jürgens, E. (1996). Interessenforschung und didaktische Gestaltung offenen Unterrichts. In: Schulmagazin 5 bis 10, 11/1, S. 51-54.

Kiper, H. & Mischke, W. (2008). Selbstreguliertes Lernen, Kooperation, soziale Kompetenz. Fächerübergreifendes Lernen in der Schule. Stuttgart: Kohlhammer.

Kiper, H. (2006): Rezeption und Wirkung der Psychologischen Didaktik. In: Baer, M.; Fuchs, M.; Füglister, P.; Reusser, K. & Wyss, H. (Hrsg.), Didaktik auf psychologischer Grundlage. Von Hans Aeblis kognitionspsychologischer Didaktik zur modernen Lehr- und Lernforschung (S. 74–85). Bern.

Klafki, W. (1958). Didaktische Analyse als Kern der Unterrichtsvorbereitung. Die Deutsche Schule, 50, 450-471.

Klafki, W. (1991). Neue Studien zur Bildungstheorie und Didaktik. Zeitgemäße Allgemeinbildung u. kritisch-konstruktive Didaktik (2. Aufl.). Weinheim u.a.: Beltz.

Klafki, W. (1994). Neue Studien zur Bildungstheorie und Didaktik. Zeitgemäße Allgemeinbildung und kritisch-konstruktive Didaktik (4. Aufl). Weinheim: Beltz.

Klieme, E. & Leutner, D. (2006). Kompetenzmodelle zur Erfassung individueller Lernergebnisse und zur Bilanzierung von Bildungsprozessen. Beschreibung eines neu eingerichteten Schwerpunktprogramms bei der DFG [Competence models for assessing individual learning outcomes and evaluating educational processes. Description of a new priority program of the German Research Foundation, DFG]. In: Zeitschrift für Pädagogik, 52, 876-903.

Klieme, E. & Reusser, K. (2003). Unterrichtsqualität und mathematisches Verständnis im internationalen Vergleich - Ein Forschungsprojekt und erste Schritte zur Realisierung. In: Unterrichtswissenschaft 31/3, 194-205.

Klieme, E. (2004). Begründung, Implementation und Wirkung von Bildungsstandards: Aktuelle Diskussionslinien und empirische Befunde, In: Zeitschrift für Pädagogik, 50/5, S. 625-634.

Klieme, E., & Bos, W. (2000). Mathematikleistung und mathematischer Unterricht in Deutschland und Japan: Triangulation qualitativer und quantitativer Analysen am Beispiel der TIMS-Studie. In: Zeitschrift für Erziehungswissenschaft, 3, 359-379.

Klieme, E.; Knoll, S. & Schümer, G. (1998). Mathematikunterricht der Sekundarstufe I in Deutschland, Japan und den USA. Multimedia-CD-Dokumentation zur TIMSS-Videostudie. Berlin: Max Planck Institute for Human Development.

Klieme, E.; Eichler, W.; Helmke, A.; Lehmann, R.; Nold, G.; Rolff, H.G.; Schröder, K.; Thomé, G. & Willenberg, H. (2006). Unterricht und Kompetenzerwerb in Deutsch und Englisch. Zentrale Befunde der Studie Deutsch-Englisch-Schülerleistungen-International (DESI). Deutsches Institut für Internationale Pädagogische Forschung Frankfurt am Main.

Klieme, E. & Döbert, H. (Hrsg.) (2007). Vertiefender Vergleich der Schulsysteme ausgewählter PISA-Teilnehmerstaaten - Kanada, England, Finnland, Frankreich, Niederlande, Schweden (3. unveränd. Aufl.). Berlin: BMBF.

Klieme, E. & Rakoczy, K. (2008) Empirische Unterrichtsforschung und Fachdidaktik. Outcome-orientierte Messung und Prozessqualität des Unterrichts. In: Zeitschrift für Pädagogik, 54/2, 222-237.

Koeppen, K.; Hartig, J.; Klieme, E. & Leutner, D. (2008). Current Issues in Competence Modeling and Assessment. In: Journal of Psychology, 216/2, 61–73.

Köller, O. (2005). Formative Assessment in Classrooms: A Review of the Empirical German Literature. In: OECD, Formative Assessment - Improving Learning in Secondary Classrooms (pp. 265-279). Paris: OECD.

Köller, O. (2008). Bildungsstandards - Verfahren und Kriterien bei der Entwicklung von Messinstrumenten. In: Zeitschrift für Pädagogik, 54/2, 163-173.

Kösel, E. & Scherer, H. (1996): Konstruktionen über Wissenserwerb und Lernwege bei Lernenden. In: Voß. R. (Hrsg.), Die Schule neu erfinden. Systemisch-konstruktivistische Annäherungen an Schule und Pädagogik. Neuwied: Luchterhand.

Kösel, E. (1993). Die Modellierung von Lernwelten. Ein Handbuch zur subjektiven Didaktik. Elztal-Dallau: Laub.

Kounin, J.S. & Gump, P.V. (1974). Signal systems of lesson settings and the task related behavior of preschool children. In: Journal of Educational Psychology, 66, 554–562.

Kounin, J.S. (1976). Techniken der Klassenführung. Stuttgart: Huber, Klett.

Kröckel, A.; Kittlaus, B.; Frenzel, F.; Kersten, B.; Wiedemann, B. & Muntschick, E. (2010). LexiTV-Lernobjekte für den Unterricht. Eine Kooperation zwischen den Mitteldeutschen Ländern und dem MDR Fernsehen. LA-Multimedia, 7/4, 14-17.

Kultusministerkonferenz (2003a). Bildungsstandards im Fach Deutsch für den Mittleren Schulabschluss. Beschluss der Kultusministerkonferenz vom 4.12.2003.

Kultusministerkonferenz (2003b). Bildungsstandards im Fach Mathematik für den Mittleren Schulabschluss. Beschluss der Kultusministerkonferenz vom 4.12.2003.

Kultusministerkonferenz (2003c). Bildungsstandards im Fach Physik für den Mittleren Schulabschluss. Beschluss vom 16.12.2004.

Kultusministerkonferenz (2004a). Bildungsstandards im Fach Deutsch für den Hauptschulabschluss. Beschluss der Kultusministerkonferenz vom 15.10.2004.

Kultusministerkonferenz (2004b). Standards für die Lehrerbildung: Bildungswissenschaften. Beschluss der Kultusministerkonferenz vom 16.12.2004.

Kultusministerkonferenz (2009a). Kompetenzstufenmodell zu den Bildungsstandards im Fach Mathematik für den Hauptschulabschluss. Stand 18.5.2009. Download unter http://www.iqb.hu-berlin.de/bista?reg=r_4 am 20.12.2011.

Kultusministerkonferenz (2009b). Kompetenzstufenmodell zu den Bildungsstandards im Kompetenzbereich Rechtschreiben. Stand 3.11.2009. Eingesehen unter http://www.iqb.hu-berlin.de/bista?reg= r_4 am 8.8.2011.

Leisen, J. (2010a). Das Lehr-Lern-Modell in den naturwissenschaftlichen Fachseminaren. Studienseminar Koblenz. Abgerufen am 3.7.2012 unter http://www.leisen.studienseminar-koblenz.de.

Leisen, J. (2010b). Lernprozesse mithilfe von Lernaufgaben strukturieren. Informationen und Beispiele zu Lernaufgaben im kompetenzorientierten Unterricht. In: Naturwissenschaften im Unterricht Physik, 117/118(2010), S. 9-13.

Lersch, R. (2006). Unterricht zwischen Standardisierung und individueller Förderung. Überlegungen zu einer neuen Lernkultur angesichts der bevorstehenden Einführung von Bildungsstandards. In: Die Deutsche Schule, 98/1, 28-40.

Leutner, D. (2001). Pädagogisch-psychologische Diagnostik. In: Rost, D.H. (Hrsg.), Handwörterbuch Pädagogische Psychologie (S. 521-530). Weinheim: Beltz.

Lewalter, D.; Krapp, A. & Wild, K.-P. (2000). Motivationsförderung in Lehr-Lern-Arrangements - eine interessentheoretische Perspektive. In: Harteis, C., Heid, H. & Kraft, S. (Hrsg.), Kompendium Weiterbildung - Aspekte und perspektiven betrieblicher Personal-und Organisationsentwicklung (S.155-162). Opladen: Leske + Budrich.

Lipowsky, F. (2002). Zur Qualität offener Lernsituationen im Spiegel empirischer Forschung - Auf die Mikroebene kommt es an. In: Drews, U. & Wallrabenstein, W. (Hrsg.), Freiarbeit in der Grundschule, Offener Unterricht in Theorie, Forschung und Praxis. Frankfurt am Main: Grundschulverband.

Lüders, M. & Rauin, U. (2008). Unterrichts- und Lehr-Lern-Forschung. In: Helsper, W. & Böhme, J. (Hrsg.), Handbuch der Schulforschung (S. 717-745). Wiesbaden: Verlag für Sozialwissenschaften.

Lüpke, H.v. (2004). Welche Rolle spielen Ergebnisse der Hirnforschung bei der AD(H)S-Problematik? Sonderpädagogische Förderung, 2004/4, 402-409.

Maar, H. (2010). Mediation an Schulen – Wie kann das gelingen? In: Fördermagazin, 3/2010, 33-35.

Maar, H. & Markert, K. (2010). Schulmediation - Ein Mittel zur Gewaltprävention. In: Fördermagazin, 3/2010, 29-32.

Mager, R.F. (1962). Lernziele und Unterricht. Weinheim: Beltz.

Maier, U.; Kleinknecht, M.; Metz, K. & Bohl, T (2010). Ein allgemeindidaktisches Kategoriensystem zur Analyse des kognitiven Potenzials von Aufgaben. In: Beiträge zur Lehrerbildung, 28/1, 84-96.

Maier, U.; Hofmann, F. & Zeitler, S. (2012). Formative Leistungsdiagnostik – Grundlagen und Praxisbeispiele. Schulmanagement-Handbuch 141. München: Oldenbourg.

Maier, U. (2010). Formative Assessment – Ein erfolgversprechendes Konzept zur Reform von Unterricht und Leistungsmessung? In: Zeitschrift für Erziehungswissenschaft, 13/2, 293-308.

Malone, T.W. & Lepper, M.R. (1987). Making learning fun: A taxonomy of intrinsic motivations for learning. In: Snow, R.E. & Farr, M.J. (Eds.), Aptitude, learning, and instruction: Vol. III. Conative and affective process analyses. Hillsdale, NJ: Erlbaum.

Mayr, J. (2002). Mitarbeit und Störung im Unterricht: Klassenführung an HASCH und HAK. In: Peter Baumgartner & Heike Welte (Hrsg.), Reflektierendes Lernen. In: Beiträge zur Wirtschaftspädagogik. Innsbruck: Studienverlag.

Mayr, J. (2006). Klassenführung auf der Sekundarstufe II: Strategien und Muster erfolgreichen Lehrerhandelns. In: Schweizerische Zeitschrift für Bildungswissenschaften, 28/2, 227-242.

Mayr, J.; Eder, F. &. Fartacek, W. (1991). Mitarbeit und Störung im Unterricht: Strategien pädagogischen Handelns. In: Zeitschrift für Pädagogische Psychologie, 5, 43-55.

Merkl, M. (2012). "Wir kennen keine Regel" - Von der Rechtschreibung zur Schlechtschreibung an deutschen Schulen. In: Forschung & Lehre, 19/4, 294-296.

Meyer, H. (2004). Was ist guter Unterricht? Berlin: Cornelsen.

Meyer, M. (2005). Die Bildungsgangforschung als Rahmen für die Weiterentwicklung der allgemeinen Didaktik. In: Schenk, B. (Hrsg.), Bausteine einer Bildungsgangtheorie (S. 17-46). Wiesbaden: VS-Verlag.

Möller, C. (1980). Die curriculare Didaktik oder: der lernzielorientierte Ansatz. Westermanns pädagogische Beiträge, 32/4, 164-168.

Myers, D.G. (2008). Psychologie (2., erweiterte und aktualisierte Auflage). Heidelberg: Springer Medizin Verlag.

Neubrand, J. (2002). Eine Klassifikation mathematischer Aufgaben zur Analyse von Unterrichtssituationen: Selbsttätiges Arbeiten in Schülerarbeitsphasen in den Stunden der TIMSS-Video-Studie. Hildesheim: Verlag Franzbecker.

Neumann, K.; Kauertz, A.; Lau, A.; Notarp, H. & Fischer, H.E. (2007). Die Modellierung physikalischer Kompetenz und ihrer Entwicklung [Modelling structure and development of students' physics competence]. In: Zeitschrift für Didaktik der Naturwissenschaften, 2007, 103-123.

OECD (2002). Understanding the Brain: Towards a New Learning Science, Chapter 4.6 pp.69-77. (Kurzfassung Eingesehen am 18.10.2011 unter: http://www.oecd.org/document/53/0,3343,en_2649_201185_33829685_1_1_1_1,00.html)

Oelkers, J. & Reusser, K. (2008). Qualität entwickeln – Standards sichern – mit Differenz umgehen. Eine Expertise. – Berlin (Bundesministerium für Bildung und Forschung, BMBF). http://www.bmbf.de/publicationen/index.php

Oser, F. & Oelkers, J. (2001). Die Wirksamkeit der Lehrerbildungssysteme. Von der Allrounderbildung zur Ausbildung professioneller Standards. Chur/Zürich: Rüegger.

Oser, F.K. & Baeriswyl, F.J. (2001). Choreographies of teaching: Bridging instruction to learning. In: Richardson, V. (Ed.), AERA's Handbook of Research on Teaching (S. 1031-1065). 4th Edition. Washington: American Educational Research Association.

Oser, F.; Patry, J.-L., et al. (1997). Choreographien unterrichtlichen Lernens. Schlussbericht an den Schweizerischen Nationalfonds zur Förderung der wissenschaftlichen Forschung. Pädagogisches Institut der Universität Freiburg, Schweiz.

Osher, D.; Bear, G.G.; Sprague, J.R. & Doyle, W. (2010). How can we improve school discipline? In: Educational Reseaarcher, 39/1, 48-58.

Ossner, J. (2006). Sprachdidaktik Deutsch. Reihe: Standardwissen Lehramt. Paderborn, München, Wien, Zürich: UTB Schöningh.

Pauli, C.; Reusser, K., Waldis, M. & Grob, U. (2003). Erweiterte Lehr- und Lernformen im Mathematikunterricht der Deutschschweiz. In: Unterrichtswissenschaft 31/4, 291-320.

Pauli, C.; Drollinger-Vetter, B.; Hugener, I. & Lipowsky, F. (2008). Kognitive Aktivierung im Mathematikunterricht. In: Zeitschrift für Pädagogische Psychologie, 22/2, 127-133.

Peterßen, W.H. (1999). Kleines Methoden-Lexikon. München: Oldenbourg.

Peterßen, W.H. (2000). Handbuch Unterrichtsplanung. Grundfragen, Modelle, Stufen, Dimensionen. München: Oldenbourg.

Petko, D. (2010). (Hrsg.). Lernplattformen in Schulen. Ansätze für E-Learning und Blended Learning in Präsenzklassen. Wiesbaden: VS-Verlag.

Pintrich, P.R., Marx, R.W. & Boyle, R.A. (1993). Beyond cold conceptual change: the role of motivational beliefs and classroom contextual factors in the process of conceptual change. In: Review of Educational Research, 63, 167-199.

Posner, G.; Strike, K.; Hewson, P. & Gertzog, W. (1982). Accomodation of a scientific conception: Toward a theory of conceptual change. In: Science Education, 66, 211-227.

Prenzel, M.; Artelt, C.; Baumert, J.; Blum W.; Hammann, M.; Klieme, E. & Pekrun, R. (Hrsg.). (2008). PISA 2006 in Deutschland. Die Kompetenzen der Jugendlichen im dritten Ländervergleich. Münster: Waxmann.

Reich, K. (2002). Konstruktivistische Didaktik. Lehren und Lernen aus interaktionistischer Sicht. Neuwied: Luchterhand.

Reinmann, G. & Mandl, H. (2001). Unterrichten und Lernumgebungen gestalten. In: Krapp, A. & Weidenmann, B. (Hrsg.), Pädagogische Psychologie – Ein Lehrbuch (4., vollst. überarb. Auflage, S. 601-644). Weinheim: Beltz.

Reusser, K. (2009). Empirisch fundierte Didaktik – didaktisch fundierte Unterrichtsforschung. Eine Perspektive zur Neuorientierung der Allgemeinen Didaktik. In: Zeitschrift für Erziehungswissenschaft, 10. Jahrg., Sonderheft 9/2008, S. 219-237.

Rosenshine, B. (1971). Teaching behaviors and student achievement. London: Rand McNally.

Roth, G. (2011). Bildung braucht Persönlichkeit. Wie Lernen gelingt. 2. Auflage, Stuttgart: Klett-Cotta.

Sacher, W. (2007). Überprüfung und Beurteilung von Schülerleistungen. In: Apel, H.J. & Sacher, W. (Hrsg.), Studienbuch Schulpädagogik (3. Auflage, S. 284-308). Bad Heilbrunn: Klinkhardt.

Schabram, K. (2007). Lernaufgaben im Unterricht: Instruktionspsychologische Analysen am Beispiel Physik. Dissertation am Fachbereich Bildungswissenschaften der Universität Duisburg-Essen.

Schecker, H. & Parchmann, I. (2006). Modellierung naturwissenschaftlicher Kompetenz. In: Zeitschrift für Didaktik der Naturwissenschaften, 12, 45-66.

Schecker, H. (2007). Die Bildungsstandards Physik. Orientierungsrahmen für den Unterricht. In: Naturwissenschaften im Unterricht Physik, 18/97, 4-11.

Scherf, E. (2010). Potenziale von WebQuest. Vorschläge zur Mediennutzung im Deutschunterricht. In: Computer + Unterricht, 20/77, 17-21.

Scheunpflug, A. (2001). Evolutionäre Didaktik. Weinheim: Beltz.

Scheunpflug, A. (2002). Unterricht komplex denken. Ist Unterricht eine planbare Handlung? In: schulmanagement, 33/5, 24-25.

Schulz, W. (1965). Unterricht - Analyse und Planung. In: Heimann, P.; Otto, G. & Schulz, W. (Hrsg.), Unterricht - Analyse und Planung (S. 13-47). Hannover: Schroedel.

Schulz, W. (1981). Unterrichtsplanung. – München: Urban & Schwarzenberg.

Shulman, Lee S. (1986). Paradigms and research programs in the study of teaching: a contemporary perspective. In: Wittrock, M.C. (Ed.). Handbook of research on teaching (S. 3-36.). New York: Macmillan Publishing Company.

Spitzer, M. (1996). Geist im Netz: Modelle für Lernen, Denken und Handeln. Akademischer Verlag: Heidelberg.

Spitzer, M. (2009). Gehirnforschung und schulisches Lernen. Ergebnisse, Einsichten und Anregungen. In: Schulmagazin 5 bis 10, 77/3, 5-12.

Stein, S. (1996). Strength in Numbers: Discovering the Joy and Power of Mathematics in Everyday Life, John Wiley.

Steiner, G. (2001). Lernen und Wissenserwerb. In A. Krapp & B. Weidenmann (Hrsg.), Pädagogische Psychologie - Ein Lehrbuch (S. 139-205). Weinheim: Beltz.

Stelmes, C.; Linckels, S. & Meinel, C. (2010). Digitale Videos im Unterricht. Die "YouTube-Generation" lernt Judo mit E-Videos. In: Log in, 30/162, 22-28.

Stern, E. (2006). Wie viel Hirn braucht die Schule? Chancen und Grenzen einer neuropsychologischen Lehr-Lern-Forschung. In: Caspary, R. (Hrsg.), Lernen und Gehirn. Der Weg zu einer neuen Pädagogik (S. 128-141). Freiburg u.a.: Herder.

Stigler, J.W. & Hiebert, J. (1997). Understanding and improving classroom mathematics instruction. An overview of the TIMSS video study. In: Phi-Delta-Kappan, 79, 14-21.

Straka, G.A. & Macke, G. (2002). Lern-Lehr-Theoretische Didaktik. Münster: Waxmann.

Strathmann, A.M. & Klauer, K.J. (2010). Lernverlaufsdiagnostik: Ein Ansatz zur längerfristigen Lernfortschrittsmessung. In: Zeitschrift für Entwicklungspsychologie und Pädagogische Psychologie, 42, 111-122.

Sweller, J. (1988). Cognitive load during problem solving: Effects on learning. In: Cognitive Science 12, 257-285.

Terhart, E. (1997). Lehr-Lern-Methoden: Eine Einführung in Probleme der methodischen Organisation von Lehren und Lernen. Weinheim: Juventa.

Terhart, E. (2005a). Fremde Schwestern - zum Verhältnis von Allgemeiner Didaktik und empirischer Lehr-Lern-Forschung. In: Stadtfeld, P. (Hrsg.), Allgemeine Didaktik im Wandel (S. 96-114). Bad Heilbrunn: Klinkhardt.

Terhart, E. (2005b). Lehr-Lern-Methoden: Eine Einführung in Probleme der methodischen Organisation von Lehren und Lernen (4. Auflage). Weinheim: Juventa.

Terhart, E. (2008). Allgemeine Didaktik: Traditionen, Neuanfänge, Herausforderungen. In: Zeitschrift für Erziehungswissenschaft, 10. Jahrg., Sonderheft 9/2008, S. 13-34.

Topping, K.J. (1998). Peer assessment between students in colleges and universities. In: Review of Educational Research, 68, 249-276.

Tulodziecki, G. (2006). Zur Entwicklung lehr-lerntheoretisch basierter Kompetenzen in der Lehrerbildung. In: Plöger, W. (Hrsg.), Was müssen Lehrerinnen und Lehrer können? (S. 137-154). Paderborn u.a.: Schöningh.

Tulodziecki, G.; Herzig, B. & Blömeke, S. (2004). Gestaltung von Unterricht - Eine Einführung in die Didaktik. Bad Heilbrunn: Klinkhardt.

Valtin, R. (2002). Was ist ein gutes Zeugnis? Noten und verbale Beurteilungen auf dem Prüfstand. Weinheim: Juventa.

Van den Berg, I.; Admiraal, W. & Pilot, A. (2006). Design principles and outcomes of peer assessment in higher education. In: Studies in Higher Education, 31, 341-356.

Van Merrienboer, J. & Sweller, J. (2010). Cognitive load theory in health professional education: design principles and strategies. In: Medical Education 44, 85–93.

Van Zundert, M.; Sluijsmans, D. & Van Merrienboer, J. (2010). Effective peer assessment processes: Research findings and future directions. In: Learning and Instruction, 20, 270-279.

Watzlawick, P.; Beavin, J.H. & Jackson, D.D. (1969). Menschliche Kommunikation: Formen, Störungen, Paradoxien. Bern: Huber.

Weinert, F.E. & Helmke, A. (1996). Der gute Lehrer. Person, Funktion oder Fiktion? In: Zeitschrift für Pädagogik, 34. Beiheft, 1996, 223-233 Weinert, F.E. (2001). Vergleichende Leistungsmessung in Schulen – eine umstrittene Selbstverständlichkeit. In: Weinert, F.E. (Hrsg.), Leistungsmessungen in Schulen (S. 17–31). Weinheim und Basel: Beltz Verlag.

Weinert, F.E. & Helmke, A. (1997) (Hrsg.), Entwicklung im Grundschulalter. Weinheim: Beltz.

Wiliam, D. & Leahy, S. (2007). A theoretical foundation for formative assessment. In: McMillan, J.H. (Ed.), Formative classroom assessment: theory into practice (S. 29-42). Teachers College Columbia University New York and London: Teachers College Press.

Winkel, R. (1980). Die kritisch-kommunikative Didaktik. In: Westermanns pädagogische Beiträge, 32/5, 200-204.

Yeh, S.S. (2006). Can rapid assessment reduce the pressure? In: Teachers College Record, 108/4, 621-661.

Zeitler, S.; Köller, O. & Tesch, B. (2010). Bildungsstandards und ihre Implikationen für Qualitätssicherung und Qualitätsentwicklung. In: Gehrmann, A.; Hericks, U. & Lüders, M. (Hrsg.), Bildungsstandards und Kompetenzmodelle: Beiträge zu einer aktuellen Diskussion über Schule, Lehrerbildung und Unterricht (S. 23-36). Bad Heilbrunn: Klinkhardt.

7 Anhang

Gliederung für einen schriftlichen Unterrichtsentwurf

1. **Vorbemerkungen: Thema der Lehr-Lernsequenz, Schule, Klasse, Zeit, Name des Unterrichtenden, etc.**
2. **Curriculare und fachwissenschaftliche Vorgaben**
    2.1 Fachwissenschaftlicher Hintergrund und Kompetenzanalyse (traditionell: Sachanalyse)
    2.2 Curriculare Vorgaben:
    Verankerung der Lehr-Lernsequenz in Lehrplänen bzw. Bildungsstandards
    2.3 Formulierung von Lernzielen
3. **Lernvoraussetzungen und Schritte des Wissenserwerbs**
    3.1 Für die Lehr-Lernsequenz relevante Modelle zum Kompetenzerwerb
    3.2 Möglichkeiten der Erfassung von relevanten Lernvoraussetzungen durch formative Diagnostik
    3.3 Beschreibung der Schülerlernvoraussetzungen
    – allgemeine Lernvoraussetzungen
    (Sprache, Klassenklima, Rituale, sozialer Hintergrund, etc.)
    – Spezifische Lernvoraussetzungen: Auf welcher Stufe des Kompetenzerwerbs befinden sich die Schüler/innen; welches Vorwissen haben die Schüler/innen
4. **Methodische Gestaltung des Lehr-Lernprozesses**
    4.1 Skizzenartige Darstellung der geplanten Lehr-Lernsequenz (z.B. Tabelle)
    4.2 Begründung der Lehr-Lernsequenz vor dem allgemein- und/oder fachdidaktischer Lehr-Lernmodelle bzw. Basismodelle
    4.3 Begründung der Lehr-Lernsequenz vor dem Hintergrund methodischer Dimensionen:
    – Wissen präsentieren (lehrergelenkt) vs. Wissen entdecken lassen (schülergelenkt)
    – Lebensweltbezug, Anwendungsbezug und Nutzung von Beispielen
    – In den Lehr-Lernprozess integrierte Lernkontrollen und konstruktives Feedback
    – Kollektives Lernen vs. Individualisierung und Differenzierung
    – Repräsentationsformen und Nutzung geeigneter Medien
    – Soziale Dimension des Lernens: Einzelarbeit vs. Kooperatives Lernen

5. Evaluation und Reflexion des Lehr-Lernprozesses
5.1 Reflexion der Unterrichtsdurchführung
- Persönliche Reflexion der Unterrichtsdurchführung
- Reflexion des Feedbacks durch Mentor/innen bzw. Mitstudierende
- Schülerfeedback (Nutzung von Evaluationsbögen)
5.2 Evaluation der Lernfortschritte
- Lernverlaufsdiagnosen
- Unterrichtsbeobachtungen beim Lösen von Aufgaben

Rückmeldung zu einem selbstständigen Unterrichtsversuch

Name: _____ Klasse: _____ Fach: _____

Unterrichtsthema: _____

Die/der Studierende ...	trifft voll zu trifft nicht zu	
... hat heute verständlich erklärt (Aufgaben, Inhalte, etc.)	7 – 6 – 5 – 4 – 3 – 2 – 1	kl1
... hat den Unterricht klar und übersichtlich strukturiert.	7 – 6 – 5 – 4 – 3 – 2 – 1	kl2
... hat neue Inhalte mit dem Vorwissen der Schüler/innen verknüpft.	7 – 6 – 5 – 4 – 3 – 2 – 1	kl3
Bemerkungen zur Unterrichtsklarheit:		
... prüfte den Lernfortschritt der Schüler/innen (z.B. Nachfragen).	7 – 6 – 5 – 4 – 3 – 2 – 1	dk1
... erkannte, wenn Schüler/innen Verständnisschwierigkeiten hatten.	7 – 6 – 5 – 4 – 3 – 2 – 1	dk2
... konnte einzelne Schülerfehler nach der Stunde benennen.	7 – 6 – 5 – 4 – 3 – 2 – 1	dk3
Bemerkungen zur diagnostischen Kompetenz:		

... wusste immer genau, was in der Klasse vor sich geht.	7 – 6 – 5 – 4 – 3 – 2 – 1	km1
... nutzte die zur Verfügung stehende Unterrichtszeit.	7 – 6 – 5 – 4 – 3 – 2 – 1	km2
... achtet sehr darauf, dass die Schüler/innen aufpassen.	7 – 6 – 5 – 4 – 3 – 2 – 1	km3

Bemerkungen zum Klassenmanagement:

... sorgte für ein unterstützendes und entspanntes Lernklima.	7 – 6 – 5 – 4 – 3 – 2 – 1	lk1
... sprach mit den Schüler/innen freundlich und dennoch bestimmt.	7 – 6 – 5 – 4 – 3 – 2 – 1	lk2
... hörte den Schüler/innen aufmerksam zu.	7 – 6 – 5 – 4 – 3 – 2 – 1	lk3

Bemerkungen zum Lernklima:

... machte die Schüler/innen auf Lernstrategien aufmerksam.	7 – 6 – 5 – 4 – 3 – 2 – 1	sr1
... unterstützte die Schüler/innen beim selbständigen Lernen.	7 – 6 – 5 – 4 – 3 – 2 – 1	sr2
... reflektierte mit den Schüler/innen deren Lernstrategien.	7 – 6 – 5 – 4 – 3 – 2 – 1	sr3

Bemerkungen zum Fördern des selbständigen Lernens: